凯恩斯
拉斯基
哈耶克

经济思想如何
影响世界

[美] 肯尼斯·R. 胡佛◎著
（Kenneth R. Hoover）

秦传安◎译

Economics as Ideology
Keynes, Laski, Hayek
and the Creation of Contemporary Politics

中国人民大学出版社
·北京·

献给本杰明·吉姆·胡佛

愿他所属的世纪做得更好

推荐语

────────⚜────────

韦森

国家哲学社会科学一级教授，复旦大学经济学教授

思想观念引领制度变迁、体制演化乃至政府经济政策的转向。这本《凯恩斯、拉斯基、哈耶克：经济思想如何影响世界》深入浅出地讲述了影响了 20 世纪世界历史进程的左、中、右三大思想家在同一时代几乎平行的思想和理论发展历程。对于凯恩斯和哈耶克及其二人在货币理论与商业周期问题上的论战，国内经济学界和社会各界可能多少都知道一些，但对于曾广泛影响英美乃至西方世界的费边社会主义（简称"费边主义"）理论家并曾任英国工党领袖的拉斯基，国内知道的人可能并不多。但是，不了解这三人的思想发展历程、现实政策主张以及他们之间相互交叉的论战，乃至在 20 世纪三人对整个世界的巨大影响，就不可能对充满战争、冲突、动荡不安以及各国的政府体制和经济政策的巨大转变或反复掉头的 20 世纪的世界历史有一个清楚的认识，尤其不会知道哈耶克真正的论敌不是凯恩斯而是拉斯基，更不可能认识到哈耶克的名著《通往奴役之路》主要是为了批判拉斯基的理论和英国费边主义而撰写的。

这部作品对影响 20 世纪历史进程的三位理论家的生平和思想做了既精妙细微又妙笔生花的历史叙述和理论诠释，即使是熟悉凯恩斯、哈耶克两人的理论及生平的人，读来也会深受启发。读懂三人几乎同时的思想发展史以及交叉理论论战的主题及过程，才能理解 20 世纪世界各国的制度和体制变迁乃至政府经济政策的不断改变和掉头的历史轨迹，才会真正明白为什么今天的世界——尤其是西方民主市场经济国家——是今天这个样子。

方福前

中国人民大学经济学教授、大华讲席教授，国家"万人计划"教学名师

市场经济在欧洲兴起之初，市场与政府的关系就成为经济学家重点论述的议题之一。当时的重商主义和以亚当·斯密为代表的古典学派给出了不同的见解。凯恩斯革命以来，市场与政府的关系一直是不同学派经济学家争论的主题之一，也成为现代经济学发展的主线之一。本书比较分析了 20 世纪以来在市场与政府关系上左、中、右三派代表性的观点以及这三派观点形成的原因，很值得一读！中国改革和发展的目标之一是建立高水平的社会主义市场经济体制，这种市场经济体制需要市场与政府关系有高度的适配性和协调性，本书的三派观点可供我们参考借鉴。

梁小民

经济学家

20 世纪的经济学争论一直围绕国家干预与自由放任展开。这些争论的代表性人物是凯恩斯、拉斯基和哈耶克。凯恩斯主张的

国家干预与剑桥学派庇古由"市场失灵"出发倡导的国家干预不同，凯恩斯是从宏观经济角度出发的，要建立一个更完美的市场经济社会。拉斯基曾是英国工党领袖之一，西方"民主社会主义"的理论家。哈耶克的自由放任也不仅是从经济角度出发，而是有一套基于自由等观念的哲学基础。这种争论影响着 21 世纪和以后的经济学。本书从比较的角度分析了凯恩斯、拉斯基和哈耶克的哲学和经济思想，内容相当深刻。读这本书有助于我们从更高层次理解当前经济学中的各种争论。

朱海就

浙江工商大学教授

极少有作品能像本书一样，把拉斯基、凯恩斯与哈耶克作为左、中、右三种意识形态的代表性人物的主要经历、思想脉络等浓缩在一本书中，以一种"比较"的方式呈现给读者。三位思想家都关心他们所处的时代遇到的重要问题，但由于采取的方法不同，因此得出了不同的结论。三位大师的思想，究竟孰优孰劣、谁对谁错，这是一个关系制度与政策走向的重要问题。本书为读者提供了回答这一问题的线索，因此非常值得推荐。

李井奎

浙江工商大学教授，哈佛大学法律经济学项目访问学者

我们时常期待社会科学能够保持客观性，但事实上社会科学是由从事社会科学的人所界定，因此在这项事业中伟大人物的意见更显得重要。社会科学离不开时代，也离不开这些伟大人物的身份、意识形态以及与此相关的学术努力。书中的三位经济学家都是对 20 世纪经济思想的发展有重要影响的人物，从某种程度上说，是他们的思想塑造了 20 世纪的经济秩序。在今天这样一个世界经济的方向重新受到审视的时刻，本书研究的重要性日益凸显。前事不远，吾属之师，这也正是这本书所做的事情。

21 世纪的左中右

在 21 世纪的开端，西方政治走到了一个古怪的关口。市场的拥趸到处有人倾听，而政府的支持者则缄口不言，处于守势状态。而半个世纪前，政治讨论完全相反。政府是未来的浪潮，市场之恶被广为宣扬。在这两者之间，在 20 世纪的第三个 25 年，主流信仰是：明智地调控政府与市场之间的关系可以终结经济萧条，开辟通向进步社会的道路。而到 20 世纪末，钟摆几乎一股脑地偏向市场一边。

稍微反思一下，有一点很清楚：政府既做好事，又做坏事。市场同样是两面的，有时颇有远见，有时则挥霍无度。那些管理这个受控社会的精英，其行为亦如此：他们偶尔很明智，常常脱离大众。人们看待政府、社会和统治精英的方式受到意识形态的深刻影响。

我们知道，意识形态是意识形态专家和政治家的工作，也就是那些谈论复杂观念、消除歧义并让它们适合大众消费的人。这些意识形态专家是谁？反过来，他们又从哪里获得素材？本书讲的就是三个强有力的思想家，他们塑造了 20 世纪政治光谱上左中右的基础。[1] 在定义西方工业民主国家政治光谱的左中右上，约翰·梅纳德·凯恩斯（John Maynard Keynes，1883—1946）、哈罗德·拉斯基（Harold Laski，1893—1950）和弗里德里希·冯·哈耶克（Friedrich von Hayek，1899—1992）比他们同时代的其他任何人所做的工作都要多。

拉斯基在 20 世纪三四十年代是民主社会主义的捍卫者。他赞成建立一个以民主方式做出反应的国家，它将用社会化的经济取代资本主义。凯恩斯是后二战时代管控型政府的建构者和推动者。凯恩斯认为，聪明的政策制定者可以让政府与市场和谐相处，把它们从有欠开明者的"愚蠢"中营救出来。哈耶克在 20世纪的最后几十年成了市场的支持者。哈耶克赞美市场，反对政府管控。哈耶克起初无人理睬，最终作为 20 世纪 80 年代和 90年代那场针对福利国家的保守主义批判行动的缔造者而声名显赫。

本书讲述的故事可能因为分析价值之外的理由而吸引人的眼球。三位名人虽然成长路径各异，但在一些有重大影响的历史瞬间有所交集。他们在二十多年的时间里彼此认识、并肩工作并互相批判，这一事实给叙事平添了不少的戏剧性。

三人年龄相若，均是学术生活中的同僚，都是 20 世纪定义性政治事件的参与者，这三个人的故事也是西方如何开始把政治定义为政府与市场之间、管控与自由之间、精英与大众之间的选择的故事。围绕市场首位还是政府首位的学说之争是党派政治的实质。平民主义对精英主义的抱怨是很多政治讨论的素材。报纸、书籍、杂志、网页和广播中充斥着自由意志主义、平民主义和平等主义争勇好斗的夸张故事。

凯恩斯、拉斯基和哈耶克的精神，有时候是他们的言辞，被注入了这些脚本。他们都属于主创剧作家，他们的观念让当代政治剧场生机蓬勃。他们的生平很有特色：哈耶克，一个承载着一份欧洲大陆遗产的移民；拉斯基，一个犹太神童和本阶级的反叛者；凯恩斯，一个知识分子和艺术家公社的老前辈。他们彼此认识，忙于公共争论和私人间的意气之争，作为同僚在相同的机构工作。在搜寻他们每个人的经历时，我们将会看到，他们的观念如何成为那些重塑政治世界有力活动的催化剂。

他们各自观念遗产的核心分别在于现代社会基本制度导向、市场和政府导向与塑造两者之间关系的管控者导向。当21世纪开始时，他们的观念遗产无处不在。哈耶克主张的市场成了更占优势的制度，而凯恩斯的创造——如今以他建立的国际货币基金组织为象征的管控型政府，是大众抵抗精英及其全球化规划的焦点。

这些导向如何出现正是本书分析的主题。但我们感兴趣的不只是记录观念的历史，不只是传记，也不只是这三个有着重大影响的人物之间关系的人性化故事。虽然本书详细叙述了所有这些内容，但要点是**获得一个视角，来观察意识形态形成和改变的过程**。本书探讨的核心问题是身份发展与意识形态信仰之间的关系。本书所说明的，正是身份、观念和意识形态之间的关系。

我们怎样才能萃取这三个人复杂而吸引人的生平的重要方面，然后得出其与意识形态和政治变革的关联？本书从发展的视角来看待每个人。也就是说，仔细审视在面对塑造一种身份感的挑战时每个人的性格是如何形成的。这些发展转折点与一些观念的出现相匹配，而正是这些观念，描述了他们各自的政治观点。在分析的结尾，我们将得出关于身份形成与意识形态之间关系的某些结论，这些结论可以让我们更清楚地看到我们当代的政治形势。

特别是，本书显示了对社会和政治制度及实践的反对——源自身份的需要如何推动从观念到意识形态的转变。意识形态的反对困境，源自分析的盲目，这种盲目使得争议性观念的解决方式有可能更多地反映身份发展的需要，而不是审慎的考量。结果，身份与意识形态之间的关系更多地与人们反对什么有关，而不是与他们支持什么有关。在这些探索过程中，我们可以了解为什么有人在理解经济时遇到麻烦，为什么有人对治理感到困惑，为什么精英如此经常地误读大众。在本书的结尾，我们把分析与当代政治典型的制度意识形态化关联起来。本书证明了理解身份与意识形态之间关系的重要性，这一证明开辟了一条道路，让我们能为了解释身份需要及发展自由的其他方面，而对一些进步主义政策加以考量。

目　录

第 1 章

身份、观念与意识形态

心理史学常说：在每个伟大人物的一生中，必定有某个定义身份、塑造命运的转折点。典型的例子是路德违抗父命、听从神召而进入修道院，以及后来与罗马教皇分庭抗礼，这被认为是新教改革的催化时刻。[1]不那么充满戏剧性但或许同样有力的实例，是塑造凯恩斯、拉斯基和哈耶克的生活和心智的那些力量。

在一些关键的时刻或阶段，命运之神在发挥作用。在本书中，我们寻找的是塑造他们观念和信仰方向的转折点。通过理解这些片段，我们可以找出能够说清他们生平的主题。我们可以看到，观念从身份形成中浮现出来。而且，就这三个人的情况而言，我们可以发现一些模式，这些模式暗示了某些能够透露内情的东西，涉及意识形态的起源和局限。随着 20 世纪的展开，在回应困扰英国和工业化世界的历史性挑战上，他们每个人都扮演了关键的角色。有了这样的理解，21 世纪政治的起点也就变得清晰起来。

观念来自人。凯恩斯曾写下下面这段很有名的话：

实干之人，自信完全免受任何知识的影响，却通常是某个已故经济学家的奴隶。当权的疯子，自以为听到空中的神谕，而他们的狂想实则源自几年前的某个学院写手。我敢肯定，比起观念的润物无声，既得利益的力量被极大地夸大了。[2]

我们将要审视的这三个人，正是我们这个时代颇为切题的"学院写手"。他们创造了很多让实干家及政治领袖成为其"奴隶"的观念。围绕着政府、市场和精英所扮演的角色，当代意识形态在很大程度上是从凯恩斯、拉斯基和哈耶克的作品中"借"来的。这个出生于19世纪末的"三人组"，将在很大程度上定义21世纪初出现的西方意识形态光谱。当全球化加剧时，他们的精神遗产便构建了政治讨论。

意识形态的早期形式集中于诸如个人主义、正义、共同体以及阶级或民族团结这样一些价值，而这几个理论家却瞄准作为政治实质的制度所扮演的角色和使命。[3]这三个人成了知识偶像，他们身边聚集了西方很多主要的政治行动者。这三个人所定义的社会主义、自由主义和自由意志保守主义，成了具有持久力量的大众运动。20世纪20—40年代被历史学家马克斯·贝洛夫（Max Beloff）称为"拉斯基时代"。经济学家米尔顿·弗里德曼（Milton Friedman）给50—70年代贴上"凯恩斯时代"的标签，而20世纪余下的时间就是"哈耶克时代"了。[4]如今，政治学家肯尼斯·米诺格（Kenneth Minogue）把哈耶克称为"比我们领先一个世纪的人"。[5]

关于这个三人组，一个引人入胜的事实是，他们全都彼此熟识。凯恩斯、拉斯基和哈耶克在20世纪20—40年代就一直是同事和竞争对手。凯恩斯于 1946 年离世，拉斯基于 1950 年离世，而哈耶克比他的两个同时代人寿命更长，活到了 92 岁高龄，但与他们的观念冲突始终伴随着他，直至他漫长一生的尽头。他们在人身上，在政策制定的竞技场上，在公共媒体上，彼此互动。这些相互作用的互动使得本书故事更加引人入胜。

他们在英美政治中推动的那些运动，在 20 世纪 20—80 年代的连续几十年里，占据着舞台中心。社会主义倡导的时代，管控型政府的时代，以及市场的时代，构成了 20 世纪西方民主国家政治的主要阶段。20 年代、30 年代和 40 年代早期社会主义倡导的剧增，在 1945 年英国工党获胜中，在改革自由主义作为美国政治中占优势的战后运动中，达到了顶峰。"从摇篮到坟墓"的社会保障措施的建立，连同重要工业的国有化，开启了国家与经济之间关系的一个新时代。

社会主义遇到了一个更温和的竞争对手：试图通过明智的干预来协调市场活动和政府活动。按照凯恩斯提供的模型打造的干预主义政府，关于战后金融秩序的《布雷顿森林协议》，以及 1945 年国际货币基金组织的创立，具有世界性的意义。管控型政府逐渐跻身显赫地位，并在六七十年代的西方成为主流。到 1980 年，第三个阶段出现了：随着玛格丽特·撒切尔（Margaret Thatcher）和罗纳德·里根（Ronald Reagan）的登台，出现了对政府的反对，以及对自由放任资本主义的颂扬。哈耶克是撒切尔夫人自认师门的知识导师。而对于在大学里主修经济学的里根来说，哈耶克是个英雄。哈耶克从里根的继任者乔治·布什（George Bush）的手里接过了自由勋章。

解释这三个写手的观念已经有了长足的进展，关于这三个人有汗牛充栋的文献和卷帙浩繁的文集，其中很多将在本书中被引用。对于那些其理解止于个人贡献的细枝末节的人，有丰富的材料要阅读和消化。

但依然有一些更重大的问题要回答。个体思想者、他们生活的时代和塑造政治经济的意识形态构建之间的关系如何？我们能不能在这三个实例中找到模式？个人生活与他们所产生的、支配公共舆论的观念之间有没有关联？

我们正在寻找的，是把身份、观念和意识形态连接起来的卷须。这正是寻找那些引人入胜的模式的地方。在本书中，你可以看到那些让过去变得可理解、更清晰地揭示当下并照亮未来的内容。我们有望带着对政治如何走到当前关口的理解，走近未来世纪。

从观念到意识形态：争议及其解决

政治意识形态是什么？迈克尔·弗里登（Michael Freeden）在对意识形态的开拓性研究中称："归根到底，意识形态是对政治概念的去争议化（decontested）意义的构建"[6]。这是什么意思？

正如前文所暗示的，市场或政府的概念在道德上是有歧义的。好的和坏的，都可以从中找到。它们各自的支持者都争相下定义，以便把他们认为好的东西包含进来，并排除他们认为坏的东西。这些定义体现了定义者的价值观。比如，"市场在互相冲突的需求中分配稀缺资源"听上去人畜无害；"政府（至少是民主政府）保护权利，并把人民的意志转变为公共政策"听上去也不坏。又比如，"市场更多地服务于需求，而不是服务于需要，因此浪费资源"听上去让人觉得市场就不是那么好；"政府是愚蠢的，市场是理性的"听上去让人觉得政府也不好。

意义之争让学者们忙得不可开交，也让他们的著作变得呆板而难懂，这令人悲哀。但实干家需要做决定。有的人不得不在这场战斗中选边站队。我们要了解的三个人就是这样做的。弗里登注意到，意识形态试图解决意义之争：

> 具体来说，意识形态要把特定的人性概念、社会结构概念、正义概念、权力概念、自由概念等联结起来。"这就是自由的意思，那就是正义的意思。"意识形态如是断言。

本书所讨论的每种意识形态都断言平等、正义、自由以及诸如此类有争议的概念的具体意义。解决这些意义之争的行动，直接导致关于政治行动的决定。弗里登继续说：

> 毕竟，意识形态需要横跨政治思想和政治行动这两个世界，因为它的核心功能之一就是把两者连接起来。政治领域主要以政治决策为特征，决策是消除一系列潜在选项之间竞争的重要形式。[7]

本书的问题是，这些思想家为什么以他们的方式对关于政府与市场的观念去争议化？**是什么样的动机和观念的混合，导致他们得出自己的结论？他们的结论为什么盛行？**大众和统治精英为什么要回应他们的结论？

身份关系：发展的视角

在这三个人当中，每个人生平中的部分经历，都与一些具有重大影响的历史时刻交织在一起。在探索身份发展的过程中，本书将考量身份形成和改变的三个关键标志：各种不同的资质或每个人拥有的技能；他们所属的共同体；定义私人生活的人际纽带和承诺。这些都是关键的竞技场，正是在这些竞技场上，人们成为他们现在的样子。

这些标志的选择既非偶然，又非随意。本书的分析利用了埃里克·埃里克森（Erik Erikson）、约翰·鲍比（John Bowlby）和卡罗尔·吉利根（Carol Gilligan）大量的理论阐述和经验研究，还有詹姆斯·马西亚（James Marcia）及其他社会心理学家在三十年工作中找到的证据和改进。[8] 目的并不是要援引详细的精神病学证据，而是要在历史语境中审视每个人的轮廓和主要特征。不是要思考超自然的冲力，焦点是：从他们的作品中，从他们的行为中，以及从他们给同僚、同时代观察者和公众留下的印象中，我们能够知道什么。本书的资料来源是传记、回忆录、同时代的观察者，还有书籍、档案材料以及对那些认识他们或详细研究过其生平的人的采访。

对身份形成的系统性研究告诉我们，身份的每个方面都涉及自我的内在构建与社会回应之间的关系。身份形成是自我与社会之间的双边互动。每个人都展示出特定资质表述所要求的能力、训练和动机，好让身份得到充分显露、认可、合法化和社会的认证。

一个没有发表过任何作品的诗人，很难得到同行的认可。同样，维持身份的共同体，不管是地区、宗教、民族、种族、性别、阶级还是志愿团体，都是在一个创造接受与排斥、肯定与歧视、控制与抵抗模式的关系网络中互动。最后，围绕支撑人际承诺的忠诚与责任而展开的个人奋斗，可能得到一个人所处环境的帮助或受其阻挠。社会中富有生产力的关系和公民实践，对所有身份要素都有着重大的影响。

这些关系的出现以及围绕它们的斗争，定义了一个人的身份。正如大量经验研究所揭示的那样，身份形成犹如一个三条腿的板凳。资质、共同体和承诺支撑着身份。当你稳坐如山、立足牢固时，身份是强大的。当个人特征与支撑性社会之间的牢固关系稳定了这三条腿的时候，身份便得以实现。

看似荒谬的是，研究还告诉我们，构建在牢固关系之上的身份与更宽容的个性相一致。不稳定的身份与专制主义密切相关。[9]因此，身份的实现带来了公民利益。因此，我们的分析与民主的可持续性这个更大的问题有着特定的相关性。

当这个三条腿的板凳开始倾斜时，更强壮的腿便承载了负荷。资质意识遭到削弱的人，例如当他丢掉一份工作时，往往把重点放在家族和共同体的关系上。当这几条腿均被削弱时，自我便被召唤出来，在新的、更持久的与社会的关系中寻求力量。新的职业、人身关系和社会归属便变得更加重要。

我把这一方法命名为身份关系分析，为的是使之区别于身份政治，或者区别于把一些固定特征，比如种族或性别，作为身份基础的主张。这里所持的立场是：身份既非由一个人的个人特征所给定，又非权力行使或社会构建的人为结果，而是一组动态关系，在这些关系中，自我与社会均发挥了不容忽视的作用。

特别是，正如我们将看到的那样，这些关系的改变促进了知识确信的形成。这些转折点，也正是复杂的政治概念转变为意识形态的地方。意识形态确信，通过对复杂概念去争议化，可以提供一条途径来缓冲身份形成并改变所带来的紧张。[10]意识形态被诸如政治党派这样一些身份受认可的亲近群体所接受。意识形态还为识别英雄与恶棍提供了依据。意识形态引发对抽象概念的赞同，而不是对活蹦乱跳的、呼吸与共的"他者"的支持，这些"他者"复杂而含糊的回应，在努力形成身份的斗争中不那么让人放心。在这几个引人注目的人物各自的发展中，究竟是什么因素塑造了让他们成为强有力的政治观念发声器的确信？对有些人来说，身份定义的瞬间富有戏剧性；而对另外一些人来说，这个"瞬间"会持续十年甚至更长时间。

埃里克·埃里克森——理解意识形态的身份关系方法的开拓者，指出：

> 身份和意识形态是同一个过程的两个方面。二者都为促进个人的成熟，为接下来身份认同的更高形式，亦即在共同的生活、行动和创造中把共同身份联结起来的那种团结，提供了必要的条件。[11]

本书将探索个人、观念和政治变革之间的关系。究竟是什么，以作为当代政治特征的特定方式，导致社会制度的意识形态化？为什么拉斯基成为社会主义政府的理论家和倡导者，哈耶克成为资本主义市场的理论家和倡导者，而凯恩斯成为能调节政府与市场之间关系的聪明精英？沿着这条路径，我邀请您，通过比较这三个人的故事所提供的东西与他们从更有力的权威——他们自己的经历中所了解到的东西，来检验身份关系分析的解释力。

第 2 章

战前世界：斗争的种子

　　这三个人都在一出历史大戏的几幕之间登上舞台。童年和成年早期在被冲突和崩溃所拆解的文化中度过。每个人都会做出不同的回应，并就一些强有力的主题发声，这些主题最终将改变并重新定义人民、他们的政府和他们生活其中的经济之间的关系。

　　凯恩斯、拉斯基和哈耶克来到一个这样的世界：它类似于一个过熟的甜瓜，随时准备裂开。凯恩斯和拉斯基出生于当时世界上最大的、正处于力量顶峰的帝国，哈耶克也如此（哈耶克是奥地利裔英国经济学家），这个帝国就其外观而言并不那么宏伟壮丽，甚至它的竞争对手已经稳步削弱它在欧洲的首要地位。英国的维多利亚女王统治了 60 多年，并把大英帝国带到了它的顶峰，而奥匈帝国皇帝弗朗茨·约瑟夫一世（Franz Joseph I）死于 1916 年，结束了他 68 年的统治生涯。

　　当维多利亚女王在 1897 年庆祝她的钻禧庆典时，凯恩斯 14 岁，拉斯基 4 岁。自纳尔逊（Nelson）勋爵 1805 年在特拉法尔加大胜以来，不列颠太平盛世（Pax Britannica）为英国带来了一个世纪的安全，免遭外敌入侵。维多利亚女王治下的疆域遍及全球，包含 3.72 亿人。数不清的文化财富流向英国，正在创造无可匹敌的财富和力量。商业知识和满怀自信源于强大的海军，由此英国拥有了与其规模和人口完全不相称的在智识和经济上的卓越地位。

就性质而言，英国的霸权既是经济霸权，又是文化霸权。大学城剑桥是凯恩斯的出生地，而工业城市曼彻斯特则是拉斯基儿时的家园。它们各自象征了英国一个实力雄厚的方面。剑桥和牛津哺育了观念和自信，激励几代英国人去探访他们在遥远前哨的文化。凯恩斯在大学的门阶上长大成人，深受智识冒险主义这一风气的影响。

剑桥和曼彻斯特相似之处甚少，但它们共同拥有的荣誉在于英国没有发生一般意义上的西方文化中的预兆性变革。曼彻斯特的商业活力，连同它的作坊和工厂，提供了新型工业文明的手段和模式。正是在曼彻斯特，人们最敏锐地感觉到了从农业文明向工业文明转变的力量。从英格兰南部和爱尔兰的田野与村庄来到这座城市的工人，带来了他们的社区传统，工厂的日常工作很难把这些传统彻底根除。利用他们的劳动促成这次划时代转变的新兴企业家阶层构建了帝国的商业基础。

曼彻斯特的纺织厂吸引了移民商人和知识分子弗里德里希·恩格斯（Friedrich Engels），也吸引了拉斯基的祖父 1831 年从波兰来到这里。父亲内森·拉斯基（Nathan Laski）一路高升，最终成为一家棉花出口企业的合伙人和所有者，这家企业建立在与印度商人广泛联系的基础上。拉斯基的想象力被一些乌托邦作家点燃，这些作家正在鼓动一场处于萌芽中的抗议运动，这场运动所采取的形式是约克郡山谷里理想主义的合作工厂试验。

另一个帝国的安全港湾是哈耶克的哺育之地。到哈耶克在 19 世纪最后一年出生时，奥匈帝国占据着欧洲的十字路口：从东边的瑞士到西边的罗马尼亚和俄国；从南边的塞尔维亚和意大利到北边的德国和波兰。哈耶克的出生地维也纳展示出欧洲文化的宏大堂皇。哈布斯堡王朝在它的心脏地带用环城大道建起了一座展示城，以显示一个君主的财富和优雅，他统治着有着不同种族、不同语言和不同性情的民族。

作为卓越的象征，维也纳大学进入了一个在所有欧洲学术机构中超群出众的时期。哈耶克的父亲是这所大学的医学博士和教师，他的世系允许给哈耶克这个姓氏附上"冯（von）"这个前缀。父母给了哈耶克一个学习优先于玩耍的家庭，访客常常是学者——三个儿子也全部成为学者。[1]

在奥匈帝国和大英帝国，心智的世界能够生长和扩大，而用不着担心束缚着那些更受威胁的人们的生计。过剩的财富，为家族商业帝国（正如拉斯基家族那样）的创造，为在诸如凯恩斯和哈耶克这样一些人（他们在大学找到了意义）当中构建学术生活，提供了安全保障。艺术、音乐、戏剧和文学聚集于高等文化，提供了促进早熟和野心的连贯性和目的感。他们在专业阶层中的位置使他们的雄心和地位暴露出来，而他们家庭的地位至少像依赖财富一样依赖文化定位。

然而，当这两个帝国跌跌撞撞卷入冲突时，他们三人儿时的安全感便受到威胁，被扰乱了。正如资本主义商业关系的世界性逻辑在 19 世纪横扫德意志的公侯国、中欧的种族飞地和大不列颠那些易怒的岛屿，这些力量也在世纪末扩大到全球。英国与欧洲大陆民族国家之间围绕帝国野心的冲突随之加剧。

这两个帝国，它们的文化，以及一代人的公共预期，都与力量、权力和贸易的大规模聚集所带来的威望与实力联系在一起。卡尔·马克思（Karl Marx）为那些被资本结合所遗漏或损害的人发声，凯恩斯出生于马克思去世的那一年。陷入困境，被埋藏起来的种族和民族怨恨，迅速工业化正在爆发的能量，统治者的自命不凡，以及集中地和海军部队，统统组成了一道内容丰富、正在慢炖的炖菜，它将在新世纪的第二个十年变得乌烟瘴气。

每个少年都将在分崩离析的变革中进入成人期。第一次世界大战对这两个帝国来说是一场大灾难，而对这三个人来说，它是一场成熟危机。本章将把我们带到第一次世界大战的爆发期。当这三个人从童年期转向青年期时，三种截然不同的个性出现了：一个神童，一个反叛者，一个对模式和意义的探索者。在本章，我们会发现身份的塑造：作为政治经济学家的能力培养，与众不同且不断改变的共同体的形成，对他者的强烈个人承诺的肇始。

凯恩斯：政治经济学神童

我们先从凯恩斯开始，他比拉斯基早出生 10 年，比哈耶克早出生 16 年。凯恩斯的生平提供了一个比哈耶克和拉斯基都更加复杂的图景。在凯恩斯的一生中有很多的转折点及其他重要事件，足以给唐纳德·莫格里奇（Donald Moggridge）近 900 页的传记和罗伯特·斯基德尔斯基（Robert Skidelsky）将近两倍于这个篇幅的传记提供素材。然而，这两个人与其他传记作者，还有

我采访过的熟人和专家，一致同意：凯恩斯的身份发展受到一种
不断增强的优越感的深刻影响——世俗智力高于信仰、习俗、权
威的传统来源，甚至高于道德。

从孩提时浸淫于剑桥学院文化的家庭日常生活，到在伊顿公
学成为充满青春朝气的典范，到国王学院的大学生身份，再到在
考试中以及在印度事务部的第一份工作中超群出众，这一切构成
了凯恩斯的成长记录，这些成长记录彰显了凯恩斯的聪明才智和
与众不同的魅力。[2]凯恩斯的家有点像一个文化转型实验室。位
于剑桥大学场院的边缘，绿树成荫，有公共用地和雅致的花园，
凯恩斯在哈维路一幢维多利亚时代的实心砖房里长大成人。

由溺爱的父母养育（他们都深深卷入了剑桥的知识生活和政
治生活），凯恩斯从学监一般的父亲内维尔·凯恩斯（Neville
Keynes）那里汲取学术知识，从活动家母亲弗洛伦丝·凯恩斯
（Florence Keynes）那里获得政治野心。[3]内维尔是一个逻辑学家
和新兴经济学领域的先驱，著有逻辑学和经济学方面的教科书。
认识到他的卓越，新近成立的英国经济学会给了他杂志编辑的职
位。[4]实际上，内维尔成了剑桥大学的行政主管。弗洛伦丝结束
了志愿服务事业，成了一名市议员，后来又成了剑桥的第一个女
市长。[5]她继续帮助创立全国女工联盟，成了全国妇女委员会的
第一任主席。两个人都比他们的儿子活得更久，在凯恩斯的整个
人生中都是他的亲密伙伴。

凯恩斯是个神童。一位姑姑曾经告诉他，凯恩斯的姓蕴含着
"有脑子"的意思。[6]不仅是凯恩斯，他下面各隔两岁的妹妹玛格
丽特（Margaret）和弟弟杰弗里（Geoffrey），都实现了这个预
言。妹妹以母亲为榜样，成了一个社会工作者，并嫁给了诺贝尔

奖得主、三一学院的院士 A. V. 希尔（A. V. Hill）。弟弟成为查尔斯·达尔文（Charles Darwin）的曾孙女婿。[7]杰弗里作为外科医生、皇家空军少将和著名藏书家，让这个家族进一步声名远扬。[8]这个家族是剑桥价值的一个完美表达——凯恩斯的学生和传记作者罗伊·哈罗德（Roy Harrod）在谈到"知识贵族"在指引英国路线上的首要地位时所说的"哈维路预设"的完美表达。[9]

仔细研究过凯恩斯家族的莫格里奇称，父亲和两个儿子花几个小时整理收藏的邮票。每个星期天的早晨，父亲拿出一堆复刻品和丢弃品供凯恩斯和杰弗里轮流选择。凯恩斯从父亲提供给自己和弟弟的邮票的价值中学到了经济学。

父亲还是一个纪律严明的人：凯恩斯曾由于任性而遭到掌掴甚至鞭打。尽管这培养了他早年对宽厚母亲的偏爱，但日记和书信透露，在他十几岁的时候，凯恩斯发现，与父亲的相处是最愉快、最令人振奋的。[10]但后来，正是母亲的政治敏锐性和对进步事业的激情，让他更亲近母亲。[11]

凯恩斯的家庭，对于一颗喜欢冒险的心来说是令人感到舒适的、高尚的和振奋的，在很大程度上也是令人感到安全的。天赋稍逊的家庭那种平凡的专注并没有妨碍凯恩斯的成长。在这个世界里，一个孩子可以通过自己的想象建造城堡然后住进去，而毫不留意门口的茅棚。要不是母亲积极参与政治，凯恩斯恐怕没有理由关注"社会问题"。即便如此，对这个迅速成长的神童来说，跟当下的关切比起来，社会问题并不那么重要。[12]

年轻的凯恩斯在气质上是早熟的，有一点自负，天资聪颖，反应灵敏。斯基德尔斯基称，凯恩斯曾把自己的自负施加在妹妹玛格丽特身上，让她相信：她是一个东西，而不是一个更高贵的实体。这惹得妹妹流泪。[13]他的自负也确实有分寸；他饱受下面这个确信的折磨：他很丑。[14]他的外表始终颇为引人注目，而且，对一个孩子来说，在保持一致成为一个紧迫性问题的年龄，与众不同就是丑陋。

弗洛伦丝生动描写了她这个过早有自制力的儿子：

> 凯恩斯尤其喜欢下楼来吃午餐并倾听成人的交谈。我们有时候不得不提醒他：别指望加入谈话。他接受了这一建议，并悲伤地评论道，这将是"一个大缺陷"。[15]

他的家族——它的根可以追溯到 1066 年一位跟随征服者威廉漂洋过海而来的先辈，准备发起另一项征服行动——这是一项在政治经济学的世界尽情释放的智力征服行动。[16]作为一个后维多利亚时代的剑桥之子，凯恩斯注定要在试图用一种基于智性主义的世俗伦理取代基督教的努力中成为一个主要行动者，这种智性主义是实用主义的、进步主义的、浪漫主义的和理想主义的。[17]正如凯恩斯后来所指出的，在剑桥，基督教的问题是它可疑的历史主张，以及从这些主张中衍生出来的"严格的原则"。"一个时代为什么只有相信或者至少是被培养得相信那些荒谬可笑的东西，它才能是伟大的？"[18]对凯恩斯来说，这就是要努力在政治上把一种构建在传统道德基础上的文化与一个其价值有着明显更世俗来源的世界协调起来。[19]

凯恩斯在伊顿寄宿学校的早期成就，提供了一个正在发展的身份特别是一个早熟的身份所需的支持。进入 1897 年，他特别留意到他的着装风格与众不同：每天一条新的白色领带，一朵来自乡村花农的扣眼花。[20]与其他所有奖学金学童住在同一幢房子里，凯恩斯从一开始就如鱼得水。这群伙伴隔绝了某些有着更市侩的价值观的人，凯恩斯从而得以自信地融入伊顿的文化。伊顿寄宿学校生活的强度使人容易变得情绪化。他的高傲姿态并非无人注意，但他聪明到足以避免受辱和遭受冷暴力，而这些正是公立学校生活的组成部分。斯基德尔斯基指出：

> 他既不想打人也不想挨打。智力提供了一条出路。他已经利用智力让自己在家里能够随心所欲。之后，他也将利用智力给这个世界提供一个反叛或服从之外的选项。[21]

倒不是他缺乏勇气，他甚至很擅长踢足球。内维尔密切关注儿子的进步，对他争取奖学金的努力感到无比高兴。

1902年，凯恩斯去了剑桥大学的国王学院，学习古典学和数学。在培养一个有着早熟倾向的神童上，国王学院与伊顿公学旗鼓相当。凯恩斯与众不同的长鼻子——这使他获得了"大鼻子"的绰号——给了他一个标志，这个标志很好地匹配了他的高智商、小胡子和充满活力的表情。[22]身边围绕着一些志趣相投的年轻人，凯恩斯和朋友们能够构建另外的选项，不同于维多利亚时代晚期社会的丑陋、单调和矫饰。他们也生活在一个很大程度上脱离女性同伴的社会茧房里。女性不被允许在大学里获得完整成员的身份，直至凯恩斯去世两年之后。

他早年被招募进使徒会——一个才华横溢的小团体，这为非传统的个人生活搭好了舞台。[23]那个时代的典型冲突，传统道德与追求世俗快乐之间的冲突，以直接的形式呈现在凯恩斯及其男性同伴的面前。使徒会每个星期六晚上在某个成员的房间里集会，并提交论述道德和形而上学主题的论文，这一做法为解决冲突提供了一个论坛。诺艾尔·安南（Noel Annan）描述了这些炉边讨论者的方法：

> 在他们对资产阶级堡垒的攻击中，现代主义者们重新发现了最有效的破坏方法。一种方法是使用辱骂和狂轰滥炸摧毁敌人的防御工事。另一种方法是使用理性炮轰一个又一个棱堡，直至敌人毫无防守之力。但最具毁灭性的方法是通过在底下挖洞来侵蚀敌人的马其诺防线。你先用讥笑，然后用嘲弄、影射、嘲笑、尖刻和讥讽，来挖掘地道；突然间，资产阶级社会的防御系统便垮塌了……在嘲弄面前，宗教瑟瑟发抖，尊敬消失不见，信仰一败涂地。[24]

他们原本可以让追求世俗快乐变得崇高，从而解决神圣与渎神之间的冲突。幸亏他们有恰当的向导。他们有哲学老师和资深成员 G. E. 摩尔（G. E. Moore）。那年，摩尔出版了《伦理学原理》（*Principia Ethica*）。其中有解决这个困境的方法（不管多么抽象）。[25]36 年后，凯恩斯回忆起它的冲击性："它对我们的影响，以及在它之前和之后的谈话，支配了甚至依然在支配着其他一切。"[26]

摩尔的论证实际上是一种理想主义的功利主义。不是聚焦于世俗快乐，摩尔把理想定位于凭直觉认识到的"善"的领域，比如美、友谊和美学。在这样一个领域，使徒会成员们的思考获得了伦理探究的光环。放纵被归为对一组可以辨别的审美标准的追求。作为直觉特别敏锐的人，凯恩斯和他的朋友自视为无产阶级的先锋队，挣脱维多利亚时代建制派的僵化束缚，寻求解放。[27]他们认为，他们了解美。在一个超越习俗的领域，他们可以展望并过上善的生活。凯恩斯回忆道：

除了心态，什么都不重要，当然包括我们自己的和别人的心态，但主要是我们自己的。这些心态不关乎行动、成就或结果。它们存在于不受时间限制的、充满激情的冥想和交流状态，在很大程度上与现在和未来没什么关系……充满激情的冥想和交流的恰当主题是一个钟爱的人、美和真理，一个人在生活中的主要目标是爱和创造，以及对审美体验的享受和对知识的追求。其中，爱首先远道而来。[28]

在剑桥的经历中，功利主义留下的是这样一个假设：行动应当根据结果而不是意图来判断。但摩尔把凯恩斯引向了一种基于美学的内省道德，"一种纯净得多、也甜美得多的空气"[29]。年轻的凯恩斯被引向了这一毕生的追求，受摩尔的思考指引。1938年，凯恩斯回首往事，称"那是令人兴奋、令人愉快的，是一次新的文艺复兴的开端，打开了一片新的天地。我们是一个新天命的先驱，我们无所畏惧"[30]。对他来说，依然要寻找一条路，去践行摩尔的思想。

进步的政治可能是这样一些动机的自然出口。据报道，年轻凯恩斯的政治主张与他那个时代最先进的思想家一样，是"自由贸易自由主义"。迟早，他将成为剑桥联合会和自由俱乐部的主席。但凯恩斯与贝特丽丝·韦伯（Beatrice Webb）及西德尼·韦伯（Sidney Webb）的费边社会主义也有一些互动。在剑桥联合会的一次辩论中，他和韦伯夫妇站在一起，支持"集体社会主义"。[31]对于凯恩斯向左走了多远，他的解释者莫衷一是。[32]他走得够远的了，足以导致他的父亲得出这样一个结论：他赞成"没收财富"，但还没有远到参与激进的社会主义者的行动。毕竟，自由党是由诸如罗斯伯里（Rosebery）勋爵这样一些人物领导的，后者在 1906 年强烈抨击"社会主义是一切的终结"。[33]

凯恩斯明显在为把使徒会成员当中如此活跃的良好直觉一般化（即便不是民主化）寻找可选替代方案。正如凯恩斯后来所反思的，这个工具应该是文字："如果在反复诘问之下，你看上去并没有准确地表达任何意思，你就要面对强烈的怀疑：你根本就言之无物。"[34]口舌之争是对品格的检验，而不是吸引他那么多同龄人的运动。言语并不完全引致行为。"'为善'与'行善'之间并不存在非常直接的关联；我们有这样一种感觉：存在一定的风险，践行后者可能妨碍前者。"[35]在这个强烈的个人承诺的范围内，尚没有开展社会活动的空间或精力。那会来得晚一些。

凯恩斯学会了把智力看得高于一切，这个"一切"包括道德、行为、政治意识形态和服从等常规惯例。凯恩斯对传统道德的反叛贯穿他的成长过程。知识技能胜过共同体的价值。

> 我们完全拒绝接受把服从一般规则的个人责任施加给我们。我们主张有权根据其自身的利弊来判断每一个个案，以及有助于成功地做到这一点的智慧、经验和自制。这是我们的信仰——强烈而好斗地抱持的信仰——非常重要的一部分。对外部世界来说，它是我们最明显、最危险的特征。我们完全拒绝接受习俗道德、常规惯例和传统智慧。也就是说，我们是严格意义上的非道德主义者。[36]

这里的要点不只是自我放纵，它是对一种哲学的认识，这种哲学致力于引发这些心态的"良好感觉"和"恰当目标"。这些感觉回应自然和创造中美的部分，并取代庸常生活中的丑陋、愚蠢和平庸。[37]良好感觉和"愉快的感觉"不是一回事，在摩尔看来，它必然让善的概念承载伦理意图，承载和谐与正确的古典品质。[38]

如果说这一理论预示了凯恩斯及其朋友们的满不在乎，那么它也表达了一个将被施加给一系列人类努力的利他主义观念。在凯恩斯看来，单调乏味的经济学学科绝没有远离其他艺术和科学，而是它们的一个方面。经济学涉及一项实际任务：为了生产那些将改善生活的力量合成物而认识社会。

正如斯基德尔斯基所总结的，摩尔教导我们，"最优的可实现事态注定是'复杂整体'，其价值并不等于各个部分的价值之和"[39]。摩尔的观点有一个近乎神秘的特性，导致凯恩斯在一生中既不满足于根据一个建立在单一指标基础上的趋势来进行理论化，又不满足于各个"部分"的现有安排。凯恩斯坚信，只要正确的实际措施到位，就有更好的构成方式等待实现。在他后来的生活中，当你能发现他在一连串令人眼花缭乱的责任和任务当中活动的时候，他正在塑造一个改良版"复杂整体"的不同部分。

从凯恩斯显露出来的观点来看，被认为是传统的或"旧的"东西，未必糟糕到了牛头不对马嘴的程度。与此同时，诸如革命或不可改变的趋势这样一些转型运动，由于无视社会构成的不同部分的内在目的而让他感到吃惊。[40]尽管他喜欢与人争论自己背离传统政策的正确性，但他绝不是一个革命者。

在剑桥，开始有了一个除哲学家、人文主义者或古典学者之外的职业可能性。经济学家这个现代职业为凯恩斯在剑桥的伟大前辈阿尔弗雷德·马歇尔（Alfred Marshall）所首创，目的是建立一种世俗道德。通过一些开创性的决策——涉及把资源用于分析，而不是把它们交给冲动的自利者——就会有这样的可能性：伦理规范、道德原则甚至还有责任感就可能进入这样的计算。[41]

经济学学科促进围绕理性的、有望在道德上被证明合理的资源分配，对社会成分重新排序。

从严格意义上讲，凯恩斯绝不是一个受过正规训练的经济学家。他 1905 年通过了数学荣誉学位考试。他在阿尔弗雷德·马歇尔及其他老师的指导下花了 8 周的时间学习经济学，但不是以经济学荣誉学位考试修完他的学位。在准备经济学考试的过程中，他决定参加公务员考试，这涉及一个论述经济学的部分，还有其他内容。经济学学科在剑桥相对较新，只有初级文献，而考公务员作为一条通向伦敦——政治事务和个人事务的中心的稳固途径在向凯恩斯招手，对里顿·斯特拉奇（Lytton Strachey，住在伦敦）的一次拜访使凯恩斯做出了决定。[42]

凯恩斯懂得他那个时代的做派和脾性，他会以高明的技巧来运作，塑造公共舆论，但他绝不"属于"建制派。这些紧张感在凯恩斯的个性上显露了出来。迈克尔·霍尔罗伊德（Michael Holroyd）透过使徒会预言家斯特拉奇的眼睛来观察凯恩斯，他这样描述凯恩斯：

> 他（凯恩斯）的头脑运动不止且反应迅速，以至他那更夸张、更警惕的情绪根本赶不上，从未完全同步。他作品中那些灿烂的光芒不是表面上的，却有点冰冷。像一个出庭律师，他常常决心隔着一段距离把一个观点表述清楚，他陈述的观点有时候似乎古怪得像是替别人说的。他对一个起初虚假的前提所做出的回顾性阐述有时候显得才华横溢，充分发挥了他的独创性；他的头脑，围绕这个中心谎言，以不可思议的速度运转。[43]

凯恩斯通往伟大之路在毕业典礼上立即开启。在公务员考试中，他在 104 个报考者当中名列第二，他的经济学和数学考分让他错失第一名，这让他大发脾气。第一名去财政部任职。由于在考试中得了第二，他加入了印度事务部，在那里被带到了被称作大英帝国统治的重大试验的中心。印度与英国之间的差别，尤其是传统的农村经济与自由放任的工业经济之间的鲜明对比，赋予这一试验一个近乎超现实主义的特性。[44]保护主义和自由贸易及货币稳定的经典问题，就是这个初出茅庐、从来不曾也永远不会踏足印度次大陆的神童的日常精神食粮。

就经济学的实际维度而言，印度事务部犹如一个杰出的指导老师。凯恩斯能够致力于具体问题，并越来越深入经济理论的基础。这成了他在这一领域逐步增长的能力的风格。凯恩斯不断丰富专业知识——直至 1910 年他才读到亚当·斯密（Adam Smith）的《国富论》（*Wealth of Nations*）。他对这一领域经典的熟悉从来都不突出。[45]

凯恩斯看到了政府管制活动的使用和滥用，熟谙了五花八门的专业知识，并洞悉了政府最高委员会愚蠢的迹象。他对自己的朋友斯特拉奇抱怨："我十分之九的时间无聊透顶，另外十分之一的时间有点毫无道理地生气，任何时候我都不能做我想做的……当你十分肯定你正确时，有 30 个人可以让你变得无能为力，这真令人发狂……害怕承担任何责任几乎是悲哀的……它阻止提出任何原创的或公正的提议。"[46]但不只是官僚引起他的怒火：就在战前，他发表了一些文章，谈论伦敦市银行家对货币危机的误解。

尽管两年后他离开印度事务部去了剑桥大学，但他在那里待得够长了，足以深深卷入印度货币政策的管理，甚至写了一本小书，题为《印度的货币与金融》（*Indian Currency and Finance*，1913）。这样一份政府政策的辩护书，打开了通往远不那么传统的政策论著之路。

在稚嫩的 25 岁之年，他成了母校剑桥大学国王学院的院士，但这次调动遭到朋友们的警告。[47] 两年后，即 1911 年，他成了声望卓著的《经济学杂志》的编辑。有了这一任命，他算是传承了父亲的衣钵。他一直担任编辑共 33 年，对被录用和被拒绝的稿件同样给予干脆的判断和尖锐的评论。

他撰写的最早书评之一是评论奥地利经济学家路德维希·冯·米塞斯（Ludwig von Mises）的一本论述黄金和货币体系的书。他把米塞斯描述为缺乏原创性，"在某种意义上是堕落的。米塞斯博士给外行读者留下的印象是一个学派受过很高教育的追随者，这个学派曾经非常卓越，但如今失去了活力"[48]。十年后，当米塞斯的著名追随者哈耶克成为凯恩斯主要的对手之一时，他将会听到更多关于这个学派的事。

第一次世界大战让他回到了政府部门担任要职，这一次是财政部，他成了管理战时财政的关键团队成员。在一年内，他负责战争的外部融资问题。在财政部，他第一次见识了美国人的融资能力。他们对凯恩斯的回应是在谈判中斥责他粗鲁无礼。[49] 在接下来的战争中，他将试着展示魅力。

尽管他持怀疑态度，但在财政部的那几年他看到了一个能够面对"邪恶"和"狂热"的机构的作用，即使它的做法那么缺乏想象力。[50] 为了发挥想象力，他有另外的场所：伦敦的布卢姆斯伯里区。正如他的非凡智力把他与寻常讨论的平庸乏味隔离开来，布卢姆斯伯里的财务独立和文化反叛把他与朋友们分隔开来，并与他们周遭那些家常的、平淡的、根深蒂固的现实格格不入。[51]他对著名的布卢姆斯伯里小圈子准公社性的安排的参与，从他1915年受雇于财政部开始，延续了二十多年。他的伙伴包括伦敦的艺术和文学先锋派。

剑桥在这些完全不同的人之间提供了文化纽带。伦敦的贡献是布卢姆斯伯里的氛围，那是大英博物馆和伦敦大学的所在地。

布卢姆斯伯里小圈子的成员包括：艺术家克莱夫·贝尔（Clive Bell）和瓦妮莎·贝尔（Vanessa Bell），瓦妮莎的小说家妹妹弗吉尼亚·斯蒂芬斯（Virginia Stephens）和弟弟阿德里安·斯蒂芬斯（Adrian Stephens）；"志向远大的批评家"里顿·斯特拉奇和他的表弟邓肯·格兰特（Duncan Grant）；德斯蒙德·麦卡锡（Desmond McCarthy）和莫莉·麦卡锡（Molly McCarthy），两人都是作家；两个公务员——西德尼·沃特洛（Sydney Waterlow）和萨克森·西德尼-特纳（Saxon Sydney-Turner）；自由党人——下议院议员希尔顿·扬（Hilton Young）；剑桥数学家 H. T. J. 诺顿（H. T. J. Norton）。伦纳德·伍尔夫（Leonard Woolf）大约与凯恩斯同期加入了这个小圈子。伍尔夫后来娶了弗吉尼亚。弗吉尼亚成为"布卢姆斯伯里小圈子"最著名的作家。[52]这个小圈子的特征被昆汀·贝尔（Quentin Bell）注意到了——他的父母也是该小圈子的成员。在他列出的20个人当中，有一半是使徒会成员，7个人要么是斯特拉奇家族成员，要么是斯蒂芬斯家族成员，除了5个人，其他所有人都来自剑桥。[53]

布卢姆斯伯里提供了一种公共媒介，利用该媒介，艺术家、随笔作家、舞蹈家、诗人、政治家和经济学家可以检验他们的创造力，而没有常规惯例的约束。

诚然，布卢姆斯伯里的居民与传统社会习俗格格不入，其艺术努力完全是实验性的，但他们也讨厌争强好胜和心狠手辣。作为艺术批评家，理查德·肖恩（Richard Shone）注意到，"布卢姆斯伯里没有组织化；它并没有形成一个俱乐部，崇拜一个神，发起一场运动"[54]。他们所做的，是怀抱创造冲动和彼此互异的智识倾向。

布卢姆斯伯里小圈子的反叛是针对"伪善的言辞"，而不是针对经济制度或政治制度。斯基德尔斯基指出："他们反对'维多利亚时代人'的特定形式，依赖于依然存在的维多利亚时代生活的其他方面……布卢姆斯伯里小圈子对'无产阶级文化'的任何观念均怀有敌意，对'资本主义文化'也怀有敌意。"[55]在某种意义上，这部分证明了英国人对社会中知识分子的怀疑是正确的：与其说他们是批评家，更遑论革命者，不如说他们是"与现状利害攸关的局内人"[56]。

即使那样，他们所违背的，也不是实践，而是精英文化的温文尔雅。毕竟，威尔士亲王正因与已婚女性的风流韵事受到广泛关注。正如罗伯特·马西（Robert Massie）所指出的："支撑整个结构的基本规则是审慎；每一件事情都可能被人知道，但没有一件事情能说出来。"[57]但布卢姆斯伯里小圈子的成员说出了他们的感受和想法，或者更准确地说是写在书信和不留情面的回忆录中，而这些东西迟早要出版。

65年后，昆汀·贝尔写到他的童年时期，回忆起在一幢凯恩斯与他的父母，偶尔还有其他人共住的房子里的生活：

> 别人——正派人——有黑色、深灰色或海军蓝色的前门；而我们的是明亮耀眼的鲜红色，好让全世界都知道：我们抱

有错误的观念……[58]

凭借十足的才华，以及他与那些同样追求新真理的人之间的深厚友谊，凯恩斯希望找到答案，以回答那个时代一些重大的伦理问题。[59]在这条路上动身出发时，他留下了习俗和宗教智慧的路牌——正统的政治经济学。他随性率真而善感浪漫，时而欢欣鼓舞时而意气消沉。在社交活动中，他秉持着对政治和经济生活的正统观念，这些正统观念在20世纪余下的时间里让西方心醉神迷。

布卢姆斯伯里的不同世界与沉湎于习俗和传统的社会现实之间的碰撞很快到来了。不可避免的破裂首先以这个珍贵的个人世界与他的日常生活经验之间的一次分离而出现。他可以在他的伊顿小圈子中，在国王学院的使徒会中，然后在布卢姆斯伯里小圈子中，寻求逃避现实的庇护所。

用来不断发展自己的人格的那些身份关系网络，对凯恩斯而言，既是一种个人锻炼，也是一种集体锻炼——他所属的小圈子完全不同于所处的社会。布卢姆斯伯里与英国社会之间的较量，对他正在发展的作为一个理论家和政策制定者的能力，有一些令人感兴趣的影响。与此同时，他的承诺性质未定让他在自己与社会的关系中显得不安和犹疑。战争最终会破坏那条把他与政治建制派的常规惯例联系在一起的纽带。

拉斯基：家族与反叛

正当凯恩斯在伊顿公学和剑桥大学磨砺才智的同时，拉斯基正进入一个特权、沙文主义以及阶层与地位悬殊的世界。维多利亚女王 60 多年的统治给英国商人阶层带来了繁荣，也给位于英国工业的心脏曼彻斯特的拉斯基家族带来了繁荣。拉斯基是一个在犹太教和自由党的事务中都很活跃的显赫家庭的第二个儿子。在工作、宗教和政治这三个领域，在一个联系紧密的犹太人圈子当中，拉斯基家族是领袖。

英国的犹太人借助社群的高度团结，抵抗英国人的种族主义和势利，他们看到，随着维多利亚时代最伟大的首相本杰明·迪斯雷利（Benjamin Disraeli）在 1868 年当选，犹太人社群获得了官方的合法地位。威尔士亲王在 1869 年为他的密友创立马尔伯勒俱乐部时允许犹太人加入。然而，就连迪斯雷利的貌似真实和亲王的宽宏大量也几乎不能减弱一个岛国种族的沙文主义，它有自己的理由害怕有着不同宗教信仰并竞争商业利益的民族。英格兰和威尔士超过 96％的人口是本土出生的，就像拉斯基一样。然而，拉斯基的祖先是波兰人，在一个有压倒性优势的同质化社群中，他的种族让他很难融入。[60]

从曼彻斯特犹太人社群内部来看，正是团结感缓冲了拉斯基家的孩子对他们所处环境的猜疑。对于一个富有想象力的敏感少年来说，这样的环境是一种精神圈地。哥哥内维尔几乎是根据犹太人家庭生活的正统价值塑造自己。有着一头卷发的拉斯基被推向新的表达可能性。拉斯基在负责其教育的老师身上，在儿时阅读的乌托邦文学中，而且正如我们将看到的那样，也在一个更可触知的、比他大 8 岁的年轻女性身上，发现了这些可能性。

对于拉斯基，对父母的反叛被他的主要传记作者大肆评论，包括：迈克尔·纽曼（Michael Newman，1993），艾萨克·克拉姆尼克和巴里·希尔曼（Isaac Kramnick & Barry Sheerman,

1993)，以及金斯利·马丁（Kingsley Martin，1953）。他的反叛是一种双刃反叛：在一种教父般的文化环境和家庭环境中直接反叛父亲的权威，不那么直接地反叛他成长的特权环境。

拉斯基的名声紧跟着对一位有力而坚定的父亲的宗教反叛和社会反叛而来。哥哥内维尔显示出父亲所信奉的美德，但拉斯基被他周围的阶级差别所撕裂。他怀疑他的信仰的真实性，书籍和没完没了的谈话助长了他在智力上的顽皮。理性必须挑战信仰，传统必须经得起批判，剥削必须被揭露。[61]

1908 年，体弱多病、常年卧床的拉斯基读了威廉·莫里斯（William Morris）的《乌有乡消息》（*News from Nowhere*）。除了西德尼·韦伯和贝特丽丝·韦伯的作品之外，这本书把他引到了一个极度贫困的隐秘世界。这本书是他的老师 J. L. 帕顿（J. L. Paton）给他的，帕顿是一个"自由主义人道主义者"，也是拉斯基家的常客。[62]另一个朋友是曼彻斯特大学教授萨缪尔·亚历山大（Samuel Alexander），一个著名的道德教授和"伦理社会主义者"。亚历山大是第一个成为牛津大学和剑桥大学院士的犹太人。[63]帕顿和亚历山大代表了左派的孪生传统——自由进步主义和社会主义。在拉斯基家的斯梅德利公馆，他们发现一个热切的男孩，对舒适环境之外的世界充满好奇。

少年拉斯基就这样被鼓励思考，把探寻的目光投到自由主义的犹太建制派，而他的父母是核心成员。他在那里发现了对社会不公的掩饰，他着手从一个更大的社会消除不平等的祸根。尽管他真诚地接受了犹太教的成人仪式，但拉斯基十几岁时便抛弃了他的宗教信仰。拉斯基反感宗教结构以及他在周围到处看到的阶级体系的势利。[64]

　　拉斯基受到的政治洗礼在一个著名人物的陪伴下到来，他在后来的生活中将会与这个同伴戏剧性地分道扬镳。作为一个只有11 岁的孩子，他被介绍给父亲政治上的熟人温斯顿·丘吉尔（Winston Churchill），一个正在上升的年轻自由党政治家。丘吉尔竞选代表曼彻斯特的国会议员，从 1904 年至 1908 年断断续续在拉斯基家暂住。当丘吉尔在卧室里的镜子前练习演说时，少年拉斯基会凝目注视、心醉神迷。丘吉尔的竞争对手威廉·乔因森-希克斯（William Joynson-Hicks）提出丘吉尔拉拢"犹太人选票"的问题。少年拉斯基一路被带着参加竞选活动，较早就明白了政治辩论的激烈性及其对他自己所处环境的可能影响。[65]

　　拉斯基早早便学会了鲜明地把曼彻斯特那个平淡无奇的、不完美的世界与"那个可能实现的更理性、更公平的世界"区分开来。[66]这种空想理想主义由于英国犹太人体验到的紧张而被复杂化了。青年拉斯基让这些紧张成为他的第一本书《天选之民》（*The Chosen People*）的主题，其中附有几篇关于他痛苦的自我反思的短篇小说。[67]他与宗教遗产和青春叛逆的双重压力斗争，同时在构建一种民主权威，这种权威将勇敢面对他在自由主义建制派表象背后察觉到的阶级特权。

　　年轻的拉斯基原本可以把宗教权威的命令搁置一旁，但他还从英国犹太人的经历中学到了异议和分歧的意义。尽管他所接受的宗教结构在他看来在理性上是不可辩护的，但宗教压迫反抗者的角色依然吸引着一个理想主义的热血少年。[68]

　　16 岁那年，在伯明翰附近一家诊所从阑尾炎手术中康复的拉斯基听了费边社一个名叫弗里达·克里（Frida Kerry）的体育文化主义者关于优生学的讲座。弗里达在信仰和行为上既不是犹太人的，也不是传统的。她比拉斯基大 8 岁，拥有纯种的英国血统。她去了瑞典学习按摩和体操，这让她的家人惊愕莫名。[69]她回国后在伯明翰教解剖学和医疗体操。这名美丽而开朗的年轻女性与多病而早熟的男孩相处融洽。16 岁的拉斯基告诉她，自己18 岁，尽管她根据他的言谈举止认为他有 20 岁。[70]

拉斯基立即展开了为期两年的追求，最终她答应了他。在他们相遇一年之后的一封热情似火的信中，拉斯基评价她和自己智力相当，讨好地把她和他母亲相比，称"你是我对女性气质的理想型"，断言弗里达"属于有利于种族进步的少数女性"[71]。这种性质的书信持续了 40 年，只要两人分隔两地。

弗里达被拉斯基的机智风趣给迷住了，也被他以优生学和女性主义事业对她自己的魅力所做出的积极回应所吸引。她的思想和意志的独立性成了年轻的拉斯基儿子反叛父亲、青春反叛宗教结构、理想主义反叛传统的一个焦点。[72]当弗里达的父母得知这桩"婚约"时，他们威胁要去找拉斯基的长辈理论。在 6 月 30日拉斯基过完 18 岁生日之后，在格拉斯哥市政厅，他们"在一群醉汉当中"结婚了。[73]

这桩婚姻对他的家庭是一个沉重的打击。金斯利·马丁描述了拉斯基家里发生的一场骚动：

> 拉斯基的一位叔叔突然造访这对新婚夫妇，把他们赶回了斯梅德利公馆。在那里，莎拉·拉斯基从弗里达的手上取下了结婚戒指，把她推倒在床上，像一个跟姐姐淘气的顽皮姑娘。18 岁的已婚男人拉斯基被剥夺了支票簿，被关进了顶楼的一个房间里。[74]

拉斯基的父亲经受了一次不算严重的心脏病发作。他让人把拉斯基的书卖掉。拉斯基的父母担心弗里达已经怀孕。弗里达被送回了格拉斯哥，她在那里有一份工作。弗里达在拉斯基的支持下拒绝加入犹太教，这进一步疏远了他的父母。已经被牛津大学录取的拉斯基不得不同意和弗里达分开，直至他修完学位。[75]

激情与知识魅力的热烈结合，构成了毕生承诺的基础。根据所有的记述，他们的婚姻是拉斯基掌握大部头写作能力和在最高层面参与英国政治、常常还有美国政治的情感基础。对弗里达来说，这桩婚姻同样充当了她代表工人阶级运动的政治行动主义生活的基础。

从一开始，弗里达给予拉斯基的，就是逃避自己内在骚动的庇护所，还有让日常生活能够运转的实际意义。女性主义和优生学构成他的智力能量和政治能量。谨慎生育的思想可以消除这个世界大战前期吸引进步知识分子——有一段时间，其中包括凯恩斯——关注的那些社会问题。[76]

拉斯基把他对弗里达的进步事业的热情带到了牛津大学。他放弃了其他兴趣，为的是修习那些让他有资格在和优生学密切相关的领域从事大学水平的国内工作必须学习的科学课程。然而，科学并不适合他。他没有通过科学考试，于是从优生学转向攻读政治学和历史，指导老师是 H. A. L. 费希尔（H. A. L. Fisher）和欧内斯特·巴克（Ernest Barker）。费希尔是一代工党政治家的导师，他把理想主义与对政治参与的承诺结合起来。费希尔关于宗教的理性主义怀疑论和对费边主义的承诺，把拉斯基沿着进步主义的道路带到更远：这条路也以巴克（研究洛克和霍布斯的大学者）的自由主义确信为标志。拉斯基发现自己身处一个与社会主义和自由主义的相反张力斗争的共同体中。[77] 他加入了费边社，开始朝着重新思考政治体制基础的方向努力工作。

他第一次戏剧性地参与政治是争取妇女投票权。诚然，拉斯基是个书呆子，但他也是一个行动派。他承担了一项激进分子抗议的使命——运送炸弹到牛津火车站。拉斯基从这次搞砸了的尝试中脱身了，更多的是凭借运气，而不是奸猾。他逃掉了，尽管留下了一张纸条，上面有他母亲的名字。有一段时间他逃到了法国，直至这一事件平息下来。[78]

拉斯基听了伟大的劳工斗士凯尔·哈第（Keir Hardie）关于矿工在组建工会的斗争中所做出牺牲的慷慨激昂的讲话。[79]拉斯基不断演化的观点导致他自己鼓吹工团主义是授权工人对抗受资本家控制的家长式国家的一条途径。工团主义者相信，工会可以产生建立在工人联合基础上的政治权力中心，接下来，他们就会设计出建立在共同利益基础上的合作方式。他加入了一个由大学教师和积极分子组成的代表团，拜访劳合·乔治（Lloyd George），要求更好的工人待遇。一个参与者事后回忆，拉斯基"以有点像斗鸡的狂怒猛攻倒霉的首相"[80]。

在所有争取民主的斗争之后，选票——费边主义的工具——似乎不大可能收买资本主义国家。[81]然而，在火车站行动失败之后，直接行动对拉斯基已经没有进一步的吸引力。激进的妇女参政运动所催生的潘克赫斯特小集团对暴力的使用导致他1913年之后在"精神忏悔"中转身而去。[82]他对自己的文化的怀疑态度，以及他不断增长的对阶级政治的承诺，很快在关于第一次世界大战的意义与后果的论战中得到了检验。

在命运攸关的1914年，年轻的拉斯基从牛津大学新学院拿到了一等学位。现在，他与妻子团聚了，但失去了家里的经济支持，他在伦敦的《每日先驱报》得到了一份作为记者的工作。他反对走向战争，为工人阶级的反抗撰写社论。随着双方陷入敌对状态，拉斯基在《每日先驱服》上表达了对一种非扩大权力的和平的承诺。尽管他依然反抗，但他自愿履行自己的义务，并报名参军。一颗脆弱的心脏导致他遭到拒绝。[83]

拉斯基明显注定要过学术生活，新学院院长问拉斯基是否愿意去蒙特利尔的麦吉尔大学填补一个突如其来的空缺。拿着父母很不情愿地借给自己的钱，他动身前往加拿大。在寻求家里的帮助时，拉斯基不得不应对与哥哥——模范犹太人之子内维尔的比较。内维尔如今是兰开夏步兵团的一名上尉，与英国最受尊敬的拉比之一的女儿订了婚。[84]远隔重洋，正合兄弟双方心意。

到达蒙特利尔之后，这对年轻夫妇尽最大的努力安顿下来。弗里达怀孕了。女儿黛安娜（Diana）的出生（有一段时间她病得很重）导致他们债台高筑，他们作为父母大为紧张。拉斯基在各种五花八门的杂志上为他的政治观念找到了一个有报酬的出路，并能够开始建立作为一个敏锐的政治趋势观察者的名声。

弗里达是对拉斯基的完美补充。金斯利·马丁这样描述她：

> 弗里达比拉斯基大 8 岁，长得漂亮，非常务实，对妇女投票权、生育控制和社会主义满腔热情。她不屑于耍手腕，怀疑一切妥协，喜欢让优雅或传统的人大吃一惊，倾向于把任何形式的圆滑视为不诚实。她本能地站在底层人一边，支持进步事业。在那些日子里，她的热情尚未被热心追随者的经历蒙上阴云……在这一时期，正是弗里达，而不是拉斯基，赢得了作为反叛者的名声。[85]

这位年轻的讲师发现麦吉尔大学很不适合施展他壮志凌云般

的抱负。在他作为《每日先驱报》记者和主笔的经历中，他品尝过知识理想主义和实际政治的醉人佳酿。在麦吉尔大学教书的同时为政治杂志写作让他有更多的机会为人所知，尽管一些清闲同时常规的日常工作让他对自己的处境深感不满。与哈佛大学法学院费利克斯·弗兰克福特（Felix Frankfurter）的幸运偶遇使拉斯基立即与这位年轻教授建立了友谊。1916 年，一纸哈佛教员的任命紧随而至。[86]

在 1916 年，对拉斯基来说再也没有比哈佛大学更好的地方，也没有比战前进步运动与战时新左派形成之间这一时期更好的时机了。拉斯基被达尔文和马克思的书所吸引。他们理性主义观点的激进主义掩盖了拉斯基文化身份那些更深的根，这些根就深植于他的波兰先辈所忍受的在犹太人聚居区的经历。密友金斯利·马丁阅读了拉斯基的早期作品，看到他正在触及一种新的人文主义，它依然忠实于犹太人的道德价值，同时接受社会上的进步科学主义。[87]

童年时期既给了拉斯基反叛社会的动机，也给了他文化工具。正处在职业发展期，由对妻子的热情承诺所支撑，拉斯基准备专心于时代的伟大事业。

哈耶克：一个植物学家的继承人

哈耶克生于 1899 年，和拉斯基及凯恩斯一样，他也是在 19 世纪末出生的。哈耶克家族在一个世纪前被封为贵族。父母来自一个成功的公务员、教师和教授世系。这是一个有着小康收入的家庭。作为一个收治穷人的市政医生，父亲的中等水平收入得到了来自母亲所继承相同数额遗产的补充。父亲宁愿在卫生部稳步上升，也不想承受私人执业的不确定性。[88]

作为三兄弟中的老大，哈耶克受益于溺爱的父亲和家庭生活的强力支持。他回忆道：

> 我们大概有一种理想的家庭生活。每日三餐聚在一起，在太阳底下谈论每一个话题，父母让我们自由地讨论、思考，甚至容许我们犯下一些并不严重的小过失。[89]

哈耶克的青春也有社会性的一面。他说他家在环城大道 25 号的那套公寓犹如"维也纳上层学术界的中心"。[90]

父亲奥古斯特·冯·哈耶克（August von Hayek）博士是研究阿尔卑斯山植物的公认权威，培养了少年哈耶克对自然界的兴趣。科学研究的魅力为父亲和儿子们提供了一块友情和思考的保护地。三个儿子全都成为教授，并因此证明父亲是正确的。父亲曾想放弃医学教席转而接受维也纳大学的植物学教席，但这个愿望没能成功。

罗马天主教短暂地吸引了哈耶克一段时间，到了 15 岁的年龄，"我想知道'上帝'这个词指的是什么，但没有人能给我一个合理的解释，因此，我认为声称相信上帝就像声称不相信上帝一样毫无意义"[91]。他的想象力被戏剧所占据，他试着用古典风格写过几部悲剧。[92]

对于从植物学研究转向古生物学研究，哈耶克说引起他好奇的，更多的是进化，而不是分类。尽管自然界提供了最初的魅力，但在 16 岁的时候，拉斯基发现自己的兴趣正转向人类行为研究，对此他的解释是出于"对理解我所生活的这个世界的渴望"。[93]自然界的进化同样为一代正在寻找人类社会一贯模式的知识分子提供了模板。哈耶克注意到了周围的社会主义讨论，开始学习经济学——作为亚里士多德分析方案中道德的一个分支而被介绍给他。[94]

半个世纪后回首往事，哈耶克描述了儿时的十年：

> 对我们来说，我们这个世纪的第一个十年似乎是一个遥远的和平时期；即使是在中欧，对于他们的文明的稳定性，大多数人也在自我欺骗。[95]

头脑刚刚对维也纳的变革潮流打开，那种稳定性的感觉就被打破了。1914 年 5 月，他过了 15 岁。6 月，奥地利大公在萨拉热窝遭暗杀。1915 年，哈耶克将面对第一次世界大战的灾难。

大英帝国和奥地利帝国的肥沃土壤养育了三个身份截然不同的人。当大战吞没欧洲时，这三个年轻人发现自己身处截然不同的共同体。凯恩斯生活在一个公社里，但工作在建制派的巢穴里。拉斯基为客居加拿大的侨民，之后到哈佛大学，加入了一个由与他们的出身不同的进步知识分子构成的共同体。正处二八年华的哈耶克，和同伴一起成长，他智力超群，兴趣广泛，因而颇引人注目，但缺少一个清晰的理论焦点或意识形态焦点。

凯恩斯和拉斯基这时均已大学毕业，初涉经济学家和政治学家的职业生涯。两个人都是社会活动家，拉斯基作为激进的新闻工作者，凯恩斯作为政策制定者和初露头角的批评家。对于哈耶克而言，未来的他本可以在植物学领域占有一席之地，但冥冥之中竟然闯进了完全不同的经济学领地。

至于亲密承诺，拉斯基还是个青少年时就结婚了，与弗里达终身合作。弗里达的成长历程与拉斯基一样充满叛逆。凯恩斯卷入了一个在当时不那么合乎道德的亲密关系网络。哈耶克——正如维也纳年轻人想要的那样——喜爱华尔兹，尚没有为做出承诺做好准备。

在未来的几十年里这些身份将得到加强，甚至被时代的兴衰变迁所塑造。战争将促使每个人脱离童年期和青年期，烙下关于政府、经济和人类失败的有力教训的印记。

第3章

第一次世界大战：未解决的冲突

拉斯基认为第一次世界大战证实了人们对邪恶动机获胜的深层恐惧。有着激进主义的倾向，他现已能在笨拙的内阁大臣和有爵位的欧洲领导者当中识别出罪魁祸首。对哈耶克来说，这场战争说明人类试图构建一个理性世界的努力软弱无力。他眼睁睁地看着自己的国家几近崩溃。这场战争首先使对进步的幻想破灭。对凯恩斯来说，这场战争，尤其是和平谈判，为展示愚蠢提供了一个舞台，他看到这种愚蠢将在公共事务的管理中占优势地位。远非公社乌托邦的田园牧歌，真实的世界不仅丑陋，而且可怕。

其中，每个人都把从这场战争中获得的教训用于社会改革。一个人怎么能断定要仰赖他们几个人来解决那个时代的主要问题始终是个谜，尽管我们将试着揭开那个时代的某些秘密。这三个人的生平说明了这样一种救赎推定的力量。

对凯恩斯来说，他的家族、伊顿公学和剑桥大学都有利于神童的培养。每走一步，他都既有远大抱负又信心满满。拉斯基在历史舞台上的首次亮相是青春叛逆。他从叛逆中走了出来，被狂暴的智力所推动，乘着文化和政治批评的潮流，这一潮流将让他在知识分子、政治观察家和活动家当中声名狼藉。

相比之下，哈耶克反叛的不是他的家庭，而是在他成熟时期主宰着奥地利命运的那些力量。哈耶克算不上公众人物，但他的确信有着不可阻挡的力量。他专注于分析，这将会扰乱并最终改变西方政治经济学的方向。对于每个人，就像对于他们的千百万同胞一样，第一次世界大战将是促使新信仰和新政治运动形成的催化剂。

凯恩斯：公社试验与反乌托邦现实

在战争的严酷现实当中，凯恩斯凭借在财政部的工作获准不用应征入伍。尽管不是个和平主义者，但他还是试图登记为良心拒服兵役者。他十分真诚地觉得，任何政府都无权做出一个像是否参战这样个人化的决定。特别法庭拒绝了他的登记，并指出，鉴于他因在政府部门工作而得到豁免，这样的登记并无实际意义。[1]

既是抵抗者又是合作者，这种古怪的分歧戏剧性地说明了个人凯恩斯与公民和领袖凯恩斯之间的分裂。[2]他的朋友几乎全都是这场战争的批评者。幻灭只不过在表面之下温火慢炖。正如大屠杀在加剧，凯恩斯内心的焦虑也与日俱增。后果将在他作为财政部代表对凡尔赛和谈的参与中爆炸性地出现。

战争造成的损失通过发给布卢姆斯伯里和剑桥朋友们的书信和电报而传到国内。诗人鲁珀特·布鲁克（Rupert Brooke）丢了性命，战争带走了战前文学才智最出众的人之一。他是凯恩斯在公社的偶像。昆汀·贝尔记得当时的感受：他的家庭"在一个生死攸关的重大问题上与我们绝大多数正派同胞不同；我们不赞同战争；正是这一点让我们为社会所不容"[3]。

布卢姆斯伯里小圈子的有些人隐退到了乡村。1916 年，瓦妮莎和丈夫在苏塞克斯郡买了一幢名叫查尔斯顿的住宅。邓肯·格兰特也住在那儿，并给凯恩斯保留了一个房间。在那里，朋友当中有些人被豁免了服兵役，并被归类为农业工人，人们可以看到他们在侍弄花园和照管场院。

当凯恩斯进入财政部的实权岗位时，布卢姆斯伯里小圈子的知识分子和社交圈与实际政治的平凡现实之间的冲突就变得鲜活明显了。朋友们质疑凯恩斯为战争工作，而非选择和平主义。凯恩斯的答复是，工作的魅力让他一直在前进。即便如此，他对是否辞职深感苦恼。利用他的职位，他可以在朋友们的征兵听证会上作证，提升他的信誉度，以此安抚自己的良心。[4]

凯恩斯被安排在离事务中心很近的职位上。他影响了财政部对总动员的反对，因此帮助把强制征兵延缓到 1916 年 5 月。他厌恶暴力，对由于劳动力损失而给战时生产造成的损害进行的一次仔细评估支持他的这种厌恶。他对战争的矛盾心态在一份公开发表的要求协商和平的呼吁书中得到了公共表达，这份呼吁书是以笔名撰写的。[5]凯恩斯在财政部的主管卷入了一些秘密渠道通信事件，这恰好暗示了这样一个结果。[6]与此同时，凯恩斯把精力转向了对英国货币地位和黄金储备的监管。

罗伯特·斯基德尔斯基推测，假如凯恩斯在管理英国的外国借款上做得没那么好，英国很可能被经济崩溃逼得走投无路。1917 年 2 月，凯恩斯估算，黄金将在当月耗尽。事实上，协约国依然有偿付能力，时间刚好长到足以让孤注一掷的德国发动不受限制的 U 型潜艇战，并因此在 4 月 6 日把美国拉了进来。[7]一决雌雄的战斗开始了。

凯恩斯在财政部一周的工作时间让他与英国领导层的很多部门建立了联系，包括首相赫伯特·阿斯奎斯（Herbert Asquith）。每逢周末，会有英国精英阶层一起参加的乡村宅邸派对。他在布卢姆斯伯里或查尔斯顿的生活更放荡不羁。当俄国芭蕾舞团来到城里时，她们受到凯恩斯及其朋友的宴请。在这批人当中，有一个人引起了他的关注，那就是莉迪亚·乐甫歌娃（Lydia Lopokova）。他们由此相识，但几年后才发展成恋人关系，这让他的朋友们大吃一惊。

随着战争结束，凯恩斯在财政部同僚们中的声望上升了。他作为一个分析师的能力开始引人注目，这为他打开了一扇新的门，这扇门通向公共政策的世界。接下来他的职责是处理战败的德国和奥地利对协约国的赔款问题。在对战后德国的能力进行恰当分析之后，他所在的部门依据破坏程度报告了一个范围。财政部给出了最高数字。首相劳合·乔治记起了财政部在征兵时的胆小怕事，便把这个问题移交给一个在政治上更受欢迎的专门委员会，该委员会把财政部给出的数字乘以 12。[8]

凯恩斯是财政部派往巴黎和会最高经济委员会的首席代表，他致力于减轻和解条款。一个稳定欧洲的恢复依赖于明智的措施和对报复的制止。凯恩斯提出了一个大胆的计划，主张最低赔款，以便德国的生产能力恢复如初。他建议"寻求欧洲作为一个整体的恢复"而不是报复。[9]实际上，他预见到了一个恢复了元气的欧洲能够借助经济杠杆向东扩大到俄国。需要第二次世界大战和冷战的结束才能重新开启这样一种可能性。

在凡尔赛，凯恩斯的缓和建议完全没能遏制协约国的怒火。威尔逊削减赔款的良好意图未能实现。法国克列孟梭花岗岩般的顽固不化和英国劳合·乔治的政治机会主义全都在密谋消灭一个理性的解决方案。凯恩斯将概率论分析用于经济恢复的复杂问题这一宏大方案化为泡影。在绝望中，他在协定签署三周前离开了代表团——筋疲力尽，满腔悲愤，在某种意义上也解除了他在那个有着严重缺陷的结果中串通合谋的负担。[10]

他对这场滑稽戏所做的笔记成了一本已经出版的包含激烈抨击的书的基础，这就是《和约的经济后果》（*The Economic Consequences of the Peace*，1919）。凯恩斯用一支磨得更锋利的笔，刺穿了西方领导者的图谋，发泄了他对西方命运的悲剧看法，挣得了名声。正如使徒会一样，嘲弄和诋毁伴随着冷酷的逻辑，结果是纯粹的光彩。这本书还创造了一个新的公共身份，用斯基德尔斯基的话说是"一种新的经济学家-政治家"，以及一个填充这一身份的不正派的典范。[11]被统一在文本中的是能力不凡的分析家和一个异议公社的成员，他睥睨传统和官方观点。

凯恩斯把《凡尔赛和约》视为政治激情战胜了经济理性。用接下来将会回荡几十年的词句，他预言：

> 如果我们的目标是故意让中欧陷入穷困，那么我斗胆预言，报复不会软弱无力。接下来没有任何东西能把介于理性力量与绝望的革命动荡之间的最终内战推迟很长时间。在此之前，对晚期德国战争的恐惧将会逐渐消失，了无痕迹，而且，这场内战——不管谁是胜利者——将会摧毁我们这一代人的文明和进步。[12]

这本书立即成为畅销书，半年内卖掉了十多万册。[13]这里面有个故事——不是关于阶级斗争或历史力量的抽象概念，而是关于品格，在并非无心的时候是恶毒的，其中他们的壮举如今每一个公民都可以看到、感觉到。在电视机出现之前的时代，凯恩斯用文字描绘的图景捕获了公众的想象力：

> 如果欧洲内战要以法国和意大利滥用其短暂的胜利去摧毁如今已经被打得趴在地上的德国和奥匈帝国而告终，那么，它们也会招致自己的毁灭，它们是如此紧密地、难分难解地通过心灵和经济的联系与受害者缠结在一起。[14]

他攻击和约领导者时的狂怒还是次要的，主旋律才是大众的威胁，这种威胁是由经济崩溃和向煽动者俯首称臣引发的。我们将看到，法西斯主义的崛起会说明这一点。

其中有一个信息是给温和政府的，也是给那些求助于独裁的人的。凯恩斯敏锐地意识到货币与政权之间的关系。富人特权与工人阶级劳苦之间的平衡涉及使用财富投资所有人更美好的未来。战前，凯恩斯相信：

> 诚然，大部分人工作辛苦，生活水平低，似乎随遇而安。但是，对于任何一个超越平均水平的能力或品格的人而言，摆脱这样的命运并进入中产或上层阶级是有可能的，生活为他们提供了……便利、舒适和愉悦，超过从前时代最富有、最有权力的君主。[15]

这场战争，还有和约，威胁到了这种幸福。"这场战争向所有人透露了消费的可能性……就这样，谎言被揭穿了；劳动阶级可能不再愿意如此广泛地放弃，资本家阶级不再相信未来，可能寻求以更长的时间更充分地享受他们的消费自由，并因此加速了对他们财富的没收。"[16]凯恩斯并没有被富人迷住，但他强烈地感觉到一个文明社会的优势。25年后，紧跟着另外一场毁灭性战争，工党上台执政，通过国有化基础工业来验证凯恩斯的预言，因此开始了资本主义财富的直接再分配。

凯恩斯预见到，被膨胀的货币不断削弱的经济侵蚀了政治秩序的整个基础。

> ［通胀会］随心所欲地将人们的财富没收充公；而且，在这个过程中让很多人变得贫困的同时，它实际上会让某些人变得富有……体制给某些人带来横财，超过他们应得的奖赏，甚至超过他们的预期或愿望。这些人成了"奸商"，他们是资产阶级——通胀政策使他们变得穷困——仇恨的目标，不亚于无产阶级对他们的仇恨。[17]

他认为，威胁并非来自从财政管制中释放出来的民主的性质，而是来自一些任性的领导者，他们无视理性，当更好的建议近在手边时听任情绪的摆布。在这些事情上，命运之神并不瞎。尽管后来被污蔑为政府支出通胀的最大支持者，但凯恩斯对它的危险性没有任何幻想。

这个年轻的预言家最后以一个警告结束：如果没有补救行动，俄国的命运则提供了范例，"灾难依旧可能发生，现代社会并不能免于最大的恶"[18]。尽管激进分子可能深受俄国革命的鼓舞，但凯恩斯不是激进分子。他决心要为英国指明一条航线。

在《和约的经济后果》中，与打造和约的国家痛苦决裂，以及对它们及其所作所为的犀利而自信的批评，是一场反叛的隆隆鼓声，这次反叛将把凯恩斯带入一场战斗，在整个20年代和30

年代挑战政治经济学的公认智慧。凯恩斯已经登上公共事务的舞台，在他成为经济学界的明星之前，他不会离开这个舞台。

拉斯基：建制派的激进分子

拉斯基在美国参战之初从麦吉尔大学转到哈佛大学，这可能要归功于他对诸如奥利弗·温德尔·霍姆斯（Oliver Wendell Holmes）这样一些名人的奇怪吸引力，霍姆斯把他视同儿子。他们之间的通信填满了好几卷。拉斯基能从麦吉尔大学转到哈佛大学同时也要归功于最高法院另外两名大法官：先是费利克斯·弗兰克福特——霍姆斯的养子，后来是路易斯·布兰迪斯（Louis Brandeis）。[19]他们将成为最高法院进步主义改革的标志。经过这次改革，修订后的美国宪法允许政府权力范围的巨大扩张。由于拉斯基是这个强力圈子的参与者，理解他的政治观点的演化无疑很重要。

部分原因是为了支付女儿的医药费，拉斯基开始为进步杂志和意见期刊有偿撰文。1915 年夏和 1916 年夏，他密切参与了《新共和》杂志的主笔工作。作为进步主义思想的旗舰，这个内部圈子组成了一场运动的智囊团，这场运动结合了科学、良好意图和社会改革的热情。其中，约翰·杜威（John Dewey）、沃尔特·李普曼（Walter Lippmann）、赫伯特·克罗利（Herbert Croly），偶尔还有一个名叫凯恩斯的英国经济学家，可以阐明一些主题，他们希望这些主题能指引西方走出战争，并在战后建设一个更美好的世界。[20]奥利弗·温德尔·霍姆斯从中则可以看到一代政治新人大放光芒。

战前，正如艾伦·瑞安（Alan Ryan）所观察到的那样，"整个国家正在洋溢着盛夏般的欢乐"[21]。随着战争的进行，其无可争议的合法性支柱被扒粪者、异议者和幻想破灭者击得粉碎。异议者当中的温和派不同程度地选边站队，像杜威站在行会社会主义一边，拉斯基则支持工会，反对社会主义左派中正出现的中央集权主义导向。在进步主义政治的愿景中，焦点牢牢对准了人民的民主意愿，而不是国家的惯例。

拉斯基与众不同的贡献开始显露。"多元主义"作为一种模糊国家忠诚、开创另外的社群服务忠诚的策略，在《新共和》1916年一篇题为《国家的神化》的文章中初次登台亮相。作为这一努力的概念基础，拉斯基把多元主义观点构想为一种自然选择的民主，借此，人民当中最优秀的人才将为社会服务。[22]1917年，援引欧内斯特·巴克作为权威，拉斯基写道：

> 正是从对变化的选择中，而不是从对一致性的保护中，进步得以诞生。我们不想让我们的国家成为一个羊圈，只有羊倌能分辨一只羊与另一只羊。相反，我们希望从男男女女的灵魂中取得最丰硕的成果。如果他们有智慧，我们就要求将它用于解决我们的难题。如果他们有勇气，我们就求助于其中坚不可摧的意志。我们将允许分歧成为我们这个国家的基础。在这一点上，我们将确保最深厚的和谐。[23]

这个多元主义观的逻辑依据涉及把主权与作为一个政治组织的国家分离开来。拉斯基认为，主权不是一个合法性的问题，也不是一个制度首位的问题，而是意志的问题——人民的意志。主权的道德基础正在于此，国家就应该向人民寻求创造力和实践智慧。

按照拉斯基的观点，国家可能不利于人民的意志，对道德是一种威胁。[24]拉斯基把在传统上构想的主权、国家和法律之间的关系颠倒过来。传记作者迈克尔·纽曼认为拉斯基主张"国家应当受道德约束"，因此，"如果它对法律负责，它就不能是法律的来源"。[25]这其中有对自然主义思想（在优生学中发现的进化范式的基础）的反思。哈耶克后来提出了一个类似的论证，尽管有着更加保守的含义。

但主权是如何表达的呢？在拉斯基看来，答案潜藏在各种不同的社会制度中，包括但肯定不限于国家。因此，制度多元主义成了行动中的人民主权的实际表达。到目前为止，他并没有脱离用埃德蒙·伯克（Edmund Burke）出于自由主义目的而构想的"有机"制度保守主义。伯克把社会视为一个由相互依存但截然不同的制度组成的聚集体，它们一起构成了复杂的社会统一体。

尽管伯克把制度如何适应和控制个体差异理论化了，但拉斯基惦记着不同的目的。正如一个同时代人所观察到的，"拉斯基使用多元主义理论促进国家中教会及其他机构和社团作为劳工世界联合的幌子"[26]。拉斯基正试图实现一个政治目标，而又不会丢掉一个对民主统治很重要的合法性传统。显然，他想保留一个支持法治的主权概念。与此同时，他也渴望为工会（及其他社团）作为主权的代理人创造一个机会。诸如工会、学校和同业公会这样的政治实体借此在宽泛构想的统治中获得一个角色。拉斯基的多元主义理论意图向民众参与形成人民的道德意志敞开大门。

作为对国家的批评者，拉斯基也渴望成为道德和主权之友。1939 年，拉斯基在华盛顿大学发表演讲，阐明了他对那个时代的看法：

> 我的结论是，权力的来源不是一元的；它并非总是来自
> 一个地方；权力的终极来源不是统一在一个单一群体中，除
> 非这个群体是社会中所有元素的表达。权力的来源事实上是
> 多种多样的。发布的命令越是建立在受影响者的同意之
> 上——个人和自愿团体的意志越是进入到所发布命令的组成
> 事项中——就越有可能保持主权。[27]

拉斯基在美国的经历影响了他对主权的重新概念化。与英国
的单一国家制截然不同，美国的联邦制体现了这样一种主权：它
既出于某些目的而分散，也出于其他目的而集中。各州有自己的
宪法，把各种不同的司法权结合在一起，而国家在某些功能性的
统治领域有突出的地位，它们为了实现用各种不同的方式表达的
人民意志而形成一个复杂的结构。

这个正出现的调和明显对立性的模式，成了拉斯基作品的典
型特征。拉斯基的多元主义理论企图推翻流行的国家理论，但不
是以反叛的名义，而是以道德的名义，甚至是以正确构想的主权
的名义。尽管同时代观察者会把工会罢工视为对法律和秩序的威
胁，但拉斯基把民族国家和工会视为具有相似影响力。国家将被
重置为主权的担保人，有着更高的、尽管也是更分散的道德意
志。他的第一步是要确保待遇的平等，以便所有人都能够参与这
样一种意志的形成。

作为他们政治努力的一个教育焦点，拉斯基和他在《新共
和》杂志的同事按照韦伯的伦敦政治经济学院（LSE）模式，在
纽约创立了社会研究新学院。安·兰德（Ayn Rand）在那里听了
拉斯基的讲座，发现拉斯基对平等主义的承诺完全是攻击性的，

以至她把拉斯基作为《源泉》（*The Fountainhead*）中社会主义非正统派埃尔斯沃思·图希（Ellsworth Toohey）的原型。[28]兰德对图希的描写是对拉斯基的讽刺：

> 一个硕大的脑门凌驾于身体之上。楔形脸从宽阔的太阳穴向下倾斜到一个小小的尖下巴。头发是黑色的，打了发蜡，被一条细细的白线分成两半。这让脑壳看上去紧凑而整洁，但让两只耳朵太过突出，以至孤零零地裸露着，就像一只肉汤杯的把手。鼻子又长又细，被稀少的黑色胡子拉得更长。眼睛是黑色的，有些吓人。智力超群，眼中闪烁着快乐的光芒，以至他戴上眼镜似乎不是为了保护眼睛，而是为了保护别人不被其过度的光芒所刺伤。[29]

兰德不喜欢他的样子。尽管她自己也是犹太人，但她更喜欢雅利安人理想中的男子气概，带有一点暴力，这让她小说中的主人公如此迷人。[30]她也不喜欢拉斯基讲课时表现出的惯常的自卑。所以，在《源泉》中，兰德在塑造埃尔斯沃思·图希的死对头角色时迁怒于拉斯基。几行字表达了她热切抱持的那种确信的对立面："'身份'——它是一种幻觉，你知道……我们被对自我的迷信所毒害……那就是头脑为什么如此靠不住的原因。我们一定不要思考。我们必须相信。"[31]这可不是哈佛大学和伦敦政治经济学院最伟大的教师之一的信条。然而，当兰德指出社会主义者在个人主义自我之上呼吁团结时，她触动了一根神经，尤其是对于伦敦政治经济学院的学生来说。

拉斯基尽管对自己的阶级身份感到自卑，但他既不反理性，也不愤世嫉俗。他的确信深厚到足以把他导向政治煽动。他对波士顿警察罢工的支持，还有之前的反战辩论，给了多元主义理论锋利的政治刀刃。他在支持罢工上的激进性险些让他丢掉在哈佛大学的职位。当司法部长帕尔默（Palmer）逮捕数千名社会主义者并打算将他们驱逐出境时，围绕波士顿警察罢工的危机爆发了。根据煽动叛乱法，《新共和》杂志上了关门停业的候选名单。[32]在接受哈佛大学监察委员会的"调查"之后，行政部门对学术自由的坚定捍卫救了拉斯基。在麦吉尔大学的一场批评英国战时政府的演说引发了同一性质的骚乱。20世纪30年代，在伦敦政治经济学院又一次发生了这样的事件，当时，凯恩斯和其他人一起为他进行公开辩护。

拉斯基的多元主义理论奠定了他在第一次世界大战中反对德国事业的基础。他不同意德国盛行的"国家崇拜"，并认为各协约国政府更有可能被真正的多元主义所吸引。[33]尽管拉斯基十分怀疑这些力量会引发战争，但他把双方视为在道德上是对等的。在弗兰克福特的要求下，他接受了一份邀约，为美国劳工部工作，着手一项计划：定义"在和平时期美国将会产生的劳工问题"[34]。

总的来说，拉斯基在美国的经历导致他发现了"一大堆我完全陌生的本地习惯和本地难题……我发现了一个这样的社会，它的性质基本上是联邦主义的"[35]。美国经验中的平民主义，州宪法与联邦宪法之间的争斗，以及地方司法权的多样性，全都在挑战一个在集中统治的欧洲和英国长大成人的政治学者。这一经历转移了他对良善国家是良善社会的关键的关注，他将才智转向研究政治哲学的重大问题：什么是主权？什么是权利？民主与正义如何结合在一起？

拉斯基被政治理论的伟大使命所吸引。用深受尊敬的践行者汉纳·皮特金（Hannah Pitkin）的话来说就是，政治理论家"根据'必须做什么'来描述……'必须接受什么作为给定的'"。那么，政治理论的任务是回答以下问题："给定我们的当前环境，我们可以在什么地方、与谁一起、用什么方式行动。"[36]拉斯基的回答是：开放政治实践，把被排除在外和被边缘化的阶级和利益包含进来。他的专业贡献在于重新审视主权、道德意志和国家宪法的"假设事实"。如果说，主权分散在人民的意志中而不是集中于国家的统治权，那么，可以通过比英国制度所允许的更直接地把人民包含进来而"行动"。

这些都是一个年轻学者在一战时期面对激进主义时所获得的教训。当他面对在战争及其后果中都很明显的权力现实时，国家越来越多地占据了他的政治思考的中心。他在 1918 年断言，自由放任主义时代已经结束。他早年对取代国家的热情如今日渐减弱，取而代之的是民主化国家的观念，作为被动员起来的人民的积极声音。积极型国家的时代已经到来。[37]运动可能提出一个道德意志的观点，但追随者并不总是倾向于理性。尽管工会可以提出对正义的要求，但它很少能超越自己的特定愿望。国家可以集中体现人民的意志；恰当建立的国家可以赋予人民的道德敏感性以意义。

尽管国家对不平等负有责任，但不行使公权力就不可能消除不平等。一个充满反叛精神的年轻学者需要解决这一紧张关系。纽曼暗示，这些因素结合起来产生了一种与众不同的、由劝说而来的激进主义与早期中央集权制的混合，这种混合后来成为拉斯基思想的典型特征。[38]很明显，对拉斯基而言，民主化国家这一概念越来越多地消解了他有歧义的主权理论。主权直接依赖于人民的意志，而不是依赖于机构的调解。政府要记录大众的愿望，而不是凭自己的意志来指导国家的进程。重构的国家成了拉斯基理论的支点。理论在这里开始转变为意识形态。有了这一转变，拉斯基对政治经济学另外一半（市场和企业的现实）的掌握不知不觉越发深刻。

随着战争接近尾声，拉斯基把这场战争视为：

> 从资本主义到工业民主的过渡时期……注定要涉及深远的变革。如果变革失败，组织起来的劳工就会面对组织起来的资本，后者有这样一个认识：它在最近 4 年所做出的直接牺牲是为了一个谎言；如果战争的结果不是西方民主内部条件的改善，1914 年之前那一时期的动荡就注定要以更大的规模重演。如果变革成功，它就注定要走得更远；因为任何一场成功的民主化试验，都不可能止步于圆满完成之前。[39]

其中，与凯恩斯关于迫在眉睫的灾难正从《凡尔赛和约》中产生的预言有一种引人注目的相似。差别在于，凯恩斯的分析赖以建立的基础是对经济承载能力的可论证性计算，连同对经济崩溃的政治含义的推测。相比之下，拉斯基的分析更多的是基于建立在政治转型理论基础上的推测，而不是系统的观察。历史必然性以及试图阻碍这一必然性的危险性，构成拉斯基思想的基础。在这一点上，他受在一个知识分子共同体当中的经历促进，这些知识分子已经放弃了对战前民族国家统治权的任何幻想。

存在一些历史"时期"和"试验"以及向现阶段的"过渡"，这一观念是很多政治思想的基础性隐喻。这样的动态，真实的也好，想象的也罢，对一个这样的人也有吸引力：他在寻找一条解救之道，以摆脱那些让一个有着远大理想的人感到失望的状况。

对拉斯基来说是这样，对哈耶克来说肯定也是如此，历史包含着各有其轨迹的力量的运动。尽管正统经济学家把均衡的隐喻施加给市场，但以这个政体观来看，不存在均衡。阶层起落沉浮；知识潮流此消彼长；利益成了作用于政体的力量。

拉斯基一直在寻求一种方式来调和对社会激进变革的强烈需要与他所处时代的国家的明显缺陷。拉斯基的创造性思维激发了他对法国工团主义理论家莱昂·狄骥（Léon Duguit）的著作的兴趣。拉斯基和弗里达一起翻译了狄骥的《现代国家的法律》（*Law in the Modern State*，1919）。他们将狄骥的作品解读为提供了一种调和民主与阶级国家政治权力现实的方式。狄骥的工团主义似乎提供了一种权力的概念化，这种权力建立在工人、工匠及其他总的来说能够让国家向一个更人性化的社会转变的社团的运动之上。拉斯基夫妇转向了一种"社会主义多元主义"。[40]

问题是，狄骥是出于稳定国家的愿望，而不是要取代甚至改革国家。[41]狄骥认为，通过自上而下地协调有组织的社会利益，国家可以把迫切需要的一致性带给法国政治。他是一个精英主义者，正在寻找一个能包含大众的框架。对狄骥的这一误解，反映了拉斯基夫妇的政治愿望给他们的理论和实践带来的压力。

同年，拉斯基出版的另一本书的书名暗示了他的目标——《现代国家的权力》（*Authority in the Modern State*），这是《现代国家的法律》书名的一个变体，"权力"取代了"法律"。[42]拉斯基认为，道德和意志具有个人属性，而不是国家的财产。国家作为自由人的工具可以是仁慈的，但作为良心的压迫者，也可能是进步和正义的阻碍者。[43]

与单一制国家不同，联合体可以视为一种新的有利于最多社会阶层的权威秩序的基础。拉斯基提出美国的联邦主义经验作为一个证据，证明存在于一个民族政体之内的社团社会是可以运转的。观察到美国人颇有创意的政府安排，以及他们丰富的社团生活，拉斯基为他的社会主义多元主义找到了新的灵感。这本书题献给霍姆斯和弗兰克福特，拉斯基精密复杂的多元主义构想引发了美国最有争议的法学家的思考。他还收获了一些保护人和追随者，这些人将在动荡时期维护他。[44]

拉斯基如今实现了某种风格：在政治上激进，但在社交上却很传统，干净整洁、衣冠楚楚的外表让他引人注目。[45]尽管拉斯基个子很小，不超过 170 厘米，但他的口头和书面表达带有一种权威，在战后世界清楚地发出了越来越有影响力的异议声音。那些可能反感他的政治观点的人，几乎总是被他的性格中那活力充沛的热情所吸引。特别是，拉斯基 1916—1920 年在哈佛大学的经历为一个建制派激进分子提供了场内规则方面的教训，他不久之后回到了英国，准备在自己的祖国大展宏图。

哈耶克：政府的谎言与经济学的真话

当凯恩斯和拉斯基在学术机构和政治机构中长大成人时，哈耶克作为一个来自优越家庭的年轻学子，正在维也纳稳步发展。哈耶克成长过程中的舒适和平静被第一次世界大战中他在奥匈帝国军队服役给扰乱了。1917 年春入伍时他刚刚 16 岁，这个年轻的新兵蛋子在野战炮兵部队负责协调通信。他暴露于意大利前线的灾难。哈耶克后来想起，这一经历改变了他的知识兴趣和职业兴趣的方向。作为一名非常年轻的军官，他亲眼看到了一支正试图拯救一个腐朽帝国的多国部队的低效和混乱。他这样评论他所看到的："这个伟大帝国因民族主义问题而崩溃。我曾参加过一场说11种不同语言的战斗。它注定要吸引你关注政治组织的问题。"[46]

哈耶克冷嘲热讽的评论只是暗示了他在儿时唯一的知心朋友——牺牲前就驻扎在附近，但他没有费心去探望——在一家陆军医院里死去时他自己所体会到的深深的失落感。他心里充满内疚和悲伤，几乎没法鼓起勇气去探望朋友的母亲。他没再找知心朋友，直至多年以后，在这之前只作为同事，而不是密友。[47]

在战时的短暂喘息中，好学的哈耶克开始阅读更多关于经济学和心理学的书。卡尔·门格尔（Carl Menger）的经济学专著《国民经济学原理》（*Grundsätze*）是"如此引人入胜，如此令人满足"[48]。1918年秋，哈耶克作为一个"从战场上归来的年轻新生"[49]进入维也纳大学。他发现，知识的世界就像他刚刚离开的战场一样混乱。正如斯蒂芬·克雷斯吉（Stephen Kresge）在为哈耶克的自传性回忆录撰写的导言中所评论的那样：

> 如果说，帝国的合法领土如今遭到攻击，那么，心智的领土甚至更不牢固。相对论、量子力学、弗洛伊德、普鲁斯特、后印象派，彻底改变了我们关于物质存在以及我们如何感知它的所有观念。[50]

从战场上归来的哈耶克对经济学和心理学都感兴趣，他之所以选择经济学，是因为它提供了获得大学学位的可能性。与此同时，他在一所培养未来外交官的专科学校开始他的学习。随着这所外交学院在战后的混乱中关门大吉，哈耶克便把目光转向了法律。作为一门研究型学科，法律把经济学与公务员的职业前景结合了起来。1921 年，哈耶克在法学领域获得了他的第一个博士学位。

维也纳学术生活和社会生活的自由世界让哈耶克生机蓬勃，他发现自己沉浸于很多研究和讨论的主题。在政治上，他和朋友一起工作，要创立一个德意志民主党，"为的是在天主教徒与社会主义者及共产主义者之间有一个中间团体"[51]。他对政治不断增长的兴趣使他在 1923 年获得第二个博士学位，这一次是在政治学领域。要不是奥地利国内形势的混乱不断上升，符合公务员家庭传统的职业生涯似乎是一个很有可能的前景。

这一知识目标与职业目标的结合，把哈耶克在青少年时期对人生意义的探寻从植物学导向了经济学。许多年后，通过"感知秩序"这一隐喻——源自他早年对自然自发进化的兴趣——他的目光又回到了自然界。[52]哈耶克所遵循的路径，一方面取决于他在那个时代的心理学和政治经济学新范式中看到的虚假方向，另一方面取决于他对研究社会的学者正试图实践的科学所做出的反应。哈耶克既对异议者感到不满，又对传统方法论的践行者感到不满。

哈耶克反对知识界流行的马克思主义和弗洛伊德主义。

哈耶克把社会科学看作一个植物学家的观察学科。他无法欣赏作为马克思方法论基础的思想实验，因此摒除了他对人性的理解。马克思的概念体系围绕一个核心前提：人类自觉引导其创造活动的能力把自己与低等动物区分开来。马克思用下面这个断言实现了向哲学的转变：完善这一创造力就是人类生活的目的。正如伯特尔·奥尔曼（Bertell Ollman）所指出的，异化、剥削、阶级，甚至还有革命，它们的定义都与马克思关于人类劳动力量和意义的哲学前提有关。[53]哈耶克把这种哲学看作把马克思的观念置于反驳之外。斯大林的政策措施将会显示其洞见的预见性：没有什么能对抗一支革命先锋队的意志，对人类目的的想象使它获得了授权，而对这一想象的证实却在未来。[54]

哈耶克也无法理解弗洛伊德的归纳性跳跃：从梦的解析跳到假想超自然力量的能量场。[55]弗洛伊德的能量置换和能量释放的意象在一个刚经历了绝望的年轻植物学家看来想必是牵强的，而带来绝望的，是所有人类努力中最实际的，即短兵相接。

第一次世界大战这个十年的结束让哈耶克漂浮在一片知识争论、文化崩溃和经济灾难的风暴之海上。这个少年已经长大成人，开始构建与众不同的对文化、政治和经济学的理解，留给他的任务是要从周围环境的废墟中构建一个身份。他二十多岁，前途渺茫，面对一个充满挑战并需要勇敢回应的时代。

战争是毁灭性的，但有时候也会澄清一些东西。第一次世界大战在使对骄傲文明的幻想破灭的同时，也给新生的一代提供了挑战社会基础的机会。领导者犯的错，帝国对抗的可怕后果，不稳固的君主统治的不公平，以及政府政策的不负责任，全都为渴望重建世界的年轻知识分子提供了批评的靶子。

凯恩斯的公共能力如今已经确立，他的个人生活已经得到保障，准备在新生的一代当中崭露头角。拉斯基挣脱了家庭环境的束缚，受到一些重要活动家的欢迎，结束了他的流亡生活，如今就要回到乐于接受新声音的英国。哈耶克早早目睹了战争的恐怖。拥有敏锐智力的他如今在寻找一种新的确定性，以取代他那在战败中被粉碎的智识。

第 4 章

20 年代：斗争中的政府与市场

第一次世界大战释放出的破坏力在每个地方都显而易见，在哈耶克的出生地奥地利，在拉斯基和凯恩斯的出生地英格兰。奥匈帝国遭受了致命重创；表面上的胜利者英国，正颤颤巍巍地拄着借来的拐杖蹒跚向前。对复兴的探寻揭露了政府与经济之间关系的裂痕。

随着奥地利战败，像哈耶克这样的怀疑主义者有了发声的机会。然而，在英国的胜利中，有一些相互冲突的信息。英国建制派在胜利中获得了一种自信感，但这一胜利既没有由死伤惨重的工人阶级所分享，又没有经战后的经济形势证明其正当性。拉斯基成了工人阶级抗议的代言人，用他自己的话说就是，他是"建制派的灾难预言者"。

这十年的重大事件都是由战争结束后的余波引发的。对哈耶克来说，奥地利的经济崩溃及政治体制的生存之战，对他的观点的形成来说是一个熔炉。对凯恩斯和拉斯基而言，不断上涨的失业潮构成了 1925 年的金本位之争和 1926 年虎头蛇尾的总罢工的背景。对于这些危机，每个人都有与众不同的看法，这决定了他们未来的走向。

凯恩斯：关于黄金、失业与自由之路

到 20 世纪 20 年代早期，凯恩斯作为战争批评者、经济分析师和政治牛虻赢得了当之无愧的名声。拒绝了伦敦政治经济学院的院长职位之后，他转向了更世俗的追求。[1]凯恩斯如今年近四十，放弃了在国王学院担任讲师的薪俸，同时保留了作为国王学院财务主管和杂志编辑的职责，他开始致力于在伦敦市赚钱和给舆论期刊撰稿。[2]

这个深受欢迎的大学老师依然讲授少量课程，并指导经过选择的本科生，但他很自由，用不着做个实干家——不管在专业事务上还是在个人事务上。他去阿尔及利亚和突尼斯旅行。布卢姆斯伯里小圈子正对西格蒙德·弗洛伊德（Sigmund Freud）产生兴趣。里顿的弟弟詹姆斯·斯特拉奇（James Strachey）将成为他的文集的编辑。凯恩斯转向了哲学写作。

部分来自学术专注的紧张感当他完成职业生涯中最伟大的哲学著作《论概率》（*A Treatise on Probability*，1921）时有所缓解，他把此书的出版视为一种新形式的伦理学诞生的关键点，这种伦理学将把概率与道德判断关联起来。[3]这源于他在剑桥大学念本科时提交给使徒会的论文。凯恩斯对概率的看法在下面这个意义上有所进步：概率使得他至少能够声称，他探讨的是在不确定条件下制定政策的方法的准客观有效性。《论概率》是一本有点宣言性质的专著。

凯恩斯认为，如果因果知识对纯粹的大众不适用，那么，必定有一种方式把"可能"与"应该"关联起来。[4]关键在于发展出一个认知途径来处理概率。数学概率是根据机会的发生率给出概率，而对于一项政策是好是坏，它并不会告诉我们任何有用的东西。作为一个替代选项，凯恩斯发展出了一个观点，把概率视为这样一种可能性：比起继续一条基于公认智慧的行动路线，一项政策创新会有更好的结果。罗伯特·斯基德尔斯基这样总结凯恩斯的立场：

> 概率陈述是关于证据对结论的影响的判断，而不是关于结果预测的判断……概率涉及一项论证的前提与结论之间的逻辑关系，它是逻辑学的一个分支，而不是统计学的一个分支。[5]

根据这个视角，凯恩斯得出结论：一项政策创新，"如果我们有理由认为，在两项行动当中，一项行动在很近的未来产生的结果比另一项要好，而且我们没有办法区别两项行动在较远的未来的结果"，那么，就可以证明它是合理的。[6]作为行动基础的概率不再属于数学分析领域，而是作为对决策可用的证据质量的考量因素。

这一构想颠覆了不确定性赋予传统的惯常优势。凯恩斯暗示，如果合理的证据告诉我们一条行动路线是有益的，如果我们不能确定未来的结果——不管是有益的还是有害的，那么概率告诉我们应该进行变革。传统主义者认为，在一项超出人类计算能力的措施中，习惯体现了经验。凯恩斯反对这个观点，他提出，传统经常体现出无知和智慧。通过穿透表面把一方与另一方区别开来，并完成对结果的理性评估，正是分析家要做的事。凯恩斯既不是一个决定论者，又不是一个煽动家，而这切断了他与诸如埃德蒙·伯克这样一些保守主义者之间的联系纽带。

但凯恩斯并没有把概率等同于确定性。对于任何一项知识策略会不会显示通往最终目标的路径，他提出一种讽刺性的宿命论。他的结论是：

> 概率的重要性只能来自这样一个判断：在行动中接受它的引导是理性的；而在实践中对它的依赖只能用下面这个判断来证明合理性，即在行动中我们应该对它进行一定的考量。正是由于这个原因，概率对我们来说是"生活的向导"，因为对我们来说，正如洛克所言，"在我们所关心的绝大部分事情中，上帝只提供微弱的光亮，正如我可能说的，它就是概率之光。我认为概率在平庸和试用的状态下适用。把我们置于这种境地让上帝感到高兴"。[7]

这种"认识论"概率达不到确定性的标准，但它有一个理性的，因此也是事实的和客观的方面，从而把它提升到为行动辩护的层面。[8]

正如斯基德尔斯基所指出的，凯恩斯给他自己的行动理论增加了两个考量："论证的分量"和"道德风险"。前者指的是可用证据的数量（与质量相对）。如果证明不可能做到，就必定需要承担说服人的重负。至于道德风险，斯基德尔斯基指出：

> "道德风险"原则指的是，当两条行动路线有着同等可能的善时，更合理的做法是把目标瞄准看上去有更大可能性实现的更小的善，而不是瞄准看上去有更小可能性实现的更大的善。[9]

　　放到一起，凯恩斯的体系构成了一个希望致力于解决社会问题的改革者的思考基础。凯恩斯的政治意图是要证明那些像他自己一样有着自由主义倾向的政治家在让世界成为一个让生活变得更好的地方这件事情上是合理的。[10]

　　这些大胆的观念滋生了一种戏谑氛围，给20世纪20年代，尤其是给布卢姆斯伯里带来了与众不同的社会风气。正如他最全面、最引人入胜的传记作者斯基德尔斯基所评论的那样，凯恩斯的观点"表达了一种科学乐观主义和道德乐观主义的情绪，与'原罪'的观念迥然不同，后者所遵循的基础是金本位和传统道德的自动规则"[11]。然而，正如唐纳德·莫格里奇所指出的，凯恩斯的认识论方法主要是关于实用性。[12]凯恩斯深深卷入了诸如印度货币改革、大战赔款、货币政策和经济周期之类的问题。他热衷于寻求改良型社会，绝不是一个对人类状况盲目乐观者。以一个分析框架为利器，凯恩斯很快被视为公共政策制定的一个特别胜任的批评者。

　　在20世纪20年代，凯恩斯开始在他的公共生活和私人生活中把创新和传统两种相互竞争的力量综合起来。这种与众不同的政策激进主义与谨慎尊重传统的混合将在下一个十年导致《就业、利息和货币通论》（*The General Theory of Employment, Interest and Money*）的写作，其中包含一个重整政治学与经济学的秘方。

　　剑桥大学使得凯恩斯能够把他的政治活动与世俗追求结合起来。到20世纪20年代早期，战后繁荣崩溃了，失业人数很快超过100万，传统的政策不足以解决问题；被战后和约激怒的凯恩斯与另外一些进步主义者组成一个同盟，致力于解决战后问题。

这个同盟的成员包括英国社会服务体系的设计师威廉·贝弗里奇（William Beveridge）。他曾是一名改革家，深谙伦敦东区的严酷现实。他们一起创办了自由主义夏令营，崭露头角的年轻知识分子和有影响力的政策制定者开始结识激情洋溢的凯恩斯和他的同事。这些夏令营意图取代费边社夏令营，后者的建立是为了宣扬诸如西德尼·韦伯、贝特丽丝·韦伯及萧伯纳（George Bernard Shaw）这样一些社会主义知识分子的观点。

1922 年欧洲特别是英国发生了一些不利的改变。贝尼托·墨索里尼（Benito Mussolini）在意大利夺取了政权。德国发生了政权变更，凯恩斯的一位熟人登上了首相的宝座。自由党奇才劳合·乔治倒台于丑闻和外国错综复杂的局面，被保守党人博纳·劳（Bonar Law）所取代。凯恩斯曾在财政部为后者工作。[13]意识到人们对战后政治漂流无所不在的关注，凯恩斯把著名的分析师聚集到一起——包括伦敦政治经济学院的新任教授拉斯基——致力于"欧洲重建"。

在和凯恩斯一起工作的过程中，拉斯基认为，凯恩斯有一颗"恶劣膨胀的脑袋"，尽管其他人发现在这一评价上两个人不相上下。带有一个瓦妮莎·贝尔和邓肯·格兰特设计的专用标志，发表时间达 9 个月的系列文章 1922 年秋开始在《曼彻斯特商业卫报》上刊发。凯恩斯撰写的文章反映了一个越来越令人迷醉的观念：使用伦敦政治经济学院和哈佛大学发展出来的经济"晴雨表"作为宏观经济管理的统计学指标。[14]

凯恩斯和他的同事并不满足于教育少数人，挫败了拉斯基及其社会主义朋友的一次竞争，获得了一份叫《国家》的意见期刊的控制权。[15]在另外一条战线上，凯恩斯致力于创建伦敦剑桥经济服务社，搞统计学调查，推荐在科学上站得住脚的经济政策，这一行动将让他和一位年轻的经济学家哈耶克发生接触。诸如一份传播其观点的杂志、一个经济调查系列甚至一次夏令营，增强了他作为一个重要经济学家的名望，凯恩斯如今是英国政治中一股独立的力量。

下一步是获取议会候选人的资格。从1922年开始，凯恩斯就是三次选举中的活跃竞选者。在1923年的选举中，他拒绝了剑桥大学自由协会提供的一个安全席位。这次选举由失业率的一次巨大增长（超过20%）所引发。自由党预期会赢，因为选举议题是保守党已经宣布的意图：试图推行关税，并违背自由贸易的信条。事实上，自由党败给了工党。工党的拉姆齐·麦克唐纳（Ramsay MacDonald）被要求组建第一届工党政府。工党与自由党暂时有一个工作协议，但不存在正式的联合，所以它是一个少数派政府。麦克唐纳任首相仅从1924年的1月持续到了11月。1924年的选举使得保守党以多出210票的优势获胜，麦克唐纳被斯坦利·鲍德温（Stanley Baldwin）取代。自由党对这一次相对糟糕的表现感到吃惊，着手寻求一个新的计划。

凯恩斯如今开始更大胆地发声：需要多大的主动性才能引领我们走向更美好的时代。鉴于现代的环境，英国不断积累的问题的自动解决，比如求助于自由放任主义，就像依靠"历史的力量"一样愚蠢。在1924年牛津大学所做的、后来以书名《自由放任主义的终结》（*The End of Laissez Faire*，1926）出版的演讲中，凯恩斯就经济决定论提出了同一性质的警告。无论是斯密还是马克思，都不会这样做。

《自由放任主义的终结》最初是凯恩斯的朋友伦纳德·伍尔

夫和弗吉尼亚·伍尔夫帮忙在贺加斯出版社出版的，这本书把凯恩斯的哲学立场与他开始解释清楚的政治经济学观点关联了起来。凯恩斯对自由放任主义的第一个攻击点在于把它的主张削弱为"自然的"，结果是释放出将会导致各种利益自发和谐的力量：

> 让我们把一些形而上学原则或一般原则清理出场，自由放任主义时不时地建立在这些原则的基础之上。有一点是不正确的：个人在他们的经济活动中拥有一种约定俗成的"天赋自由"。没有任何"契约"赋予那些拥有者或获得者永久的权利。

自由放任主义的任何自然权利或不可侵犯的私有财产权，其基础不过如此。在清理了障碍之后，凯恩斯接下来便是否定"解围之神"所暗含的神明和机制：

> 这个世界并不是这样的，私人利益与社会利益并非始终一致。私人利益和社会利益在这个凡尘俗世也没有被规制成实际上一致。从开明的自利总是符合公共利益这个经济学原则来演绎推理是不正确的。

接下来转向那些主张让市场力量为所欲为的人最喜欢的假设，他们认为这些假设会引致有益的结果。但是，让个人自发地做出决策的优点是什么呢？

> 也不是说自利通常是开明的；更通常的情况是，各自行动促进自身目的实现的个人太过无知或太过弱小，以至不可能实现这些目的。经验并没有显示，当个人组成一个社会单位时，总是比他们单独行动时更缺乏远见。[16]

十年后，哈耶克将会在最后一点上挑战凯恩斯，但眼下，凯恩斯已经让对手的堡垒沦为瓦砾，接下来他要构筑他自己的堑壕。在这里，我们发现了哲学家与实干家之间的联系纽带：

> 我们时代很多最大的经济之恶是风险、不确定性和无知结出的果实。这是因为，特定的个人，在位置或能力上运气很好，能够利用不确定性和无知，还因为，出于同样的原因，大企业常常是一次抽彩，巨大的财富不平等随之出现，这些也是劳工失业、合理的经济预期落空以及效率和生产受损的原因。

所以，正是无知和不确定性以及人们在应对无知和不确定性时所冒的风险——凯恩斯把它们作为靶子，引发了经济混乱。这些都是社会的"自然"条件。不可能对它们置之不理，不去解决它们或贬低它们的重要性，让个人和社会承受周期性的混乱。那么，要怎么做呢？

> 然而，解决之法在个人的操作之外；让情况恶化甚至符合个人的利益。我相信，这些问题的解决之法部分是借助一个中心机构审慎地控制货币和信用，部分是大规模搜集和分发关于商业形势的数据，包括充分公开——必要时借助法律——所有有用的商业事实。这些措施将会通过某个恰当机构对私人企业内部很多错综复杂的事务采取行动，从而让社会卷入运用指令信息，但这不会妨碍私人的主动性和事业。[17]

这一引人注目的阐述暗示，在管制和透明度中存在一种普遍利益：商界发现，只要让信息战胜无知和不确定性，生产经营将会更加始终如一地有利可图，工人们会实现稳定就业，接下来大家都可以更公平地、更有把握地实现自己的成功。凯恩斯建议对信用和货币进行中央控制，对国内工业与国外工业之间储蓄的总体均衡和配置进行中央控制。然而，他也相当重视根据政府公开的数据对经营行为做出个人决策。[18]

至于经济危机，凯恩斯开始看到问题和解决之法。人们对储蓄心存执念，正是这种不理性需要借助合理改变他们所面临的不确定性来予以消除。[19]一个令人信服的远见卓识者，能够提前看到下一波上升趋势，也会做好自己的工作。没有这样的人可用，政府需要提供某个具有实质性的保证来消除恐惧。凯恩斯建议提供的保证的性质不断改变，从货币操纵到关税，然后到需求管理。行动的基础性理由依然是一样的。

总而言之，凯恩斯尽管试图消除不平等的根源，但他远非一个平等主义者。减少经济要素时常恰当地汇集所带来的优势或致力于解决那些处于底层的人的最低需要是一回事，而不顾个体之间的差别就完全是另一回事了。要点不是"平均"，因为"努力、能力、勇气和品格"方面的差异，是造就不同生产力和创造力的原因。产生的阶级结构在很大程度上是这些差异的一个结果。凯恩斯发现自己与热情高涨的平均主义者格格不入。相反，凯恩斯站在"受过教育的资产阶级"一边，他们是一些技能的践行者，这些技能对一个改良社会而言是必不可少的。[20]

凯恩斯的宣言和作品都富含信息，但他在政治上并不老练。问题是，正如戴维·菲利克斯（David Felix）所指出的，"凯恩斯对每个人的政治完全无感。他给自由党撰写了一个脚本，完全是自说自话"[21]。1925 年夏，凯恩斯对一个自由主义夏令营发表演说，谈到他本人是不是一个自由主义者。凯恩斯在很大程度上通过排除自己是保守党人和工党分子——理由是他们的信条存在不足，给出了一个试探性的回答："是的。"工党相信阶级对抗。凯恩斯承认，他作为资产阶级的一员站在了错误的一边。他断定，保守党人只不过是反对工党支持的任何东西。"他们既没有给我吃的，也没有给我喝的——既没有给我智力安慰，也没有给我精神安慰。"[22]二者的信条似乎都不值得认真考量。

然而，领袖的品质正是被凯恩斯所轻视的。保守党被世袭原则所削弱，留给他们一个很大的党派，被凯恩斯贴上"顽固分子"的标签。另外，工党中有革命者和激进分子——"灾难党"。两个党派都不拥有该有的本能。[23]到最后，凯恩斯在一次演说中挖苦般地指出："很可能，自由党能够服务国家的最好方式，莫过于给保守党政府提供内阁，给工党政府提供观念。"[24]

换句话说，自由党可能是观念的政党，但前提是他们抵制民主化的盲目冲动。唐纳德·莫格里奇在凯恩斯自由主义夏令营的发言中发现了引人入胜的内容，它没有被收录于公开出版的版本。其中，凯恩斯坦率地声称，经济政策问题对政治非常重要，它们"必定是绝大多数多少算是文盲的选民理解不了的……最近在民主化党纲细节的方向上有一些鲁莽之举……有了强有力的领导力，技术——区别于政策的主要原则——依然可以自上而下地口授"[25]。"技术"与"主要原则"的区分，对凯恩斯着手政治改革的专家治国论方法至关重要。进步主义与平民主义之间的差别所依赖的，也正是这一区分。正如我们稍后将会看到的，当代政治依然由这一区分所驱动。[26]

作为一个典型的剑桥人，凯恩斯了解他自己所反对的那种愚蠢，但他支持什么并不十分清楚。凯恩斯告诉一个调查经济危机的政府委员会，他会支持刺激经济的"各种不靠谱的方法"，只要能实现"一轮渐增的繁荣，把萧条消灭掉"。他希望这样的举动能够发挥经济中尚未被使用的能力。这样的敲打试图"通过压制而让情况变好起来"。[27]

他需要做的是成为一场运动的领导者，在左派和右派的信条之外的一个更合乎逻辑的选项。但是，怎么给他的中间派选项命名呢？他的传记作者和批评者对如何描述公布的一大堆五花八门的政策并不心往一处想。古典自由主义在凯恩斯对财产权和个人权利的保留主张中表现得很明显。改革自由主义由有利于运气欠佳者的假设所代表。保守主义看上去像是对宏大方案心存恐惧。自始至终，有剑桥理性主义者的彰显，他们有一种毫不动摇的自信：一帮有着良好动机的政策制定者可以管理一切。但是，没有对平等的激情，没有推翻工业巨头的激进愿望，没有煽动家对取代制度的渴望。然而，却有一种对开明感性的核心价值的持久热爱。

凯恩斯了解让金融家与政治家保持一致的约束之网，他只是想从分析上给决策者提供支持，更道德地启迪他们，利用他们的权力让这个世界变得更好。[28]在一个运转良好的由政治制度和经济制度构成的体系中，用不着担心管制是反民主的。不称职的内阁大臣可以由议会党团罢免，政党可能输掉选举，银行家可能失去投资人的信任。[29]凯恩斯对管制的信奉不是基于他相信管制者无所不知，而是基于英式民主中对市场与政府的遏制与平衡。对抗性的影响而非对利他主义的信仰，才是凯恩斯让社会保持在进步主义道路上所依靠的机制。

这个正在崛起的年轻经济学家将要在回归金本位这个攸关生死的问题上面对传统的力量。其中，凯恩斯反对顽固不化的愚蠢是一种个人行为。对手的化身是那个在公务员考试中唯一胜过他的人：奥托·尼梅尔（Otto Niemeyer）。凯恩斯对自己在公务员考试中经济学分数名列尼梅尔之后感到特别生气。凯恩斯暗示，那是因为他对经济学比考官懂得更多。不管怎么说，尼梅尔错过了印度事务部，去了财政部，因此给凯恩斯被分派到印度事务部让了路。尼梅尔成了凯恩斯在 20 世纪 20 年代和 30 年代与之争论的"财政部观点"的典范鼓吹者。尼梅尔在 1923 年被提升为财政部金融主管，这导致凯恩斯的影响力下降，当时，正是维护英镑的斗争变得严重的时候。[30]

在 1925 年一场著名的宴会上，财政大臣丘吉尔向五位客人提出这样一个问题：英国是否应该放弃金本位，借此试着恢复英镑对美元的战前价值。这场争论使得凯恩斯与尼梅尔正面交锋。凯恩斯对黄金没有什么感情，几年前他曾写道："货币是价值的度量，但认为它本身有价值是下面这个观点的遗存：货币的价值受制于其赖以制造的那种物质的价值，这就像把戏票混同于演出一样。"[31]

凯恩斯认为，真正的要点是稳定价格，而在价值上独立波动的金本位会危及这个目标。此外，企图恢复战前的平价，就其对就业和消费的影响而言是强通缩的，就其提高债务偿付的预付款而言是成本高昂的。[32]当这场餐桌争论展开时，尼梅尔代表审慎和英国传统真理的声音。在丘吉尔看来，凯恩斯一方输掉了争论，政府迈出了至关重要的一步，使失业问题严重恶化。[33]从这一痛苦经历中，丘吉尔获得了关于财政部固守传统的难忘教训。

金本位与自由贸易有着古怪的联系。金本位表面上承诺固定价值或者至少是确定性，自由贸易则暗示了摆脱人为约束的流动性。或许，在让人神经紧张的 20 年代，每个人都以英国式的精神给别人赋能。在一个被纸币淹没、贸易波动的通胀世界里，黄金有一种沉降效应。带有政治动机的干涉一般来说不可能没有得到证明。正如斯基德尔斯基所指出的，"对金本位的坚持被视为集体美德的标志"[34]。如果这就是争论中的一切，那么凯恩斯不可能遭到反对。[35]考虑到 1914 年后有了多少改变，确立战前与美元的平价（4.86 美元对当时的价值 4.44 美元）在他看来明显是非理性的。然而，他是挑战传统，自 1719 年以来英镑从未在和平时期贬值。[36]这就是吸引政治家的东西——威信问题。正如在凡尔赛一样，他没有做出可以穿透这样一种本能的还击。

结果，英国的信贷政策再一次由于金本位受到限制，这种制度对失业人数超过百万这一政治现实是麻木的。信贷扩张和公共工程或保护主义全部被维护平价的机制所禁止。财政部和英格兰银行的政策制定权基本上掌握在尼梅尔及另外三个人的手里，他们全部在剑桥大学接受过诸如古典学和数学方面的训练，这些领域并不以产生灵活的思想者著称。正如彼得·克拉克（Peter Clarke）所指出的，所有人"在经济学领域很大程度上是自学成才的，但对任何人都没有知识上的尊重"[37]。丘吉尔 15 年后在一场更大的危机中回忆自己曾被财政部官员所误导。他把财政部的角色降到了第二位，直接向凯恩斯寻求对二战融资的建议。[38]

在这些环境下，"财政部观点"的另外两个信条——平衡预算和自由贸易——对工人阶级的困境同样是麻木的。财政部的领导层认为，一次萧条不是提高税收的时候，哪怕是为了公共工程项目。保护非竞争性英国企业及其工人的关税长期来看被认为会适得其反。[39]工资只会被迫向下调整，直至战前的价值被大战的人为通胀所弥补。工人情有可原地给"财政部观点"贴上伪装成经济学说的阶级斗争的标签。在一定程度上多亏了工会，实际工资相对于国际竞争而言依然很高。

凯恩斯只是拒绝接受工资下降是一种必要。[40]他拿起笔，给这场新的争论定了一个特别受欢迎的标题，发表了《丘吉尔先生政策的经济后果》（*The Economic Consequences of Mr. Churchill*）一文，攻击那场宴会争论的另外一方。他认为在重回金本位对劳工的影响这件事情上，丘吉尔被误导了。按照"复仇不会软弱无力"这一预言的模式，他宣布，"我们当前的政策是通过牢牢控制信贷从而故意加剧失业……它是这样一项政策：如果国家知道自己正在做什么，就绝不会通过该政策"[41]。工人领会了这一信息，不久便采取行动，使得他的预言变成了现实。

紧张感在1926年的总罢工（尽管流产了）以及在接下来的规模更大的煤矿工人罢工中达到高潮。凯恩斯把这场危机归咎于丘吉尔。他指出，煤价相对于美国不平价是回归金本位的直接结果。凯恩斯支持罢工，因此无论是在金本位争论中还是在它所引发的罢工中，都站在了输家一边。

失业率的一次温和下降是尼梅尔及其盟友所制定政策起初的结果，他们很高兴地把这一下降归因于回归"可靠的"货币制度。然而，到这个十年之末，失业率回升到超过10%。[42]总罢工的政治结果意味着，出于政治原因，工资不可能向下调整，所以，英国的经济形势依然困难：缺乏有竞争力的工资、价格过高的产品和估值过高的货币。[43]

20年代中期对凯恩斯的个人生活而言就像他的职业生活一样丰富多彩。在追求多样化上从不停歇，凯恩斯对审美的培养几乎就像他对更好政策的热爱一样强烈，甚至一样是堂吉诃德式的。他和他在布卢姆斯伯里的朋友都是科文特花园的老主顾，达基列夫的俄国芭蕾舞——"定义了那个时代的艺术形式"——就在那里把 20 世纪头 20 年的知识革命和文化革命结合了起来。[44]达基列夫富有表现力的、浪漫的、充满活力的风格，在伦纳德·伍尔夫看来类似于塞尚、马蒂斯和毕加索的艺术革命。拉威尔、斯特拉文斯基、施特劳斯和德彪西的乐谱把尼金斯基和一个引人注目的、名叫莉迪亚·乐甫歌娃的芭蕾舞演员推到了明星的位置上。[45]

达基列夫的明星演员莉迪亚成了凯恩斯关注的中心。1925年，凯恩斯让朋友们感到一头雾水：他和莉迪亚结婚了。

这个讲着蹩脚俄英俚语的芭蕾舞演员走进了布卢姆斯伯里和剑桥的圈子，让那帮公社成员和大学教师惊愕莫名。作为一个有着强大自信和高超技能的小个子舞蹈演员，她不想被新的观众所吓倒。莉迪亚把她自己的专业习性和个人气质带给了这桩婚姻，也带给了凯恩斯那个引人注目的小圈子。[46]

凯恩斯承担起了对她的教育，以及对克莱夫·贝尔和瓦妮莎·贝尔的儿子昆汀的教育，每个星期六租一辆戴姆勒轿车，周游伦敦一些历史悠久的名胜，沿途给他们讲课。年轻的昆汀听出了语调中的微妙变化，那是"他顽童般无礼的一面要给某种更庄严、更都市化、更伤感的东西让路，尽管他的姿态的这一细微改变无疑……并没有让他变得无趣"[47]。

正如斯基德尔斯基所指出的，凯恩斯在情感上的幻想被一些放荡不羁的人捕捉到了。斯基德尔斯基推测，凯恩斯在寻找"对他的知性的补充或平衡"。[48]也有可能是凯恩斯在莉迪亚那里找到了一种生命的表达，符合他自己的介于正统与试验之间、可能与不可能之间的矛盾心理。芭蕾舞本来是一种贵族的艺术形式，具有风格化的、端庄的表达。然而，达基列夫使它变成对活力、智慧和身体的华丽展示。

就其特性而言，婚姻既是凯恩斯的情感寄托，又是一种文化伙伴关系的来源。他在职业生涯中非常活跃，无论是作为大学教师、政治家、作家，还是作为连续几届英国政府的内阁及委员会和西方的一些委员会中的名流要人。莉迪亚的活泼和幽默架起了布卢姆斯伯里与凯恩斯正在进入的那个金融家、商人和政府领导人的社交世界之间的桥梁。[49]令人遗憾的是，他们没有孩子。然而，他们用幸福、风趣以及多愁善感，把他们的老朋友给弄糊涂了。

斯基德尔斯基沉思道，1924年和1925年是凯恩斯生命中具有决定性的两年。如今刚过40岁，凯恩斯切断了从前的联系：

> 他毅然决然地与自由放任主义决裂；通过攻击回归金本位，他以破釜沉舟的心态与财政部和英格兰银行决裂；他娶了莉迪亚·乐甫歌娃。所经历的事件和他自己的思想过程让他变得激进，以至他成了新的经济和政治秩序的捍卫者。[50]

从身份关系分析框架的角度来看，在凯恩斯的专业共同体中从怀疑的内部人向肯定的外部人转变，帮助他把能力拓展到政治领域。他准备系统地阐述将会改变政治经济学的一组原创观念和一种意识形态。

凯恩斯的政治活动是对实际努力的展示性承诺。1926年，他与盟友、自由党领导人赫伯特·阿斯奎斯断绝了关系，投向后者的宿敌劳合·乔治。劳合·乔治始终是权力的机会主义者，正在寻找一个恢复自由党好运的方案，认为自己已经在凯恩斯的妙策中找到了这个方案。有凯恩斯作为政策战略家，劳合·乔治投身于 1929 年的选举，关注阶级利益的选民粗暴地拒绝了他。一项大有前途的计划不过如此。通胀主义事业失败了，"财政部观点"保持了对选民的掌控。[51]

自由党 1929 年的重大损失终结了凯恩斯直接参与政党政治的热情，尽管他想与劳合·乔治合作启动一项计划，致力于不断积聚的失业危机。计划在议会内部传播，但遭到坚决拒绝。财政大臣丘吉尔对议会宣布："不管政治优势或社会优势可能是什么，事实上，一般来说，很少有就业增长，更没有永久性的就业增长，能够通过政府借款和政府支出创造出来。"[52]丘吉尔鹦鹉学舌般地重复这样一个正统观点：为公共工程融资会削弱货币，取代由市场决定的对资本的更优使用，因此损害经济恢复。

就这样被拒绝了，凯恩斯不得不寻找新的途径，甚至试着着手起草《新社会主义的绪论》（Prolegomena to a New Socialism）。在一份简短的初稿中，凯恩斯试着调和像风险承担、利用贪婪、小的和大的生产单位的相对困境以及利润的作用这样一些完全不同的元素。这份未完成的草稿被保存在剑桥大学国王学院的档案室里。[53]

到 20 年代末，凯恩斯更多地成为一股在所有战线忙活的独立力量，而不是一个党派活动家，尽管他依然对变革拥有很大的热情。他想扩大帮助失业者的体系，这一体系是 1911 年应贝弗里奇和自由党的要求建立起来的。经济不稳定的严酷现实对保守党来说是如此明显，而劳工在反抗和如此激进。

像凯恩斯这样的自由主义者属于中间派，主张温和的改良和复杂的修正。[54]他们被调和社会正义与经济效率的困难给缠住了。对于怎么才能实现这种调和，凯恩斯尚没有一个清晰的答案。[55]与此同时，在剑桥大学甚至在使徒会成员当中，有一些共产主义组织化努力的开端。英国的政体走向基于阶级动员的崩溃。[56]

20 年代在相互冲突的张力和运动中给 30 年代的极化气候让了路。凯恩斯决心要围绕时代的最大问题战斗。他的每一步都受到左派和右派激进分子的阻碍。在 30 年代，他将以他自己建立的新的宏观经济逻辑为利器，比忙于应对右派和左派的妙策要好。

拉斯基：资本主义的衰落与激进分子的崛起

自 1920 年以来，拉斯基以伦敦政治经济学院为阵地。在西德尼·韦伯的邀请下和另一位创始人格雷厄姆·华莱斯（Graham Wallas）的帮助下，拉斯基成了教员候选人。两个人都向新近被任命为院长的威廉·贝弗里奇推荐了拉斯基。贝弗里奇保持了作为英国社会政策改革者的良好纪录，而对从哈佛大学来的新人拉斯基的任命，将会给伦敦政治经济学院带来一位正在上升的进步主义知识分子。

拉斯基一家回到英国，缺乏获得一幢合适房子的资金。拉斯基如今 28 岁，带着敬畏之心回到曼彻斯特。他与他的家人重启谈判。最后，弗里达赶来帮忙，她同意加入犹太教，这一决定拉斯基从未强加给她，但它消除了家族中的极大紧张感。父亲张开双臂迎接儿媳，拉斯基重新受到青睐。[57]

从一开始，拉斯基就激发了学生强烈的喜爱之情，也激发了同事矛盾的心态，引发了很多建制派分子的不信任。[58]他抢了本系一些更传统、更保守的经济学家的风头。拉斯基反叛的靶子是资本控制工人阶级生活的权力。拉斯基的专业生涯包含反对资本主义的宣传，这样的宣传描绘了大英帝国晚期阶段、第一次世界大战的灾难、股市崩盘、大萧条和第二次世界大战的典型特征。其中每一场历史危机都强化了对基于阶级的解释的需求，并给予政府领导的改革以推动力。建制派坚决抵制进步主义改革，任何严肃的制度变革就更不用说了。连续几届胆小的政府让拉斯基越来越直接地向左派靠拢。

拉斯基把第一次世界大战看作一场资本主义的悲剧，由丧失信誉的贵族和资本家唱响，以牺牲工人阶级为代价。现实更加复杂。英格兰银行行长代表金融家强烈反对英国参战。劳合·乔治后来宣称："我在战争面前看到了金钱……我说金钱在担惊受怕、瑟瑟发抖：金钱面对未来的前景哆哆嗦嗦。把这场战争称作金融家的战争是一种愚蠢与无知。"[59]很多工业家表达了类似的观点。他们的利益与贸易和英国作为金融中心的地位相关，其中很多利益被敌对国的好战姿态所危及。

然而，劳合·乔治和在内阁中占主导地位的派系敏锐地感觉到了保卫法国的义务，把德国强大海军的发展看作一个威胁，它威胁到维护英格兰和大英帝国。[60]这些义务以及履行这些义务的海军，都是政治领导层而不是资本家创造出来的。然而，商业和金融明显由此而变得繁荣，30％的20～24岁的年轻人惨遭杀戮，掩盖了究竟是哪个精英部门扣动扳机的细微差别。就算没有做更多，中产阶级和专业阶层至少也做了战斗中的分内之事。骇人听闻的损失让普通士兵极为惊愕，他们满脑子的爱国主义，依靠领导者提供安全和保障。[61] 任何阶级都没有为刺刀、机枪、堑壕战、毒气瓦斯和大规模杀戮做好准备。

从战场上回国的老兵很快沦为上升的失业率、上涨的物价和下行的经济的受害者。严酷时期引发更多的需求，超出保守党能够容忍的或者像凯恩斯这样的自由主义者能够改进的。在 20 年代的英国、其他欧洲国家和美国，从争取投票权的斗争直至罢工和社会主义运动，拉斯基目睹了工人阶级正在上升，反对日益无能、愤世嫉俗、亲法西斯主义的权力结构。

拉斯基被俄国的布尔什维克主义吸引，他正在英国努力打造一场民主社会主义运动，先是以行会社会主义的形式，后来按照英国工党的工会路线，偶尔采取大众动员的激进模式。他的学术著作和新闻写作着手为促进平等主义提供理论证明，连同战略和战术的指导方针，甚至同时试图保全对个人表达自由和入会自由的自由主义承诺。他通过报纸的定期专栏，带有极大激情和清晰度的意见文章，以及在英国各地的工会大厅和社会主义者的集会上发表的演说，宣传这些议题。

到 1921 年，他写道，一个人不可能假设"政府是共同体的全权代表，而不考虑经济体制的特征以什么方式让政府的意图堕落为狭隘的具体目标"。不能相信资本主义民主，但也不能相信"普通选民，据说他把自己融入一个更大的整体，结果获得了一种'普遍意志'，从而超越了他自己的利益"[62]。对于相信个人权利和立宪政体的人来说，存在一个困境。他原则上支持民主，但政府的行为显然受资本家控制。拉斯基成了公众当中规模越来越庞大的被民主与资本主义困境困住的那部分人的首席代言人。

马克思主义的解决方法是：把所有政治问题转变成阶级议题和经济议题，从而解决资本主义与统治的困境。就这样，一小步就迈向了马克思对资本主义经济崩溃和无产阶级革命到来的分析。在为费边社撰写的一本论述马克思主义的小册子中，拉斯基赞扬马克思证实了商业精英的压迫性，但他远离了经济决定论，特别是远离了革命。拉斯基反对放弃在道德上受到激励的领导层，他对卷入革命的力量和权力抱怀疑态度。他的预言是：不像过去的理想主义革命，20 世纪的一场革命将会引致镇压——一个有先见之明的观察结论。[63]

对拉斯基来说，多元主义是解决问题的一个更好方法。这个时候他正处在从信仰基于工会的社团主义向一个更广泛的构想转变的过程中，这个构想包含社会中的一系列团体。普通人不仅参与形成就业条件，而且参与国家事务，这是他所渴望实现的。

拉斯基的多元主义还致力于解决另一个难题——对知识和洞见的最佳利用。其中，他把议题转到了人类尊严与就业条件的关系之外，转向了让人的才能获得最佳的、最有生产力的利用这个问题。他在 1921 年指出：

> 任何时候，一旦工作与责任分离，结果就是一种畏缩不前的倾向，后果是降低相关工作者的创造力。目前国家的等级结构使得这一损失最大化。例如，最清楚的莫过于行政收益递减规律的存在。一个官员不可能负责超过一定规模土地上的事务而在每一项额外工作上均不降低效率；在一个中心职位上，任何水平的效率在道德上都不会补偿那些没有有效参与产生结果的人，他们在结果中得到的利益比别人要少。[64]

在这一分析中，参与的实际价值与道德价值混合。集中管理被视为争取民众参与的一种低效手段。十年后，这些议题将再次出现，但不是在拉斯基的作品中，而是在他的保守派死对头哈耶克的作品中。

拉斯基发展了多元主义理论，将其作为一种向难以应付的各种不同的利益屈服而又不放弃民主的方式。然而，自由与建立在私有财产制度基础上的权力之间，存在一个不可避免的冲突：

> 简言之，自由与现有财产制度是不相容的，因为其结果是权力的集中，使得普通人的政治人格相对于任何严肃的目的都归于无效。[65]

积累财富的自由意味着无财产者丧失以任何有意义的方式参与的自由。这些思考似乎与马克思主义有相似之处。拉斯基依然不能抵挡马克思分析的吸引力，也无法对俄国革命置之不理。[66]

拉斯基夫妇正成为伦敦左派的著名人物。贝特丽丝·韦伯是个社会主义的老前辈，如今已六十多岁。她在 1922 年 5 月的日记中写道：

> 拉斯基是最有才华的演讲者，他的小个子妻子像他一样精力充沛，喜欢做出批评。吸引我的是他轻松活泼的谈话和机智简练的闲聊——并不以准确性著称，以及他范围异常广泛的兴趣和知识。他认识或者他说自己认识每一个重要人物；他的同情和喜爱反复无常；他嘲笑工党领导人，鄙视阿斯奎斯-格雷组合，痛恨劳合·乔治。

在贝特丽丝·韦伯的眼中，拉斯基的宗教信仰和婚姻被固定在同一条目下："他有一种强大的犹太人的种族感，他对已经加人犹太教的妻子那略带嘲讽的怀疑，是为了消除家人对他娶一个非犹太人的不快。"[67]贝特丽丝·韦伯把拉斯基看作一个更年轻的社会主义知识分子团体的一员，他们的"哲学是心理学的，方法是严格科学的：一种受到控制、得到修正的资本主义将是他们实际计划中的'下一步'"[68]。就当代心理学和科学而言，当代读者从拉斯基作品中认出来的并没有多少。然而，他的观点想必让当时的政治阶层大吃一惊，认为除了社会主义学说和阶级团结之外还有别的动机。

到 1923 年，拉斯基的作品——还有其他人的作品——触怒了《国家》杂志的所有者，那是一份越来越倾向于左派的观点期刊，导致这份杂志被廉价卖给了凯恩斯和他的伙伴，他们用它来推广自由党的改良主义议程。[69]拉斯基不再为《国家》杂志撰稿。

拉斯基还脱离了自由党。温和改良主义的议程与凯恩斯的志趣相符，曾经似乎与拉斯基的多元主义很相符，如今不如基于工会的工党政治那么有吸引力。拉斯基成了一个工党积极分子。如今聚焦于他的主题，着手说服民意相信"选民同意的革命"是可预期的和可行的。[70]拉斯基为费边社写了几十本小册子，每本以两便士卖给大众。他找到了一种风格和声音，能够吸引工人和各个阶层的进步分子。他如今不是作为一个自由党内部批评者而工作，而是更直接地开始了自己作为工党外部人的命运。

压力迅速增大。鲜活记忆中前所未有的大规模失业折磨着饱受战争蹂躏的工人阶级。到 1926 年，在英国历史上罢工最严重的一年，工会不断增长的激进性——特别是在煤矿工人当中——爆发了。矿工们陷入了饥饿并惨败。极具破坏性的矿工罢工为一个有着信号作用的政治事件——1926 年为期 9 天的总罢工——搭好了舞台。像矿工罢工一样，总罢工对劳工来说也是一场屈辱的惨败。

矿工罢工以及为支持它而号召起来的短暂而效果不佳的总罢工，导致拉斯基直接支持工人的事业，他卷入了罢工者与政府之间的谈判。他和弗里达到达工会联盟（TUC）的总部，帮助工会领导层。[71]然而，由于有人相信矿工打算和解，总罢工很快结束了。

谈判的失败以及接下来几个月的苦苦对抗，让工会疲惫不堪，却让反对派活跃起来。1927年，保守党政府通过了一项法律，实质性地限制工会的权力。拉斯基得出结论，英国的民主显然是可逆的："保守党民主的经验是有价值的，只要我们认识到它将以缺乏民主的保守主义而告终。"[72]他暗示，可能需要一种更激进的方法。[73]

然而，保守党人学到了很多东西，足以缓和他们的政策。劳工退缩了，自由党人找回了劳合·乔治，要在这个十年之末复兴自由党。[74]对于拉斯基而言，总罢工终结了任何这样一个苟延残喘的信念：工团主义能够引发一场有凝聚力的反对资本主义国家的运动。到20年代晚期，拉斯基的青春理想主义让位于对资本主义的力量进行实际的评估。

在伦敦政治经济学院，拉斯基很快在同事当中上升到突出的位置。1926年，他被任命接替格雷厄姆·华莱斯的教席。如今地位稳固了，拉斯基和弗里达开始购房置业，他们在那里一直生活到拉斯基去世。那是一幢未经装饰、牢固结实的三层小楼，始建于18世纪，坐落于伦敦西区区域线铁路附近一个中产阶级社区，紧挨着伯爵宫和奥林匹亚展览中心。既不属于工人阶级，又不属于资产阶级，拉斯基夫妇作为都市伦敦人，生活在朴素却舒适的环境里。

并非所有同事都是伦敦政治经济学院这位日益耀眼的明星的仰慕者。年轻的经济学家莱昂内尔·罗宾斯（Lionel Robbins）后来观察到这样一个拉斯基：

> 人们认为他非常早熟，在他身上可以看到好的冲动和坏的冲动，他身上也有很多确实相当可爱的东西……我时不时地记起他那些令人反感的品质：他的卖弄，他的不可靠，他偶尔的恶意，以及他在进行典型的激情演说时留给人的那种虚假做作的古怪感觉。但我更多地想到他的……敏锐领悟和顽皮，这些东西经常让我们对某个自负的同事或某个乖谬的学院礼节的荒谬性心领神会，相视一笑。[75]

他的作风有一个缺点，就是不屈不挠地要给人留下深刻的印象，这带给他 20 世纪伟大的自抬身价者之一的名声。对于他所讲述的与几位英国首相以及后来与"弗兰克"·罗斯福（"Frank" Roosevelt）都有直接交往的故事，人们的评价各不相同。有通信证明他有着不同寻常的渠道接触最高层——即使他没有，正如一位历史学家在描述他时所声称的那样，"那只隐藏的手自 1920 年以来便引导着英国政治家步履蹒跚地走出几乎每一场危机"[76]。或许，这些夸大的描述对他在英国左派领导层当中的独特性是一种补偿。几十年来，他是工党知识分子当中一个重要的犹太人。[77]

制度政治学在伦敦政治经济学院扮演了一个越来越令人痛苦的角色。拉斯基反对经济学家日益增长的权力以及在方法论上转向经验主义，这一转变在一定程度上是由洛克菲勒基金会的重大支持促成的，其重点在于解决社会问题的实际途径，而不是对资本主义制度的哲学攻击。拉斯基鼓励学生表达对学校的不满，这引发了那位专横跋扈的院长威廉·贝弗里奇的怒火。[78]因此，在伦敦政治经济学院及他周围更大的政治组织中，拉斯基越来越成为一个专业的反叛者。

拉斯基对国家作为资本主义代理人的最初不满是显而易见的，他把多元主义概念化为民主控制的一种手段。[79]他最著名的著作《政治的语法》（*A Grammar of Politics*，1925）确立了一个主张，它定义一种社会主义形式的多元主义，这种多元主义可以被视为传统政治权力制度的一个完全替代选项。他论述多元主义的著作依然是他的学术著作中经久不衰的。[80]《政治的语法》被题献给伦敦政治经济学院及其创立者韦伯夫妇。

拉斯基就社会主义多元主义给出的理由是：它不仅是实现平等的关键，而且是实现个人自由的关键。"事实上，一个自由和平等的社会，必定是一个分权的社会。"[81]拉斯基认为，只有政府才有制度性能力通过系统参考工人阶级的利益来形成公共政策。但问题依然是如何引导国家把焦点从狭隘的资本家利益转移开来。拉斯基设想了一种利益的和谐，以功能互补为基础，也以更公平的权利分配甚至财产分配为基础。他从理论上说明这将有助于解决阶级紧张问题，并导致一个更广泛参与、更进步的社会。这依然是拉斯基的抱负，即使在一些事件导致他为一些更激进的试验背书的时候。[82]

国有化在《政治的语法》一书中被提出，作为基础工业私人垄断问题的解决之法。在经济的其他部分，一个工业委员会网络将制定生产目标、工资和标准。从竞争的腐蚀中解放出来，经济就会繁荣，远远超过现在的水平。[83]在拉斯基专注于政治平等的同时，经济平等从不那么严格的角度被视为主要是一个机会问题。结果的不平等可以根据它对社会福祉的效用来证明。[84]

然而，财产是可疑的。私有制有利于自我发展。但若超过了最低限度，拉斯基则把财产积累看作一个以不被允许的形式获取权力的借口。在这个意义上，再分配就不如限制所有权及控制他人命运的权力那么重要了。充分的政治平等和对经济平等的限制对被恰当理解的自由至关重要。[85]拉斯基和很多英国左派分子让这些观点免受列宁主义的影响。拉斯基将比其他任何人更有效地引导追随者沿着斯大林的极权主义与正在发展的工党民主社会主义之间的分界线前进。

不像凯恩斯，拉斯基从他所支持的党派在选民当中取得的进展中至少获得了一点安慰。在 1929 年的春季选举中，工党赢得了最多的席位，但不完全是一个多数派，被要求与自由党组成一个少数派政府。但是，没有力量推进工党的主要计划并致力于解决日益加重的经济危机。借助民主手段施行社会主义的可能性依然渺茫。[86]首相兼财政大臣菲利普·斯诺登（Philip Snowden）执着于平衡预算和财政部前景黯淡的公共工程观点。[87]对拉斯基来说，这个十年随着日益加重的危机感、工党名义上的掌权以及伦敦政治经济学院教员内部围绕为了应对不稳定的经济和政治结构而应当追求什么政策的问题日益加深的裂痕而结束。当夜晚在30 年代变得更加黑暗时，拉斯基的幸运之星将会冉冉上升。

哈耶克：货币主义与驯服政府

在 20 世纪 20 年代的维也纳大学，哈耶克面临的困境在于要在两者之间做出选择：一是马克思主义或弗洛伊德主义，另一是经验主义社会科学。路的一边是山峰若隐若现的苍莽群山，另一边则是一片黄沙遍野的荒凉沙漠。两者都没有为减缓战后奥地利政治经济的混乱局面提供优势。

从革命性的新范式转向社会分析的实践揭示了另一个难题，导致哈耶克在大学岁月里焦虑不安。科学方法论从自然界向社会研究转移，引发了——正如可以预测的那样——对"实证主义"社会科学最初的热情。通过行为数据分析实现经验量化，似乎是——以一个源自物理学的概念——一种挑战过于哲学化的社会认识途径的抽象性的方法。物理学家恩斯特·马赫（Ernst Mach）及其追随者深刻影响了这个年轻的大学生，即使在哈耶克开始想知道经济学能不能用这样一个方法从更深刻的层面上来理解的时候。哈耶克很反感抽象的理论化，他想认识表象背后更深层次的力量。

一位强有力的老师——卡尔·门格尔（1840—1921）发展出的经济学吸引了哈耶克。门格尔的《国民经济学原理》，尤其是《方法论》（*Methodenbuch*），把经济学置于"制度自发产生"的中心。[88]对哈耶克来说，其中有他对政治经济学、心理学以及他从父亲那里习得的思想风格的诸多兴趣之间的关联。这很适合一个有着非同寻常的力量和决心的年轻知识分子崭露头角。

很明显，需要一门沿着这些路线的科学。政府机构再也控制不了战后经济的剧烈下滑。凯恩斯预言的崩溃很快就会降临在倒霉的奥地利人头上。像 17 世纪的托马斯·霍布斯（Thomas Hobbes）一样，哈耶克也是在制度土崩瓦解并回到"自然状态"的环境下成年的。正如霍布斯转向几何学来寻求一种思维风格，哈耶克正在寻求适用于周围混乱环境的正确的科学形式。但这门科学要在什么样的前提下前行呢？

1934 年，另一个奥地利人卡尔·波普尔（Karl Popper）给出了哈耶克在 20 年代早期声称已经感知到的形式：科学方法论的关键是反驳，而非证实。尽管科学可能并不能证明终极真理或让我们确信，并因此形成意识形态，但它能让我们看到心智建构的错误。通过设计检验方法，不管是逻辑性的检验还是观察性的检验，来探究理论的可证伪性，科学对人类知识做出了最可靠的贡献。在处理人类经验时——在经验领域，可触摸的与不可触摸的之间的分界线很难画出——科学必须成为怀疑者的工具，而不是空想家的工具。

哈耶克成长为一个知识分子的结果是对公认理论的实质性怀疑以及对非理论观察的蔑视，并免于证实的挑战。他的思想风格被设定了：他会留下自己的印记，不是作为新体系的缔造者，而是作为其他大多数知识分子的批评者，作为怀疑主义者的辩护者。哈耶克对这样的角色感到得心应手。正如十年后他在伦敦政治经济学院的就职演讲中所评论的那样：

> 可以毫不夸张地说，经济学主要是作为研究和驳斥连续不断的乌托邦建议的结果而发展起来的：改进现有体制不被期待的效果，基于完全无视那些实际上使之能够运转的力量。[89]

哈耶克对经济学的原创性贡献不多，尽管这样的贡献很重要。相反，他将成为 20 世纪最重要的知识分子之一，通过利用来自过去的或来自相关领域的洞见，挑战政治经济学流行的新理论。他如今仍热衷于挑战。

正如我们将会看到的，哈耶克的雄辩风格是如此成功，以至把人们的注意力从他提出的方案的不可证实性以及从他的作品中发现的意识形态危险转移开了。他成了自发秩序而不是受控秩序、演化而不是构建、不确定性而不是确定性的代言人。他没有看到的是，自发秩序、演化和不确定性的共同特征是：它们是无法证实的。这些概念将成为可证实的确定性之外在知识上很有吸引力的替代选项，而正是这些确定性调动了他那个时代的激进分子。

哈耶克是在某种复杂的政治背景下学习的古典自由主义经济学。正如卡莉·波兰尼-莱维特（Kari Polanyi-Levitt）和玛格丽特·孟德尔（Marguerite Mendel）所指出的：

> 哈耶克在世纪之交（1899 年）出生于维也纳，当时是19 世纪 60 年代建立的自由主义宪政秩序短暂存在的年代——它授予新兴的银行家、制造商和商人阶层以特权，在德国城市中产阶级和说德语的犹太人当中得到了支持——受到了左右两派反资本主义平民运动的挑战。[90]

哈耶克在 1921 年获得法学博士学位，两年后获得政治经济学博士学位。他创立了一个讨论小组，成员大多是对经济学、艺术和哲学感兴趣的犹太学生。当中有维也纳大学、哈佛大学、普林斯顿大学和社会研究新学院的教授，还有美国经济学会未来的两个会长，一个美国联邦储备委员会成员。埃里克·沃格林（Erik Vöegelin）和阿尔弗雷德·舒茨（Alfred Schutz）注定要成为声望卓著的哲学家，他们也是参与者。[91]

那时候，哈耶克得到在维也纳大学的经济学指导老师弗里德里希·维塞尔（Friedrich Wieser）的引荐，并被介绍给路德维希·冯·米塞斯。他成了米塞斯经济学私人研讨班的一个热心成员。米塞斯继承了门格尔的知识衣钵，成为奥地利经济学的首席代言人，作为一个很有影响力的经济学家在 1922 年发表了对社会主义的批评。哈耶克因此放弃了维塞尔提出的"温和费边主义"，被介绍给一位终身导师和赞助人，后者把他的思考重新导向自由市场的优点。[92]

米塞斯希望接任财政部长，以遏制正在摧毁经济的恶性通胀。他从未获得任命，尽管他后来给一位国际联盟委员当顾问，后者出于同样的目的而获得任命。[93]米塞斯犀利地批评中央集权制是奥地利崩溃的原因，与奥地利政府所有的自我保护本能反应背道而驰。他的批评建立在这样一个基础上：通过中央集权制不可能掌握足够的信息来指导经济以改善市场的表现。这是一个当时被广泛关注的论证，它将形成哈耶克二十年后攻击英国类似建议的基础。[94]1923 年，哈耶克在一个负责战后和解的部门被任命为米塞斯的助手。哈耶克既是那个时代崩溃性的货币灾难的旁观者，也是那个时代最精明的经济分析师之一。

1923 年，哈耶克离职去美国旅行，以丰富他作为一个正在上升的年轻经济学家的资历。哈耶克还留起了胡子，深受尊崇的奥地利经济学家和银行行长约瑟夫·熊彼特（Joseph Schumpeter）给了他一些引荐信，把他介绍给一些著名的学院人士。在纽约，他得到允诺，将获得一笔奖学金来从事进一步的研究。[95]哈耶克冒险从旧世界来到新世界。但那笔奖学金没有兑现，他在第六大道一家餐馆里找了一份洗碗工的工作。但很快纽约大学研究助理的职位就把他给解救了。

哈耶克自己年轻的不可知论，以及他对马克思主义和弗洛伊德主义的哲学基础的怀疑，没有使他形成一个思想体系。一个年轻人，战时的经历让他觉醒，大学里的知识混乱让他困惑，在这样一个时刻来到美国，观念的混乱为身份提供了令人困惑的社会现实没办法提供的东西：为进一步的发展和成熟指明道路的决心。正如哈耶克在后来的岁月里所回忆的，他成了一个"寻找理论的人，却又不知道这个理论究竟是什么"[96]。

哈耶克利用在纽约的机会阅读外国的报纸。他看到报纸揭露了奥地利政府曾经给他自己和他的同胞讲述的关于第一次世界大战的谎言。如果说哈耶克对政府的效率原本还有任何残存的信念，那么，它如今已经消失在纽约公共图书馆的阅览室里。[97]

奥地利关于战争宣传的虚假性还摧毁了哈耶克对本民族遗产任何残存的幻想。他逐渐认识到，奥地利问题的难解性促成了这场灾难，这一认识必定把他最后残存的对祖国文化的自豪消灭得一干二净。[98]在英国外交官为避免这场战争而不舍昼夜地工作的同时，奥地利人和他们那位堂吉诃德式的保护人德国皇帝却让战争变得不可避免。英国首相阿斯奎斯曾在私下里提到，奥地利人是"欧洲最愚蠢的民族"。[99]至于给年轻的哈耶克带来的冲击，斯蒂芬·克雷斯吉得出这样的结论："我们可以把哈耶克对政府行动和动机的怀疑设定为从这个时间点开始。"[100]

这是他与他青春期的文化共同体关系的一个转折点，将会导致他思考政府的角色以及政府声称要合理化社会这一主张的有效性。埃里克·埃里克森在《生命史与历史瞬间》（*Life History and the Historical Moment*）中评论道，我们必须能够把"一个'伟大'人物的危机和成就看作一个给定历史时期典型的公共事件"[101]。哈耶克脱离他成长岁月中的知识世界和文化世界，这与其他战后奥地利知识分子的经历是一致的，这些人都受到了达尔文、弗洛伊德、马克思和哈耶克的表哥路德维希·冯·维特根斯坦（Ludwig von Wittgenstein）的影响。

回到奥地利，哈耶克发表了一篇文章，攻击一些美国经济学家自命不凡，这些人鼓吹扩大联邦储备委员会的权力，以便它能够努力消除经济周期。他担心，这样的傲慢自大会导致失败，随之而来的是政府干预，甚至是更糟糕的结果。[102]如果说他对政治与经济学之间关系的探究还需要任何进一步的刺激，那么，他在周围看到的恶性通胀像有记录的历史中任何一次通胀一样充满戏剧性。在一封写给《纽约时报》编辑的信中，哈耶克指出，在1923年的2月至8月，德国马克下跌至本就下降的价值的不到1/500。哈耶克完全知道通胀的危险，他写了一篇短文，批评试图同时平衡物价和外汇汇率的愚蠢行为。哈耶克随后发现，一个名叫凯恩斯的经济学家曾提出这个论证，但他从未发表文章。[103]

哈耶克重新开始与即将成为奥地利工业商会理事的米塞斯一起工作，他获准加入米塞斯的内部圈子。这个小集团将助力古典自由主义在战后崩溃的灰烬中最终复活。在20年代的危机中，米塞斯成为一个越来越被孤立的人物，因为他尊重在别人看来正在消失的过去，也因为他是资本主义的一个犹太辩护者这种反常现象。尽管维也纳大学教员当中有很多犹太人，但他们几乎全都是左派。哈耶克后来回忆道：

> 一个证明资本主义合理性的犹太知识分子，在大多数人看来就像某种怪物，某种反常的东西，没法归类，你不知道如何处理。他无可置疑的专业知识令人印象深刻，在危急的经济形势中你不可避免要向他请教，但他的建议实际上没有被理解和听从。他多半被视为一个怪人，他的"老派"观念

在"今天"是行不通的。[104]

米塞斯的立场引起了哈耶克的极大兴趣，并越来越多地赢得哈耶克的支持。哈耶克评论道，米塞斯"在大通胀期间……是维也纳唯一的、大概也是说德语的世界里唯一真正理解正在发生什么的人"[105]。米塞斯几乎是独自一人坚持 19 世纪的古典自由主义，英国历史学家和文学哲学家托马斯·巴宾顿·麦考莱（Thomas Babington Macaulay）在作品中这样总结古典自由主义：

> 我们的统治者促进国家改善的最好办法是，严格局限于他们自己的职责，让资本找到最赚钱的路子，让商品找到公平的价格，让勤奋和才智得到自然的报偿，让懒惰和愚蠢受到自然的惩罚，维护和平，保护财产，维持法律，每个政府部门厉行节约。让政府做这些，人民就会满怀信心地做其余的事。[106]

有趣的是，奥地利政治经济学与英国政治经济学之间的联系随着米塞斯那一代人而发展。除其他人，米塞斯在英国找到了与埃德温·坎南（Edwin Cannan）的共同立足点，后者是一个经济学家，一个对伦敦政治经济学院有影响力的人物。为奥地利古典自由主义者和英国古典自由主义者之间的合作开辟的道路，对哈耶克影响力的发展将是决定性的。[107]哈耶克对导师米塞斯在他的知识语境中是个局外人的认同感无疑与他自己对奥地利政治文化的疏离感很相符。

与此同时，哈耶克面临着个人生活中的一次重大转折。根据哈耶克后来对自己婚姻的失败给出的解释，他在动身前往美国之前爱上了他的表妹海伦娜·比特利希（Helene Bitterlich）并希望娶她。很明显，海伦娜误解了他的意图，她接受了瓦汉尼克（Warhanek）的求婚，后者是她家人所喜爱的其中一位追求者。后来，哈耶克去国赴美期间，瓦汉尼克便和海伦娜来往密切。深感失望的哈耶克转向了办公室里的一位秘书海伦·贝尔塔·玛丽亚·冯·弗里奇（Helen Berta Maria von Fritsch），海伦让哈耶克想起了他自己的初恋。[108]他们在 1926 年结了婚。

　　这一不稳固的婚姻承诺是在 20 年代的经济压力期做出的。正如哈耶克后来所指出的，通胀侵蚀了中产阶级生活的基础。[109] 20 年代初期的恶性通胀和物质匮乏侵蚀了经济的基础，导致在 1923 年货币被重新估值。政府被迫解雇了 85 000 名公务员。[110] 考虑到奥地利政府的混乱，他所渴望的在外交部门的职业生涯不再可能。1927 年，在米塞斯的支持下，哈耶克成立了一个分析经济周期的研究所。

　　如今，拥有了一个知识框架、一桩婚姻和一份职业——其中每一项都是在失望并形成新的主动性情况下实现的——哈耶克为他自己的身份感实现了来之不易的一致性。他可能把自己视为一个靠自己的努力获取成功的人，即使他实现这样的成就得到了导师的帮助。对他那个时代和周围的环境来说，这是一个特别重要的身份。正是 20 年代奥地利经济的混乱，使得哈耶克新近获得的作为一个经济学家的能力更加至关重要。

　　哈耶克开始把他广博的经济周期知识与他对货币理论的看法整合在一起。把这些知识整合起来的构想建立在他对自己所理解的古典经济学的承诺以及 19 世纪德国法律理论的基础之上。这意味着，求助于过去的真理成了他的指路明灯，而不是这样一个流行信仰：未来需要根本性的改变。

次年，工作使哈耶克来到了伦敦，他在那里遇到了一家类似研究所的负责人凯恩斯。围绕利率问题他们发生了一场直接的冲突，哈耶克称，凯恩斯"压倒"他这个年轻人的企图失败了，然后承认凯恩斯是一个值得认真对待的人物。[111] 在将近 20 年的时间里，他们既是同事，又常常是竞争对手。哈耶克后来承认，凯恩斯是他心目中早期的英雄，而且他煞费苦心地对拉斯基的论点提出质疑，这使得凯恩斯一度把哈耶克描述为"欧洲最著名的糊涂虫"。[112]

对哈耶克来说，经济周期留下的难以磨灭的教训是：根据它的性质，干预更有可能带来损害，而非帮助。根据奥地利经济学派的观点，不存在一组自然的基础性关系，特别是自然利率，在此基础上储蓄和投资会达到均衡，这只能在实践中得出，因为它在任何给定的时间都是公众心态的反映。在任何给定时间，市场利率与自然利率之差均是经济周期中加速和减速的原因。这些差别或扭曲的产生有很多原因，其中包括在一个完全信息的世界里采取行动的商人不断改变的预期。单独来看，信贷体系与其他无数变量的相互作用有助于从虚假的希望中区分出合理的信心。

对政府来说，干预这种相互作用甚至会进一步扭曲对均衡的寻求。政府的行动靠的是为了花钱而借钱，或者干脆靠印钞，或者靠出于政策理由而操纵需求和供给。在这样做的时候，政府对可见的动态做出反应；它不可能看出——任何人都不可能看出——储蓄与投资在什么利率水平上会达到均衡。正如布鲁斯·考德威尔（Bruce Caldwell）所指出的，"问题是，没有一个人知道自然利率是什么；只有市场利率是可以观察到的"[113]。此外，不可观察的自然利率并不是固定的，它与一个社会不断改变的储蓄与消费意愿相关。如果没有信贷，调整会更快；发放信贷，周期不可避免地失去平稳性。

因为宏观经济周期超出了人们的理解力，哈耶克并不相信对经济周期的解答能从统计数据中找到。不像其他经济周期分析者，哈耶克提防被数据所迷惑。或许，看不见的进化力量与他在阿尔卑斯山观察到的植物多样性之间的关系让他倾向于一个更加精密复杂的自然动态观念。[114]然而，驳倒可以从简单观察中决定的东西并没有证实任何看不见的特定力量存在。

哈耶克开始努力就"经济周期的连续阶段"给出一个更宏大的解释。[115]在 20 年代的 7 年时间里，这是他的主要关注点。他的探寻既导致他向后看，转向日益被英国经济学家抛弃的古典自由主义传统，又导致他向前看，转向传统市场合理性的一个变种。他对新原理的探寻最终促使人们进一步思考知识用于生产力和发明创造的方式。沿着这条路，早年对自然界的痴迷所启发的洞见将充当转向理性分析以及政府干预（英国采用的主要方法）的一个对照。

哈耶克的理论立场随着他对本土文化的幻灭而飞快成熟，这种幻灭导致他 1930 年动身前往英国。哈耶克后来回顾平生，告诉传记作者 W. W. 巴特利三世（W. W. Bartley Ⅲ），他"在 20世纪 20 年代那样的情况下与母国渐行渐远"。到达英国后他发现，"英国人的生活方式似乎如此自然地符合我所有的本能和倾向"，以至"在文化上，我觉得我的民族性是英国的，而不是奥地利的"。这次迁居深深地影响了他的性格："实际上从抵达的那一刻起，我就发现自己处在一种对我而言完全适宜的道德氛围中，一夜之间我就被同化了。"[116]1928 年，他的父亲由于败血症在 57 岁时去世，父亲的死进一步削弱了他与家乡的联系纽带。哈耶克移居英国，在那里开始了一场战斗，要把英国以及一般意义上的欧洲从国家干预经济的有害谬论中拯救出来。

不安定的时代为那些正迈入成年期的人提供了创新的机会。对 20 年代和 30 年代的年轻人来说，当旧制度——它的基础已被战争粉碎——奋力夺回控制权时，便出现了各种各样的空缺。一些民族共同体曾经那样自豪地走向战争，如今分崩离析，奥地利则因战败被完全摧毁。统治政权在对其合法性日渐加深的怀疑中提前打造好了。使人们对西方"文明"产生幻想的知识运动在一场世界大战的现实证明了它不过是过眼烟云之后，已无望恢复傲慢自大。

从实际的角度看，公共关切从帝国的一团乱麻转向了经济复苏的必要性。在 20 世纪，在有限政府和自由放任主义经济的背景下，政府对繁荣负责的观念尚没有起作用。战后，政府不可能靠战争努力带来的大规模混乱来避免已经开始的危机。新的问题需要新的能力，经济学家这一新职业被创造出来以回应时代的召唤。

凯恩斯由于作为一个犀利的经济学家对战后和约的批评而提高了在公众当中的声望。20 年代是一个试验的时代，正如他着手把经济分析与政治行动主义结合起来。一连串失败的事业让他相信，他需要威力更强劲的"弹药"。你可以看到，在 20 年代，现实关切让剑桥价值观对英国命运产生了影响。对凯恩斯来说，30 年代将成为充满机遇的十年。

凯恩斯将这场危机看作一个重新引导精英的判断的问题，而哈耶克开始把这场危机视为一个更大的挑战：重新引导公众关于基本政治制度和经济制度的观点。奥地利如今处在边缘并信誉扫地。他需要一个更显赫的职位。

在战争开始之前，政治在很大程度上是政治家的专属领地。大学只是通过观念传播以及对关键讨论和争论的维护而隐晦地参与政治。在 20 年代需要发出对利益集团不那么感恩戴德的声音，并需要更好的武器以便可以更深入地触及合法性和意义的问题。拉斯基在伦敦政治经济学院安顿了下来，着手塑造公共知识分子的身份——半学术、半政治的评论员，而且另一半越来越倾向于雄辩家。对于任何一个正常人来说，这是一种不好把握的身份，但对于一个充满活力的年轻教授来说则并非如此，他有着过目不忘的记忆力、强大的自信，并且成功地反抗了曼彻斯特的传统。

每个人在 20 年代身处其中的共同体都对他们的身份强化做出了与众不同的贡献。布卢姆斯伯里提供给凯恩斯一个庇护所和一张温床，在那里，一个想象出来的启蒙、艺术和美的社会欣欣向荣。通过娶一位凭自身资质而成名的艺术家——一个既吸引下层社会又吸引建制派的训练有素的艺术家，他不断改变的个人承诺所带来的麻烦在布卢姆斯伯里得以解决。凯恩斯的私人生活终于不再那么离谱了。

当民族遗产让哈耶克感到失望时，他摆脱了年轻时熟悉的那个共同体，并结交了一位强有力的导师米塞斯，后者将让他着手寻找一个新的建立在截然不同的前提上的共同体。虽然结了婚，但生活并未完全安定下来，继续探寻出路将是更紧迫的事。他听从命运的召唤，动身前往英国。

拉斯基为他的观念和他本人吸引有利关注的才能使得他能够

在 20 年代的政治和知识对抗中游刃有余。在这样一个时期，左派的其他人都在探索他们的个人承诺，拉斯基和弗里达却组成了一个合作团队，因爱、性情和政治团结捆绑在一起。他准备在世界性经济萧条的政治大戏中，从半吊子的业余爱好者变身为演员。

第5章

30 年代：忠诚的决斗

　　西方社会在战争中形成的裂缝在 20 年代变宽了，在 30 年代成了一道道鸿沟。对拉斯基来说，30 年代是一场正在上演的大戏，他成了最引人注目的剧作家之一。他试图调和温和与革命的矛盾，这一努力被消解为更加坚决的激进主义。

　　不那么显眼地，哈耶克在伦敦政治经济学院加入了英国知识界。他着手加强对进步主义知识运动的反应的基础，这些运动正在争取公众的支持。与此同时，凯恩斯正在强化自己的工作：为政治经济学构建新的基本原理以及设定一项拯救基本社会制度的计划。

　　当萧条进一步恶化时，法西斯主义和社会主义之间的竞争在欧洲的大街小巷将人们调动起来，学院派人士也以不那么显眼却十分重要的方式集结起来。对凯恩斯、哈耶克和拉斯基来说，30 年代是一个定义的时代。他们想要改变政治学和经济学，他们的作品将显露出其驱动力的一个越来越大胆的剖面。

凯恩斯：对抗的竞技场

凯恩斯作为一个政治顾问日益增长的能力，以及他对布卢姆斯伯里共同体的归属感，连同他新的个人承诺，必须被视为他的政治经济学著作的推动力。凯恩斯如今是一个有充分资格的公共知识分子，有一大帮朋友、保护人和追随者提供支持。有了性情的加持和精力充沛的妻子的支持，凯恩斯能够在他寻求解决英国危机的进步主义方法上稳步前进。

这些发展的背景是一个新形式的经济挑战。第一次世界大战后，英国几乎立即出现了一种经济现象，它将定义资本主义制度所面临的挑战：持续居高不下的失业率。整个 20 年代失业率都在 10% 以上，在大萧条期间则更高，这成了左派政治的一个推动力，也是重新审视正统经济学说的一个推动力。[1]

传统的观点是，当更低的工资让劳动力市场重回均衡时，英国的失业问题就会得到解决。但这种正常状态将意味着承认英国甚至整个欧洲服从美国的金融权力；这对国内政治将产生最严重的后果。[2] 经济学家所称的均衡，是民族主义者解决衰落的秘方，也是社会主义者解决工人阶级贫困的秘方。

这种困境的政治后果是，所有党派都被卷入危机中。在失业不断增长的压力下，自由党领导层屈服了，保守党只是设法偶尔做出一个走向改革的姿态。无论如何，它们之间没有很大的差别。拉斯基列出两党政府内阁大臣的阶级出身，从中可以发现，他们在对贵族统治和集团主义的喜好上并没有多少差别。[3]

凯恩斯看到工党领导层被夹在对经济试验的恐惧和对阶级正

义这个乌托邦理念的承诺之间。因为存在压迫性的剥削，工党的阶级斗士需要将压迫性的资本主义生产关系作为固定的靶子。这使得遵循有关供给和需求的正统观点成为一种必要。马克思对关于资本主义如何运作的传统分析没有异议，即使在他预言一个根本不同的结果时也是如此。工党领导层陷入这种心态，而且"完全不同情那些对何为经济稳健抱持新观念的人"。[4]当这个十年开启时，工党年会特别拒绝了一项关于用凯恩斯主义措施改善日益恶化的经济不景气的建议，而宁愿把这种不景气视为资本主义的最后危机。从这个角度来看，只有生产资料社会化这种结构性的变革，才会产生真正的影响。[5]

凯恩斯没有被这样一些启示录般的事态所吓倒，坚持细化他温和的方法。凯恩斯经济学的劳动成果随着《货币论》（*Treatise on Money*，1930）的出版而公开面世。他探究了管理储蓄与投资之间关系的问题，形成了这样一个观念：可以用银行政策来操纵这两者，以稳定物价。[6]由于银行家决定将多少储蓄用于投资，并酌情决定准备金率，因此他们有一个强有力的杠杆来影响投资总量。不是要对实现某种预期储蓄（从而实现投资）的估计做出反应，政策制定者应当将具体的投资结果谨记在心。

哈耶克在一篇书评中写道，这种方法会误导人，徒劳无益，而且，市场会更有效发挥纠正作用。[7]凯恩斯对哈耶克主张的市场利率协调储蓄和投资的"自动机制"不屑一顾，从而把哈耶克的批评轻松打发掉了。凯恩斯认为，公众和企业家——银行家就更不用说了——之所以改变他们对储蓄和投资的态度，原因并非利率本身。[8]

凯恩斯的观点惹恼了保守主义者，因为它暗示了故意管制储蓄与投资之间的转换，而不是依靠"看不见的手"来厘清这一关系。米塞斯和哈耶克想通过下面的办法来消除干预的可能性：要求100％的准备金，使得根本不存在诸如信贷这类东西，储蓄与投资之间的关系就是完整的。[9]对凯恩斯来说，问题不是消除干预，而是提供投资激励，由此引发增长。

为了实现这个目标，《货币论》还让凯恩斯远离了社会主义者的方案。为了让人们对储蓄的好处以及控制消费以支撑储蓄的益处产生怀疑，凯恩斯最后大声赞扬社会主义者最讨厌的东西——利润。

> 如果企业转起来，不管如何节俭，财富也会积累；如果企业不转了，不管如何节俭，财富也会朽烂。因此，节俭可能是企业的奴仆。但它同样可能不是。或许，它通常并不是。因为企业与节俭的关联并不是直接的，而是间接的，把它们关联起来的那一环经常丢失了。因为驱动企业的引擎不是节俭，而是利润。[10]

凯恩斯称赞对利润的追求，并非源自清教徒的储蓄价值理论，甚至也不是源自一个经济学家对宏观功能性的热爱。事实上，他把对利润的追求看作一项基本活动，以一种社会主义者可能发现颇为志趣相投的方式。正因如此，才有必要提高生产力以满足基本需求。相对于地位性商品，比如教育机会和就业机会，利润服务于对社会有用的目的：促进投资和新的生产技术。[11]

尽管如此，就像之前的亚当·斯密一样，凯恩斯认为，物质主义由于自身原因在道德上是站不住脚的。斯密的体系并非直接基于物质自利，而是基于人类对尊重的渴望：

值得、获得和享受人类的尊重和钦佩，是怀抱雄心壮志和努力赶超的伟大目标。两条不同的路呈现在我们面前，同样通向这个孜孜以求的目标：一条路是对智慧的研究和对美德的践行；另一条路是对财富的获取和对成就的实现。[12]

斯密并不赞同获得尊重的每个策略。从他的观点来看，最好的策略是"选择，不过恐怕只有一小撮人，他们是智慧和美德真正而稳定的追求者"[13]。

就生命的丰盈度而言，凯恩斯同意斯密的观点：物质主义是一个糟糕的拯救策略。在 1930 年发表的一篇引人注目的、阳光明快的、题为《我们孙辈的可能性》的文章中，凯恩斯展望了生产力的增长，以及随之而来的导致资本积累的复利如何运作，这些把世界带向了普遍的繁荣。在这样一个时代，

对金钱作为一种占有物的热爱——区别于对金钱作为一种享乐手段和生活现实的热爱——将会因为它的本质而得到承认。它是一种有点令人反感的病态，是一种准犯罪、准病态的习性，人们会不寒而栗地把它交给精神病专家来应对。[14]

在那个时代，财富分配中所有不公平的、仅仅有助于自我膨胀的方面都会被摒弃。听上去很像马克思，凯恩斯在琢磨每天三小时工作制。当然，差别在于，凯恩斯认为社会可以通过受管控的资本主义来达到目的，马克思则认为需要通过革命推翻资本主义来达到目的。

在更紧迫的政治形势下，工党领导层的犹豫不决导致工党在 1931 年垮台，取而代之的是一个联合政府，以工党领导人拉姆

齐·麦克唐纳为首相。[15]英国在几个月内放弃了金本位，然后紧缩预算，以解决国际收支危机。凯恩斯对放弃金本位感到满意，而对削减失业救济金及其他紧缩措施大惊失色。他认为，这些措施只会让形势变得更糟。[16]他甚至宁愿征收关税，也不要这样的解决办法。[17]

凯恩斯对政府领导人的负面判断来自在一个委员会的苦涩经历，组建这个委员会是为了解决不断积聚的萧条问题。凯恩斯在20年代就开始发展一个论证，以便从财政部观点中提取出一个关键的方程式。[18]财政部同意正统观点：出于实际目的，每储蓄一英镑就有效地投资一英镑。只要储蓄与投资是相等的，就不存在政府干预的空间，政府干预将会增加储蓄而没有减少投资。这既适用于放松信贷，也适用于提高税收。二者都会抑制储蓄，因而抑制投资，最终抑制经济。但是，如果储蓄和投资不相等又会怎样？如果它们受政府政策变化的影响有所不同又会怎样？

当风暴的乌云聚集在经济的上空时，凯恩斯被召到五花八门的委员会进行论证并参与其中。他的一个建议是组建一个经济顾问委员会，助力英国走出美国股市崩盘之后的危机。1930年，在他的要求下，政府被迫向前走了一步，组建了一个规模很小的经济学家委员会，由该委员会提出政策建议。这一首创标志着作为科学的政策方法的经济学学科诞生了。在20世纪余下的时间里，经济学家在西方顾问团队中再也不会远离权力中心。

大多数委员会成员至少认同凯恩斯的政策理念，但有一个人不是这样，这就是莱昂内尔·罗宾斯（Lionel Robbins），新兴奥地利经济学派的一个追随者。[19]罗宾斯介入这个委员会对英国来说关系重大。凯恩斯希望通过一次精彩的分析得出一份一致同意的报告，顺利地组织结论。罗宾斯反对多数派的建议，多数派提议出台一项刺激需求的积极政策。在这一点上，他得到了奥托·尼梅尔的支持，后者在凯恩斯缺席的情况下向委员会做出论证，捍卫英国重回金本位和高平价汇率。凯恩斯勃然大怒。就连财政部的领导层也没有强烈表明他们对一个激进方法的反对，然而正是此时，罗宾斯从中作梗。[20]更糟的是，他和凯恩斯的死对头沆瀣一气。

在审议过程中，凯恩斯借用了同事理查德·卡恩（Richard Kahn）和詹姆斯·米德（James Meade）的一个论证，大意是，失业增长主要是由于政府在公共工程上的支出很可能因为消费支出增大而产生同等数量的二次增长。从事公路修建的工人会把他们的工资用于购买食物、衣服及其他商品和服务，直到"渗漏"到进口商品，失业救济金则会导致这种效果消失。凯恩斯把这称作"乘数"，从此之后这个概念将在实质上和论调上支持激进政府发挥重要作用。[21]对于这个论证，一个有用的反驳是：基于税收的公共投资只会取代私人消费和投资。事实上，通过借助赤字融资创造货币，连同乘数的附加影响，会对经济有净刺激。考虑由于经济下滑而有一些未利用的生产力这个假设，该论证具有合理性。乘数放大了效应意味着，吹笛人吹出更欢快的曲调需要的报酬更少。

然而，作为委员会审议中出现分歧的结果，政府倾向于听从委员会关于提高关税和扩大公共工程的建议，英国没有直接的新政来对抗萧条。[22]碰巧，最终遵循的政策产生了同样的解决办法。首先是廉价货币和预算削减，这是经典做法。其次是关税的引入，效果是失业率在 30 年代中期削减了一半。最后是政府在

1935 年提议增加公共支出。[23]

　　罗宾斯后来承认他提出异议是错误的，这个错误源于他正在成为

> 理论建构的奴隶……这些理论建构对接下来的总体形势而言是不合时宜的，因此误导了我的判断……从中得出这些不恰当结论的基本理论似乎来自……米塞斯和哈耶克的研究……这些结论最近被他们赋予了更大的一致性，其中"真正"失调的出现，是从货币利率没能充分反映储蓄倾向与投资倾向之间关系的角度来解释的。以这种方式呈现，这一解释获得了更大的表面完备性和逻辑力量。[24]

　　罗宾斯得出结论：源自这一错误的政策措施"就像拒绝给一个落入冰窖的醉汉一些毛毯一样不合时宜，而不给的理由是他最初的麻烦是过热"[25]。

　　联合政府中的保守党在 1931 年获得胜利之后，凯恩斯给工党提供了选择性的帮助，给制定议程的人提供了大量智力支持。他责备工党领导层无视他及其他人提供的新的经济学洞见——支持对社会主义的正统观点照单全收，能改善阶级利益差别更好。在 1932 年的一次社会主义集会上，凯恩斯亲自告诉工党领导层，他们的大多数目标都可以通过再分配政策和资本控制来实现，而不需要进行彻底的阶级斗争。[26]

　　稍稍退出直接的政治行动，他回归其能力的基本领域：经济学。凯恩斯和哈耶克从 1931 年至 1933 年在《经济学刊》杂志上用一系列文章，你来我往，争论这场危机的货币方面及其他方面。在一段短时间的改善之后，作为 1931 年货币贬值和放弃金本位的结果，萧条卷土重来。到 1933 年，经济问题更严重了。

凯恩斯再一次进行争论，但这一次是在公共场合，而不是在委员会会议室，工具是一本题为《通向繁荣的手段》（*The Means to Prosperity*）的小册子。该小册子既因为口气的改变又因为具体细节而引人注目，罗伯特·斯基德尔斯基捕捉到了一种新的风格："布卢姆斯伯里人的机智风趣，对愚蠢银行家、疯狂政客以及诸如此类人的尖刻挖苦，全都被撇开了，代之以完全严肃的、不加修饰的言辞……年届五十，这个肆无忌惮的顽童举止庄严。"[27]

1933 年，在魅力领袖富兰克林·罗斯福（Franklin Roosevelt）的领导下，新政在美国的出现点燃了凯恩斯内心新的乐观之火。他给罗斯福总统写了一封"公开信"，发表在《泰晤士报》上：

> 罗斯福先生让自己成了每个国家这样一些人的受托人：他试图在现有社会体制的框架内，通过合理的试验，消除我们的现状之恶。如果他失败了，世界各地的理性变化将会受到严重损害，留下正统和改革一决高下。但如果他成功了，新的、更大胆的方法将会在每一个地方得到尝试。[28]

凯恩斯接下来探讨了这样一个问题：总统是不是把太多的政治资本用在了资本主义基础体制的"改革"上，而用在"恢复"上的不够？他提出，一次成功的恢复将会推动基本制度的改革，但是，在这之前尝试的改革很可能由于侵蚀商界的信心而失败。实现恢复需要比凯恩斯目前观察到的更大的需求刺激。

英国其他著名知识分子对罗斯福则并不那么有把握。威廉·贝弗里奇——据他的传记作者何塞·哈里斯（Jose Harris）说——认为，罗斯福的方案意味着"通胀与通缩、扩张与收缩"

之间的一大堆矛盾，将削弱资本主义的基础。强硬的贝特丽丝·韦伯已经开始相信，苏联式的计划可以解决根本性的系统问题，在这个观点上和贝弗里奇站在一起。[29]罗斯福则对英国和管理英国的贵族抱持深深的怀疑。[30]罗斯福对拉斯基的喜爱无疑在某种程度上要归功于拉斯基攻击建制派的雄辩言辞。对于凯恩斯，罗斯福怀疑这位大学教师的巧妙逻辑会不会只是支持过度扩张英国的另一个借口。

撇开精英当中这些相互冲突的观点不谈，凯恩斯正在成为学生心目中的英雄。他的风格很有吸引力。阿莱克·凯恩克劳斯（Alec Cairncross）爵士还记得这个才华横溢的讲师：

> 他用洪亮而悦耳的声音，以一种就事论事的谈话方式讲课，没有手势。论证清晰而系统，偶尔辅之以俏皮话，间或夹杂着一点点他所说的"象征算术"，时不时地还有对他的一位前任的反思，或者沉浸于哲学思考……凯恩斯不赞同李嘉图式的知识严谨，认为那很可能阻碍原创性的思考，并认识到，在找到通往结论的逻辑路径之前突然得出一个有效的结论并不是什么稀罕事。[31]

1934年访问美国时，经济学家凯恩斯教授的臭名远扬为他挣来了与罗斯福总统的一次会面。凯恩斯在1931年更早的一次访问中结识的两个熟人费利克斯·弗兰克福特和沃尔特·李普曼帮他推荐工作。弗兰克福特安排了罗斯福的约见，企图抵消凯恩斯在1931年访问华尔街时听到的关于新政的刻薄话。[32]戴维·费利克斯（David Felix）在《一个观念的传记：约翰·梅纳德·凯恩斯与通论》（*Biography of an Idea：John Maynard Keynes and the General Theory*）中写道，总统和这位英国经济学家都有点被对方给弄糊涂了。凯恩斯花了一个小时列举各种数字，总结关键变量。凯恩斯注意到，罗斯福并没有完全掌握这些。罗斯福善于观察人及其在政治上的有用性。事实上，他们沿着相同的道路一路向前，他们的名声越来越紧密地交织在一起。[33]

凯恩斯事实上完全被新政给迷住了。他回到英国，满脑子想的是：

> 美国，而不是莫斯科，才是世界的经济实验室。年轻的管理者都非常棒。我对他们的能力、才智和知识深感吃惊。你在这里会不时遇到一个被遗忘的古典经济学家，他们大多都被抛弃了。[34]

萧条暴露出传统经济分析毫无价值。凯恩斯，这个专业的局外人，如今正在强化个人资源和专业资源，以应对他那个时代的重大危机。萧条彰显了他的智谋并铸造了他的品格，并使他为第二次世界大战的更大危机做好了准备。在 1933 年和 1934 年，他构想了一些至关重要的观念，这些观念将随着 1936 年《就业、利息和货币通论》的出版而变得众所周知。[35]

很明显，需要进行一次系统性的重新思考，在经济学正统思想的巨擘阿尔弗雷德·马歇尔身边成长起来的凯恩斯，完全是在哈维路的餐桌上，把为英国然后是为欧洲寻找新的出路当作自己的使命。[36]凯恩斯与马歇尔之间的争论不是了无生气的学术之争或个人冲突，而是凯恩斯与他年轻时代的权威之间的正面对抗。就仿佛智慧能够征服一切——甚至征服曾经滋养他的那些真理。

凯恩斯因为擅自改动给传统经济学奠定基础的正统理论而同时遭到资本主义者和社会主义者的拒绝，但他对《凡尔赛和约》与金本位的后果的预言证明了他是对的。凯恩斯被迫对正统理论发起一场火力全开的攻击。在凯恩斯看来，高失业率和萧条都是源于《凡尔赛和约》，因为资本家和政党领袖没有能力应对新情况。经济学家之间的分歧阻止了统一的干预。1936 年，凯恩斯以名作《就业、利息和货币通论》做出了回应，详细介绍了一个宏观经济学体系。这一体系允许管制经济，以使大规模失业再也不会成为一个问题。

他着手把正统理论连根拔起，以典型的虚张声势口吻告诉读者他打算攻击的政策所具有的诱惑力：

> 它（经济学正统理论）得出的结论完全不同于未受过教育的普通人所预期的结论，我猜这是为了提高它自己的知识威望。它的教义转变为实践，则是严峻的，常常也不是令人满意的，这给了它美德。它被用来承载一个巨大而连贯的逻辑上层结构，这给了它美。它可以把很多社会不公和明显的残忍解释为进步计划中不可避免的意外，并把试图改变此类事情的努力解释为总体上很可能造成更多的损害，而非行善，这赋予它权威。它给个体资本家的自由活动提供证明其有理的办法，吸引权力背后的优势社会力量给它提供支持。[37]

正统学说无所不为，就是不讲道理。凯恩斯提议把这门学科从毁灭性的愚蠢中拯救出来。

记住摆在他面前的政策问题。更高工资作为战争支出的结果只有在不增加失业的情况下才能维持，如果投资足以提升需求水平的话。但增加投资的手段似乎涉及通过税收来劫掠储蓄——正统理论的一个矛盾。关键是要释放非生产性储蓄，要么通过管制方案，要么通过借款和税收维持政府在公共福利上的支出，直至繁荣本身刚好达到平衡。

答案就藏在对储蓄与投资均衡的驳斥中。凯恩斯指出，均衡仅仅在充分就业时发挥作用。通过发明"有效需求"这个概念，他开启了储蓄与投资之间的分离。给定一定数量的可用储蓄，有效需求将提高用于投资的储蓄百分比。当有效需求较低时，非投资性储蓄便增长。低需求创造出一种心理，在这种心理下，储蓄者撤出投资。不确定性，这个理性计算无处不在的敌人，削弱了供需均衡。除非有效需求改变，否则市场只能稳定在一个低于充分就业的水平上。[38]

事实上，正如唐纳德·莫格里奇所清楚表明的，凯恩斯用四步得出他在《就业、利息和货币通论》中的结论：

第一，他注意到，消费通常比收入增长得更快，因为增加收入的心理效应降低了储蓄的动力，导致人们更大手大脚地使用信贷。

第二，他注意到了有效需求与次优生产条件下有益的乘数效应。通过从消费倾向较低的人——谨慎的富人——那里把购买力重新分配给渴望花钱的人——失业的穷人，有效需求就会增加。

第三，凯恩斯重新思考了利息的经济意义。传统的经济学家把利息视为"信贷的价格"。提高利率会减少借款，降低利率则会鼓励借款。凯恩斯把利率概念化为"对流动性偏好的度量"。当人们宁愿花钱而不愿储蓄时，利率上升，当储蓄更受欢迎时利率下降。由于这碰巧有点独立于就业水平，因此投资不足可能是低利率的结果——这与惯例相矛盾，有着相当重要的政策后果。[39]

第四，凯恩斯提出了"资本的边际效率"这一概念。不涉及技术细节。他的要点是：把资本用于投资是基于预期回报率，而非当前利率。因此，投资受预期的影响严重，而预期则是受各种不同的经济条件影响，而不只是当前利率。[40]

所有这四点都沿着干预的方向通往资源分配，以便激活未利用的能力，支撑预期，并因此刺激私人支出和投资。凯恩斯的政策是取自富人——他们储蓄太多，在困难时期偏爱流动性而不是投资，给予穷人——他们喜欢消费，但没有能力消费。[41]

凯恩斯拒绝"下降的工资会纠正经济"这个观念。下降的工资，降低的需求，工人与雇主不同的消费倾向，以及许许多多的因素对实际工资的影响，它们之间的复杂平衡影响物价——所有这些加起来，是摒弃自由放任主义简单观点的理由。他承认可以改善的唯一需求因素可能是利率下降（这是更低工资的结果），同样的结果可以通过扩大货币供给来实现。紧缩工资从1929年至1933年在美国不管用，马克·布劳格（Mark Blaug）是这样声称的，专业经济学家当中有人已经准备好了理由来接受凯恩斯的另类观点。[42]

看似荒谬的是，使降低的工资与增长的需求（由于更低的物价）之间存在直接权衡的唯一体制，是一种封闭的威权主义体制。凯恩斯冷嘲热讽地指出："难道只有在一个高度威权主义的社会，固定工资政策才能成功运转？在这样的社会，可以通过法令来实现突然的、实质性的全面改革。"[43]无论如何，到1936年，没有一个人预期哈耶克会严肃地建议：让工人进一步处于劣势。

在此期间，政治形势变得稍清晰了一些。1935年的选举让自由党几乎溃败，受益的是保守党：保守党的得票率提高了

10％。从得票率而不是席位的角度看，工党恢复了 1929 年的地位。结果是由斯坦利·鲍德温领导的保守党占优的联合政府存续。[44]由于第二次世界大战的急切需要，1935 年的选举使得接下来的十年形成一个统治联盟。

在 1935 年的选举之后，《就业、利息和货币通论》所强化的"中间道路"的政治经济学作为一个执政的替代方案逐渐销声匿迹。最大的输家是自由党，自由党领导人、不屈不挠的劳合·乔治是凯恩斯主义的一个公开支持者。自由党只得到 20 个席位。一个聪明的年轻保守党人，名叫哈罗德·麦克米伦（Harold Macmillan），抢了自由党人的风头。麦克米伦起草了一份保守党政纲，拥抱温和管制的中间道路，重新集合在传统权威的旗帜下。[45]

两党政治体制已成定局。但对英国政治沿着阶级界线进行澄清意味着下一场危机——战争——需要英国统治精英做出更大的妥协。鲍德温，一个理解贵族义务的保守党人，认识到有必要诉诸工人阶级。1937 年 5 月继他之后出任首相的刻板正统派内维尔·张伯伦（Neville Chamberlain）则没有认识到这一点。[46]联合政府将成为一些有分歧的、相互竞争的趋势的比武场，这些趋势将在 1945 年的选举中削弱保守党的事业。

如今 50 多岁的凯恩斯正在最高层面运作，在他那个时代的政治命运和物质财富危机日益加重时，参与了经济学学科大规模的改革。然而，他心有余而力不足。1937 年 5 月，感觉到了几个警告性症状，凯恩斯患上了严重的冠状动脉血栓。心脏的衰弱迫使他至少在一定程度上从"前线"撤退：更少的商业活动，更少的课程讲授，更有限的作为编辑和作者的角色。妻子莉迪亚成了他的监护人和代理人。[47]他的卓越地位得到了确保，他如今只聚焦于最基本的活动，当凯恩斯主义的政治经济学革命产生影响并传播时，他的追随者则接手了他未完成的工作。

随着战争的临近，在经济学界形成了支持世界意识形态斗士的知识分子队伍。凯恩斯及其追随者是一支正在崛起的力量。在对手阵营里，有古典自由主义者的残余，围绕哈耶克重新编队。当战争吞噬欧洲时，哈耶克成了他们指定的领袖。[48]然而，30年代更明显的政治运动是拉斯基雄辩而清晰地表达的越来越激进的社会主义。

拉斯基：温和的激进分子

按照拉斯基的观点，第一次世界大战是由资本主义的贪婪和暴力引发的悲剧革命。在30年代，他开始把国家设想为唯一强大的实体。如果由工人阶级掌控的话，其力量足以遏制资本家的权力。大萧条证明了资本主义的不稳定，它的维护者没有能力面对改革的需要。然而，他起初在国家直接控制经济的问题上持有异议。[49]

拉斯基的政治观点越来越激进，成了一个强有力的善辩者，而且成为英国首相和罗斯福总统的心腹密友和令人头疼的批评者。作为英国工党中的一个领袖人物，他在30年代所有的政治大戏中都登台亮相。正如美国历史学家卡尔·贝克尔（Carl Becker）所指出的，拉斯基作为左派"无所不在而又无所不言"。[50]马克斯·贝洛夫确立了下面这个传说：30年代是"拉斯基的时代"。[51]正如诺曼·伯恩鲍姆（Norman Birnbaum）所评论的，拉斯基是"左派的剧作家"，公开谴责资本主义的罪恶，即使当他对一个更人性、更民主、更明智的未来抱有希望的时候。[52]

拉斯基在 30 年代的故事主要是他朝着马克思主义的立场举棋不定地前进——到这个十年结束时，他将以一种明显缓和的形式抱持这一立场。作为俄国革命的一个热心家，他依然充分批评斯大林主义，他对俄国政权的支持是有条件的和犹豫不决的。然而，在国内，他发出比过去更刺耳的声音，要求政府直接干预，以解决经济危机。

对传统民主的信仰正逐渐消失，根深蒂固的不平等正在侵蚀民主的基础。"我们不平等的体制通过榨取富人侵蚀富人的良心；通过强调穷人在利益协商中低人一等摧毁穷人的创造力。"这是一种正在衰落的体制，不再得到"宗教权威的支持"。这种忠诚体制受制于"教育的发展，教育对顺从越来越具有毁灭性"[53]。然而，他并没有失去信仰。"我们必须相信理性的力量将人类精神引向妥协和牺牲。我们必须试图说服统治者相信：我们的平等就是他们的自由。"[54]

拉斯基对私有财产和利润的态度转到了一个从社会角度来说正当的方向上。在 1930 年一篇题为《顺从的危险》的文章中，他陈述了自己的观点：

> 我们说，财产若是源于出于某些目的、以社会赞同的方式而付出的努力，那就可以证明它是公正的。我们把它看作一个人发挥了社会认为有益的功能而获得的报偿，而不是像在美国《宪法》中那样，把它视为一种神圣权利。也就是说，我们寻求这样一种对盈利动机的控制，它会让商人成为国家的仆人，而不是国家的主人。[55]

在凯恩斯和哈耶克倾向于把利润及作为其基础的财产制度视为生产力支撑的同时，拉斯基却在寻找一条路径，把权利观念与需要和公正的概念协调起来。对拉斯基来说，财产是"对发挥功能的报偿"，功能是对满足社会需要所做出的贡献。凯恩斯和哈耶克对于究竟是什么推动一个人积累利润更缺乏信心，然而，正如我们已经看到的，凯恩斯对那些没能以有生产力的方式使用资本的人没有什么好印象。

沿着这条路径，拉斯基——多半是不经意地——转述了卢梭对不平等的著名评论："财富绝不应该多到让一个人可以买下他的邻居，也绝不能少到让一个人被迫把自己卖掉。"[56]用拉斯基的话说："它（财富）在数量上一定不能多到使它的拥有者仅仅因为权力巨大而行使权力；它也一定不能少到使它的拥有者被物质欲望捆住手脚。"[57]也许是想起了曼彻斯特的阶级差别以及在蒙特利尔冬天生病的孩子和医生的账单，他认为，物质需要的强烈欲望而不是心理上的低人一等，是一个关键因素。

拉斯基的思想倾向于左派，还跟他不再迷恋温和的、基于阶级的权威观念有关，跟他相信受过科学训练的知识分子有能力以一种平等的方式管理社会有关。早在1919年，他就对"中央集权"的问题感到迷惑。"正是其事务的庞大，使得它如此令人困惑，以至在性质上必然是狭隘的、专制的和过于拘泥形式的。"[58]有时，他对一些非同寻常的个体——甚至是贵族——的良好管理能力表达一定的信任。正如克拉姆尼克和希尔曼所称的，他被一种代理民主所吸引：

> 拉斯基最终会……选择第三个方案：由工人阶级统治，或者至少是由知识分子当中他们的代言人代替他们统治。换

句话说，这意味着由他这样的人来统治，在这样的人身上，他开始看到所有最好的品质——贵族精神、魅力和利他主义，但是以全面发展的 20 世纪科学教育为媒介。[59]

自利的问题并没有直接得到处理，只是暗示，"科学教育"连同性格和智力的某些品质，将使得决策者能够以一种负责任的、民主的方式运作。

此时，拉斯基的解决办法是：用政治民主的方法，改变商品和服务生产中的权力关系。他想要"把代表制度引入社会化工业及依然由私人管理的工业"[60]。痴迷于生产中的不平等的权力关系，拉斯基理解不了一个关键的区别。一个旨在让协商审议更便利的方法，在商业中可能有它的用途，但它与有效地引发和控制生产力量的方法不是一回事。依据不同的逻辑，统治和企业经营对人们的时间和精力有明显不同的要求。

争论变得越来越缺乏理论性，失业率剧增却变得越来越真实。在美国，大萧条随着共和党掌权而到来，选民可能迁怒于企业家。在英国，工党领导的联合政府在 20 年代末承受了崩溃的冲击。拉斯基相信，银行家在背后提供支持。英镑出现了一次挤兑，特别是《泰晤士报》把这归咎于拒绝降低社会福利，亦即失业救济金。拉斯基相信他有证据证明，这次挤兑是英格兰银行促成的，作为对议会和联合内阁中工党多数派的蓄意攻击。[61]

由于不同意削减失业保险，工党多数派政府在 1931 年垮台。由于一系列复杂的机动，麦克唐纳突然辞职，立即被重新任命为一个由保守党控制的联盟的首脑。一个月后，英国放弃金本位，并执行预算紧缩政策。拉斯基把这些举动视为银行家和媒体为取代工党而采取的歇斯底里的措施。英镑在三个月内失去了四分之一的价值。[62]

正如拉斯基的朋友金斯利·马丁所指出的，"麦克唐纳的背叛……以背信弃义的全部冲击力，打击了普通成员。[这些事件]被证明只是让社会主义者相信，工党如果试图战胜资本主义下的金融危机而不降低工人的'生活水平'，就会遭到银行家私下的反对"[63]。工党支持者的面子受损是意义深远的，但没有可靠的替代选择。政府领导人、工党的麦克唐纳在10月宣布参加选举，使得联盟战胜了左派的批评者。拉斯基希望工党在选举中能获得240个席位，结果是灾难性的46席。[64]选民给工党造成了一场浩劫，并让保守党获得的席位大大增加，因此继续使得联合政府成为右派的一个傀儡。面对经济危机，英国选民还没有准备好信任社会主义者。

对于拉斯基鼓吹的多元主义乌托邦在英国是否可行，任何残存的幻想都在1931年的选举中化为泡影。一个四分五裂的工党和一个名誉扫地的自由党被保守党彻底击溃。紧缩措施作为一种恢复英国国际信用的手段得以执行。此后，拉斯基断言，大萧条被证明让所有人看到了资本主义的破产，以及统治阶级的玩世不恭。英镑的价值受金融家操纵，他们要求削减工人阶级的失业救济金，作为经济恢复的代价，这发生在失业率逐步上升到22.5%的情况下。不是通过政府来推进民主社会主义，就连工党领导的政府也成了执行资本主义优先事项的代理人。[65]在这个节骨眼上，萧伯纳在一封写给拉斯基的信中宣布自己是一个共产主义者。[66]

在列宁和斯大林让知识分子着迷的同时，英国精英对贝尼托·墨索里尼的痴迷，其中包括丘吉尔（在某一时期他把墨索里尼的画像挂在查特维尔庄园里），证实了拉斯基对民主衰落的绝望。[67]拉斯基在对总罢工的一篇评论中提到丘吉尔是"冒牌的墨索里尼"。[68]丘吉尔本人赞成从完全民主后退到代表更有分量的选民，"以便有利于'更负责任的一群人'"，这暗示了拉斯基的悲观至少在一定程度上是有道理的。[69]

连同温和主义一起被抛弃的还有多元主义国家理论。拉斯基开始认识到，把统治权授予社会中的一些群体，实际上相当于把合法性授予诸如德国纳粹党这样的实体。在德国旅行时，"我的观点开始改变。对于'谁知道真相，谁就会在自由的遭遇中落败'这个问题的答案是双重的。首先，我知道真相会被揭穿；其次，很少有遭遇是自由的"[70]。在阅读为捍卫新起草的美国宪法而撰写的《联邦党人文集》（*Federalist*）后，拉斯基认为财产关系表面上是多元化的联邦体制的核心。他开始相信："马克思主义关于国家的理论是无可辩驳的，而多元主义理论只有在一个社会内部实现近似平等时才是有效的。"真正的多元主义只有在"各成员的广泛利益是一种平等利益"的时候才能实现。[71]

在努力定义他的社会主义概念时，拉斯基提出了一种观点，转向了个人要求和社会需要的相对重要性：

> 我对社会主义的理解是，国家有意干预生产和分配过程，以确保在持续扩大的范围内获得个人利益。从这个角度来看，很明显，任何理论如果没有以下两个特点，就没有资格被认为是社会主义的。首先，它们必须承认，国家有权利和义务使个人要求服从于社会需要，这不是作为国家运作的偶然事件，而是作为国家性质的永久特征；其次，它们必须寻求对社会制度进行深思熟虑和持续不断的重建，以最大限

度地满足社会需要。[72]

在社会主义的各种不同定义中，拉斯基的定义因为所强调的东西与所漏掉的东西而与众不同。正如罗德尼·巴克尔（Rodney Barker）在给不同的社会主义论证分类时所指出的，个人的要求和需要对集体的要求和需要的问题是众多问题当中的一个。另外一些主要问题包括：劳动与财产的相对重要性，平等与正义的问题，合作与友爱的信念，对工作转变的承诺以及通过工人阶级的政治权力对社会民主的承诺。还有社会主义所特有的关于合理化与效率、工人阶级文化、人身关系政治以及计划、自由与市场之间关系的信念。[73]

自居次位可以用心理学模型来解释。然而，拉斯基似乎不想让个人精神居于次要地位，而是想让尽可能多的人分享通过合理化社会生产形成的可能红利。个人需要居于集体需要之下不是目的，而是达到满足社会需要这个目的的手段。理由并不是个人及其需要毫无价值，而是生产起因于社会中复杂的相互依赖关系。

尽管如此，没有任何真正的解释来说明当他们的工作自上而下受到控制时，如何说服个人有效地工作，工作成果的处置权如何被一个社会控制过程所决定，以及得到的回报如何按需分配而不是按劳分配。拉斯基对这些问题的制度安排可能是创造性的，但他的解释从来没有完全涉及人类行为的动因。

正如很多社会主义者一样，拉斯基也希望通过说服的手段来实现态度的转变，协调个人抱负与社会意识、富人特权与工人阶级无权："我们必须相信理性的力量将人类精神引向妥协和牺牲。我们必须试图说服统治者相信：我们的平等就是他们的自由。"[74]

把其观点投射到国际舞台上，拉斯基在 1931 年为费边社撰写了一本小册子，构想了世界政府的稳定发展，反映了很多当代知识分子和政治进步主义者的"同一个世界"心态。他预言，专业知识将会取代主权和自利的政治。专家组会把数据提供给擅长平衡原则、实际应用、科学分析和政治现实的政治家。鉴于后来的发展，他的论证很有趣：

> 简言之，专家并不试图调和自己的专业与人类知识的总和。一旦他寻求这种调和，他就不再是专家……事务管理所需的智慧不是专业技术，而是一种稳定的均衡。它是一种如何利用他人的知识，是一种对原则的实用性做出判断的能力。它并不在于拥有专门的知识，而在于在正确的时间和正确的方向利用知识的能力。[75]

不是把统治问题视为一个不断升高的知识金字塔，其中专家高踞顶端，拉斯基认识到，存在不同的活动领域，事实的积累只是其中之一，政府的基本任务是让不同的影响与社会目标一致。在回应规划世界资源使用的必要性和理性逻辑方面，技术组织、代表议会和政治家扮演了自己的角色。对拉斯基和凯恩斯来说——即使对哈耶克来说并非如此，政治判断是统治艺术的一个基本要素，完全不同于知识本身。

随着这个生死攸关的十年继续向前，拉斯基开始相信，民主与资本主义再也无法共存，他把法西斯主义的崛起看作它们水火不容的一个象征。[76]他成了现行英国政府的一个反对者和新政权的鼓吹者，带着推翻财产关系的强大力量。他正在创造一波情绪大潮，转向激进的左派。当时的一次民调显示，如果要做出选择，四分之三的人会选择共产主义，而不是法西斯主义。[77]

也是在这个节骨眼上，工党内部激进派和温和派之间的分裂采取了制度的形式。休·达尔顿（Hugh Dalton）与赫伯特·莫里森（Herbert Morrison）领导的温和派控制了工党全国执行委员会（NEC），接纳了一些年轻的经济学家，既有受凯恩斯影响的，也有受哈耶克影响的。他们当中有休·盖茨克（Hugh Gaitskell），此人后来成为工党的战后领导人。[78]拉斯基和社会主义同盟的盟友迫使工党转向左派。[79]印有他们名字的出版物，包括拉斯基撰写的一篇宣言，鼓吹现有政治之外的一个激进方案。拉斯基出版了一本完全是论述政治的书——《危机中的民主》（*Democracy in Crisis*，1932），详细阐明了观点。对脱离 NEC 做出回应，他预言："从长远来看，这将意味着工党的解体。"[80]

战线清晰了，拉斯基将用他的整个余生参与战斗，既有运动内部的战斗，也有与反动力量的外部战斗。当时，资本主义与社会主义之间的战斗蔓延到所有战线。拉斯基出乎意料地继续希望社会主义的胜利是通过资本的最终默许而不是通过革命暴力实现。[81]

凯恩斯那年写信给拉斯基，对拉斯基建立世界政府的雄心壮志表示支持，但反对他的这样一个观点：战胜资本主义是一个先决条件。"我发现很难设想任何没有资本主义以及没有私有财产和私人利益的文明。"凯恩斯向拉斯基保证，"国际金融家，就我所接触过的而言，都是完美的羔羊"[82]。相比之下，对拉斯基来说，世界政府需要确立民主社会主义作为一个先决条件。他开始相信，资本主义是战争产生的原因，资本家都是心怀恶意的人，这是一个还原主义论证，让他比过去更接近关于革命必要性的列宁主义立场。[83]

拉斯基的讲座以及在《每日先驱报》上的每周专栏提高了他的知名度，以至在议会上发表的评论，与伦敦政治经济学院行政部门的一次争吵，都会为人所知。他的专栏常常是对他那个时代的高贵之士一幅幅机智风趣的文字肖像。获得广大追随者让他喜忧参半。在 1934 年与弗里达一起去苏联旅行时，这位伦敦政治经济学院教授给东道主讲授了民主社会主义，以及始终允许思想自由的必要。这遭到资助者的公开指责，认为那是对共产党的批评。在英国，拉斯基也提到，当他们一方看起来有输掉的危险时，"英国绅士"打算改变民主的规则。

这里提到的是 1931 年的选举，在媒体报道对他的讲授内容有所夸张的语境中，国王乔治五世要求伦敦政治经济学院管理部门就拉斯基的讲授内容做出解释。[84]在议会上的质询和拉斯基写给编辑的信导致伦敦政治经济学院进行了一次调查。结果，尽管拉斯基毫不后悔，但他还是同意解除与《每日先驱报》的契约关系。站在学术自由的立场支持拉斯基的人包括萧伯纳和凯恩斯。[85]拉斯基写信给凯恩斯说来信"让我深受感动"。[86]

然而，尽管得到凯恩斯的支持，但拉斯基认为凯恩斯正成为一个威胁。他的观点吸引了中产阶级知识分子，作为阶级斗争与强大政府之外的一个选项。1934 年，拉斯基在美国的《红皮书》杂志这个不大可能的场合直接向凯恩斯发起挑战。他们在美国是否能"花钱找到一条通往恢复之路"的问题上站在对立的两边。凯恩斯提出了引人注目的观点：如果没人掏钱买，谁也不会生产任何东西。政府在萧条期间不可避免地负债，因为它要支付贫困的社会成本。为什么不花钱刺激生产，从而降低失业率？

拉斯基的回应很古怪：既包含经济分析中的正统观点，又包含生产资料社会化事业中的激进性。政府花钱可能会促使就业暂时回升，但"它产生了严重的财政问题；它可能意味着通胀，或重税，或浪费的支出，或是所有这些加在一起；它可能意味着不平衡的预算，连同对信心的打击"[87]。因此，拉斯基接受了关于经济会如何回应的传统观点，他认识到，这样一项政策的成本最终会通过减少社会福利支出而被转嫁给工人阶级。他说，唯一真正的答案是一个计划社会，而这只有通过生产资料公有制才能实现。因此，他对凯恩斯的温和方法不屑一顾，实际上却没有就社会主义经济学提供一个令人信服的解释。[88]

民主的意义根植于拉斯基特殊的阶级意识。他在 1932 年撰写的一篇短文中尝试分析了绅士的角色。你从中可以发现拉斯基发自内心的对上层阶级的敌意，这种敌意导致他甚至攻击一个民主之友可能希望赞扬的美德。"绅士对权力的牢固掌控给了他某种有点像直觉知识那样的东西：什么时候妥协和让步是可取的。"这些美德被归于狡猾，而不是智慧。这是一种傲慢的姿态，似乎使他产生这样一种基本态度："无论如何，直到战争爆发，绅士还在说服这个世界相信：战争是人类进化的最终阶段。"作为清教徒和贵族，绅士拥有"某种成熟的优雅"。[89]

他接下来发现绅士缺乏创新、严谨分析、科学训练和组织心态的技能。尤其是，他们过于自信。尽管比焦煤镇的葛擂硬和庞得贝*要好，但绅士依然是"英国的一种公共危险"，鉴于英国所面对的那些挑战，他们已经不再"发挥有用的功能"[90]。可以看出拉斯基更喜欢这些特征——大胆、有逻辑、勇猛无畏、谦卑，

* 两人都是狄更斯的小说《艰难时世》中的人物。——译者注

实际上，他很喜欢把这些特征归到自己身上。其他人并没有看出拉斯基是这个样子的，对于除了绅士之外的很多人来说，丢弃信仰，做分内之事，以及对他者的忠诚，似乎都是自我放纵。

拉斯基没有被自制所吸引。1935 年，他的激进性达到了一个新的高度，他对凯恩斯的改革主义进行攻击。在《理论和实践中的国家》（*The State in Theory and Practice*）中，他宣布：

> 我相信，我们已经达到资本主义历史中的一个阶段，在这个阶段，阶级结构与潜在生产力之间的矛盾从当前社会秩序的角度来看是无法解决的……我并不……相信，像凯恩斯先生所相信的那样，一切大规模公共事业中都有一个发展伦理实践的内在倾向，在这一实践中，私人利益服从抽象而客观的社会利益。[91]

拉斯基对凯恩斯的《自由放任主义的终结》中的一段论述添加了几个脚注，他注意到大型公共企业把股东与经理人分开的趋势，后者对公众的批评、消费者的抱怨更敏感，对夸大股票价值超出传统回报率的需要则不那么敏感。[92]

拉斯基还把哈耶克和罗宾斯的有限政府理念描述为对资本主义的补充，他坚持认为，正是国家的强制性维护了资本主义。他认为需要揭露资本主义国家真正的功能，以便可以将其转变为服务于社会主义的目标。他预言，这种转变要么通过获得民众的同意要么通过革命来实现。[93]

尤其是自 1932 年以来，拉斯基在伦敦政治经济学院是有争议的人物。到 30 年代中期，伦敦政治经济学院的固执院长贝弗里奇认为拉斯基对学院使命的一次历史性违背负有责任。他敦促拉斯基、罗宾斯及其他政治活跃分子不要参加党派争论，"因为这与科学展望不一致"。[94]在 1937 年卸任时的一番尖锐话语中，贝弗里奇指向当时在台上的拉斯基，认为拉斯基对破坏社会科学必不可少的超然中立负有责任。但拉斯基并不是唯一的靶子；贝弗里奇转向当时不在场的凯恩斯，说他过于关注理论而放弃观察。贝弗里奇认为，这两个方法都不能服务于社会科学的最好目的。[95]政治学研究的政治化，就像经济学的理论化一样，可能让研究带有偏见。在贝弗里奇看来，政治学和经济学都是非常实际的追求，需要受过训练的观察者严守纪律，一个学者的怀疑精神，以及经验主义可以提供的不带偏见的分析。

罗宾斯说："效果是毁灭性的和令人感到悲哀的。"罗宾斯认为这次攻击既针对凯恩斯和拉斯基，又针对他本人和哈耶克。[96]贝弗里奇的继任者、富有青春朝气的艾伦·卡尔-桑德斯（Alan Carr-Saunders）从利物浦赶来，他发现——正如他许多年后回忆的——他在一个教区担任新任牧师，而这个教区的副牧师是先知耶利米和以西结，他指的是哈耶克和拉斯基。[97]天生就有意识形态热情，但有着学术专业精神，伦敦政治经济学院如今似乎被党派阵营所驱动。

然而，意识形态并没有让拉斯基看不到大西洋彼岸的可能性。在罗斯福的新政中，他最初发现一个可实现的社会主义的轮廓，但保守和无能的统治阶级阻止它在英国出现。1935 年，在访问美国期间，拉斯基通过朋友弗兰克福特获得了与罗斯福见面的机会。30 年代晚期两人有 4 次以上会面，并进行充满热情的通信。

拉斯基成了一个新政鼓吹者，并帮忙应对公共舆论，使之有利于罗斯福的政府行动主义实验。罗斯福是第一个愿意直接挑战资本主义和自由放任主义的西方领导人。不管新政多么具有试探性和实验性，不管商界的反对多么强大，认为需要一种新的政治都是一个勇敢的主张。拉斯基的左派解决方案在国内遭到拒绝所带来的痛苦，促使他支持美国的实验。拉斯基战前论述美国总统的著作无异于对罗斯福大胆领导力的赞扬和对罗斯福连任的请求。[98]他是一个胜任"选民同意的革命"任务的领导人。

这位英国政治学家如今可以通过另一个渠道触及公共舆论。他的朋友爱德华·R. 默罗（Edward R. Murrow）是哥伦比亚广播公司驻英国的新任主管。默罗被邀请到拉斯基夫妇 1935 年在小巴德菲尔德的一幢乡村别墅做客。拉斯基带着默罗去了英国"最民主的"机构——乡村酒馆。默罗带来了一个电台节目制作团队，并向国际听众广播一个乡村诗人的歌曲。拉斯基是这个乡村酒馆的常客，据他的一位同事说，他在这些环境中从未"耍过大牌"。[99]

罗斯福新政在积极应对大萧条上提供了一个标志；列宁和斯大林的革命政权提供了另一个标志。拉斯基把自己定位为英国工党的左派。然而，决定性的问题很快就成了建立"人民阵线"的战略，这个阵线将会把工党、共产党与其他一些志趣相投的运动联合起来。在 1935 年至 1937 年间，拉斯基在各种不同的场合为"人民阵线"辩护。然而，1938 年，事情发展到了危急关头，工党领导层反对与共产党合作。拉斯基坚决支持工党领导层的做法。他对"选民同意的革命"的支持未变。

在右派，英国建制派的一些重要人物，包括首相内维尔·张伯伦，追求对法西斯主义者的绥靖政策。然而，也有一些强有力的例外，丘吉尔就是一个例证。在左派，很多有影响力的人物与斯大林主义保持着必要程度的距离。保守党中的丘吉尔派（他们因丘吉尔的雄辩而不愿意参与绥靖政策）以及拉斯基所支持的工党都严阵以待，决心要让传统保守派因为在接下来的灾难中串通合谋而名誉扫地。正如拉斯基所认识到的，张伯伦的绥靖政策与和平没有多大关系，与资本家的商业利益却大有关系。[100]但你不能指责他采取亲苏路线。

尽管与共产主义左派的朋友保持着联系，但拉斯基最终抵制住了"人民阵线"的召唤，因为正如迈克尔·纽曼所指出的，拉斯基认识到，不可能有一个联盟，除非"与苏联已经建立一种全新的关系。因为他如今认识到，共产党的外部控制意味着，归根到底，斯大林的利益将会超过英国政党领导层的任何考量"[101]。这个标志性事件证实了拉斯基对民主政治的坚定信念。

对英国左派来说，拒绝"人民阵线"战略是一个重大的分水岭，让英国对欧洲大陆朝共产主义运动的趋势发展袖手旁观。[102]尽管拉斯基强烈反对资本主义，但他不愿意英国与一个专注于其民族利益的外邦强国联手。他的战术立场因此偏离了他的知识立场。尽管他如今信奉的马克思主义的逻辑似乎直通改革，但拉斯基依然是借助民主控制的群众运动实现社会主义的提倡者。

工党在1931年惨败之后一直迷失于对一致观点的寻找中，如今他们团结了起来。拉斯基的激进路线出现在1937年的党纲中，这份党纲支持数量有限的基本工业和公共事业的国有化。然而，这已经远非1848年的那份宣言。国有化方案远未实现对资本家财富的没收，伴随着"社会化"而来的"改善"与"繁荣"提议是现有措施的延伸。[103]

尽管抵制"人民阵线"战略，但拉斯基通过社会主义者联盟对左派国内政策观念的倡议让他与工党领导层发生了争吵。在工党领导层的坚持下，社会主义者联盟在 1937 年解散，但主要人物继续主张在工人阶级当中组建一个广泛的联盟，即便不是"人民阵线"。1939 年，当工党全国执行委员会驱逐拉斯基在联盟的盟友斯塔福·克里普斯（Stafford Cripps）和安奈林·贝文（Aneurin Bevan）时，事情发展到了危急关头。

尽管拉斯基避开了与共产党的关联，但他的知识立场如今与马克思接近。1939 年，他宣布自己是一个"马克思主义社会主义者"，因此既不是凯恩斯主义者，也不是"马克思主义共产主义者"。[104]他把自己定位于教条主义左派，但不是它的主要政党。然而，斯大林与希特勒突然宣布互不侵犯条约让拉斯基大吃一惊，他在一场包括哈耶克在内的宴会上从收音机里听到这一消息。许多年后，哈耶克说，拉斯基把宴会上互不侵犯条约宣布前的那一部分时间花在了颂扬苏联的美德上，不料听到这个消息后便出现了大逆转。那一刻，哈耶克说，他断定此时的拉斯基变了。[105]

不出所料，拉斯基对马克思主义观点的支持在美国产生了糟糕的影响。他动身前往美国，为期一年，在大论战当中被任命为西雅图华盛顿大学的讲师。在非营利组织"美国革命之女"的强烈要求下，立法机关中的共和党人酝酿了一份公开谴责拉斯基的决议，但投票以 2∶1 反对这项决议，拉斯基还收到一份对议员们发表演讲的邀请。[106]罗斯福从女儿安娜——她和她的出版家丈夫一直生活在西雅图——那里得到这个消息，对这个意外事件感到很高兴。他在一张写给拉斯基的便条中打趣道："愿未来繁荣增长。尽快回来看我。"[107]

这趟知识的、个人的和政治的旅行使得拉斯基越来越远离左派，1939年战争爆发终结了这趟旅行。他的理论如今被注入了一种激情，30年代的经济和政治灾难使之变得逻辑一致而激进。阶级斗争高潮的历史机遇如今出现了——不是改革，而是另一场世界大战。

哈耶克：异议的基础

30年代也将澄清哈耶克的预言。在旅程中他也将经历与拉斯基和凯恩斯在相同的国家发生的相同事件，只不过是从一个更为不同的视角。

哈耶克在20年代的学术工作是确保获得维也纳大学的任命，这是他父亲不曾获得的。随着他第一本论述货币周期的著作的出版，以及博士学位论文答辩成功，哈耶克在1929年成了一个无薪大学教师，有资格在大学教书。这一认可相当于一张招收收费学生的执照，虽然没有任何收入保证。他在等维也纳大学的三个经济学教席空出一个来，这一荣誉通常在一个人进入后半生之后才能获得。[108]

在无薪大学教师的就职演讲中，哈耶克借机抨击了他在纽约时听到的理论：衰退和萧条不是生产过剩的结果，而是消费不足的结果。[109]明显的政策含义是通过对信贷或需求本身的某种操纵来刺激消费。在哈耶克看来，这是邀请政府在可以观察到的生产下降的压力下干预和扰乱货币调整那种看不见的力量。这是凯恩斯在30年代对更强大的力量和更成熟的政策所带来的后果的预测。碰巧，哈耶克在接受讲师职位任命时发表的演讲被伦敦政治经济学院经济学系野心勃勃的年轻主管罗宾斯读到了。

在这个时期，靠自己的努力成功的罗宾斯——父母是英格兰清教徒——在经济学家委员会与凯恩斯渐行渐远。罗宾斯试图让该委员会允许哈耶克作为专家在委员们面前进行论证，但没有成功。失败之后，罗宾斯安排哈耶克在伦敦政治经济学院发表一次演讲。哈耶克注意到，"他（罗宾斯）一眼就看出了我的意图：打败凯恩斯正是我们此刻所需的。所以出于这个目的把我叫来了"[110]。罗宾斯被哈耶克的方法给迷住了。罗宾斯后来回忆："演讲既难懂又令人兴奋。剑桥大学的马歇尔协会成员听了哈耶克的演讲，但没有留下多少印象。他对生产流的复杂解释遭遇了迷惑和沉默。"[111]

然而，在伦敦政治经济学院，哈耶克"给人留下了一个学术和分析创新的印象"，以至学院院长威廉·贝弗里奇提议让哈耶克担任经济学系的图克教授。罗宾斯和他的同事毫无异议地一致同意。[112]哈耶克的投名状是刚好在接受教授席位之前发表的对凯恩斯的《货币论》的强烈批评，这篇文章发表在罗宾斯编辑的《经济学刊》上。[113]

哈耶克和罗宾斯因此成了关系密切的同事。[114]两个人都三十刚出头，还成了邻居，住在汉普斯特德花园社区。哈耶克的第二个孩子劳伦斯 1934 年出生在那里。具有讽刺意味的是，这个社区是社会改革家亨利埃塔·巴尼特（Henrietta Barnett）发起和开发的项目。巴尼特认为，良好的生活环境会使人养成良好的品格。[115]

在为哈耶克获得任命热心奔走上，罗宾斯的动力很可能不仅包括对凯恩斯的反感，还包括与经济系另一位年轻老师拉斯基之间的竞争。拉斯基成了一个越来越直言不讳的社会主义者，他之于政治学，正是罗宾斯之于经济学希望成为的那种人：一个最重要的教师，一个新思想风格的创造者，一个一流的公共知识分子。[116]罗宾斯和拉斯基作为同事和藏书家而走到一起，甚至一度共同担任伦敦政治经济学院的杂志《经济学刊》的编辑。然而，随着30年代的脚步向前，他们相互冲突的政治观点导致了一次分歧。[117]

哈耶克与拉斯基成了竞争对手，据贝特丽丝·韦伯说，他们都公开指责对方是"冷酷无情的宣传家"。[118]拉斯基在为他的政治学教席发表就职演讲时发誓放弃这样一个角色："作为这个教席的拥有者，我的目标不是要创造一帮到处宣传我碰巧持有的特定学说的追随者。相反，学生应该学习一种方法，根据我们所知道的唯一可靠的标准——人类的经验来检验他们自己的信仰。"[119]罗宾斯从不相信拉斯基的意图如此纯粹。有了哈耶克的加入，罗宾斯如今有了援军。

哈耶克与拉斯基作为争夺知识霸主的两个竞争者，他们的方式与风格迥异。一个学生记录了对他们的印象，他把政治上直言不讳、富有魅力的拉斯基描述为"最有魅力，大概有着一颗最柔软的心"[120]。同样是这位学生，他将哈耶克描述为"永远面带善意的微笑，但这个特点并没有掩饰他的本性。他的口音很重，他的思想似乎有些混乱"[121]。约翰·肯尼斯·加尔布雷思（John Kenneth Galbraith）的观点更具党派性质，他参加过哈耶克的研讨班，他把哈耶克称为"一个温柔和蔼的人，有着完全过时的观点"。加尔布雷思注意到，拉斯基"名气很大……轻而易举地与十来个不那么招摇的保守主义者旗鼓相当"[122]。

然而，斗争中的一个缓和因素是拉斯基不掺和哈耶克与凯恩斯的经济学之争——他倾向于一种马克思主义分析，把哈耶克和凯恩斯的立场都归类为试图稳定资本主义的无效努力。不管怎么说，经济学不是他的强项。[123]然而，在政策问题上，他支持凯恩斯的早期建议：财政关税是稳定英国经济的一条途径。[124]

晚年，哈耶克回忆，图书收藏是他和拉斯基能够心平气和地讨论的一切——"除此之外，我们根本没有共同之处。我们几乎不说相同的语言。别要求我给你讲关于伦敦政治经济学院的故事——由于异乎寻常的拉斯基，那是个非常奇怪的地方"。哈耶克认为，拉斯基是个"病态的撒谎者"，他那些令人惊叹的找书故事，以及奇迹般地从希特勒军队的炸弹下死里逃生的故事，完全是编造出来的。然而，他们每天都在教员休息室里见到对方，"相处融洽"。[125]

哈耶克乐于参与公共政治论战的意愿很快就显现了。激发他的在一定程度上是这样一种感觉：他的祖国在左右两个令人失望的极端之间迷失了方向。这导致 1934 年简短却血腥的奥地利内战。正如他所看到的，英国是古典自由主义所允诺的自由家园。作为移民，对祖国深感失望，哈耶克对加入一个新的信仰共同体似乎颇有热情，这个信仰共同体接下来将会拿起武器，对抗那些从内部和外部削弱它的力量。[126]

哈耶克尖锐地评论凯恩斯的《货币论》。"《货币论》被证明如此明显地——我认为也是如此不可否认地——表明了知识迅速发展过程中的一个短暂阶段，它的出现不可能有着人们一度预期的那种决定性意义。"[127]凯恩斯一头扎进了储蓄与投资分离问题的研究，而没有考虑奥地利经济学派的资本与利息理论。[128]这在很大程度上是真的，而且凯恩斯最终会以对整个经济学的重新概念化挫败这场讨论做出回应。

暂时地，凯恩斯以同样的方法回应哈耶克，不过不是通过攻击那篇评论的主旨，而是通过攻击哈耶克更早论述资本理论的作品。在他手里那份写满评注的哈耶克的评论中，凯恩斯尖酸地记录道：

> 哈耶克并没有怀着一个作者有资格预期读者应当抱有的"善意"来读我的书。在他能够这样做之前，他不会看出我的意思是什么或者我是不是对的。他显然有一种激情，导致他找我的茬儿，但我一直很奇怪，这种激情究竟是什么。[129]

尽管这场争论陷入了技术性的泥潭，但焦点是储蓄与投资之间的关系。这是哈耶克最喜欢的战场。凯恩斯——他对此的观念依然处于形成阶段——不能完全找到一条摆脱传统理论束缚的出路。只要这一约束存在，哈耶克就有一个可信的批评，这或许解释了凯恩斯为什么脾气不好。[130]

但哈耶克也有一个问题。尽管他对储蓄与投资的看法是对称性的，传达了确定性，但其中重要的部分是不容易明白的。他的构想，比如自然利率这个关键概念，让经验验证落空。凯恩斯尽管对自己的概念基础不那么有把握，但他擅长以统计检验的形式来呈现他的观点。

结果是，这场争论是围绕定义问题的晦涩斗争，是移动场地上的大比武，主张躲避要点和意图恶劣。哈耶克指出，凯恩斯的"阐述是如此费解、不系统和隐晦，以至不同意结论的经济学家很难说明准确的异议点并陈述他的反对理由"[131]。凯恩斯断言，当哈耶克"发现自己被引上了一些陌生而令人不快的道路时，他便试图把路上的鼹鼠丘描述为大山，从而阻止自己被拖着再向前一步"[132]。正如拉尔夫·达伦多夫（Ralf Dahrendorf）所指出的，"'自然疗法'对国家干预，可以说是一场将会持续半个世纪的比赛的前几轮"[133]。凯恩斯的《就业、利息和货币通论》把这场争论转到新的战场。更大的争论将会持续几十年。

哈耶克在 20 年代的最著名著作出版于 1931 年，题为《价格与生产》（*Prices and Production*）。尽管哈耶克由于批评而修订了这部作品并于 1935 年再版，但他后来承认，他没能令人满意地解释资本以什么方式发展并随着经济周期的过程而发展。[134]然而，他的努力标志着他成为一个值得注意的经济学家。这本书由罗宾斯撰写导言，吸引了凯恩斯的火力，凯恩斯称之为"我读过的最吓人的充斥胡言乱语的作品之一，里面几乎没有一个扎实的命题"[135]。凯恩斯请求一位密友和同事皮耶罗·斯拉法（Piero Sraffa）评论哈耶克的这本书，斯拉法击溃了一个关于信贷作为经济恢复基础的相对不可靠性的主要论证，并攻击哈耶克的"自然"利率观念。这场激烈的对抗引发哈耶克经济学研究的边缘化，到 30 年代末将会导致他被孤立。[136]

与凯恩斯的斗争以哈耶克对凯恩斯的《货币论》的批评而有了糟糕的开端。考虑到凯恩斯支持政府干预而哈耶克反对，他们不大可能解决他们之间的分歧。事实上，通过攻击哈耶克的作品而不是捍卫自己的作品来做出回应，这一策略引来了凯恩斯的一位导师 A. C. 庇古（A. C. Pigou）的判断：凯恩斯参加的是"以人的身体为瞄准对象的投球比赛。那是一种决斗方法"[137]。

在更直接的层面上，这场争论围绕的是做什么来应对英国的萧条。凯恩斯的追随者在 1932 年的夏天和秋天重新加入了这场争论。哈耶克、罗宾斯和其他人陈述了相反的观点：不需要增加公共支出。[138] 各自的队伍建立起来了，凯恩斯以剑桥大学和牛津大学为阵地，罗宾斯与哈耶克以伦敦政治经济学院为阵地。[139] 正如理查德·科克特（Richard Cockett）所指出的，这是

> 民主西方在 20 世纪至关重要的知识之争。它清晰地把经济学家——最终还有政治家——分为两个截然不同的阵营：两个阵营之间的分歧将贯穿英国政治，跨越党派边界，而且当这个世纪展开时进入更广阔的民主世界。[140]

哈耶克表明了他的立场：在日益加重的大萧条的混乱中，要坚决捍卫竞争性市场。1933 年，他在伦敦政治经济学院的就职演讲预示了一些主题，这些主题将成为他此后职业生涯的典型特征。致力于解决资本家的"浪费"问题——他们用更现代的技术取代逐渐过时却依然有价值的机器。哈耶克认为，这样一个决策因素涉及复杂的相关市场，而不仅仅是机器本身的效用和成本。有资本用于别处投资的相对使用；有劳动力成本、维护和总生产力的考量："引入新机器，不是为了做现有机器已经在做的工作，而是做当前工作外加一定数量的其他要素能够实现的工作，而这些要素用在别的地方将会生产出更多的东西，超过新资本能够生产的东西。"只有资本的监管人才有足够的动机和信息做出选择。出于这些原因，关于政府试图保护人们免遭现代化不利后果的努力，"对结果抱乐观态度是不可能的"[141]。

哈耶克于 20 年代在奥地利如此痛苦地经历过的事情——政府没有能力调整措施应对经济危机——转移到了 30 年代的西方情境。对于这场不断演化的讨论，哈耶克的贡献是挑明政府很难扮演这样一个角色的经济原因。在这个十年的晚些时候，利用相

关知识给出一个基本原理事实上是一项不可能的任务。

罗宾斯和哈耶克在伦敦政治经济学院举办的研讨班成了关于经济理论和政策建议的研讨班。与此同时，凯恩斯在剑桥大学有自己的阵地，以促进他正在发展的论证、正在酝酿的批评和对抗的观念。最终，在凯恩斯的《就业、利息和货币通论》出版之后，伦敦政治经济学院与剑桥大学组建了一个"联合研讨班"，目的是缩小两个学校之间的分歧。[142]

围绕激进政策的争论远不止知识分子之间的分歧。强有力的金融势力在背后运作。在 30 年代，洛克菲勒基金会在支持伦敦政治经济学院上发挥了至关重要的作用。这个基金会还支持日内瓦国际关系及发展高等学院，这所学校——教员团队中有米塞斯——后来成了欧洲抵制政府干预市场的社会主义方法和凯恩斯主义方法的中心。该学院院长威廉·亨诺德（William Hunold）是哈耶克的一个盟友，他在 30 年代组织了两次会议，专门驳斥凯恩斯主义经济学的有效性。[143]

然而，作为一个批评者，要想令人信服，哈耶克需要的不只是经济理论深奥难懂的争议性。实际上，还有其他很多经济学家有技术性理由怀疑凯恩斯的观点，其中就有贝弗里奇。在接下来的那些年里，在凯恩斯的思想流派被修正、阐述和通俗化之后，很多批评者获胜了。毫无疑问，凯恩斯主义经济学还是有着强大的政治吸引力，它对 30 年代的明显危机允诺一个激进的解决办法，尽管依然保留了对私有财产和个人自由的保护，抵制社会主义国有化方案。

凯恩斯永不停歇的智力在运转，检验这些观念，以书面的形式把它们呈现出来，然后修正方法，把自己的和别人的思考及批评纳入考量。哈耶克把自己的观点看作沿着一条连贯一致的路线以更高水平的复杂性不断发展，凯恩斯则把自己视为一个实用主义者，在一个一般性假设的框架内开展工作，并根据新证据和新洞见做出具体的修正。

哈耶克越来越成为一个自封的意识形态角斗士。他和罗宾斯一起制止了贝弗里奇试图获得法兰克福高等研究院的藏书和职员团队的计划，因为它与马克思主义和弗洛伊德主义的影响有关联。贝弗里奇的理由是，法兰克福高等研究院职员当中某些人的显赫名声以及有些人作为犹太人在纳粹德国所处的险境为这个计划创造了一个表面上的原因。但在哈耶克和罗宾斯看来，该研究院职员的知识导向是决定性的考量。[144]看来，这个自由的鼓吹者对把救生索伸向那些他不喜欢其观点的人还是有所保留的。

令人困惑甚至令许多年后的哈耶克困惑的是，他没能直接回应凯恩斯的《就业、利息和货币通论》。哈耶克的解释是，凯恩斯宣布在一个关键点上改变了主意，这削弱了哈耶克对凯恩斯早期作品的评论。哈耶克随后声称得出结论：没有必要投入时间和精力紧跟凯恩斯不断改变的立场。然而，哈耶克后来暗示，真正的原因是他自己的这样一种感觉：凯恩斯实际上已经超越了特定的问题，实现了经济学从微观层面向宏观层面的转变。[145]斯基德尔斯基的观点是，哈耶克不想冒损害自己名声的风险，这一名声源于他对凯恩斯的《货币论》的敌意评论。[146]

在从微观经济学转向宏观经济学、从特定交换的经济学转向把经济学概念化为统计总量的相互影响上，处于危险境地的是什么呢？对哈耶克来说，是价格在市场上的重要性被忽视。《就业、利息和货币通论》"把相对价格的整个结构视为理所当然，没有提供任何工具来解释相对价格改变的影响"[147]。对凯恩斯来说，经济更多的是对关于供需总量的预期做出反应，而不是对价格本身的变动做出反应。事实上，凯恩斯对奥地利经济学的核心不屑一顾，并试图挫败他的对手。[148]

凯恩斯不是将价格作为基本动态的可靠指标来处理，而是将其作为一个方程组中的因变量。每个自变量是一些要素的总和，其中几个要素可能被人的错误计算所扭曲并被巧妙的干预措施所纠正。一个简单的事实是，价格主要不是回应供给和需求的相互作用——供给和需求合起来看是等价的，而是个人生产和消费的动机。这样的动机依赖于收入和产出的改变，也依赖于心理情绪和心态。对凯恩斯来说，价格就像现实一样可能是人为的。它很可能是信使，通报的不是内在现实，而是混乱和困惑。[149]

形成鲜明对比的奥地利经济学派观点是，价格是经济学的语言，价格的变动应当根据意义和原因来理解。价格以这样一种方式概括了知识、物质现实与意图之间复杂的相互转换，以至不可能有效地把这些成分分离开来，操纵就更不用说了。自然价格，相对于被操纵的价格，是作为一个有机体系的经济至关重要的指示器。《就业、利息和货币通论》拆解了这一体系，而且在哈耶克看来，这让该体系容易受到违反其基本功能情形的影响。

尽管哈耶克并不承认这一点，但对于《就业、利息和货币通论》所促成的转变，还有另一个基本内容。凯恩斯把他的伦理概率方法熟练地应用于萧条问题。[150]整本书澄清了总体经济要素之间的已知关系，使得行动的合理性得到证明。尽管我们不可能有把握地知道，比方说一笔给定投资的前景如何，但我们可以有根有据地判断公众以可预知的方式对它的价值做出反应的可能性。

以从经济统计数据中看出的行为模式的知识，决策者可以提高做对事情的可能性：鉴于什么都不做有显著的危险，风险是可以接受的。凯恩斯揭示了足够多的奥秘，在他看来，干预是可行的。他以概率为利器。

哈耶克对科学方法转变为社会研究深感不安，除了凯恩斯进步形式的科学似乎要提供的那种信仰，他别无选择。他既不能发起对凯恩斯的反驳所要求的系统性挑战，又不能在争论中为他这一方援引一个有着强大吸引力的政治解决方案。放弃经济操纵与整个经济中在直觉上显而易见的现实背道而驰。个人和企业每天都在做出让"富人"比"穷人"更有优势的决定。内阁大臣能不能为了公共利益而推翻这些决定呢？

在《就业、利息和货币通论》引发技术性争论的同时，它实际上改变了整个讨论框架。哈耶克实际上被挫败了。他需要突破口。在哈耶克看来，对自发市场力量的情形，新的理解途径并不在于经济学方案，而在于来自自然界的类比。哈耶克开始思考社会如何早在1933年就形成了一个自发的交易网络。在伦敦政治经济学院的就职演讲中，他这样描述自休谟和斯密以来的政治经济学历史：

> 简言之，它表明存在一个非常复杂的机制，致力于解决问题，经常借助一些被证明是可实现结果的唯一可能的手段，但不可能是故意管制的结果，因为没有人理解。[151]

对于那些将引导哈耶克正在发展的观点的前提，这段话预示了很多东西。以生物进化作为主要隐喻——适应能力解决了物种不可能通过深思熟虑来克服困难的问题。还有怀疑论者的选言推理（disjunction）方法，即把复杂的社会现象还原为它的组成部分，然后把这些部分重新组合，而不诉诸意志、目的或类似的抽象概念。如果马克思和弗洛伊德的思想都不管用，那还有达尔文的。最后则转向知识在有意行动形成中的基本作用。

哈耶克剩下的难题是，怎么处理植物和动物的无意识进化与人类的有意识行动之间的差别。很明显，除了其他文化构成元素，人的智力、知识和选择在经济体系的发展中发挥了作用。关键是要把意图与智力区分开。我们确实把智慧用于做出选择。然而，我们不可能有足够的知识来预见所有可能会发生的事情，这意味着，我们选择背后的意图碰巧遭遇了意外甚至反常的结果。智力只能用在有知识的地方，而知识必然是有限的。不管我们的意图多么好，它们都受制于我们知识的匮乏。

1936 年，在伦敦政治经济学院的一场演讲中，哈耶克表达了这些洞见的经济学含义。[152] 他延伸到了对知识性质的基本论述，同样是这个论述推动了凯恩斯的进步形式的创新。凯恩斯把智力工作看作在一个不确定的世界里权衡概率，为的是发现最佳的行动方案。在他看来，不可能知道的事情超出了计算范围，因此必须屈从于可以知道的东西。哈耶克的看法相反。在哈耶克看来，一个人所知道的东西必然不同于其他每个人的知识。知识不可能用一个头脑或一组头脑来概括。当每个人都能够按照他们最清楚的东西采取行动时，对知识的最充分利用就会发生。

这些并不是针锋相对的立场，但可能是哈耶克与凯恩斯之间的争论为什么实际上从未解决的原因。凯恩斯观点的重点是在可知与不可知之间做出选择的必要性。不是假设不可知的东西必然在智慧中占据更大的比例，正如我们早先已经看到的，凯恩斯在这一点上颠倒了过来，主张可知的东西在智慧中占据更大的比例。这样一来，熟练的分析师便成了关键人物。

相反，哈耶克关注的不是可观察的东西，而是观察者本身。他认为每个人都是知识整体中唯一合格的贡献者。凯恩斯强调推理的作用，通过对概率的估计来扩展知识的范围，哈耶克则依靠引入自发相互作用的多种观点来阐明社会应该遵循的道路。这条道路是否通向任何有意义的地方，成为哈耶克穷尽余生试图要弄清楚的问题。

凯恩斯从未直接反驳哈耶克的认知论立场。一方面，他不需要这样做。你可以想象，按照凯恩斯和哈耶克的洞见来操作却没有发现它们相互冲突。在决定最佳方案上，基本智慧是获得尽可能多的有直接知识的个人经过周密考量的观点。说这样的知识不可能由技能熟练的决策者聚合起来，正如一个经济学家在评估市场行为时所做的那样，就是证明任何领域的专业知识的所有例证都是假的，不仅仅是经济学领域。

相反，按照凯恩斯的观点，没有任何东西需要由一个"计划者"做出决定，这个计划者用一个人的判断代替很多人的判断。他偏爱的行动模式是找到干扰性最低的干预形式，在出现清晰的证据时按这个形式采取行动有益，尽管在新的信息出现时有改变行动路线的可能性。问题的存在是对行动的刺激，而不是"自然"力量失衡的指征。凯恩斯不喜欢愚蠢，不管是证据显示可能有益时没能采取行动的愚蠢，还是由于对教条的盲目坚持或非理性的冲动采取行动的愚蠢。后者是巴黎和会上各方的典型特征，前者是英国政府在面对萧条时的典型特征。类似地，在凯恩斯看来，依靠自发的力量来矫正不断下滑的经济同样是愚蠢的。

另一方面，哈耶克也找到了他的武器。1936年的演讲是塑造其未来道路的"决定性事件"。[153]随着卡尔·波普尔的《科学发现的逻辑》(*The Logic of Scientific Discovery*，1936) 的出版，哈耶克又获得了一件他需要的工具：一个可以借此攻击凯恩斯把科学和统计学用于他的事业的基础。在波普尔看来，社会科学的要点不是构建确定性。在一个有着复杂现象的世界里，观察也因此受到限制。相反，科学方法的最佳应用在于对假设的反驳。观察可以告诉我们什么不是真的，而不是反过来。

但再一次，哈耶克把这个论证延伸得过远。凯恩斯从不认为他自己是在证实一系列确定性，因此，他聚焦于将概率作为行动的基础。为他的计算提供基础的数据被用来断言关系，但无论是数据还是关系，都可以通过观察来检验。凯恩斯的体系经受了波普尔的检验，凯恩斯主义经济学的修正一直在这个基础上进行。哈耶克的形而上学倾向导致他把波普尔视为明确反对建立行动的理由，但他没有看到波普尔进步实用主义的启发价值。

当越来越远离传统意义上的经济学，对理性"构建"的攻击成了哈耶克研究的突出主题。恰恰是在这个点上，他与导师米塞斯分道扬镳。1937 年，他发表了一篇对米塞斯作品的评论，认为它过于依赖假设的市场理性，而对源自各种分散知识所产生的自发行动的良性影响依赖不足。此时，哈耶克把自己视为既非均衡经济模型的捍卫者，又非理性选择倾向的捍卫者，而是市场发现过程的捍卫者，这个过程通过连续不断的试错来确保物种的生存。

哈耶克放弃经济学家参照框架的惯例，可能在某种程度上是由于他在伦敦政治经济学院日益被孤立。他的主要同情者，甚至著作的译者，都支持凯恩斯。博士生纷纷转变立场。他剩下的一个学生路德维希·拉赫曼（Ludwig Lachmann）观察到了一个令人哀伤的现象：哈耶克主义者在30年代初的伦敦政治经济学院到处都是，而到这个十年之末，就只剩他和他的老师了。[154]

与此同时，一些微妙之处正迅速从政治中消失。奥地利陷入了法西斯主义和共产主义的政治旋涡中，在1934年达到内战爆发的临界点。选边站队成了一种社会必要。哈耶克得知，他的母亲在一位朋友的说服下转向了纳粹主义。[155]1938年他在维也纳看到希特勒在英雄广场受到热情接待。随后的德奥合并粉碎了哈耶克对在政治上拯救祖国可能抱有的任何希望。希特勒，一个奥地利之子，基于种族、民族主义和威权主义，战胜了左派、旧国家、建制派甚至教会。奥地利如今被纳粹党牢牢掌控，将让国家成为生活每个方面的仲裁者。[156]1938年，哈耶克永远离开了祖国，成了一个英国公民。

在英国，当大萧条开始、战争的乌云再次笼罩在欧洲的上空时，不难预料，人们对捍卫市场不会有多少同情。相反，这些问题在阶级分析的背景下展开。知识评论的主旋律把法西斯主义和共产主义视为两种相对的激进：一边是资本家及其反动盟友，另一边是被动员起来的工人阶级。从拉斯基的视角看，民主社会主义成了中间立场。

哈耶克持有异议，并为试图重整旗鼓捍卫古典自由主义理想而努力。1938年，一群知识分子在巴黎集会，称为"沃尔特·李普曼学术讨论会"。李普曼认识到哈耶克和米塞斯的影响，把所有三种意识形态视为正在兴起的集体主义。[157]李普曼的构想意味着他和讨论会其他参加者支持自由，对抗平等。他们把议题构想为个人选择对政府统治的问题。讨论会再也没有召开过，但为后来的类似会议开创了一个先例，在战后的那些年里会在朝圣山学社的组建中成为一个强有力的新的推动力。朝圣山学社由哈耶克在瑞士发起成立，一些成员同样是这次讨论会的参加者。这场运动在与一些保守派基金会结盟的基础上进行，这些基金会为从左派知识分子手里重新夺回知识主动权提供经费。

在 1938 年的会议上，有人提议把亲市场力量的公共诠释者的角色赋予哈耶克。理查德·科克特称，这是在哈耶克正琢磨撰写《通往奴役之路》（*The Road to Serfdom*，1944）的时候，这本书将成为这些自封的"自由主义者"在严阵以待对抗"集体主义和凯恩斯主义"时的宣言书。[158] 目标是要从一开始就证明，凯恩斯的中间道路不是社会主义之外的一个替代选项，而是一种社会主义。

在一些志趣相投的欧美知识分子的支持下，哈耶克可以开始制定一条重新夺回阵地的路线。作为伦敦政治经济学院罗宾斯阵营的一个经济学家，哈耶克认识到，他们正在输掉这场战斗。一些更年轻的教员纷纷转向凯恩斯，更一般意义上的经济学专业也是如此。[159] 哈耶克的一位学生的分析证明了通缩对希特勒崛起的影响，与瑞典解决危机的凯恩斯主义方法的有益结果刚好相反。这个论题引发经济学家转变立场。[160] 然而，在政治战线，有一个新的显著缺口容易招致攻击。

哈耶克回到伦敦政治经济学院，发现不仅仅是社会主义者拉斯基，就连院长贝弗里奇都被说服相信社会主义的良性品质，以及法西斯主义的反动本性。哈耶克写了一份备忘录，把社会主义与理性滥用联系起来，劝说贝弗里奇不要采取这一立场。[161] 对哈耶克来说，这份备忘录是一本书的开端，这本书将论述历史上的理性衰落，以及一个"通俗版的……针对英国知识界的社会主义者"基础，着重强调几种形式的集体主义的兴起实例。[162]当凯恩斯阐述政府管制的时候，拉斯基和左派稳定地转向生产资料的国有化，以此作为社会主义的核心信条。就连保守党人也抱持铁路管制和国有化的观念。哈耶克的目标在他心里变得赫然庞大而清晰。这本书成了战时的焦点。哈耶克将把《通往奴役之路》题献给"所有党派的社会主义者"。

当1940年的大幕拉开，哈耶克正在做出他试图解决经济学基本问题的最后一次重大努力。6月，他完成了《资本的纯理论》（*The Pure Theory of Capital*）。但世界在打仗，没有一个人给予任何关注。正如《哈耶克文集》的编辑布鲁斯·考德威尔所指出的："这个专业很少有人注意到这本书。此外，对哈耶克来说，有一点很清楚：即使付出了巨大的努力，他也没有走得很远……在这个新的基础上构建一个全动态周期理论方面，他并没有取得进一步的进展。哈耶克不再致力于这项任务，希望由其他人来完成。但它至今尚未完成。"[163]

沿着这条路，哈耶克继续他与凯恩斯之间的争论。他声称，凯恩斯的《就业、利息和货币通论》给读者留下这样的印象："不存在真正的匮乏"，相反，"我们需要关注的唯一匮乏是人为的匮乏，它是由人们决定不以低于某个随意固定的价格提供服务和销售产品造成的。"[164]人们似乎不大可能对这样一个观点照单全收。相反，对于凯恩斯专注于通过政府操纵释放出那些可能对经济增长做出贡献的资源，它倒是一个争论上的推力。

更令人信服的是，哈耶克在新作中把他的经济理论以及他对知识如何用于市场的看法结合起来。安德鲁·甘布尔（Andrew

Gamble）指向从哈耶克的创新中得出的对经济思考的重新排序：

> 哈耶克放弃了分析的正确起点是一般均衡概念这个假
> 设，相反，他认为有必要首先从个人计划和知识在社会中的
> 分配开始。对于分析来说，秩序和均衡的实现是最终结果，
> 而不是起点。正确的程序是要看出通过什么样的制度机制，
> 协调得以实现和维持。[165] 因此，根本不存在宏观经济学这
> 回事。

从这个视角来看，哈耶克拆解了凯恩斯通过证明投资决策的
可变性依赖已经预见到的和未预见到的事件，从而把资本投资当
作一个"总和"的处理方法。[166] 在某种意义上，论证的复杂结构
是哈耶克主要观点的一个说明——投资决策是微观决策，经过比
凯恩斯及其他人所概念化的更多考量反复推敲。不可能把这些决
策分解为分离的部分而不扭曲实际上发生的情况。

复杂性论证很难反驳。如果一个人没有事先受过关注复杂性
方面的训练，接受反驳甚至更难。考德威尔凸显了经济学家在何
种意义上接受均衡理论和边际选择分析。这让他们对一个基于知
识的复杂使用的论证一点也不敏感。经济学家要么痴迷于恢复诸
如供给与需求这样一些总和的"均衡"，要么执着于沿着可取的
路径轻轻促进经济行为，而哈耶克则越来越把信息的发现置于经
济学的核心。[167]

不管它对经济学家有什么样的吸引力，哈耶克的复杂性论证
都不大可能在一个受危机驱动的世界里受到尊崇，在这个世界里
需要做出政策选择。出于这些原因，哈耶克有额外的动力从经济
学转向政治学，因为正是在政治学中，有不断增长的压力要在战
后的世界里终结 30 年代典型的混乱。要突破那些能够与受众沟

通的人，哈耶克需要从枯燥乏味的经济理论世界转向意识形态对抗的激烈讨论。

凯恩斯、拉斯基和哈耶克进入 30 年代时都提供了新的观念，尽管尚未聚焦于变革的实际性。到这个十年结束时，他们都澄清了他们的要旨，获得了一些重要的追随者。时代唤起了他们能够调动的所有能力，他们的作品，尤其是凯恩斯和拉斯基的作品，如今被广泛阅读。这三个人都积极地架通大学与政治，他们正在构建新的对政府与市场之间关系的公共理解。

凯恩斯和拉斯基已经从他们在私人生活中的不变承诺出发，这些承诺增强了他们的活力。弗里达和拉斯基在横扫英国的激进运动中并肩战斗。凯恩斯由于心脏病发作而变得更衰弱，依靠妻子莉迪亚的照料维持他的高强度活动。哈耶克的婚姻并不牢固。他要忍受与爱人之间的长期分离。由于在学术圈中颇有争议，越来越被边缘化，而且在个人关系上漂泊不定。当战争开始时，他正处在新生活的十字路口。

第 6 章

第二次世界大战：毁灭与拯救

1939 年，当世界再次陷入战争中时，那些被第一次世界大战失败的和解召唤出来的力量，像意识形态的幽灵，出现在成长中的凯恩斯、哈耶克和拉斯基的脑海里。拉斯基把旧秩序的最终崩溃看作辩证法的一次爆发，奋力朝着创造一种社会主义新秩序的方向前进。哈耶克的分析不是聚焦于法西斯主义与共产主义之间的较量，而是聚焦于这两种意识形态在促成个人自由连同个人适应和生存能力方面的异同。凯恩斯启动了理性化的经济力量和政治力量，使得它们在战后世界里受到约束并被引向文明的进步。

对每个人来说，决定性的事件有所不同。对凯恩斯来说，有全力以赴的任务：巧妙处理英国的战争融资，维护英国在战后世界的地位。他带来了一个新的、已经充分形成的政治经济学体系。凯恩斯成了造诣很高的内部人。

举起民主社会主义大旗之后，与建制派有联系的外部人拉斯基在战争当中为改革而战斗，不过是按照"选民同意的革命"。

大胆一击的机会在于党派政治不断变换的牌子，这是丘吉尔联合政府的基础和工人阶级动员的紧迫原因，二者使得激进的回应成为可能，并扰乱各个政治派别对战争的态度。

哈耶克由于民族身份和观点的政治不正确而在战争动员中袖手旁观，他在意识形态战争中找到了前线。对他来说，基本斗争不是关于敌对的民族主义，甚或也不关乎阶级和大众，而是在于维护个人自由，抵制社会改良的理性主义方案。40 年代是一个政治对抗的时代，将改变他的人生，并重新设定西方的最终进程。

凯恩斯：拯救英国

在凯恩斯看来，第二次世界大战是《凡尔赛和约》失败的逻辑后果。西方领导人没有能力以不同于修修补补的方式处理赔款和萧条，这导致法西斯主义在德国和意大利的崛起。英国的政治建制派遭受了沉重的一击，绥靖政策在 1938 年《慕尼黑协定》之后遭到强烈批评。张伯伦没能阻止战争的爆发，这一失败再次让人们充分认识到英国政体心脏的严重虚弱。张伯伦被丘吉尔取代，成为一个因为对英国之敌抱持强硬路线而闻名的边缘人物。然而，丘吉尔所在的党派由于张伯伦的不负责任而受到了损害。丘吉尔在联合政府中与工党处在同一条船上，后者在国内问题上接过了民意领袖的位置。[1]在一个绝望的时代，情况终于有利于新观念的引入。

当这场新的世界大战爆发时，凯恩斯的回应包括三重：一次拯救行动，旨在尽可能维护英国在世界上的地位；战时经济措施对国内计划的适应将确保战后时期更大的安全；创造稳定国际货币的制度框架，避免《凡尔赛和约》的错误。他在第一件事上暂时成功了，在第二件事上取得了成功，在最后一件事上从长远来看也是成功的。1939 年，当德国装甲师横扫欧洲时，凯恩斯回归他做得最好的事情，那就是建议通过政府资助解决公共财政危机——这一次是为战争努力筹集资金。他建议执行一项强制储蓄计划，连同对资本积累征税，为的是提供必要的资金。对储蓄支付利息，但战后才归还本金——作为拯救战后衰退经济的措施。[2]

凯恩斯精通政策企业家的谋略，他为上述方案赢得的支持证明这一点。威廉·贝弗里奇一直参与了方案的形成，拉斯基和哈耶克都成了方案的公共支持者。方案的进步性——对“富人”有着不成比例的冲击——吸引了拉斯基，他试图在工党委员会和工会领导层当中促进这个方案。[3]

凯恩斯的方案用上了哈耶克的一项建议——对战后利润征收资本所得税，这为凯恩斯赢得了又一个盟友。[4]哈耶克预见到通胀将是战后的主要问题，乐于赞同这样一项方案作为一种财富税，预先阻止通胀。[5]凯恩斯写信给哈耶克说：“我很高兴我们在实际问题上居然意见如此一致。”[6]或许，哈耶克也颇感满意：强制储蓄事实上是凯恩斯通常的求助手段，这是政府借款的对立面。[7]

方案的大部分内容进入了政府程序。财政部在整个 30 年代采取了一项紧缩政策——这项政策无论是作为对抗萧条的措施还是作为对军事增强需求的回应都失败了，需要一条途径来改善它的政治地位。[8]凯恩斯很高兴终于可以就一个关键问题发挥真正的作用。然而，联合政府 1941 年的预算在重要性上超过了建议。唐纳德·莫格里奇评论道："它把预算政策的标准从公共账户的平衡或不平衡转变为整体经济的平衡……这相当粗糙，严重依赖某个对统计量有着凯恩斯那种直觉的人的判断技能，但这还只是个开始。"[9]宏观经济学由于聚集于平衡公共账户获得了关注。这是《就业、利息和货币通论》最初的胜利。而且，它很管用。通胀得到了遏制。莫格里奇援引生活成本指数在 1941 年至 1945 年间只上升了 5 个单位，从 127 上升到了 132。

这就是凯恩斯的卓越之处，他在 1940 年 6 月回到政府部门，但在整个非常时期仅仅作为"凯恩斯"。他没有具体职务，有点像一项得到理解的授权，可以在财政部随便走动，权限超出为战争问题寻找解决办法。他的办公室就在相当著名的卡托勋爵办公室的对面——这不可避免地导致凯恩斯被人称作"多戈勋爵"。凯恩斯的办公室只装饰了邓肯·格兰特的一幅自画像。他的办公室隔壁就是财政大臣的办公室。布卢姆斯伯里再次成为建制派的堡垒。[10]

凯恩斯最喜欢戳穿战时官僚机构的无能，如今他有了值得追捕的猎物。他在官僚当中搅起了很多场风暴，但在把同事重新定位于更好的路线上接受了很好的建议。他的火力范围经常很广，但他学会了保持一定的谦逊。[11]他与非常能干的理查德·霍普金斯（Richard Hopkins）爵士、之前反对他的莱昂内尔·罗宾斯以及一些他非常尊敬的能干副手结成搭档。

他的生活被分为两个部分：在戈登广场家中地下室里的一张架子床上睡觉，有更大的希望在炸弹轰炸中幸存下来；为了和妻子莉迪亚及他们在查尔斯顿的朋友实现暂时的放松而去蒂尔顿旅行。当英吉利海峡沿岸在 1940 年成为战争前线时，他们目睹了英国飞行员的英勇行为。

凯恩斯在财政部的权力转向了国内事务和战时财政。当政府决定就一项社会保险计划征求贝弗里奇的建议时，贝弗里奇和凯恩斯正效力于一个致力于融资的小型委员会。变乖了的罗宾斯加入了他们的行列，眼下在财政部的经济部门工作。凯恩斯和贝弗里奇同意做出一系列让财政部反对派噤声的修改，基于财政审慎的理由。具有历史意义的《贝弗里奇报告》最终在 1942 年公开发表。《贝弗里奇报告》注定要在 20 世纪余下的时间里为英国建立福利国家奠定基础。何塞·哈里斯（Jose Harris）在她开创性的《贝弗里奇报告》研究中把这些原则总结为"充分就业，免费医疗保健，保险而非'财产状况证明'，社会提供'从摇篮到坟墓'的社会保障"[12]。明显漏掉的，是拉斯基和工党左派所主张的生产资料的公共所有权和控制权。

投票时，80％的公众支持采用这样一个方案。[13]内阁的态度有些矛盾，保守党不冷不热的反应让前景变得暗淡。内阁据此做出回应，"在原则上"同意方案，但推迟到战后才执行。[14]

事实上，贝弗里奇在战争初期就被说服相信民主社会主义相对于现有的安排更可取。但他把自己的支持局限于那些能够获得广泛同意的原则。贝弗里奇用不断接近的方法走上了这条中间道路，通过一次长时间的、好事多磨的社会政策实验，而对社会科学的仔细研究为这次实验提供了依据。正如哈里斯所指出的，《贝弗里奇报告》真正代表了一条政治中间道路。凯恩斯宣称它是好的，以"疯狂的热情"欢迎它。[15]他无疑在报告中看到了他的新经济学经过调整能够在财政上实现。

到这个时候，他被授予了贵族头衔，在 1942 年 6 月 11 日成了蒂尔顿的一名男爵。如今，他在财政部备忘录底下的签名只是胡乱写的一个"K"。在受封爵位的场合，丘吉尔向他致意，劳合·乔治甚至还有玛戈特·阿斯奎斯（Margot Asquith）都对他表示欢迎，凯恩斯进入了英国精英的内部。[16]凯恩斯希望向上议院发表他的首次演说，以支持贝弗里奇的计划。他将把这项计划吹嘘为确保最低保障的受欢迎建议中花钱最少的，出这个钱很容易，只要使英国工业比在大萧条时期变得哪怕是略微高效一点。[17]他计划用一段结束语结束他的演说，作为他对战后世界的展望：

> 不用担心物质生产力不能提供富足的生活，不存在任何这样的恐惧让我的内心充满不祥的预感。未来真正的难题首先是维护和平、国际合作和睦邻友好，除此之外，还有一些深层次的道德和社会问题，例如如何把丰富的物质组织起来，产生良善生活的果实。这些都是未来的英雄任务。但是，在我们今天正讨论的这些问题中，没有任何能吓坏一只耗子的东西。[18]

然而，英国财政部的同事被预期成本给吓坏了，并表示不喜欢凯恩斯发表的评论。他们并不想得到保证，或者更糟糕的是被解雇。凯恩斯改变了方向，以避免损害他在其他战线的效力。"其他战线"主要涉及海外问题：金融、信贷和强国之间的战后经济安排。凯恩斯成了英国财政部的"主导力量"。[19]他看到了第一次世界大战之后通胀和衰退的影响，并决心把英国及世界上尽可能多的其他国家与这一孪生之恶隔绝开来。落在身边的炸弹并没有妨碍他聚焦未来。

　　与此同时，国内政策问题走在了前面。贝弗里奇再次被招来解决一个至关重要的问题，这一次是关于战后经济中的充分就业。就连丘吉尔在 1943 年春寻求扩大对战争努力的支持时，也赞同“为了所有目的对所有阶层推行从摇篮到坟墓的全国性强制保险”[20]。在 1944 年一份题为《自由社会的充分就业》的报告中，贝弗里奇确立了这样一项原则：最低社会保障，包括工作的权利，应该充当公共政策的基准。正如理查德·科克特所指出的，这份报告事实上赞同“‘一个很高且稳定的就业水平’，这个标准被定义为失业率低于总人口的 8.5％”[21]。如果凯恩斯的衡量标准足以确保相当温和的目标，那么这样更好。如果不是这样，贝弗里奇就准备赞同工党中激进分子提出的更强有力的措施。[22]

　　有《贝弗里奇报告》作为新的政策标准，凯恩斯主义经济学就成了既保护资本主义又消除社会弊病而无须英国社会进行巨大改革的最大希望。然而，正如我们将会看到的，两极化的力量释放了出来，这既支持右派也支持左派。哈耶克的《通往奴役之路》同年出版，而拉斯基作为英国工党全国执行委员会主席，将会在战后选举临近时使工党政纲向左派靠拢。哈里斯指出，贝弗里奇担心如果在执行他的报告上有任何拖延，“战争中期那些年里广泛的民众觉醒可能在战争结束时爆发为革命骚动和崩溃”[23]。

　　罗伯特·斯基德尔斯基生动说明了凯恩斯的观点在什么意义上不那么具有革命性。凯恩斯把“公共投资”与“政府所有权和控制权”区分开来。凯恩斯早在 20 年代就已经看到，私人部门与公共部门之间的区分正在分解为一个实践问题。[24]企业是公共特许经营的，积极回应公共压力的职业经理人有效地把经由持股

155

获得的所有权与控制权分离开来，私人资本的处置权与公众可观察到的金融控制紧密交织在一起。凯恩斯把公私之分的模糊化视为一个不可逆转的、通常也没有威胁的趋势。

这种对公私关系的温和诠释，解释了凯恩斯为什么表面上赞同哈耶克的《通往奴役之路》——它让人想起对市场的有益利用，连同凯恩斯同时产生的主张，即需要更多而不是更少的计划。他没有把这些看作相反的可能性。纯私人的资本主义越来越成为一个神话，政府干预越来越成为一种生活方式。与此同时，一个投资被公共偏好甚至被政府决定所塑造的社会，未必是极权主义的。那张把私人财务与公共财政连接起来的网，它的丝线在不同的方向上穿梭。他提议——尽管没有成功——把政府预算分为两种：一种是用于投资的"预算外"资金，它将承担逆周期运作带来的冲击；另一种是平常预算，它将处理政府运作与供给中的"效率与公平"问题。

但在1944年，凯恩斯的主要努力是针对国际形势。随着诺曼底登陆的临近，几大强国被迫考虑战争之外的问题。摆在它们面前的问题是：能不能把制度安排到位以稳定世界经济，使得之前几十年的过度行为不可能重演。美国在新罕布什尔州的度假胜地布雷顿森林召集了一次由44个国家参加的会议。这次外交努力的总指挥就是凯恩斯。这是对他的封圣，因为与冷酷无情的凡尔赛的不和谐声音克列孟梭、长老会理想主义者伍德罗·威尔逊和政治炼金术士劳合·乔治这三巨头有直接的接触而更加光荣。[25]在布雷顿森林会议上，凯恩斯是无可匹敌的大师。用新近对凯恩斯肃然起敬的罗宾斯的话来说就是，在济济一堂的人群中，凯恩斯是最引人注目的人之一——敏捷的逻辑，鸟一般的直觉，生动的想象力，尤其是无可匹敌的言辞恰当感，所有这一切结合起来，使他的成就远远超出了普通人的极限……当这位神一般的访问者歌唱、金光洒满周围时，美国人心醉神迷地坐在那里。当一切结束时，很少有讨论。但就这家银行而言，我很清楚，我们离开时将有一个良好的开端。[26]

这家银行就是国际复兴开发银行，与国际货币基金组织（IMF）一起构成全球战后经济复苏的基础。关键在于稳定货币，建立一个受国际监管的储备体系，为世界贸易的开展提供信心。

这些机构以及为它们奠定基础的货币协定把凯恩斯政治人格的两面性展现了出来。民族主义者凯恩斯追求英镑的中心地位，以便更好地将金融事务集中在伦敦。政治经济学理论家凯恩斯把国际共同体纳入一套制度，这套制度将把干预主义宏观经济学应用于全球。当凯恩斯言过其实地对英国政府领导人承诺美国有望承认欠英国的"道德债"时，民族主义者凯恩斯与政治经济学理论家凯恩斯便在政治上发生了冲突。[27]美国人到头来比预期的更顽固，这使得创立这些国际机构的谈判复杂化。凯恩斯将不得不把他所有的说服技能用于说服美国人、本国政府和公共舆论，以便让必要的协定和贷款得到批准。

几周时间里密集而细致的谈判"被凯恩斯与美国财政部的哈里·怀特（Harry White）之间的口舌之争——轻剑对大口径短枪——所主导"[28]。怀特占据了上风，但他的坚定果断受使美国财政部领导层保持领先，同时按照他试图与苏联建立一种工作关系的个人承诺而采取行动的需求影响，变得举棋不定。怀特当时正把机密信息传递给苏联的情报机构克格勃。他因此赞同凯恩斯就战后伙伴关系设计的社会民主主义方案，但不同意凯恩斯的民族主义计划，试图延续英镑在国际贸易中的突出地位。到最后，美国人占了上风，让美元获得了支配性地位。然而，凯恩斯借助制度安排和可兑换货币实现了很多他想要的东西，足以让他在回到英国时能够为签订的协定进行响亮的辩护。

凯恩斯是在妻子莉迪亚的陪伴下去的美国，已经对明星的身份习以为常。莉迪亚的舞蹈练习打扰了临时住所的楼下邻居、美国首席代表亨利·摩根索（Henry Morgenthau）的休息。凯恩斯无疑成了世界舞台上的明星。当会议结束时，罗宾斯称，"代表们一齐起立，长时间为凯恩斯欢呼喝彩"[29]。

凯恩斯想要进一步建立一个国际清算机构作为一个稳定汇率和资本流的机制。他对建立稳定汇率的布雷顿森林体系感到满意。尽管这一体系维持了差不多30年，但是当越来越技术性的新古典主义解决办法用于危机管理时，它将被弱化。凯恩斯关于国际资本流的主观性的洞见被抛弃了，之后，布雷顿森林体系的有效性便下降了。[30]在布雷顿森林体系于1973年最终崩溃之前，西方经济的平均增长率是4%。[31]在该体系崩溃之后的20年里，发达国家的经济增长率平均下降了三分之一，银行与信贷危机的发生频率提高了。IMF到今天依然是一股强大的力量。然而，在80年代，它成了自由市场意识形态的一个代理人，而不是一个为拯救处于危机中的经济而参与实际救援行动的机构。[32]

所实现的成就——不管最终结果怎样——不只是一次国际胜利。凯恩斯完成了经济学领域的一场革命。阿尔弗雷德·博尔内曼（Alfred Borneman）总结了半个世纪的经济学进步。他评论道，到1945年，凯恩斯革命大获成功：

不受时间影响的竞争性一般均衡的完全理性，随着不完全竞争和对不确定性的认识而走向了终结。货币成了我们在不确定性下决策的心理流动性，而不只是会计核算单位。[33]

但这场胜利超出了经济学领域，延伸到了政治学领域，超出了英国，延伸到了世界。凯恩斯促成的制度设法让世界走向稳定，与此同时，诸如《贝弗里奇报告》这样一些实质性的首创将引导英国走向一个安全而繁荣的未来。凯恩斯在上议院宣称：布雷顿森林体系将协助亚当·斯密所称的"看不见的手"，而不是取代它。凯恩斯不支持"极权主义"经济管理方法，也不支持"丛林法则"。他暗示，他已经为中间道路奠定了基础结构。[34]这是一个几乎无可争辩的主张，代表了他独一无二的、盛极一时的政治经济学视角。然而，他的计算将不得不与另一股越来越重要的力量较量：拉斯基的社会主义激进性和复活的工党。

拉斯基：世界大战与阶级斗争

随着战争在 1939 年爆发，拉斯基以一种将对战后世界有着深远影响的方式把理论与实践结合在一起。一系列事件——尽管它们是灾难性的——使他和他的事业收获了更高的声望和公众接受度。1940 年发生了"不列颠之战"，同时丘吉尔承诺从深陷困境的英国民众那里动员每一盎司。政治意义是工会被吸收进了政府。用承认工人阶级的利益来吸引他们，这成了宣传战的主题，遍及广播电台、军队范围广泛的教育计划和政府领导人发表的声明。第二次世界大战将是一场"人民战争"。[35]

到 40 年代初，拉斯基的激进主义决定性地转向了左派。他宣布支持马克思主义，这表明他究竟支持什么，1940 年春在伦敦政治经济学院的一场演讲让他有机会否认已经丢弃的东西。演讲的题目是《自由主义的衰微》。拉斯基宣布，自由主义的理想主义由于一系列事件而黯然失色，其垮台令人震惊。他要求提高社会控制水平。"我们必须把我们的社会打造为一场合作的而非竞争的冒险，如今从历史上说已经不存在讨论的余地：纯粹的私人利益冲突绝不可能产生一个公正的共和国。"[36]

上升到工党的权力结构，他成了整个战争期间工党选区组织推选全国执行委员会（NEC）委员的最佳选择。[37]NEC 连同议会工党（PLP）和工会联盟（TUC），是英国主要的社会主义机构。有一个民众基础，一个产生政策建议的政纲，以及一些有影响力的同事，拉斯基能够介入每一场重要争论。然而，不像他在议会和政府各部门的同事，他无须对选民负责，也无须对联合政府中的其他党派负责——只在基础层面上对忠实的党派负责。他利用这个位置来定义一条很适合联合政府所设定的左派行动路线。

尽管被马克思主义对战争起因的分析所说服，但拉斯基断然反对列宁主义战略。1941 年初，他公开谴责英国共产党动员工人阶级起来反对丘吉尔政府的战略。英国共产党提议建立一个英国工人的国家，推翻帝国主义的资本主义，然后实现"人民的和平"，点燃反抗希特勒和墨索里尼的革命之火。"不能不得出结论，"他在《国家》杂志上写道，"要么英国共产党人生活在虚无缥缈的幻想国度，要么他们的目的是要帮忙打败英国。"拉斯基同样决心要从战争中得到一个社会主义结果，但他构想了一个拒绝暴力、依靠他的民主抱负的战略。至于英国共产党人，他们将在 1941 年 6 月随着德国入侵苏联认识到：英国政府并不是一场革命的靶子，它如今在与希特勒政权的决一死战中成了苏联的重要盟友。

1941 年 6 月女儿黛安娜和女婿罗宾·马修森（Robin Mathewson）给拉斯基生了一个外孙（四个当中的第一个）——克里斯托夫。这个小家伙的到来给拉斯基带来了美好的时光。外公和外婆比较溺爱克里斯托夫，他们与黛安娜夫妇通常维持着良好的关系。但这一关系中也存在一些紧张，源于罗宾对保守党的支持和冷淡的个性。这个年轻的古典学者对他自己在圣保罗学校和埃克塞特学院的教学和学术职责并不像长辈拉斯基认为应该的那样充满活力。黛安娜依然与父母保持着密切的联系，尽管她打算在圣公会变得更活跃，这个决定使她逐渐脱离家庭传统。[38]

不幸的是，1941 年拉斯基家族发生了一场悲剧。10 月，父亲内森·拉斯基被一辆汽车撞倒，造成了致命伤。78 岁高龄的父亲原来充满活力。拉斯基经常回家看望母亲和其他家人。拉斯基写信给费利克斯·弗兰克福特，谈到父亲这么多年来在面对太多敌意时替犹太人发声的勇气。首相丘吉尔写信给拉斯基，谈到对拉斯基一家的温暖回忆。[39]拉斯基从未屈服于家庭的财富和地位，但他慢慢地重新赢得了他曾如此激烈挑战的父亲的欢心。

战争危机增加了拉斯基对历史力量与人类行动者意图之间的分析性区分的重要性。敌对行动开始不久之后，起草一份文件的任务落到了拉斯基的头上，这份文件将定义工党对战争所抱持立场的条件。《这是一场帝国主义战争吗？》（*Is This an Imperialist War?*）以下面这个分析为前提："不可能把这场战争与引发它的资本主义势力分离开；它是资本主义势力性质的一个内在功能，而不是某种有意志的东西由于一些恶意之人的故意设计而与资本主义势力分开。"[40]法西斯主义的目的是要粉碎社会主义，社会主义者必须反击，为"人类"赢得和平。拉斯基的观点与法西斯宣传部长约瑟夫·戈培尔（Joseph Goebbels）的声明针锋相对。戈培尔声称：纳粹党打算摧毁"1789年的原则"。拉斯基的盟友和传记作者金斯利·马丁总结了戈培尔表达的意图："自由、平等和博爱，这些民主的基本概念，要被湮没'一千年'。"对拉斯基及其盟友来说，启蒙运动之子社会主义必须挺身而出，抵抗法西斯主义反革命分子。[41]

拉斯基发表了一份战争目标声明，展望一个"合作的世界共和国"，它将阻止未来的战争。实现这一切的先决条件是民主社会主义国家和一份"新的、世界范围的人权宣言"。后者将在战后以联合国教科文组织的倡议产生成果。关于殖民主义问题，有自治和"大胆的财政和经济计划"，以恢复遭到破坏的经济。[42]这本小册子被视为对激进左派的一个有力回应，以至美国政府在美国分发了 25 000 本。

丘吉尔尽管强烈要求这样做，但对发表一份战争目标声明不赞同。考虑到拉斯基提出的这些议题，在一个严峻的国家紧急时期，它在政治上是容易引起分歧的，在一些关键议题上保守派可能会输掉。工党领导层在推进这些议题上缩手缩脚，这促使拉斯基给《每日先驱报》写了一封公开信，要求提出战争目标。工党领导层的回避招致工党紧急委员会的指责。拉斯基也承认，他在这样一个生死攸关的问题上公开挑战工党领导人和主要政府大臣克莱门特·艾德礼（Clement Attlee）的做法确实错了。[43]

1941 年 1 月，凯恩斯朝着加入这场战争目标争论的方向迈出了一步。他起草了一份清单，集中于探讨经济管制，以便在国内确保社会保障和降低失业，并在国际上促进创造一种国际货币。通过货币稳定这一步实现凯恩斯主义的国际化，预示了凯恩斯将会提出的在战后世界要做的事情。然而，他的清单从未发表。确保社会保障这个议题那年夏天被纳入了《大西洋宪章》宽泛的总则，接近于政府将会得到一份战争目标声明。[44]

拉斯基近距离感受了战争，尽管他不适合服役，而且联合政府中那些小心谨慎的内阁大臣也没有要求他服役。为了躲避轰炸，伦敦政治经济学院在这段时间搬到了剑桥。拉斯基发现自己身处的一间小办公室就在凯恩斯就读的国王学院入口处对面一家药店的楼上。他的办公室只装饰了妻子的一张照片。弗里达常常因为公共活动而外出。她在富勒姆自治市议会担任治安法官，并在埃塞克斯郡担任空袭警戒员。他们在埃塞克斯郡有一处居所，那是小巴德菲尔德的一幢村舍式小别墅，离剑桥不远。除了繁重的教学任务之外，拉斯基还帮忙解决英国各地的工业纠纷，致力于士兵和工人的教育计划，在伦敦及别的地方参与工党政治，并坚持撰写文章、书籍、信件和小册子。拉斯基夫妇在伦敦的家被炸弹击中两次，但没有被摧毁。拉斯基乘坐的一趟列车遭到低空扫射，他暂住的一家酒店遭到轰炸。再加上不时的健康状态堪忧，所有这些压力都考验着他的耐力极限。[45]

拉斯基想象一个社会主义未来从战争的灰烬中出现，这推动他向前。在他强有力的想象中，战争被重塑为一个历史性的机遇，让无产阶级得以在工党的带领下崛起。正如迈克尔·纽曼所暗示的，对他来说这是一场"革命战争"，"战争越趋向于'全面'，必要合作的范围就会越大"。[46]正如第一次世界大战动员了俄国农民，创造了能够完成革命的集中力量，英国的民事动员和军事动员也是如此，其中蕴藏着巨大的政治潜力。

拉斯基以一项宏大计划的纲要面对这场危机。出于战争目的而集中起来的政治和经济控制权将被牢牢掌握，在国内开始永久性过渡到社会主义体制。在国际上，民主愿望的喷涌将消除帝国主义的不公正。战后的西方民主国家一旦实现社会主义并摆脱帝国主义，就可以在共同价值与对人权更高承诺的基础上勇敢面对革命的共产主义。他所提议的不过是一场"选民同意的革命"。[47]

拉斯基把这场战争看作工人阶级革命的替代方案。有几股线把拉斯基的精神与他的政治学捆绑在一起，纽曼把这几股线共同呈献了出来：

> 自20世纪20年代以来，第一次他的理论和他的情感融为一个整体。这意味着，他的思想与他的行动之间不存在任何矛盾，他可以投入他巨大的能量，努力把他的幻想转变为现实……这意味着，这一政治活动被所有力量中最强大的力量所驱动。它是这样一种信念：成功将会导致一个美丽的新世界，而失败将导致末日大决战。[48]

由于对这场战争横扫一切感到激动不已，拉斯基的幻想促使他展开一轮狂乱的鼓吹和行动。拉斯基在1940年初最关注的似乎不是希特勒，甚至不是斯大林，而是英国领导层的怯懦。首先，一直有绥靖政策所带来的灾难，如今，一个革命的机会出现了，举止温和的艾德礼和他的温和派同事领导工党。拉斯基对弗兰克福特侃侃而谈："明显很快会有大的政府改变，如果艾德礼一伙知道他们的工作，他们甚至就能在下议院横扫世界。"但是"他们搞砸了他们碰到的每一个难题。这让我无法容忍"[49]。尽管举止温和，但在保罗·艾迪生（Paul Addison）描绘的那幅令人难忘的画像里，艾德礼"很像一动不动地蹲在一块石头上的青蛙，时不时地伸出舌头吧嗒咬住一只虫子"[50]。对于这位经历多姿多彩的教授和辩论家来说，艾德礼将被证明不仅仅是一个势均力敌的对手。

张伯伦政府在 5 月的垮台为丘吉尔领导下的工党分享权力开辟了道路。那年夏天的工党大会成了拉斯基让工党重新相信他的幻想的平台。"为了所需的根本性转变，我们想利用即将到来的几个月的严酷经历……力量站在我们这一边，如果我们使用这一力量的话。"他呼吁"增强社会服务，而不是降低标准"[51]。挑战发出了，拉斯基的支持者得到了激励。朋友兼同事马丁和他共同度过了太平时期的那些日日夜夜。马丁这样描绘前进中的拉斯基：

> 如果英国的体力劳动者——他们已经由于 30 年代的经历而激烈地反对保守党——在战争期间变成得到指导、自觉而坚定的社会主义者，那么，到战争结束时社会主义就会成功，即使它的论点从未说服正统的政治领导人和工会领导人。因此，他（拉斯基）把自己一向不是很强大的身体力量和一向巨大的精神活力耗在了伦敦政治经济学院一天的教学或伦敦一天的会议之后夜复一夜的旅行上，给地方工党、工厂集会、矿工会议，以及陆军、水军和空军的讨论小组发表演说；他夜以继日地怀抱着有说服力的确信强调第一项基本任务是取得胜利，但这一胜利必定意味着不是旧秩序的胜利，而是劳动人民的胜利，他们要求国外的永久和平和国内的社会正义。[52]

不管在工人阶级选区多么受欢迎，拉斯基的热情在当权的工党大臣当中受到了冷遇。拉斯基利用他 1940 年在工党全国执行委员会中的职位正式提出了一个要求：新政府的工党大臣至少要通过"伯恩茅斯会议批准的一定数量的社会主义方案"。艾德礼把这个要求束之高阁，他们之间形成了一道裂缝。当围绕"选民同意的革命"的争斗变得更激烈时，这道裂缝加宽了。[53]

在对拉斯基革命设想的答复中，艾德礼争辩说，正值需要统一的时刻，这一行动路线将会分裂政府。战争早期对"党派休战"要求的总体遵守对艾德礼有利。就社会战线受到的压力而言，政府有一条不那么激进的行动路线可用：预算和政策动议并非来自拉斯基所在的左派，而是来自令人生畏的凯恩斯和他在财政部的盟友，他们正在为了给战争筹措资金而鼓吹一些对工人友好的观念，亦即未来的就业保障计划。[54]

在体制内就像在竞选讲坛上一样不留情面，拉斯基着手在最高层面游说，宣传永久性转向社会主义的良方，比如经济计划和工业动员。在 1942 年的年度会议上，他提出了一份让工党致力于经济计划的决议。他宣布："竞争型资本主义的时代已经结束。民主的意思只不过是一个平等的社会，为社会消费而规划充分的生产。"[55]

拉斯基不断提升的形象在大西洋彼岸清晰可见。他吸引了美国右派的关注，他们把拉斯基对罗斯福的影响看作一个指示器，显示正在进行的究竟是什么。在国会大厅，来自马萨诸塞州的共和党议员廷克汉（Tinkham）在记录中增加了一条，把"罗斯福计划"等同于"拉斯基计划"，亦即在美国引入社会主义。"许多年来，拉斯基不仅谴责资本主义……（他）还竭力宣扬列宁和一切善良的共产党人赞同的学说（收录在总统 1 月 6 日的国情咨文中）：伟大的变革近在眼前，他将（借助这场变革）让世界人民获得自由。"[56] 经常与拉斯基通信的最高法院大法官费利克斯·弗兰克福特被认为是"共产主义秘密集团"中的关键环节，连同埃莉诺·罗斯福一起。当一位《泰晤士报》记者问及怎么看待"新政是一位犹太教授的发明"这个谣言时，罗斯福总统点名拉斯基是嫌疑人。罗斯福说，他的计划是关于拯救资本主义，而不是毁灭资本主义。[57]

指控拉斯基是一个试图接管西方的社会主义谋划者确实十分准确。拉斯基在战争期间的活动把他带到了权力中心，他竭尽全力推动快速转向社会主义经济，甚至在战争结束之前。然而，把他称作一个共产主义者则是无视他在整个 30 年代一直反对共产党，把列宁主义视为背离马克思主义，以及支持压制共产主义出版物的战时措施。[58] 把他描述为幕后操纵者则是无视对于那些被他指控正在操纵时局的领导人而言，他一直是个尖刻的批评者——私下里和公开地批评。他与艾德礼甚至与罗斯福的分歧，在一些观点文章和报纸专栏中公开陈述过。

然而，说到拉斯基对工党的影响，则毫无疑问。随着德国入侵苏联，拉斯基草拟了一本工党小册子，指导公众如何看待新近与斯大林和苏联的结盟。他一开始就慷慨激昂地称"俄国革命的爆发对英国民众来说是现代史上最有益的事件之一"。他接着把列宁主义和斯大林主义的权力滥用与马克思主义的革命意图分离开来。他暗示，偏离正道、走向独裁是苏联面对资本主义敌意的不安全感和英美入侵失败的结果。[59]

艾德礼是发表评论的人之一，他成功地让这本小册子遭到拒绝，并注意到拉斯基忽视了对苏联行为的民族主义解释——相对于经济解释。"民族主义远没有从苏联人的灵魂中消失。"艾德礼戳穿了与英国工党的分歧只不过是面对不安全感时的激进性这一观念。最后，艾德礼戳穿了拉斯基为民众代言的自我吹嘘："一般来说，我把这本小册子视为一个人为知识界而不是为工党普通成员撰写的。我更喜欢用更简单、更通俗的语言写出来的东西。"[60]

拉斯基没有被温和派的抵制给吓倒。1941 年初之后，他就知道，艾德礼和其他工党大臣并不打算按照他的计划采取行动。在一项大胆的倡议中，他绕过工党领导层，直接去找首相丘吉尔。丘吉尔表示愿意考虑任何增强国家力量抵抗强敌的措施。[61]仅仅是在几个月之前，丘吉尔写信给拉斯基，热情地感谢拉斯基对自己的支持：

> 这导致我相信，作为多次调查研究的结果，人民群众暂时信任我，试图找到一条出路，以逃离所有党派政客的愚蠢把我们和世界所带入的这个可怕困境。要是我没有确信——您的信证实了这一点——事情确实如此，我将发现，挑起落在我肩上的这副重担是不可能的事。[62]

在德国入侵的背景下，拉斯基直接向首相提议了一项大胆的计划。他在 2 月写道，在这个决定性的时刻让民众重新振作起来，只有通过最高层对战后社会主义计划的承诺才能实现。他寄出了一份秘密备忘录，连同一份措施清单，包括国家控制关键的经济不平等和直接着手解决不平等。如果丘吉尔代表政府提议这些措施，拉斯基答应在工党全国执行委员会展开斗争。作为交换，拉斯基提出了一个大胆的建议：丘吉尔在战后继续执政。[63]

既激进又机会主义，拉斯基英勇无畏地推进他的战斗。

丘吉尔在回信中用他自己的一通齐射回应拉斯基的硬冲锋：

> 处理您信中提出的所有问题完全超出了我的认识和能力。在我看来，我们应该首先打赢这场战争，然后，在一个自由的国家，社会主义和自由企业的问题可以用宪政的方式解决。如果有任何人试图在党派休战期间推行社会主义而没有议会多数的支持，我肯定会认为那是非常不民主的。我一直把您当作一个朋友而不是一个追随者。我认为在战争中破坏国家统一将是一件憾事，而且我相信这是人民大众的意见。[64]

丘吉尔老练地把这个问题转变为统一和民主过程的问题，让自己免除了对社会正义问题的关切。他唯一的关切是打赢这场战争。

丘吉尔对"选民同意的革命"的拒绝点燃了拉斯基的怒火。他公开抨击丘吉尔，发表了一些毫不客气的评论。在《新政治家与国家》《论坛报》《新共和》上，他抨击丘吉尔是个辉格党人和贵族，是工人阶级的敌人，一个只对维持现状感兴趣的反动分子。[65]这种抨击是人身性质方面的："以习惯而不是哲学作为观念的基础，他拼命地即兴拼凑确信，让他对讨论中的你来我往充耳不闻……实际看到空袭受害者遭受的痛苦会立即在他心里唤起行动的冲动；但是，底层大众没有被看见的苦难几乎不会在他心里留下任何印记。"[66]

这些抨击导致丘吉尔与白宫的秘密渠道沟通，后者否决了拉斯基对美国的访问。尽管埃莉诺·罗斯福本人对这次邀请很感兴趣，但丘吉尔发电报给罗斯福总统的贴身助手哈里·霍普金斯

（Harry Hopkins），说拉斯基"在英国是个令人讨厌的家伙，我毫不怀疑他会在美国谈论极左派的东西。尽管我喜欢他父亲，与他也维持着友好的关系，但他持续不断地抨击我，试图迫使我既插手战争政治，又插手国内政治"[67]。

那年夏天，拉斯基用连珠炮似的抨击和演讲对工党领导层紧追不舍，指控工党大臣太过轻易地向保守党的政策妥协。[68]艾德礼在一次内阁改组中成了副首相，这次改组在扩大了工党成员范围的同时也削弱了他们对国内政策的保留。艾德礼知道这些抨击是针对他的。拉斯基积极地与安奈林·贝文串通合谋，要让贝文取代艾德礼。[69]

私底下，拉斯基开始怀疑在英国向社会主义和平转变的前景，他在 1942 年 8 月写信给贝特丽丝·韦伯说："我发现很难说服自己相信英国还有任何向社会主义和平过渡的机会。"在同一封信中，他对苏联政权做了如下描述：

> 我确信，主要的缺点要么是外部恐惧的结果，要么是不断增加的严酷痛苦的结果，这些痛苦源自把一个现代工业化国家强加给落后无知的人口。代价是可怕的，愚蠢甚至还有犯罪，是巨大的。我相信，随着胜利的到来，从今往后的 50 年，它将被证明是值得的。[70]

在《每日先驱报》上，他公开祝贺苏联创立 25 周年，把苏联和英国的社会主义者描绘为盟友："他们会做每一件必要的事情，以确保作为胜利使者的快速而大胆的抨击使得这两场伟大运动能够一起进行。"[71]拉斯基对斯大林的宽厚态度与对丘吉尔引人注目的敌意之间的鲜明对比十分显著。

他与丘吉尔的决裂似乎磨灭了他对英国建制派的最后忠诚。

纽曼注意到，拉斯基在战争期间找回了自我，而且

> 他的理论和实践再次和谐一致，他已经做好准备，在努力把
> 自己的幻想转变为现实上招致不得人心和个人的艰苦。战争
> 也消除了他过去的态度中经常很明显的精英主义紧张。他不
> 断表达这样一种担心：政治领导人会辜负人民大众……他致
> 力于确保他们不被背叛。在第二次世界大战期间，他因此成
> 了他最想成为的那种人："人类解放大军中的普通一员。"[72]

引领他的那个幻想犹如启示录。在英国广播公司（BBC）的
一场与美国记者爱德华·R. 默罗（Edward R. Murrow）的讨论
中，拉斯基提出了他的战后政治观念：

> 拉斯基：我的感觉是，我们走的是两个极端之间的中间
> 道路：美国大企业是一个极端，苏联的共产主义是另一个极
> 端，我们可以充当这二者之间的桥梁——一个调和者，它将
> 为共同的冒险找到共同的条件。
>
> 默罗：或者，你可能夹在两块磨盘石之间。
>
> 拉斯基：那极其危险。这就是我坚持在战争结束之前达
> 成谅解的原因。
>
> 默罗：如果我们没能达成这样的谅解会发生什么？
>
> 拉斯基：如果我们没能达成谅解，我们就会径直面对将
> 会产生另一场世界大战的形势，因此我们的工作就是要确保
> 达成这样的谅解，不管任何私人利益要付出怎样的代价。[73]

拉斯基奋力冲向那些反对他的人，仅剩的一点自制也消失殆
尽。他不顾战时旅行的艰苦和时好时坏的健康状况，不屈不挠，
跑遍全国，演讲、写作和参与工人的纠纷解决，并一直继续他在

伦敦政治经济学院的教学工作。

奔赴所有争取社会主义民主的斗争前线，拉斯基在这场运动中由于很多人的沉默和胆怯而举步维艰。到 1941 年，就连曾经决心要用自己手中的笔朝着资本主义建制派的心脏开火的萧伯纳也写信给韦伯说："人民的智慧是一个神话。民主应当确保他们有手段诉说他们的冤屈，让他们有权每隔 4 年或 5 年选择合格的统治者。要解决的难题是资格。我不能解决这个问题，任何其他人也不能。"[74]

拉斯基试图把社会化的经济制度化的宏大计划如今遭到丘吉尔和艾德礼及联合政府中其他工党大臣的断然拒绝。然而，他在工党全国执行委员会推进了这场斗争。他宣称，社会主义者正冒着被人利用去参加一场只会巩固资本主义突出地位的战争的风险。社会主义措施没有进展，普通民众会结束这场战争，但由于他们付出的所有牺牲，他们的处境并不会比之前更好。他甚至威胁道：假如保守党不默许这些措施，工党就应当考虑解散战时联合政府，加入反对派。这让艾德礼有了一张王牌可打，即在英国生死攸关的危急时刻对统一的最高需要。拉斯基的激进计划需要一次大选来确保得到执行，这在战争不断消耗各种资源的情况下不可能举行，而且会严重扰乱英国与美国之间不断发展的同盟关系。艾德礼说服了工党领导层，但也只是勉强说服而已。[75]

当议会中的工党推动政府执行 1942 年 12 月 1 日发布的《贝弗里奇报告》时，拉斯基发起了反击。他认定，在一个危机时期，一项强调工人阶级保障的计划将会在公众团结的情况下产生巨大的回报，拉斯基的这个推定被证明是正确的——但计划是向来谨慎、在经济学上接受了凯恩斯主义经济学恰当训练的贝弗里奇的计划，而不是激进左派的国有化方案。

拉斯基把《贝弗里奇报告》视为走向真正社会主义的一个初级步骤。他赞扬贝弗里奇——他们之间的关系由于最近几年在伦敦政治经济学院的分歧而近乎破裂——促进那些将会挽救民主的原则。[76]在一本新书的序言中，拉斯基引用贝弗里奇的倡议来推广他自己的计划："威廉爵士这份引人注目的分析的整个重点在我看来似乎是要增强这样一个结论：……正是从现在到我们赢得胜利之间的这几个月里，我们必须做出一些生死攸关的决定，我们把这场胜利用于一些伟大目的的力量依赖这些决定。如果我们一直等到胜利之后才做出选择，我们将错过历史上最重要的机会之一。"[77]

贝弗里奇的方案没有给丘吉尔和议会中的保守党留下什么印象。他们抵制仓促地采用这一方案，只是陈词滥调地谈到支持它的目标。工党在下议院就这个议题质疑内阁，得到了战争期间最多的反对票。[78]尽管工党大臣支持政府的回应，但只能找到两个工党下议院议员投票支持延期。作为围绕执行《贝弗里奇报告》发生冲突的结果，拉斯基及其左派盟友如今得到了议会中工党压倒性的支持。[79]这标志着他开始重新捡起那个在战争爆发时被暂停的工党主张。

拉斯基的个人压力正变得巨大。拉斯基与他在工党领导层的同僚及保守党人之间有一些争斗。在家庭内部，自童年时代就存在的与兄长内维尔之间的摩擦，由于内维尔反对拉斯基的女儿与一个基督徒订婚而恶化了。内维尔在与政治同僚的谈话中说弟弟是个"骗子"，并认为拉斯基对他在司法部的职业前景变得渺茫负有责任。[80]再加上父亲的过世和母亲的心脏病发作，拉斯基的家庭压力越来越大。只有弗里达善解人意的慰藉和对外孙的喜爱在他为自己的宏大计划而战斗时给了他私人的安慰。

正如当年政府笨手笨脚地应对大萧条时他所做的，拉斯基转向了他抱有最大希望的领导人：富兰克林·罗斯福总统。在一封发表于《纽约时报》和《新政治家》的公开信中，拉斯基向罗斯福提交了他的计划：

> 您会说，一场争取民主和自由的战争如今必定直接关系到经济领域——一场真正而持久的胜利正依赖这一领域——那些关于所有权和控制权的难题，我们在美国的宣传员将不再在记者招待会上承诺英国不存在战后走向社会主义的危险。您会增强那个庞大意见团体的影响力，它准备在社会和经济正义的领域着手进行伟大的试验。如今，只有精心组织起来摆脱匮乏与恐惧，才能为确保战后世界的民主提供基础。[81]

他是不是认真地期望罗斯福总统的回应，我们并不知道。然而，这封信一开始就直言不讳、指名道姓地攻击罗斯福政府的成员支持被占领国家的右翼反对派，并请来一些商业领袖帮忙管理这场战争。一开始就以指责来乞求支持，可以说这并非外交辞令。

这封信引来了一些愤怒的评注，从罗斯福到弗兰克福特，还有拉斯基的朋友、美国大使温纳特（Winant）——拉斯基曾为他撰写演说稿。拉斯基写信给温纳特说，他"完全不后悔"写这封公开信。"我的遗憾是，我没有办法让希望得到四大自由却发现他们自己慢慢漂进新联邦主义大洋中的人明白我所说的话。"[82]礼节让路给政治激情。

在公开信发表几天之后，拉斯基遭到来自另一个方向的攻击。呵呵勋爵（Lord Haw-Haw），这位旅居国外的英国公民摇身一变成了纳粹的宣传员，他把自己的整个广播节目专门用来辛辣尖刻地谴责成为颠覆分子的拉斯基及其密谋：试图让公众对布尔什维克主义的崛起麻木不仁。被连续不断的揭露犹太人大屠杀的报道所困扰，拉斯基由于丘吉尔对希特勒的坚定抵抗而被难住。如果犹太人希望在欧洲生存下来，盟国就必须不惜一切代价联合起来赢得胜利。鼓吹他的计划与捍卫他的种族成了两个相互冲突的目标。

紧张局势把拉斯基逼到了崩溃的边缘。1943 年 8 月，拉斯基由于神经衰弱而变得虚弱不堪。单纯的身体疲劳显然是一个因素。他的传记作者克拉姆尼克和希尔曼罗列了一系列压力，这些压力落在了一个健康状况不稳定的老烟民肩头：父亲的去世，对欧洲大陆犹太人种族灭绝的揭露，女儿对基督教的信奉。两人继续写道：

> 正当他自己的世界眼看就要自毁时，世界正在噩梦般残忍暴行的证据面前分崩离析。悉心编织的矛盾正在化解，正是这一矛盾构建了他作为伟大者和善良者完美的内心，他也从外部抨击他们的权力和特权……拉斯基可能走进了人生的死胡同：他根本无法与权势人物和矿工、与哈佛大学监察委员会的维格莱斯沃思（Wigglesworth）先生和罢工警察的妻子们一起共进午餐。[83]

正当更大的犹太人共同体的灾难为人所知、对自身激进政策观点的背弃正让他与他那个时代的贵族阶层渐行渐远时，拉斯基个人承诺的内部圈子被这些压力削弱了。

拉斯基因此面对一场触及其身份核心的危机。纽曼指向了下面两者之间的关联：一方面是拉斯基对战后转向社会主义的前景抱有乐观态度，另一方面是他乐于采取一条引发这种乐观态度的十分吃力而又颇有争议的行动路线。拉斯基的乐观遭遇了艾德礼的拖延，丘吉尔对他的计划的拒绝，以及一个温和派联合政府对权力的巩固。面对失去父亲，弗里达对他的某些策略是否明智的怀疑，以及频繁离家所带来的压力，拉斯基的健康每次愈下。纽曼得出结论："心理因素有可能是神经衰弱的主要诱因。"[84]

拉斯基不会被吓倒。他恢复了过来，并继续在各个层面上为实现他对英国未来的希望而奋斗。他回归与丘吉尔的战斗，10月指责丘吉尔"寻求尽可能为 1939 年 9 月 3 日时的英国赢得这场战争"。他同时指责艾德礼："正如艾德礼先生喜欢说的，联合政府只有作为一个互相付出和收获的过程才是可能的。但丘吉尔先生解释这个过程意味着工党付出，保守党收获。"[85]

秋天，他的新书《论当代革命》（*Reflections on the Revolution of Our Time*）出版，像卡尔·波兰尼（Karl Polanyi）和乔治·奥威尔（George Orwell）这样一些同事给出了带有怀疑的评论。波兰尼史诗般的经济史分析《大转型》（*The Great Transformation*）不久之后出版，他指责拉斯基在鼓吹资本主义崩溃、社会主义革命和消除谋利动机这些简单议题上的"粗鲁"。波兰尼指向苏联对扩张主义货币政策的依赖，以及对商品市场重要性迟来的认可，尤其指向社会价值的重要性而不是简单的经济万灵药是实现更好未来的关键。[86] 乔治·奥威尔公开声称支持拉斯基的目标，但他怀疑结果对自由是否有利：

> 拉斯基教授十分清楚地知道他想要进行的改革，善于思考的人通常会赞同他：他想要实现集中的所有权、计划生

产、社会平等和"积极型国家"。然而，他太过轻易地——实际上抱着几乎是 19 世纪的乐观——假设这些洞见不仅可能而且肯定会与民主和思想自由结合起来。[87]

依然遵循自由放任主义经济学的惯例，在促进工人阶级主张上依然是温和的态度，工党正视拉斯基的激进性。作为 1944 年年会的主席，拉斯基不顾艾德礼和其他温和派成员的反对，支持国有化。他不断招募盟友，将自己在社会主义者联盟的盟友安奈林·贝文推选为工党全国执行委员会的委员。[88]

1944 年春，他再次写信给艾德礼，强烈抱怨艾德礼和其他工党大臣采取的温和路线。艾德礼写了一封很长的回信，标记为"私人和机密"，信中给出的答复是恳求理解与合作。艾德礼援引了上一个十年对一些关键社会主义思想的引入和接受："有关富裕、充分就业和社会保障的学说。"在 30 年代初引发争议的东西如今被广泛接受。艾德礼勾画了一条下一步可能采取的路线："向某些主要经济要素的公共所有制转变，以及对很多经济活动的公共利益的计划控制。"但这必须满足两个关键条件：民意的准备以及对国际社会主义批评者的安抚。

在服务英国在战后世界里紧迫的经济需要和促进威胁世界资本主义的社会主义计划之间取得平衡是最令人烦恼的问题。艾德礼把英国视为介于苏联和美国之间，如果没有美国的充分支持，就没有办法对付苏联。为了保持美国一直作为一个盟友，英国就必须克制，不走向社会主义。[89]

但拉斯基决意要从另外一个突出方面处理英国、美国与苏联之间的三角关系。在一篇书评中，他赞扬苏联是"现代世界一个有效率的社会主义国家"。把英国与苏联之间的紧张关系归咎于资本主义统治阶级的攻击。拉斯基把战时同盟视为承认苏联试验的价值的一个好时机。"英美关系的未来在我看来似乎已成定局，只要它不是重复"第一次世界大战和解的"悲剧历史"。[90]

在美国方面，拉斯基设想了一个基于新政的进一步扩展的联盟，同时英国向社会主义迈进。他的希望并不完全是痴心妄想。1944年，他被指控是副总统亨利·华莱士（Henry Wallace）那些鼓吹美国战后左派路线的演说的灵感来源。这一立场让华莱士在副总统任期内付出了代价，而且，华莱士后来的评论把战后的紧张同等地归咎于美国和苏联，这让华莱士丢掉了在杜鲁门内阁中的席位。克拉姆尼克和希尔曼认为："美国政治中的华莱士与英国政治中的拉斯基最相似。"[91]在拉斯基的构想中，在显示苏联实现了一种更好的社会主义上，英国将会成为积极的力量，美国则实现了更加彻底的进步主义。这三个国家将共同打造一个新世界。这是拉斯基的英国计划向国际的延伸。

罗斯福在1944年的连任给拉斯基带来了新的希望，他写了一封充满热情的祝贺信，鼓励罗斯福在这场"为和平和文明生活奠定基础"的斗争中一路向前。[92]罗斯福礼貌客气的回信仅仅提到了这个问题的国际方面。在国内，反对拉斯基幻想的势力正在积聚力量，从拉斯基的同事哈耶克那里得到了巨大的助力。1944年，在《通往奴役之路》中，哈耶克在对计划经济的直接攻击中提到了拉斯基。拉斯基与他这位持反对立场的同事之间迄今为止还算友善的关系被永远切断了。[93]

哈耶克：对革命的反对

当伦敦遭受轰炸迫使伦敦政治经济学院搬到剑桥时，凯恩斯为哈耶克安排了几个房间，他们的私人关系恢复了。凯恩斯夫妇和哈耶克夫妇每个周末都一起参加社交活动。他们的谈话范围广泛，涵盖经济学之外的共同兴趣。哈耶克发现凯恩斯就像伟大的奥地利经济学家约瑟夫·熊彼特一样，有"一种恶作剧般的要给资产阶级留下深刻印象的强烈愿望，一种假装无所不知的自我吹嘘，以及一种虚张声势的倾向，远远超出他们惊人的知识"[94]。然而，据哈耶克说，他们之间"非常友好"。[95]

这两个斗士基本的政治和经济观点从未一致。关于政府在经济中所扮演的角色，哈耶克从前的盟友莱昂内尔·罗宾斯已经转向支持凯恩斯。[96]罗宾斯承认，他非常后悔早年反对凯恩斯的刺激措施。这让作为一个经济政策顾问的哈耶克成了真正的孤家寡人。

哈耶克反对经济计划的问题在于，它似乎在谴责战后英国重蹈 20 年代和 30 年代的覆辙。再一次，不断上升的失业率有望解决高工资问题，并有望为英国的贸易地位重新带来竞争力。刚刚打完 20 世纪的第二场大战，公众不想再次体验不安全感和被剥夺感。

贝弗里奇的第二大首创、1944 年 5 月发布的报告《就业政策》（*Employment Policy*）指出的方向远离哈耶克特别重视的市场优先原则，尽管他不再建议国有化基础工业。丘吉尔政府委托撰写《贝弗里奇报告》这个事实，证实了工党在联合政府中的权力，也证实了丘吉尔意识到需要争取英国民众的支持。对于这些政治算计，哈耶克不为所动。

或许哈耶克对贝弗里奇在伦敦政治经济学院的管理方式的不赞同影响了他对这些报告的反应。在后来的岁月里，哈耶克把贝弗里奇视为纯粹是"一个非凡的解释者。他有一种天赋：让相应解释说得通……他对经济学一无所知"[97]。当时，他把那份关于失业的报告描述为纯粹的凯恩斯主义。在一篇评论中，哈耶克看到贝弗里奇"囫囵吞枣般地应用需求不足理论"[98]。政策形式是1941年被他贴上凯恩斯"富足经济学"标签的那种东西，而这种经济学认为"不存在真正的稀缺"。在哈耶克看来，凯恩斯是在怂恿诸如贝弗里奇这样的政策制定者不理睬作为激发因素的价格，而是代之以一种受引导的会把资源引向对社会有益的目的的消费。[99]

美国一些追捧凯恩斯的人使用贝弗里奇描绘的蓝图，并在1943年起草了一份类似的建议，起初定了个《充分就业法案》的标题。战后那届国会索性把它作为《1946年就业法案》给通过了。随着这一法案的通过，"经济顾问委员会"成立了，以引领美国实现充分就业。[100]然而，美国国会并没有为公共部门的工作——这是战略的组成部分——提供资金，直到20世纪60年代晚期，而且即使在这个时候，也只是在一个非常有限的基础上提供资金。这条实现充分就业的更直接途径并没有得到广泛的赞同，直至90年代进行福利"改革"——看似有些荒谬，到这个时候，至少在某些州为了结束失业救济金发放而发放就业补贴。

对哈耶克来说，这些主张国家担保经济安全的早期举措证实了他最悲观的担忧。他既对法西斯主义的崛起感到担忧，又对社会主义的崛起感到忧心忡忡。哈耶克把它们视为同一枚硬币的两面——这个观点与拉斯基和贝弗里奇的分析恰好相反，拉斯基和贝弗里奇认为，法西斯主义是资本家导致的，旨在打败民主社会主义。哈耶克把法西斯主义和社会主义视为打算通过官僚机构来构建社会结果和经济结果的政治体制。公务员、政客和计划者都不可避免地严重损害通过市场对分散知识的利用而实现的经济效率。当政府为失业者提供工作并通过印钞向他们支付报酬时，这些扭曲便导致不断恶化的通胀。[101]

哈耶克还谴责法西斯主义和社会主义是个人责任让位于政府控制的逻辑结果。这与拉斯基（及许多人）所抱持的观点针锋相对。1941 年，拉斯基在一本工党小册子的初稿中陈述了知识分子当中盛行的对苏联参战的看法：

> 作为 1914 年战争的结果，资本主义民主遭受了沉重的一击，它只有在一个扩大福利的时代才能从这一打击中恢复过来。这并未到来，战败带来的失望和挫败感所引发的动乱，使实现民主的代价在那些觉得自己的特权受到威胁的人看来似乎过高。布尔什维克的意义在于为每个地方的特权提供了一个反对革命的借口。[102]

从知识经济学转向道德哲学，哈耶克开始从西方文明的经典中援用一些文化主题。斯蒂芬·克雷斯吉注意到了危机四伏的战时环境，哈耶克正是在这样的环境下——炸弹随时可能落在身边——记录了他的担心：

> 炸弹尽管可怕，但在这个依然自由的世界，经济学家和哲学家头脑里正在发生的改变更令人恐慌……表面上，人们似乎一如既往。在内心深处，他们被一种外来的精神撼动了。具有讽刺意味的是，哈耶克就被视为一个外来者，而越来越孤独的他却保持着对自由的忠诚，盟国正是为了这一自由与轴心国战斗。[103]

在这个黑暗的时刻，哈耶克出版了具有争议性的《通往奴役之路》一书。这本书使他作为政治思想家的名声大噪。哈耶克自己也说，这本书重拾了他在专业经济学家当中的名声。与凯恩斯的分歧促进了哈耶克对计划经济的抨击。[104]

《通往奴役之路》题献给"所有党派的社会主义者"，这显示了这本书其余部分并未出现的讽刺意味。虽然聚焦于计划经济的谬误是这本书出名的原因，但这本书的意图——据其导言——是要把自由主义传统从危险中解救出来，而正是保守国家主义和社会主义政治经济学共同把自由主义传统置于这样的危险境地。

在书的开头，哈耶克认为，法西斯主义的兴起与德国人的性格和文化毫无关系，而与它对平民大众的学说吸引力大有关系。"社会主义观点盛行，而不是德国与意大利和苏联共有的'普鲁士精神'盛行——国家社会主义兴起于平民大众，而不是那些浸淫于普鲁士传统的阶层。"[105]德国工业家在资助法西斯主义政客崛起上所扮演的角色并未被提及。然后，深入讨论，我们在论证中发现了一个古怪的转折：

> 很少有人会否认德国人总体上勤奋努力，纪律严明，周到细致，精力充沛，简直到了冷酷无情的程度，他们在自己承担的任何事情上都认真负责、专心致志；他们拥有强大的秩序感和责任感，严格服从权威；而且，他们在现实危险中常常表现出乐于做出个人牺牲的强大意愿和巨大勇气。所有这些使得德国人成为执行任务的有效工具，相应地，他们在旧有的普鲁士和普鲁士人占主导地位的德意志帝国被悉心培养。[106]

先是否认然后又肯定对普鲁士人的刻板印象，看上去似乎矛盾，不大可能解开论证。[107]哈耶克竭力避免嘲讽德国人的反犹太种族主义，不赞同性格在某种程度上根植于一个特定民族的相反观点。但哈耶克充分意识到文化传统的力量，在本例中就是普鲁士人的保守主义。正是保守的文化传统（强调国家的角色）与更新的社会主义学术吸引力（渴望国家实现经济平等）的共同作用，对自由主义构成危险。哈耶克认为，后者在德国有一些声望卓著的鼓吹者，而真正的斗争发生在自由主义（连同它对个人主义的评价）和传统保守派与社会主义者的集体主义之间。

哈耶克想要做的，是把文化传统的影响与某个更深刻意义上的民族性格分离开来，并证明学说可以质疑和改变，传统可以修改和重新设定。人文主义要素给哈耶克提供了与欧洲大陆及美国其他知识分子之间的一条共同纽带，他们当中的很多人后来加入了朝圣山学社。然而，这个论证与他后来援用的东西有点格格不入，即作为社会进步基础的道德传统的自发演化。普鲁士精神可能偏离人们所理解的某个道德和文化传统，但为什么一种传统受到重视而另一种却不受重视呢？

哈耶克的要点是致力于解决他所认为的英国面临的危险，他断言这个危险"最终是轻率的冒险行为，并在不光彩的1931—1939年这么短的时间把经济体制改变得面目全非"[108]。他认为美国也是一样的，没有区分激进的新政和20世纪30年代英国保守党政府更加温和的新举措。英国那种曾让凯恩斯远离政治并让社会主义者拉斯基十分生气的冷淡回应，对哈耶克来说无异于西方未来的一场危机。

关键是，集中的强制权是否应该被用来执行计划，或者一些允许个人最有效地为自己做计划的程序是否得以制定。[109]就连

30年代一些相对比较适度的措施，哈耶克也觉得保守党要滑向集中的强制权，这十分危险。在战争期间，对物价和工资的控制程度迅速提升，这让他对战后时代西方想象中萦绕不去的幽灵变得真实。

尽管建立在对英国滑向集体主义的深刻忧虑的基础之上，但《通往奴役之路》这本书也承认政府在提供最低限度的生活资料和社会保障上的基本作用，这令人吃惊。他首先区分了两种保障："最低收入保障和一个人被认为应当得到的特定收入保障。"他相信，这种区分"在很大程度上与能够在市场体系之外为所有人提供并作为市场体系之补充的保障和只能为某些人提供而且只有控制或废除市场才能提供的保障之间的区分是一致的"。前一种保障是可接受的，哈耶克说：

> 如果对竞争不存在威胁，比如提供基本的最低收入和福利，或者在没有切实可行的市场能够提供或在没有盈利潜力的情况下提供某些服务，这时候就需要政府发挥作用，如果其目的对社会来说有价值的话。[110]

除了这种最低保障之外，哈耶克明确支持社会保险：

> 正如在生病和发生意外的情况下，无论是想要避免此类灾祸的愿望还是试图克服其后果的努力，通常都不会由于获得帮助而减弱——国家建立一个广泛的社会保险体系的理由十分充分……国家以这种方式提供保障与保护个人自由之间在理论上并不是不相容的。[111]

哈耶克接下来把他对市场（相对于强制型政府）的支持与人类行为中的道德原则相提并论。在一个对他的个人处境有重大影响的论证中，他提出：

> 只有在我们对自己的利益负责并能自由地牺牲这些利益的情况下，我们的决定才有道德价值。我们没有权力慷他人之慨来表现自己的无私，而且倘若我们别无选择，慷慨无私也没有任何可取之处。[112]

道德完全有赖于个人选择。除非我们有以牺牲他人利益为代价而行不道德之事的可能性，否则就不可能存在道德。存在不道德，总比取消选择要好，因为没有选择就不可能有道德。由此看来，道德的存在依赖于不道德的可能性。

根据同样的论证，一种文化、一个社会或民族中不存在共有的道德责任，更不用说个人同意与一个以民主方式负责任的政府同意之间的关联。根据哈耶克的论证，这样一个政府利用强制权所做之事，与一个独裁国家所做的事没什么区别——两者都通过强制权取消选择。更不用说人类发展不可避免的社会品格；个人自主权被视为基本急需品。

此外，他认为，个人道德的衰微与正在兴起的集体主义有关联。"在某些传统和制度中，民主的道德天赋得到了最典型的表达，它们反过来塑造了英美的民族性格和整体道德氛围，而集体主义的发展及固有的集权趋势，正在摧毁几乎所有这样的传统和制度。"[113]在与德国人打交道时被排除在外的"民族性格"现在被重新纳入这个论证，以哀叹西方的道德衰微。

尽管《通往奴役之路》常常被视为对自由放任主义的全面支持，但哈耶克正努力注意到"法治"对自由社会的基本贡献。他所指的是那些允许人民掌握自己命运的法律，而不是那些要么有利于特定人的利益、要么允许个人为了自身利益而使用国家强制权的法律。[114]这一区分漏掉了一系列不存在集中计划的政府活动。[115]维持这一区分明显需要平民大众方面高度的共同同意和纪律。毫无疑问，政府帮助被损害者或被歧视者的能力明显被削弱了。授予一个群体特权的权力，就是对另一个群体做出补偿的权力。

引人注目的是，《通往奴役之路》没有提到贝弗里奇。贝弗里奇的建议尽管在社会主义和共产主义言论的氛围中颇为温和，但跟哈耶克援引的委员和强迫的形象比起来，这些建议代表了更加难以瞄准的靶子。贝弗里奇评论了哈耶克的书，并宣称"我认为，哈耶克不理解英国精神，我在他的书中没有找到丝毫令人信服的东西"[116]。就这个问题而言，凯恩斯也没有被提及，哈耶克只是在一个段落中援引他的竞争对手，说凯恩斯在1915年对德国的形势有一个吓人的分析！

拉斯基是个更容易瞄准的靶子。他在书中被直接提及3次，全都暗示拉斯基的观点在支持中央集权制方面，甚至在对民主的抵抗方面，与法西斯主义者的观点别无二致。[117]哈耶克引述拉斯基提到经济匮乏条件下自由遭到轻视，以及对国家提供保障的赞同。哈耶克抨击道："发现拉斯基教授同样的论证是令人不安的，这个论证大概比其他任何论证更会诱导德国人民牺牲他们的自由。"[118]一点也不奇怪，正如哈耶克后来所评论的，拉斯基"在心里认为，我写《通往奴役之路》就是为了反对他"，他们的社交关系结束了。[119]

《通往奴役之路》出版后不久，哈耶克收到了一位最重要读者的来信，他就是凯恩斯。许多年后，哈耶克和他的辩护者会经常援引这段话："你当然不会指望我通盘接受书中所有的经济学意见。但在道德上和哲学上，我发现自己几乎同意整本书的意见；不仅同意，而且被深深打动。"[120] 这样的赞扬是恭维无疑了，这是凯恩斯与很多对话者交换批评意见的典型开头。凯恩斯的礼貌——至少在他的书信中——是完美无瑕的。在批评之前，他几乎始终是一通赞扬，甚至是恭维。

哈耶克没有援引的，是这封信中的一份目录，罗列了几乎在每一个要点上的分歧。凯恩斯想让哈耶克承认，鉴于在遏制失业上所取得的进步，预期富足这个论题并不完全错。凯恩斯争辩说，"从纯经济学的角度看，它（计划）很可能是有效率的"，这与哈耶克的主张完全相反。援引现有社会中通过计划实现的"技术进步"，凯恩斯指出，在当前环境下，有限计划未必"需要过多地牺牲自由"。之后凯恩斯开始提出"唯一的严肃批评"，"对于究竟应该在哪里画出"计划太多与计划不足之间的分界线，哈耶克并没有给出"任何指导"。凯恩斯指向哈耶克论证的"含糊路径"。凯恩斯继续提出，更多而非更少的计划是可取的。然而，"计划应当发生在这样一个社会：有尽可能多的人——既有领头羊又有追随者——有着和你自己完全一样的道德立场"[121]。

下面的事情则具有讽刺意味。凯恩斯这个曾经被认为不道德的人，如今承认政治经济学的道德基础。哈耶克似乎很想通过巧妙地捍卫一个"自发的社会过程"来放弃道德考量，在这个过程中，可凭"非故意的后果"免除个人对集体问题的道德责任。哈耶克想用一个允许道德行为出现的过程取代道德的文化内容，凯恩斯在印度、第一次世界大战和大萧条中见识过足够多的道德蠢行，这使得他怀疑对自发性的这样一种不理智的信念。

凯恩斯用他著名的预言之一结束了这封信：

因此在我看来，我们需要的不是改变我们的经济计划，这在实践中只会导致人们对你的哲学结论大失所望；或许，甚至刚好相反，需要扩大计划。你面临的最大危险是你的哲学在美国应用时可能遭遇实际失败。[122]

如今，考虑到哈耶克已经成了英国、美国和世界上很多国家右派的主导精神所在，凯恩斯的预测就更加有趣了。凯恩斯的观点是，严格地实行自由放任很可能会导致人们完全不相信资本主义，随之而来的是资本主义优点的丧失。

约瑟夫·熊彼特在为哈耶克撰写的书评中表达了类似的怀疑，熊彼特也是一个经济学家，是奥地利人，一度是资本主义的赞美者——至少是赞美它对企业家精神的推动力。熊彼特指向哈耶克前提的乌托邦品质：

作者处理这些观念和原则时仿佛认定它们飘在空中。如果他调查了那些他如此不喜欢的观念赖以产生的历史条件，他就不能不发现，它们都是他所喜欢的那种社会体制的产物。个人主动和自我依靠是一个数量非常有限的阶层的原则。它们对人民大众毫无意义，他们——不管出于什么原因——达不到这些原则必然包含的标准。资本主义时代的经济成就和自由主义政策获得了支配性的权力。[123]

熊彼特开始关注越来越让哈耶克费心劳神的资本主义与民主之间的关系。

恩师米塞斯写信高度赞扬得意门生的作品。他对这本书究竟有多大说服力并不乐观，担心"拉斯基-凯恩斯意识形态"对英国的影响力太大。[124]米塞斯预言的证据将会在1945年的高潮年份出现。

　　20 年代和 30 年代播撒的学说分歧的种子，在饱受压力的战争岁月破土成长。凯恩斯如今在白厅能够通过强调动员活动的必要性来执行他的中间道路。财政是重中之重，这是他的最高技艺。他安排了一些措施，让英国的通胀率小于第一次世界大战之后的情形，并最终有机会在悉心维护关系的盟友美国的帮助下重归繁荣。当时更少被人注意到的是，他在塑造贝弗里奇计划上所扮演的重要角色将反映某些金融和政治现实，这些现实给贝弗里奇计划提供了一个更好的实际成功机会。

　　拉斯基的社会主义斗争主要发生在英国国内，当时，他朝着英国经济实现革命性的转变，发起了一次猛烈的冲锋。遭到工党和保守党领导人的拒绝后，他借助平民大众打造了一场民众运动，一旦战争结束，这场运动会突然给政府致命一击。拉斯基和凯恩斯都付出了可怕的代价。虽有妻子的支撑，但他们的健康处于崩溃的边缘。然而，决心并未变弱，当和平到来时他们依然准备战斗，为了他们截然不同的对英国未来的构想。

　　对哈耶克来说，战争使他作为一个经济理论家的显赫名声显著下降，并开启了他作为政治理论家和辩论家的新身份。他在政治上被孤立，从婚姻中退出，越来越多地与志趣相投却见解相异的知识分子打笔仗，他为新的职业和个人安排积聚了资源。他最有名的著作的出版以及即将到来的婚姻破裂，使他走上一条新的人生之路。

第 7 章

战后的世界：结局

和平的到来使凯恩斯和拉斯基各自在战争中为英国未来制订的雄心勃勃的计划的一些关键内容得以实现，并证实了推动哈耶克毕生工作的那些担忧。《贝弗里奇报告》设计了一项温和的社会主义计划，这项计划成了这三个人不同回应的焦点。然而，对凯恩斯来说，主要角色将把他推到舞台中央，使他成为一个有着国际影响力的魔法师，能够塑造战后复兴的制度框架。1944 年的布雷顿森林会议为国际政治经济的新秩序奠定了基础。与美国的借款谈判重新定义了大英帝国与其最强大盟友之间的关系，尽管它为大英帝国的解体奠定了基础。

拉斯基成为工党领袖，这使他成为 1945 年选举高潮的中心人物。正当他为了让工党方案变得更加激进而战斗的时候，他在令人惊叹的对丘吉尔的胜利中看到了历史的重演。他随后在成功还未明朗时犯下的错将会导致他失去影响力，以及他体力的衰退。

哈耶克公平宣称滑向政府管控的社会为一条通往奴役之路。

他如今与新的盟友一起踏上了新的征途。他的个人环境也会改变，从而使得强烈感受到的情绪与他对大西洋彼岸新生活的寻求交织在一起。这三个人全都发现他们的观点已经调整和重新定位，以适应冷战这一新的冲突。

凯恩斯：创造战后世界

凯恩斯的改良主义经济学或许已经走到舞台中央，但是当战争结束时，温和政治并未得到支持。在 1945 年的选举中，凯恩斯由于新身份而不能投票；然而，他对工党做出了一个小小的贡献，作为他对工党的最后忠诚。[1]贝弗里奇作为自由党候选人参加竞选，希望进入议会完成他毕生最伟大的工作。然而，英国人的心态此时已经两极分化。忠诚于丘吉尔的人，甚至包括自由党人，打败了贝弗里奇，无论如何，后者缺乏参加选区竞选活动所需的那种平易近人。[2]以拉斯基作为全国执行委员会主席的工党令人瞩目地赢得了总体选举。

一连串事件在连续不断的冲击中妨碍了战后经济计划。1945年 4 月，罗斯福去世。随后，希特勒饮弹自杀。在 1945 年夏不到一个月的时间里，新的工党内阁取代了丘吉尔领导下的联合政府。美国在日本广岛扔下了原子弹，结束了亚洲的战争。英国发现自己欠着巨额的债务，遭受巨大的损害以及面对一个分崩离析的帝国，就这样卷入了战后的世界。杜鲁门总统突然废止了《租借法案》。欧洲面对来自苏联的威胁，一项社会主义试验即将启动，丘吉尔与罗斯福的合作关系结束了。

与美国的突然决裂对英国的战后前景而言凶多吉少。《租借

法案》在 1945 年夏被废止主要是由美国对苏联军事威胁的困境
推动的。当时效力于美国、驻莫斯科大使馆的乔治·凯南
（George Kennan）在 1944 年华沙起义之后主张废止《租借法
案》。苏联进军德国凸显了战争结束后入侵欧洲的清晰前景。《租借
法案》将会给苏联提供补给，使得入侵欧洲成为可能。[3]

　　然而，仅仅对苏联而不对英国和法国取消《租借法案》，将
会在战后国际秩序框架成形的关键时刻导致西方联盟的瓦解。杜
鲁门就《租借法案》采取行动——他后来视之为自己最大的失
误——并不是要羞辱英国。他没有阅读就签署了一项命令，下令
让正在路上的《租借法案》船只掉头回国。当他被告知这项命令
对美英关系具有不利影响时，他撤回了命令。[4]

　　在美国，公众最初的反应是支持废止《租借法案》，当美国
人感觉到英国人的忘恩负义由于英国反对废止《租借法案》而变
得明显时，公众更是支持废止这一法案。关于英国困境的公共讨
论导致美国公众再一次感到懊悔给英国留出了一点谈判的空
间——不管多么不温不火。英国人只是通过他们自己的眼睛看到
这一点，不理解这与战后美苏关系的相互影响。[5]

　　突然从战争过渡到和平在英国导致这样一种虚假的希望：美
国会提供一座金融桥梁，通向和平时期的经济稳定。凯恩斯是在
美国打探到的坏消息的传递者。[6]美国拒绝考虑给英国拨款受到
相同政策困境的影响，正如给苏联拨款有类似的压力一样。[7]美
国国会里的孤立主义者和政府里的国际主义者激烈地争夺美国的
立场。最终的结果是提供紧急信贷，帮英国渡过难关，直至更好
的未来到来。凯恩斯的任务是既要兜售《布雷顿森林协定》——
它削弱了英国在金融市场上的首要地位——又要兜售一笔他担心

不够的借款的条款。[8]

对于《布雷顿森林协定》和借款协定的谈判和说服工作，几乎每一个细节凯恩斯都事必躬亲。负责挽救英国严重受损的贸易关系，他被夹在了中间：一方面是英国保守派在维护英联邦贸易优先权上的利益，另一方面是社会主义者怀疑西方强国之间串通合谋支持资本主义。[9]

凯恩斯从一个出乎意料的人那里获得了支持。在为使协定获得批准而斗争的时候，英国大使哈利法克斯（Halifax）勋爵在公文急件中评论道："注意到弗里德里希·冯·哈耶克教授——这个国家的经济保守派对他寄予如此厚望，建立在他明确反新政的观点之上——被证明是一个最令人为难的盟友，因为他对自由贸易的热情使得他同样敌视关税和垄断这一点很有趣。"[10]尽管政府干预经济的措施可能令人反感，但相对于没能批准协定可能导致征收关税和回归经济民族主义更可取。华尔街的一些著名人物站在了哈耶克一边，他们助力协定以压倒性多数票在美国众议院获得批准。[11]

不管哈耶克做什么或者不做什么可能有助于借款谈判的事情，对拉斯基声明的敌对反应都把它抵消掉了。《纽约时报》报道了拉斯基把大企业描述为"强硬、冷酷而贪婪"。一位专栏作家问道，坚持资本主义的美国为什么要为了诸如拉斯基等所支持的社会主义试验而让辛苦挣来的数百万美元打水漂。[12]在一次为借款争取支持的宴会上，美国一些参议员和众议员遇到凯恩斯，向他提出了一些关于拉斯基的影响力的问题。[13]

正当凯恩斯在战后政治经济中的影响力达到顶峰的时候，他的个人活力却逐渐被削弱。自 1937 年第一次心脏病发作以来，凯恩斯的健康状况就一直不怎么好。诊断结果是细菌性心内膜炎，这是一种会逐步削弱心脏的感染。尽管在 1937 年被告知无药可救，但两年后，一个医生使用实验性抗生素对他进行了治疗，取得了部分成功。妻子莉迪亚接管了护理他的工作，把所有能让她成为一个伟大芭蕾舞演员的自制和奉献，用来照料病情日益加重的丈夫。维持他们充满活力的婚姻需要风趣，如今又添加了一套强制护理的方法，这无疑使得他的生命和惊人活力延长了9 年。[14]

如今，轻度心脏病发作在他旅行时经常发生，他对莱昂内尔·罗宾斯吐露心声，他身上的那根弦快要绷断了。[15]政府让协定在下议院以 343 票对 100 票获得通过，这让凯恩斯在上议院就借款协定进行辩论。比弗布鲁克（Beaverbrook）勋爵和英国媒体一直在煽动民众怀疑凯恩斯在谈判中"出卖"英国利益。有 100 张弃权票，上议院以 90 票对 8 票批准了借款，《布雷顿森林协定》随后毫无分歧地获得了批准。凯恩斯通过辩论同样说服了英国政府在 1945 年 12 月批准建立国际货币基金组织和国际复兴开发银行的协定。当苏联拒绝批准《布雷顿森林协定》时，下面这个想法被证明是错误的：在战后时代，苏联比英国更有可能成为美国最好的战略合作伙伴。[16]

总的来说，这是凯恩斯宏大计划的一次英勇胜利，一次"从失败的虎口里夺来的"胜利。彼得·克拉克和罗伯特·斯基德尔斯基详细研究过相关记录，他们一致同意凯恩斯可能是用一步一个台阶的方式处理谈判，而且或许避免了遭受重大羞辱的可能性。然而，凯恩斯之所以盛气凌人地施加压力，或许是意识到了自己的死期已经不远。另外一个因素很可能是对英国左派上空正在聚集的风暴的担心。拉斯基为英国制订的计划可能无心插柳地为凯恩斯稳步前进提供了推动力。据斯基德尔斯基说，协定"无法运转"的观点可能是这一压力的结果。战后美元的一次上涨导致 6 周内暂停美元与英镑的可自由兑换。然而，35 亿美元的借款使得英国能够开始它的社会主义试验。马歇尔计划中的另外 26 亿美元援助可能会挽救英镑。[17]

1946 年春，凯恩斯再次被要求前往美国，这次是去佐治亚州的萨凡纳市参加会议，落实国际复兴开发银行和国际货币基金组织的执行事项。谈判由于美国当局的主张而令人气恼，凯恩斯发现，提出主张的方式不难预料，但相关主张却缺少依据。这是他在 4 年内的第 5 次美国之行，每一次都是为了参加令人筋疲力尽、结果却很重要的谈判。

萨凡纳会议结束之后，凯恩斯回到英国，遭受了至少两次轻微心脏病发作。在复活节期间，他终于得以远离工作，暂时休息一段时间，他回到了在南部丘陵蒂尔顿的家。凯恩斯与莉迪亚和母亲一起拜访了在查尔斯顿农舍的邻居，那是布卢姆斯伯里小圈子令人难忘的聚会场地。他把莉迪亚留在蒂尔顿，沿着小路去查尔斯顿，与几个老朋友一起喝茶，其中包括瓦妮莎·贝尔和克莱夫·贝尔夫妇，以及邓肯·格兰特。两天后，他渴望再去菲尔灯塔山，那是一座长长的陡峭小山，把蒂尔顿及查尔斯顿与大海隔开。菲尔灯塔山看起来一片平和，凯恩斯一家乘坐汽车一路上坡。他和莉迪亚决定步行下山，途中两人热烈地交谈。第二天早晨，1946 年 4 月 21 日复活节，心脏病发作让他倒下了，几分钟之后便离开了人世。莉迪亚在他身边，他去世的时候 63 岁。[18]

那天晚上，瓦妮莎·贝尔和邓肯·格兰特在蒂尔顿与沉着镇静的莉迪亚一起吃饭。随后，葬礼开始。[19]仪式在威斯敏斯特教堂举行，出席葬礼的有凯恩斯年迈的父母，以及由首相克莱门特·艾德礼领头的英国建制派的重要人物。几天后，追悼仪式在国王学院的小教堂和大西洋彼岸的华盛顿大教堂举行。哈耶克言简意赅地总结说："他是我所认识的一个真正伟大的人。"[20]

尽管凯恩斯原本打算长眠于国王学院的小教堂，但他的弟弟杰弗里忘了这个遗言，让他回到了他最喜欢的退隐地，把他的骨灰撒在了菲尔灯塔山上。35年后，即1981年，杰弗里的儿子理查德也把莉迪亚的骨灰撒在了菲尔灯塔山上，两人以这种方式重聚。

这个在马克思去世那天出生的人，在英格兰乡村死于美好的复活节当天。从出生到死亡，凯恩斯毕生致力于寻找引领公共政策的世俗道德，这种道德对于那些愿意学习它的意义的人来说是可理解的。他最后被记录下来的思想是有关莉迪亚对托马斯·帕内尔（Thomas Parnell）的一首诗的评论："这一切的意义在于：别担心，正义始终存在。"[21]到最后，他甚至为"看不见的手"说了一句好话。在他成熟的人格中，他不怕承认世界有它自己的生存之道，也不相信把智慧用于政策和制度设计能改善人类的命运。

凯恩斯的妻子、父母和一个引人注目的朋友和同事圈子，全都支持他，使他的卓越全世界共知，以及对战后世界有着空前的影响力。凯恩斯有一个一致的身份，牢牢定位于一些持久的个人承诺，一个不断拓展的由追随者和拥趸组成的共同体，以及一种很少有人胆敢挑战的能力。

凯恩斯成了一个政策巨人，跨越涵盖国际事务和国内事务的世界。就其角色而言，他代表了新一代的雄心壮志，决心要把智慧和人性的敏感作为向导，以走向一个更好的世界，一个远比上一代人留给他们的那个世界要好的世界。他的学生和传记作者罗伊·哈罗德概述了他的生活和事业对英国政治更深刻的意义：

> 必须给予英国民主一定的信任。幸运的是在这个国度，一个睿智之人可以行使权力，仅仅因为他是睿智的，即使他没获得任何政治团体或来自任何金融或工会利益集团的支持。[22]

根据大多数人的评价，经济学家凯恩斯至少早在 1948 年就是一个突出人物。当时，保罗·萨缪尔森（Paul Samuelson）的《经济学：入门分析》（*Economics：An Introductory Analysis*）开创了经济学课程讲授的标准化，他所依据的就是一个很容易掌握的凯恩斯模型。在 1941 年英国政府的预算和划时代的《贝弗里奇报告》中在实践层面得到承认的东西，如今成为公理，并作为经济学家这个正迅速发展的职业共同认可的思想而被人铭记。[23]

哈佛大学的西摩·哈里斯（Seymour Harris）用由那个时代最重要的经济学家撰写的颂词赞扬凯恩斯在 1947 年的成就，并献给"那些追随凯恩斯、努力把经济学打造成诊断和治疗经济弊病的有用工具的经济学家"[24]。战争作为需求侧管理的一次大规模运用，一扫人们对凯恩斯"政府投资刺激经济"政策的怀疑。除了哈耶克这个引人注目的例外，战后对管制货币在国际层面上的制度化证实了凯恩斯的优势地位。

凯恩斯管制经济的思想遗产主宰了 50、60 和 70 年代的政治，一直到玛格丽特·撒切尔和罗纳德·里根当选。正如理查德·尼克松（Richard Nixon）在入主白宫时所言："我们大家如今都是凯恩斯主义者。"正如我们将会看到的，管制经济思想随后由于货币主义经济学的复苏，以及哈耶克关于自由市场优于政府干预的观念的普及，陷入了争论。然而，首先，资本主义政治经济学的旧秩序将要面对来自英国政府中民主社会主义者的根本性挑战。

拉斯基：成与败

到 1945 年 5 月，拉斯基登上了真正掌权的位置。他成了工党全国执行委员会（NEC）的主席。NEC 位于构成政党组织支柱的选区联合会的顶端。连同工会联盟（TUC）和议会工党（PLP），它们组成了决定工党路线的三驾马车。很快就会变得清楚的是，这些代表性团体的作用既没有得到本党和公众的清晰理解，在主要领导人当中也没有达成一致。

当时的一位新闻记者为拉斯基描绘了一幅肖像，暗示了那个时期工会领导人和工人辩护者当中一个非常古怪的人物：

> 拉斯基中等身高、身材消瘦。他给人留下的印象是：裁剪得体的服装和洁白的衣领，保养得十分精致的双手，修刮整齐的脸，眼镜后面是一双深褐色的眼睛，涂了发蜡的深褐色头发从头顶中间分开，不像是一个工党领导人，倒像是一个学校老师——当然，他本身就是个老师。[25]

他是一个致力于获得权力和变革的学校老师。随着选举的临近，拉斯基的定位是把理论和实践结合在一起。

尽管保守党拒绝接受，工党同僚拖延不决，但"选民同意的革命"如今近在眼前。他达到了权力的最高点。在拉斯基的心里，这场选举将是一场对英国社会主义未来的全民公决。革命需要的是一个真正的领袖，而在他和他的某些同僚看来，艾德礼达不到这个标准。选举只剩几周的时间，他写信给艾德礼，建议后者辞去领导人的职务，给一个更有活力的人让路。艾德礼拒绝了这个建议："亲爱的拉斯基，谢谢你的来信，信的内容我已记了下来。"[26]

保守党要求选举延期至日本投降，工党拒绝了，并在 1945 年 5 月晚些时候撂挑子丢下了政府。丘吉尔组建了一个临时政府，为 7 月 5 日的选举做准备。如今他代表在 30 年代管理不善的保守党。正如克拉克所指出的："回顾过去，30 年代被视为魔鬼的十年，在国内和国外都是如此，通过绥靖主义随着萧条滑入战争，所有这一切都是保守党政客的责任……罪人！再也不要这样了！这就是 1945 年的精神。"[27]从民调中落后 20 个点的位置开始，丘吉尔在寻找一个主题，以便能从工党及其深受欢迎的计划——在战后的英国实现社会正义——那里夺回主动权。[28]

6 月初，丘吉尔用一场演说开启了他的选战，这场演说将让著名知识分子和工党领袖拉斯基在全体选民当中名声大噪。把工党全国执行委员会中的激进分子与议会工党中的温和派区分开来，丘吉尔谴责对社会主义的教条主义信念将会让英国远离自身的文化传统和政治传统。"如果没有政治警察，任何社会主义体制都不可能建立。"[29]他预言，国有化的结果将是产生一个"盖世太保"国家，这种国家的存在就是为了弥补计划和教条主义社会改革的失败。丘吉尔的演说在媒体上引起了轰动。[30]

丘吉尔在战争努力中一直受制于国家统一的需要，如今变得

强硬起来。谁也不会误解他的打击目标是拉斯基。丘吉尔在整个
战争期间深得民心被民调所证实，民调显示，直到 1945 年 5 月，
依然有超过四分之三的公众支持他。[31]战前的丘吉尔，英国政治
的坏小子，如今走进了公众的视野。大卫·康纳汀（David Can-
nadine）记述了丘吉尔从 1940 年到 1945 年的转变：

> 这个贵族式的时代错误，成了斗牛犬饲养的具体体现。
> 这个酒鬼、赌徒、败家子成了民族"品格"的具体体现……
> 好战阶层的斗士，这个曾经被比作墨索里尼的人成了自由的
> 捍卫者。这个反动的威权主义者成了国家的拯救者。这个缺
> 乏教养的下流坯成了他那个时代最伟大的英国人。[32]

这场演说标志着"好战阶层的斗士"和"反动的威权主义
者"的归来。当民主社会主义成为他在战时联盟中的一些盟友的
意识形态时，宣布民主社会主义是外来物让公众觉得很荒谬。就
连《泰晤士报》和《经济学人》也大声抱怨。[33]这场演说结束两
周多之后，丘吉尔指名道姓地说拉斯基是诸如艾德礼这样一些温
和派顾问当中的干预者，他是为了打赢战争而与这些人一起
工作。

留心的公众自认知道丘吉尔的思路来自哈耶克。理查德·科
克特称，丘吉尔从保守党主席拉尔夫·阿什顿（Ralph Assheton）
那里知道了《通往奴役之路》。几个月前在一场政治演说中断言
"当国家拥有一切的时候，国家就是唯一的主人，每个人都必须
为国家工作，要么就挨饿，阿什顿采纳了哈耶克的主旨，并预演
了丘吉尔演说的思路。在这样的事态下，我们实际上就是奴
隶"。丘吉尔读到了这篇演说，并记下了对它的某些评论，写信告诉阿
什顿他"认为演说很棒"[34]。

正如艾萨克·克拉姆尼克和巴里·希尔曼所指出的：

> 丘吉尔决定在社会主义计划与盖世太保国家之间画上等号，借此与它对着干，这一决定造成了一个古怪的现象：大选在某个层面上是在伦敦政治经济学院两位教授的竞争学说之间展开的。倒也不是工党不屑于迎合民族主义。艾德礼在他的广播答复中……小心翼翼地批评丘吉尔使用的同样是外来的"奥地利教授哈耶克的二手版学术观点"。[35]

尽管丘吉尔在演说中没有指名道姓，但拉斯基却在两周后由于有人称他发表了一篇鼓吹暴力革命的演说而更臭名昭著。这是由一封信引起的，收信人是比弗布鲁克勋爵所有的一份报纸的编辑，对拉斯基的指控在《每日快报》上得到广泛传播。比弗布鲁克后来被指控亲自策划了丘吉尔的演说，是他心目中的英雄丘吉尔的一个大声辩护者。[36]

拉斯基对指控的即时反应是大为光火，抗议说他的整个职业生涯就是要确保和平转变。拉斯基宣布，他事实上遭到了诽谤，并起诉这份报纸。这桩诉讼案直至选举之后才开庭审理，但这个问题再也不可能在报纸上讨论了。[37] 在此期间，工党仓促发表了一份声明，说鼓吹暴力不是本党的立场。丘吉尔抓住这个问题，继续在与工党有关的事情中使用"暴力"这个词，甚至声称举止温和的艾德礼在否认工党全国执行委员会控制政府政策时发表了一篇"暴力演说"。

作为工党全国执行委员会的主席，拉斯基不屈不挠地战斗，要打败丘吉尔。[38] 他在 6 月中旬直接投身于战斗，公开断言艾德礼在丘吉尔的怂恿下参加关于战后和解的波茨坦会议，不受事先未经工党全国执行委员会和议会工党讨论过的任何任务的约束。

艾德礼作为观察员出席，仅仅由于工党不再是联合政府的组成部分。拉斯基正在让他的党派控制政府政策的观念接受检验。《每日快报》立即把拉斯基比作工党全国执行委员会小集团不负责任的沙皇，万一工党获胜，这个小集团将会损害民主。[39]

接下来是一场媒体大战，丘吉尔猛烈攻击拉斯基关于"社会主义全国执行委员会"卓越地位的主张。《每日快报》的头条标题是《丘吉尔逼拉斯基摊牌》。艾德礼的回应是断然反对拉斯基的立场。尽管会和工党全国执行委员会磋商，但工党下议院议员和内阁大臣完全有权决定采取什么样的立场。[40]

丘吉尔在投票之前的最后一场演说中重拾独裁主题，把它和拉斯基试图让工党全国执行委员会负责政府政策的努力关联起来。[41]实际上，丘吉尔正试图二者兼得。保守党政纲含含糊糊地支持贝弗里奇改革中的关键内容。丘吉尔正在让把这些改革进一步扩大为计划经济成为一个有争论的议题，并挑出拉斯基作为极端社会主义解释的一个典型。

右派的攻击产生了一定的效果，到选举日，丘吉尔把民调的差距缩小到了6%。[42]《每日快报》最后一刻的民调显示，54%的投票者预期保守党会获胜，超出6月中旬对拉斯基的指控被广播时4个百分点。[43]

英国军队进入柏林的那天，英国开始进行投票选举。7月5日星期四，《每日快报》的头条标题是丘吉尔的自吹《我们正在赢》。他宣称："我打从心眼里觉得，你们会用绝大多数选票把我送回政治舞台。"就连《曼彻斯特卫报》也得出工党机会渺茫的结论。

尽管民调和媒体这么说，但工党还是彻底打败了保守党。工党 200 席的多数地位足以逆转保守党联盟在上一届政府中的优势。工党得到了 47.8％的选票，保守党略少于 40％，自由党只占据 12 个席位。对十分显眼的工党全国执行委员会主席拉斯基和对左派竞选主席和盟友赫伯特·莫里森来说，这是一场巨大的胜利，对工党领袖艾德礼来说也是如此。在新一届议会中，393 个工党下议院议员中有 67 个人是拉斯基的学生。[44]

在选举胜利的那一刻，拉斯基试图通过一个惊险之举推翻艾德礼，这一举措将让莫里森成为新一届政府的首脑。"天才伦敦佬"——拉斯基这样叫他——莫里森作为伦敦市政议会的领导人而跻身显要位置，其中，"市政社会主义"为通过公营企业实现对公共事业的公有控制成功建立了一个典范。[45]莫里森在 1935 年之前挑战过艾德礼的领袖地位。莫里森曾在战时内阁担任内政大臣，当工党离开联合政府时，丘吉尔对失去莫里森感到"最不惋惜"。[46]

当选举结果在工党总部宣布的时候，戏演完了。在整个选战期间，公众明白，如果工党赢了，艾德礼会成为首相。毕竟，他在 1942—1945 年担任过副首相。当艾德礼在丘吉尔败选后被乔治国王召到王宫里时，拉斯基和莫里森告诉本党领导人应该有两天的"暂停"时间，在此期间，议会工党将按照本党规则中一项关于在每届议会开启时选举一位新领导人的规定采取行动。莫里森愿意参加竞选。如果成功的话，这一策略就能换掉首相。

艾德礼对此一无所知。在离开总部之后，他钻进那辆由他的妻子掌握方向盘的汽车，到王宫接受国王的任命。第二天，他把议会工党成员召集到一起，获得他们全体一致的支持书。在胜利的时刻，拉斯基拿自己作为一个党派领导人的信誉冒险，并戏剧性地输掉了。[47]再一次，拉斯基试图通过增加领导人对本党所代表的人应负的责任来使政府民主化。

还是有些得意扬扬，拉斯基以一篇报纸文章《为什么我没有成为一条上好的红鲱鱼》来颂扬自己在这场胜利中的个人作用。把丘吉尔从戴维·洛（David Low）的一幅漫画中拿掉，加入一条负重的红鲱鱼，驱车驶入"英国的光荣未来"，拉斯基安慰选民："大可不必夜里醒着躺在那里，梦见社会主义盖世太保正在谋划的可怕事情"[48]。在煞费苦心地赞扬丘吉尔是一位伟大的战时领导人的同时，拉斯基把"红色恐慌"战略归咎于比弗布鲁克。他把这次选举视为"选民同意的革命"计划的实现。为这场胜利欢呼对于工人阶级来说无异于1932年中产阶级掌权。拉斯基宣称：

> 1945年是资本家特权终结的开端。我希望并认为，我们终将有我们自己的"新政"，而且它建立在能把贫穷和恐惧的幽灵从人们的生活中驱除的原则基础之上。我希望并认为，它将意味着我们对半法西斯主义君主和国外已经过时的社会体制的古怪热情的终结。毫无疑问，它意味着银行家和媒体大亨这些"看不见的政府"的终结，这些人把自己视为主人，不仅仅是普通人的主人，甚至是那些被普通人推选出来统治国家的人的主人。[49]

接下来是《贝弗里奇报告》的大部分内容获得通过，即使贝弗里奇本人丢掉了他上一年秋天作为自由党候选人在下议院递补选举中赢得的席位。政府通过了国民保健署的创立，《城乡规划法》，对英格兰银行的接管，铁路和煤矿的有限国有化，以及到1951年钢铁工业的国有化。具有讽刺意味的是，诺埃尔·安南指出："工党 1945 年之前的每一项立法都是由那些并非社会主义者的人提议的。就连国有化也是公营企业模式的扩大。"[50]丘吉尔先前曾鼓吹铁路国有化，工党计划中的很多内容都可以在非社会主义的动议和立法中找到先例。[51]

永远的温和派艾德礼接下来让英国走上了一条截然不同的社会主义道路，结合了英国人的权利和自由观念。安南后来回忆起当时的心境："那是一次这样的投票：支持合理反对外交政策的浮夸，支持重建、计划经济和专家治国，也支持更大的个人自由和对权威的更少服从（因为投票始终是自我矛盾的）。"[52]

艾德礼对这一心境的解读比抱有教条主义的拉斯基要好。工党的成功在一定程度上是通过吸引温和派并抵制共产主义左派的激进主义。保守党尽管赞扬了丘吉尔对战争努力的英明领导，但由于对《贝弗里奇报告》表现出胆小怯懦而在国内名誉扫地。这些以及社会主义令人印象深刻的胜利，都是国有化经济的产物，提高了艾德礼方法的可信度。[53]

拉斯基可能把工党的计划看作废除资本主义的序幕，但大多数人完全可能仅仅把它视为战时教训扩大到了基本必需品供给的计划和国有化。彼得·克拉克认为，把已经求大于供的东西国有化并不是激进的一步。"在所有这些实例中，一个强有力的通过把基本公共事业收归公有来消除私人垄断的实际案例，符合自由竞争的经典原则。"[54]

战时的定量配给和价格控制体制创造了一种公共心态，接受通过政府行动把经济国有化。实际上，当战时控制被逐步淘汰时，社会化措施便被逐步采用。正如保罗·艾迪生在《通向 1945 年之路》（*The Road to 1945*）和《战后》（*After the War*）

中讲述的故事，一种社群主义情绪源自对战前不公平的记忆，并由于战时的牺牲和胜利而有所增强，连同苦笑着容忍效率与平均主义分配之间的平衡，为向温和的社会主义过渡铺平了道路。通过详细的劳动力计划重新安排经济的雄心壮志很快就让路给依靠凯恩斯主义财政手段来确保就业。艾迪生得出结论：这一改变主要归功于"白厅的两位大官：贝弗里奇和凯恩斯。贝弗里奇是福利国家的创立者，而凯恩斯是管制经济的创立者"[55]。拉斯基不满足于折中措施，强烈要求更明确地接受社会主义妙策。

作为工党领袖，拉斯基在选举之后不久便开始遭难：与那些掌握实际权力的温和派渐行渐远。他预计自己会被提名为驻美大使，但这个期望落空了。[56]尽管他在推动工党国内政策倾向于左派上取得了一些成功，但在外交事务上，拉斯基却身陷激流。没有遵照拉斯基有关与希腊、意大利和大英帝国的左派成员形成社会主义大团结这一建议，主流的观点很快确立：英国和美国弱化形式的民主是能够实现的最好的民主。坚决抵制极权主义和趋于这个方向的意识形态被视为对未来的稳定至关重要。内阁决定不干涉弗朗哥统治下的西班牙，反对希腊的反共产主义势力。[57]此外，把民主扩大到各殖民地给工党政府引来了巨大的风险。

之前从未真正掌握充分的权力，工党被组织起来是为了获得权力，而不是行使权力。拉斯基这位政治学教授在实践中实施他在理论上宣扬的东西：让政府对普通公民的利益做出积极的回应。他把工党视为传播观点的工具，把工党全国执行委员会视为合法的政策设计师，而内阁大臣作为党派的代理人注定要承认这个设计师。他自己要做一个代言人，至于允许他说什么，多半用不着跟任何人商量。[58]他期盼几乎所有经济元素包括土地的社会化。[59]

艾德礼如今肩负着国内转型和国外稳定这些太过实际的责任，对拉斯基的演说、书信和文章感到十分生气，这些演说、书信和文章不停地鼓吹一条更倾向于左派的路线，不同于政府所采取的路线。8 月 20 日，他写信称，拉斯基在让政府"难堪"，喜欢通过并不熟悉工党全国执行委员会与内阁之间细微区别的公众为政府代言。"就算没有你那些不负责任的陈述所带来的尴尬，政府的工作也已经非常困难……我可以向你保证，对你的活动，党内有广泛的不满，你沉默一段时间是受欢迎的。"[60]

艾德礼对拉斯基的指责促使内阁成员采取行动，通过把内阁大臣安排在该委员会的关键位置上来接管工党全国执行委员会。拉斯基试图引起费边社（西德尼·韦伯和贝特丽丝·韦伯的社会主义阵地）的关注，提出工党内阁与工党全国执行委员会之间关系的宪政问题。费边社并没有回应，拉斯基在内阁部长当中的盟友也没有回应。他提议修改党章，使得内阁大臣不能担任工党全国执行委员会的委员，但这项动议以 7∶10* 的投票告败。[61]这个问题将会在 60 年代和 70 年代哈罗德·威尔逊（Harold Wilson）和詹姆斯·卡拉汉（James Callaghan）领导下的内阁中再度被提出。

与内阁的关系破裂深刻影响了拉斯基。他知道，当政府转向支持印度独立时他的影响力被用在了某些正确的地方，那是一项有着长期利益的事业。他还完全赞同《贝弗里奇报告》的执行，以及不插手国有化程度之争。[62]拉斯基的不满集中于三个方面：

---

　　*　英文原书为 10∶7，疑原书有误。——译者注

领导层的怯懦，以牺牲支持国际社会主义为代价默许冷战对抗，党的追随者与领导人的关系这个组织问题。

在所有这些问题上，他败给了艾德礼及其同僚。艾德礼将永远被丘吉尔著名的俏皮话压得抬不起头来：一个谦恭的小个子男人，有大量要谦虚的地方。在左派，满腹怨恨的拉斯基对艾德礼亦是贬斥。然而，整个战争期间，对于国内政治的社会主义转型以及冷战开始期间一次脆弱和平的到来，艾德礼坚持了温和路线并保持主动至少直至 1951 年，对抗右派的反动和左派的激进社会主义。拉斯基从一个意见领袖成为一个能干政治家，在需要来自英国社会核心的支持时遭遇了挫败。

亲临美国，拉斯基自 1939 年之后第一次去美国旅行。英国政府担心他对借款谈判的微妙问题产生影响，推迟了他的安排。在 1945 年的会议上，拉斯基把经济议题与国际和平议题结合在一起。他宣称，社会主义和计划是通往和平之路，资本主义和市场是通往战争之路。在战争时代，世界冒不起这个风险。正如克拉姆尼克和希尔曼在总结他的观点时所言："套改哈耶克的书名，拉斯基把美国经济描述为'直接通往奴役之路'。"[63] 抗议的怒吼来自美国右派的两位领导人——众议员 J. 帕内尔·托马斯（J. Parnell Thomas）和参议员霍默·凯普哈特（Homer Capehart），他们威胁要把对借款的批准推迟至更冷静的头脑占上风时。

在一条宽广的战线上埋头向前，拉斯基热情地回应受邀参与起草《世界人权宣言》的序言。他设计了一项富有远见的计划，赋予男性尤其是女性充分的政治、经济和社会权利。平等是指导原则，人与人之间存在合理差别只有在经过受影响者的同意并有

助于社会前景全面改善的情况下才被认可。[64]然而，他怀疑，如
果没有采取实际行动让这样的权利成为真正权利的承诺，联合国
文件恐怕只不过是装点门面而已。迈克尔·纽曼指出："这是对
接下来 50 年里关于人权的国际协定的准确预言，尽管这个预言
是不是让《世界人权宣言》变得毫无价值尚有争议。"[65]

　　哈耶克对《世界人权宣言》不只是怀疑。许多年后，他记录
道，他不相信拉斯基对《世界人权宣言》的逻辑基础做出了什么
贡献。哈耶克指出，那些创立者打算让该宣言建立在马克思主义
平等观与"个人天生拥有权利"自由主义传统之间共同立场的基
础上。哈耶克进一步指出，通过把经济收益权包含在内，拉斯基
和其他人引入了这样一个范畴：需要对公众生产活动的权利主张
而不只是对表达或信仰差异的宽容。哈耶克在他的笔记中用惊叹
号强调拉斯基拓展权利的方法，以显示他不相信有任何人能
做到。[66]

　　乔治·奥威尔作为记者报道了 1945 年的选举，他把这次选
举视为对重大改革的授权，而不是对拉斯基革命的授权。奥威尔
在为西班牙共和主义事业而战斗的艰难困苦中产生了怀疑，他既
不相信渐进主义——太过缓慢地采取行动以回应公众的不满，又
不相信知识分子——"对权力政治的接受首先扼杀他们的道德
感，然后扼杀他们的现实感"。改变太少，工党就变得与保守党
没什么区别；改变太多，结果就是独裁。奥威尔看到了平衡"克
制与大胆"的需要。[67]

　　当工党让数量空前的法案获得通过时，奥威尔所说的平衡几
乎每天都在接受检验。到 1946 年初，工党在民调中领先 20 个
点，准备做出戏剧性的改变。然而，本·皮姆洛特（Ben Pim-

lott）称，对君主制的支持并未减少。4 万人支持为伊丽莎白女王举办 20 岁的生日庆典，这是一个远比在 30 年代见过的大得多的群体。[68] 在右派保守党抗议和左派共产党骚动的氛围中，拉斯基对自己的定位是左派先驱，力图成为工党的良心所在。

对拉斯基来说，如今的主要战线是国际事务。他想把欧洲、英国和（新政下的）美国的社会主义进展联合起来，借此把"选民同意的革命"推到世界舞台上。正如凯恩斯利用布雷顿森林体系使他的干预主义改革获得制度保证，拉斯基瞄准了社会主义者之间的伙伴关系，这有助于结束冷战，让西方走上一条社会主义改良的道路。这还能为促进英国的社会主义进步提供掩护。[69]

要实现这个更加宏大的计划，他必须纠正在俄国革命中任何可以拯救的东西。他在 1946 年断言：苏联比英国更有资格被称作一个"民主社会"，尽管英国有一个"民主政府"，而苏联没有。这个区分让他能够指出公共需求在苏联得到满足的突出现象：

> 在苏联没有具体的特权被赋予出身或财富、种族或信条。苏联比英国做出了更广泛、更深远的努力，试图最大限度满足需求。机会（例如教育机会）不受阶级地位的限制。既得利益不能阻挠——就像在英国那样——科学实验或对技术发现的充分利用。[70]

尽管拉斯基对苏联正在尝试的东西抱有幻想，但他对共产党却眼明心亮。他代表工党全国执行委员会起草了一本小册子，解释为什么不应该允许共产党隶属于工党。他援引了一段有关欺诈和阴谋的历史，把共产主义者排除在工党及其选民联盟的民主传统之外。但他坚持这样一个观念，即拥有独一无二地位的英国将把世界领向社会主义："英国工党并不打算走共产主义道路，这条路通向对莫斯科的依赖，也不打算走依赖华盛顿的道路。"实际上，工党必须举起火把，照亮一条更好的路：

> 在每个国家的民主公民都向工党寻求灵感和领导的时刻，用一种见解取代它自己的哲学确实很愚蠢，这种见解建立在对普通人不信任的基础之上，并拒绝给予他们进行自由制度试验的权利。[71]

要面临失败的可能性，拉斯基希望把苏联视作社会主义改革的一个样板，同时不承认这些改革赖以实现的方法。对共产党的怀疑从工党在 1946 年的会议上以超过 5∶1 的投票拒绝共产党的隶属申请中可以清楚地看出。

拉斯基用自己作为工党全国执行委员会主席的告别演说来为国际社会主义辩护。与苏联"试着建立友谊"是他对自己所忠诚的工党的恳求。作为善意的慷慨姿态，他认为英国应当与苏联分享原子弹的秘密。[72]拉斯基想让英国的外交政策建立在一个跨国界社会主义者联盟的基础之上，而不是基于对国家商业和军事自利的传统考量。希腊作为西方的一个假定盟友，不如作为社会主义革命新阵地那么重要。西班牙作为一个反共产主义的堡垒，不如终结西班牙对欧洲社会主义浪潮的抵抗那么重要。

拉斯基的演说收获了热烈的掌声，但不如欧内斯特·贝文（Ernest Bevin）的那么热烈，贝文的一项更谨慎的外交政策得到了"压倒性的赞同"。攻击"垄断资本主义"并兜售拉斯基关于西班牙和巴勒斯坦观点的主张，要么失败，要么遭到反对。菲利普·诺埃尔-贝克（Philip Noel-Baker）继拉斯基之后出任工党全国执行委员会主席，他在会议上的讲话是为工党控制外交部辩护。[73]

那年夏天，拉斯基加入了工党访问苏联的代表团。在拉斯基的坚持下，代表团拜访了约瑟夫·斯大林。代表团对这次会面的官方记述透露了一个斯大林提供的有趣分析。承认英国有一个受过教育的工人阶级和民主传统，他赞扬英国通过国有化和议会立法走上社会主义道路。然而，对苏联来说，因为有着革命的背景、数量庞大的农民以及国际资本主义联合起来与它对抗，军事方法是唯一可能的方法。他担心，英国要花太长的时间，并遭受一次后果极其严重的抵抗，而苏联的方法可实现更快转型，尽管要以暴力为代价。[74]

斯大林至少愿意承认英国的方法，但这并没有延伸到他的官员。苏联相关机构正忙着公开批评一些像拉斯基那样的温和派教授。可以预期的是，它们会采取那条无异于为资产阶级辩护的列宁主义路线，特别是拉斯基的著作被认为是"荒谬的胡说八道"而遭到不屑一顾。[75]

拉斯基回到国内，并面对一场他自己造成的严峻考验。通过他所捍卫的一种民主权利的表达方式，他受到严厉的指责。拉斯基就比弗布鲁克的报纸诽谤自己提起的诉讼在 1946 年 11 月开庭审理，那是在选举一年后。一封写给编辑的信援引拉斯基在选举演说中的暴力言辞，推动了这场诉讼。这封信之后紧跟着是一些地方报纸和全国性媒体上的文章，全都是比弗布鲁克媒体链的组成部分。"选民同意的革命"是最近 25 年里拉斯基作品的主题。[76]因此，拉斯基有很好的理由对鼓吹暴力的指控感到生气。这一指控是一项有政治动机的指责，接二连三地对准选战的心脏开火。

　　你来我往的交锋发生在一场演说结束的时候，当时，拉斯基被问到他在第一次世界大战中为什么没有服役，又为什么在第二次世界大战期间鼓吹暴力。拉斯基援引他不宜服役的医学证明，把第一个问题打发掉了。据对话者说，拉斯基当时声称，"至于暴力，如果工党不能通过普遍同意来获得它需要的东西，我们将不得不使用暴力，即使这意味着革命"。拉斯基断言，他的话被错误引用了；他记得自己的话是"大的变革在英国如此紧迫，以至如果不能通过选民的同意来实现这些变革，就要通过暴力来实现"[77]。关键就在于这种抠字眼式的区分。

　　这一事件具有一场经典挑衅的所有特征。到 1945 年 6 月中旬，就在丘吉尔发表演说之后，保守党开始把暴力主题升格为攻击工党的方式。发问者温特沃斯·戴（Wentworth Day）是一个政党活动家，他提前做了准备并查阅了资料。第一个问题明显是为了提升热度，第二个问题要求拉斯基证明他没有鼓吹暴力。记者对这一事件的速记并不包含"鼓吹暴力"的字眼；它是编辑——一个保守党官员——加上去的，被引用的那几句话是戴自己写的。那封写给编辑的信据猜测出自一个有关联的公民之手，但事实上是比弗布鲁克旗下报纸一位记者写的。那篇耸人听闻的媒体报道是在那封煽动信之后发表的。[78]

　　拉斯基确信会胜诉，援引了一大堆论述"选民同意的革命"这个主题的作品。此外，他的对手、爱开玩笑的戴写过一本书，说拉斯基是"对社会主义政治话多的小海燕……显然是个满脑子糨糊的人。他出现在一辆法国大革命的马车上，车上装配着一个麦克风，而不是一个断头台。他穿一身紧身的、屁股曲线毕现的衣服，就是乐队伴舞领舞人穿的那种。"戴辩称自己的这番记述是"描述性的"，而不是"贬损性的"。[79]

然而，拉斯基有理由谨慎对待这次诉讼，20 年前作为陪审员他曾在一桩政治敏感的案子中徒劳地尝试做出一项不得人心的裁决。[80]此外，他面对的是一个令人生畏的出庭律师——帕特里克·黑斯廷斯（Patrick Hastings）爵士，拉斯基曾经在一封写给弗里达的信中称赞此人是他听说过的最有才华的辩护人。[81]黑斯廷斯熟悉工党及工党政治，在 20 年代转向保守党之前一直担任劳工大臣。

在庭审中，黑斯廷斯使用了各种冷嘲热讽、含沙射影的手段。黑斯廷斯详细论述了拉斯基信条的外来性，政治学的半吊子性，在一些更激进的演说中变得明确的对英国制度的拒绝，以及在脆弱的战后世界里潜藏的革命危险。义愤填膺的律师用一些要求回答是或不是的花哨问题来让啰里啰唆的教授左支右绌。

主审法官是高等法院王座庭庭长戈达德（Goddard），他是艾德礼为确保选举之后对工党的保守看法而任命的一个建制派人选。戈达德让黑斯廷斯放开手脚。黑斯廷斯胜券在握。其中一次你来我往的交锋很经典，值得详细引用。

> 问：你是不是一向宣扬革命的时机已经成熟这样的学说？
>
> 拉斯基：大变革的时机已经成熟。
>
> 问：好好听我的问题，你是个话多的教授。
>
> 拉斯基：我只说了一句。
>
> 问：过去这些年里你是不是宣扬过革命的时机已经成熟这样的学说？
>
> 拉斯基：始终是转变意义上的革命。

问：你写了很多包含"革命"这个词的书，你在你的书中定义了它。你是不是宣扬过革命可能在一两年内发生，要么通过同意——你称之为选民同意的革命——要么通过暴力？

拉斯基：确实如此。

问：你所说的"选民同意的革命"的意思是因为敌人始终是资本家，是这个意思吗？

拉斯基：大体上是吧。

问：你的意思是不是，如果确实存在一致同意的话，那些敌人理所当然地同意把他们自己根除掉——也就是说，他们不得不同意滚蛋？

拉斯基：他们不得不同意大变革。

问：你听没听我的问题？如果你没听我的问题，请直说；如果你没听懂，请告诉我。我面前就有你的作品，而且我读过你二十、三十或四十种不同的作品，所以我知道其中一些东西。我想让你回答以下问题，如果你愿意回答的话：你是不是曾经声称，你所说的"选民同意的革命"的意思是资本家必定同意把他们自己全部销蚀掉；这是你的原话；我认为它的意思就是"根除"，但你说的是"销蚀"？

拉斯基：不，我所说的意思并不是根除资本家。

问：你所说的"销蚀"是什么意思？

拉斯基："销蚀"的意思就是擦掉。

问：你是不是说擦掉？

拉斯基：擦掉。

问：你同意怎么把自己擦掉？

拉斯基：从那张你先前是其最重要部分的图片上逐渐

消失。

问：通过消失？

拉斯基：是。

问：同意他们自己消失？

拉斯基：同意他们失去权力。

问：你是不是指出，这未必会发生，即便不是不可能？

拉斯基：不，不是不可能；我说的是，它在历史上未必发生。

问：让我们来看看你刚才说了什么。[82]

黑斯廷斯准备了大量的问题，毕竟拉斯基在 1935 年就在《理论和实践中的国家》中如是写道：

> 我的观点是，不管什么时候，只要一个给定社会的阶级关系使得分配生产成果成为可能，物质利益期望不断落空的人就会寻求改变这些阶级关系；我曾建议，除非有产阶级自愿放弃——历史上的罕见之事——随之出现的就会是一场社会革命。我并非暗示革命必定会成功；我只是暗示这样的尝试是不可避免的。[83]

关于"选民同意的革命"这个观念，安南后来评论道："一个政治学家著作中的不合逻辑之言很少遭遇这样可怕的惩罚。"[84]

拉斯基输掉了这场官司。陪审团在法官的引导下领会法律，以便讨论这样一个问题：审议中的报纸引文是不是精确或者公正而准确地代表了拉斯基可能表达的观点。法官否决了拉斯基有任何性质的叛国意图，但在裁定被告是否犯诽谤罪上，给了陪审团相当可观的灵活性。

拉尔夫·达伦多夫在他撰写的伦敦政治经济学院史中有如下思考："讲堂与集市之间的差别……一个严谨的分析暗示暴力革命不可避免，可能是历史主义的和错误的，但在学术的语境中，必须允许……在一帮作为选民的听众面前做出类似的陈述，可能是煽动性的，潜在的革命者就更不用说了，当然也会反映言说者的民主倾向。"[85]对于保守党人义愤填膺的虚伪性，倒是有公正的记述。保守党中正冉冉升起的明星之一昆汀·霍格（Quintin Hogg）在 1945 年警告下议院："如果你们不进行社会改革，他们就要进行社会革命。"[86]

陪审团的裁决让拉斯基深受伤害，他得出结论：在法庭上受审的是他，而不是比弗布鲁克，陪审团被误导从而相信拉斯基抱持危险的观点。[87]虽然表面上英勇无畏，拉斯基继续为了工党的事业演说和写作，但他向伦敦政治经济学院和工党全国执行委员会提出了辞职。两份辞呈都遭到了拒绝。妻子和女儿知道裁决的结果。在法庭做出裁决之后，他流着眼泪跌跌撞撞回到家里。他的女儿认为，裁决"让他伤心欲绝"。超过 5 000 英镑的诉讼费通过捐款得以支付，捐款的既有普通公众，也有一些名流要人，比如阿尔伯特·爱因斯坦（Albert Einstein）、爱德华·R. 默罗和亨利·华莱士。[88]几个月后，垂头丧气的拉斯基向朋友费利克斯·弗兰克福特承认，面对如此彻底的羞辱，他所能做的就是保持体面。[89]

诽谤案触及了他认为自己是一个温和、非暴力和理性之人的核心。他输给了一个由同辈组成的陪审团，一个从有财产的公民中选出来组成的特殊陪审团——这些公民对拉斯基经常批评的英国法律和政府传统碰巧都有一种明显的忠诚。陪审团看到和听到的，是威胁到他们自己作为英国文化栋梁的雄辩言辞。弗里达认为这个裁决缩短了他的寿命，使他的呼吸道疾病更频繁地发作。[90]

在拉斯基处于绝望的深渊时，他和弗里达的爱成了他最大的支持。在那个遭受重创之年的晚些时候，他写信给弗里达说：

> 我想告诉你，在选举之后这艰难的几个月里，你对我来说意味着什么……我想让你知道，你有多么好，我对你的爱和依恋有多么深。吻你千遍，把我这颗充满爱意的心遥寄给你。[91]

当工党政府推动它的计划时，英国国内的政策转型在两个层面上进行：福利国家的建立和基本生产资料的国有化。两者都激起了公众的巨大支持，两者也都遇到了问题，这些问题在很大程度上是英国在战后国际经济中的地位所引发的。一个濒临破产、债台高筑、帝国日渐衰落的国家不是发起一项大规模的从摇篮到坟墓的新的社会保障计划的最合适的地方。

至于国有化，最初的举措是接管煤炭和电力行业、铁路和公路运输、英格兰银行以及后来的钢铁行业。正如向来犀利的 C. 诺斯古德·帕金森（C. Northcote Parkinson）所指出的："事实上，首先被国有化的工业不只是成熟的，还是腐朽的。"[92] 遭受了战争的破坏，享受不到最新的技术，被捆绑进了没法维持的贸易关系中，这些工业需要大规模的资本注入，需要富有创新精神、经验丰富的领导层，以适应战后世界。社会主义意味着这些工业的内部文化以及最基本的管理关系的一次转型，在战后匮乏和资本主义世界联合起来反对变革的情况下通过这样一些变革来开展斗争，难怪人们开始把国有化与战时配给制的低效和延期联系在一起。

由于认识到渗透至战后英国生活每个方面的配给制和管制越来越不得人心，工党政府退缩了，不再考虑进一步扩大它的计划。付费医疗保留了下来，与国民保健署并行不悖，这让拉斯基十分反感。劳工部长哈罗德·威尔逊在 1948 年的篝火之夜点起了"管制的篝火"，庆祝 60 项经济管制措施的撤销。计划部门开始寄希望于凯恩斯主义方法——间接控制，而不是像拉斯基这样的正统社会主义者所提倡的直接计划。从远离日常复杂性的学说高处看，这些全都是远离平等和公正的措施。[93]

整个 40 年代对配给制的维持在社会主义改革期间使英国人处于一个平稳的立足点。然而，社会主义诞生过程的起起落落想必让渴望更大胆举措的拉斯基深感压抑。无论如何，首相克莱门特·艾德礼掌控着国内改革的节奏，坚定反共产主义（也反犹太复国主义）的欧内斯特·贝文则控制着外交政策路线。在他们的领导下，英国的社会主义道路偏离了左派，但不会偏离太多以至让美国人疏远。美国在战后资本主义民主国家同盟中的领导地位将会得到社会主义英国的支持，而不是对抗。

在国际战线，拉斯基越来越失望。1946 年夏，他主持了新成立的社会主义国际在伦敦举行的一次会议，这一举措是要取代过去的共产国际。由于德国人和意大利人的背叛，为拉斯基的国际运动提供一个永久性立足点的希望被证明纯属幻想。[94]马歇尔计划为欧洲提供了深受欢迎的救援，但由于苏联的拒绝，救援以一个两极世界为代价。

在美国，杜鲁门的势力巩固了他们对民主党的掌控。左派发现自身由于像前副总统亨利·华莱士这样一些进步主义者的出局，共产党对工会的渗透，以及社会主义者没完没了的派系斗争而遭到削弱。[95]拉斯基把1947年的杜鲁门计划看作支持一些阻挡社会主义前进道路的反动政权。他的例证是杜鲁门支持土耳其抵抗苏联的扩张。拉斯基预言，地中海地区的社会主义进步服从冷战的需要意味着"中东人民将被钉死在一些陈旧政权的臣仆地位上，直到兴起一股力量，强大到足以把他们从美国强加给他们的依赖中营救出来"[96]。可以将这个预言与凯恩斯关于"复仇不会软弱无力"的预言归为一类。

在30年代的黑暗时刻，拉斯基对社会主义的希望一直由美国的新政支撑着，但如今他在写给弗兰克福特的信中深感绝望：

> 美国政策所做的一切，就是给人留下这样一个更深的印象：精心设计的包围措施，在毫无必要的地方制造意识形态冲突，几乎像莫斯科的宣传一样幼稚的自以为是……我不相信罗斯福会把美国政府如今所做的事情视为美国的职责。实现和平的主动性正在失去，而且正如我所看到的，它毫无必要地失去了；并非苏联的所有错误都证明马歇尔走上一条尽头便是战争的道路是正确的。[97]

但拉斯基不可能完全放弃他对美国的信任，他继续为自己的期望寻找一个开明的领导人。或许，他最自相矛盾的策略是赞同艾森豪威尔在1948年作为民主党候选人竞选总统。[98]并非只有拉斯基一个人对艾森豪威尔的政见疑惑不解，这一点直到他作为共和党候选人参加接下来的总统选举才公开透露出来。或许，这一姿态类似于他在战争期间向丘吉尔示好。

换掉杜鲁门——拉斯基视之为罗斯福的背叛者，跟艾森豪威尔比起来是个"无足轻重的小角色"——这个目标导致他考虑艾森豪威尔的可能性。他认为，艾森豪威尔的才干将会给予他力量，采取新的行动，推倒冷战之墙。这成了关键的问题，甚至比国内政策方向更关键，正如拉斯基在 1948 年没有支持华莱士所证明的。他认为，华莱士——罗斯福在国内政策上最进步的助手——过于亲苏联。华莱士会助长斯大林主义，并破坏东西方分歧的有效解决。[99]

随着他评论美国政治的 750 页辉煌巨著《美国的民主》（American Democracy）的出版，拉斯基展示了过去 30 年里他作为大西洋彼岸一个参与型观察者所学到的一切。它是一个想要成为托克维尔却走向社会主义的人的著作。啰唆与犀利交替，他研究美国的文化、制度、阶级和实践。美国的色彩斑斓让他困惑，美国对民主的承诺令他痴迷，美国对财产的热情使他反感，拉斯基苦苦思考美国的未来。

回顾新政的结构性变革在战争动员压力下的失败，拉斯基看到战争把经济控制权还给了资本家，他们的控制仅在 30 年代被削弱。在战争努力中，不是政府接管工业，而是工业领袖被邀请进入政府，用他们的力量加速生产。罗斯福的资本主义对手合作对抗他的改革。新政被视为追求效率的一种措施。此外，在罗斯福任期内，领导美国的是一个想通过根除有害实践来消除弊病的"政治家"，而不是一个能够探究"有害实践内在性质的基本逻辑"的空想家。[100]

在杜鲁门任期内，"主要政党之间的关系实际上已经回到了1933 年之前的状态"[101]。在社会主义者和共产主义者沦为"小党派"之后，美国的自由主义者由于对权力必要性的矛盾心态而蹒跚不前：

> 我想，所有这一切就是说，自由主义者更多地把美国主
> 义视为一个伦理学概念，而不是一个权力概念……他们保持
> 着这样一种幻觉：美国人很安全，只要他们愿意发扬理性和
> 善意的美德，其他所有民族就都能享受到这样的安全。他们
> 有一种内心的确信，不可避免地被他们拥有压倒性力量的感
> 觉所增强，那就是带领世界走向公正是他们的使命。[102]

美国人最后的难题是"恒久不变的……回避集体行动的趋
势，不管是内部行动还是外部行动，理由是集体行动必定涉及强
制，它摧毁了人的自我恢复能力，而没有这种能力任何改革都不
会充分实现"[103]。拉斯基把美国人看作梦想家，对权力很天真，
尽管对理想很忠诚；在灵感上无疑是基督徒，但缺乏实现他强烈
渴望实现的转型变革的持久力。

拉斯基在《美国的民主》中的最后几句话描绘了他自己在战
后事件压力下的精神状态：

> 如果没有这样的理解和准备，未来确实黑暗。每个民族
> 社会内部的不公正，以及对国际关系混乱普遍的不安全感，
> 很可能让我们的文明面临一种平时埋藏得太深、不可能发现
> 的灾难感。在我们面前有着如此大的可能性，我们能够有意
> 识地掌控大自然的外来力量，这对人类来说将是一个无限悲
> 惨的命运。[104]

对拉斯基来说，冷战是二战序幕的一次全球重演，资本家强
烈反对社会变革力量。在拉斯基看来，西方走向民主化的进程并
未改变更基本的经济冲突的性质。

拉斯基的期望在另一个领域可能会落空。在《共产党宣言》（*The Communist Manifesto*）出版 100 周年之际，拉斯基给它的纪念版写了一篇序言。极力要把马克思主义的意义从苏联的实践中拯救出来，他拿出证据证明马克思不会赞同在苏联如此明显的一党专政。马克思和恩格斯的工作就是要在没有资本主义的情况下领导并争取对共产主义事业友好的所有力量和政党。[105]

拉斯基毫不掩饰地对强制与权利及民主之间的关系进行了说明。沿着冷战界线分割中欧的过程正在加速。1948 年 2 月布拉格的共产主义政变让欧洲非革命性社会主义转型的最大希望化为泡影。拉斯基灰心丧气。[106] 一年前，拉斯基曾赞扬捷克斯洛伐克是社会主义道路上工人阶级议会民主制的典范，不料却看到他的朋友、总理扬·马萨里克（Jan Masaryk）悲惨死去。感觉到毕生的梦想眼看着就要破灭，这让拉斯基变得更加脆弱。拉斯基在伦敦政治经济学院的学生目睹了他们敬爱的教授在情绪上的变化。热情奔放已消失不见；愤世嫉俗开始增加。[107]

以几乎是惆怅的措辞，拉斯基寻找合适的词句来颂扬对早期费边社成员的回忆，他们让英国走上了一条与众不同的通往社会主义之路。在 BBC 的一期广播节目中，他援引了韦伯夫妇、萧伯纳及其同僚的历史性首创。最后，他以一种坚定且略带自我陶醉的口吻，向早期的费边社成员致敬：

> 他们并没有哭喊着要月亮；他们甚至没有把公共意识与某个先验的世界观混为一谈。他们以一种清醒而实际的方式，用说服力和智慧做了一项澄清性和创造性的工作。他们理应受到他们为之效力的国家的颂扬。[108]

乔治·奥威尔在一封写给理查德·里斯（Richard Rees）爵士

的、谈论拉斯基能不能算作"同路人"的信中测定了拉斯基的坚定程度：

> 我不认为拉斯基是一个同路人，尽管他曾经通过吹捧苏联来帮助他们。在我们这个国家，他厌恶共产党，因为共产党威胁到他的工作。我猜，他想象他们在别的地方是不同的。我还认为，他是工党一个太过重要的组成部分，太过喜欢站在官方的位置，以至不可能投敌，如果——比方说——我们与苏联交战的话。你想象不到拉斯基正在做的事情就是违反法律。[109]

奥威尔在西班牙内战中的惨痛经历，以及在反法西斯战争中对英国一方的忠诚奉献，促使他保留了一份"共产主义秘密支持者"名单。他和朋友分享了这份名单，其中包括一个在外交部工作的朋友。拉斯基的名字出现在名单上，但很显然，奥威尔后来改变了主意。事实上，奥威尔与拉斯基一起签署过一封公开信，要求授予那些被指控是共产党员的政府雇员完整的法律权利。[110]

最后一次访问美国使拉斯基亲历正在上涨的反共产主义浪潮，这一波浪潮进入了全美各地的大学。在到达美国时，他被要求登记为"外国代表"，但他拒绝，没有任何后果。十年前拉斯基在加州大学洛杉矶分校甚至在华盛顿大学的收信地址被管理者注销了，他们担心，拉斯基的存在会加剧立法机关对教职员政治信仰的关注。他离开美国时带着这样一种悲伤的感觉：美国作为自由堡垒的承诺被极大地削弱了。[111]

在美国的时候，拉斯基就工会的角色这个主题发表了演讲。他的评论预言了英国在试图把大工会的力量与管理国家主导型经济的正式角色结合起来上所遇到的难题。拉斯基指出劳工领袖必须约束自己。提高生产力将是"提高生活水平唯一的长久之策"。把工资要求标准化至关重要，"因为失控的通胀通常由工人阶级受苦受难来买单"。焦点应当集中于工会领导层熟悉"工业的管理和金融方面"，他们在从短缺时代走向富足时代上能够充分发挥作用。[112]

他狂热的步幅给头脑和身体带来的压力开始显露。顽固的支气管炎和经常抽烟越来越让他感到身体不适，拉斯基带着一身病痛回到英国。他计划再到美国发表一次演讲，他将在这个过程中与哈耶克辩论，但他的医生不放他走。[113]

拉斯基作为工党领导人的职业生涯如今终结了。在围绕没能承认巴勒斯坦的问题争论 13 年之后，他辞去了在工党全国执行委员会的职务。爱因斯坦提名他出任新近创立的布兰迪斯大学校长，但他拒绝了。他对美国政治的影响通过他的学生延续了下去，其中包括《新共和》杂志创始人之子、杂志编辑迈克尔·斯特雷特（Michael Straight）。[114]

随着选举日期确定为 1950 年 2 月，拉斯基继续参加竞选活动，但有时候几乎没法做到用他从前的雄辩口才说一段低声细语的话。他原谅了过去的老对头艾德礼。他写信给艾德礼，谈到首相在对国民致辞时的"端正庄严……简单直接……对真相的清晰表达"。他得出结论，"庄严而不带表演技巧地带领本党走向胜利是一件多么宏伟的事"[115]。你从这样一个人的话中能察觉到一丝自责的语气：他的表达风格曾让他的盟友付出代价。

在 1948 年圣诞节期间，拉斯基的支气管严重感染。拉斯基的肺部衰弱一直受到关注。两年后的 1950 年，他的医生发现了胸膜炎的症状。拉斯基咨询了一个自 1948 年以来就一直怀疑他有潜伏期肺部感染的私人专家。感染明显变得严重了。就在咨询的那天夜里，拉斯基在病痛中醒来，被送到医院，其中一叶肺已经萎陷。他没有活过第二天。一个脓肿爆裂了。拉斯基死于1950年3月24日，弗里达和黛安娜在他的身边。他当时只有56岁。

弗里达在丈夫的棺材上写下了海因里希·海涅（Heinrich Heine）的一句话："人类解放战争中的普通一员。"[116]表达爱和尊敬的信息从世界各地传来。在4天后举行的葬礼上，首相艾德礼和8位内阁大臣与家人、同事、学生、朋友和工党忠诚分子都出席了，没有人发表演说。默哀之后，播放的是肖邦的葬礼进行曲。[117]这位人民的斗士安息了。

左派在拉斯基身上失去的东西，再也没有重新获得。在英国有很多竞争者，但没有一个人像他这样雄辩地横跨教授、辩论家和政治家的世界，对精英和大众同样有着如此强大的影响力。在英国，左派的分裂和衰落可能始于拉斯基去世。[118]在1950年的选举中，温和派与教条社会主义者之间的分裂削弱了工党，使工党在1951年失败，并让工党在20世纪的整个下半叶饱受困扰。

在美国，麦卡锡主义的漫漫长夜突然笼罩左派。当费利克斯·弗兰克福特筹款纪念朋友拉斯基时，一位记者写道，人们"害怕有一本凯恩斯或拉斯基的书摆放在自己的桌子上"。约瑟夫·麦卡锡参议员将亲自盘问爱德华·R.默罗与拉斯基教授的友谊。[119]在麦卡锡去世之后，迈克尔·哈灵顿（Michael Harrington）将在启发约翰·肯尼迪（John Kennedy）的"新边疆"改革和林登·约翰逊（Lyndon Johnson）的"伟大社会"改革中开始扮演一个有点类似于拉斯基的角色。然而，哈灵顿指向了这样一个拉斯基没有预见到的问题，这个问题将让拉斯基激进的社会主义观点变得过时：

> 在第二次世界大战之前的那个时期，蓝领工人数量的相对下降，以及受过高等教育、拥有大学学位的工薪阶层的增长，改变了每个西方国家的阶级结构和政治。开始出现两个左派：一个以无产阶级为基础，另一个是后工业经济的"新阶层"的产物。非无产阶级常常以"真正的"工人阶级的名义发声，并反对实际工人的姿态，一点也不让人觉得奇怪。但是，在越南战争、女性主义和环境这样的问题上，新阶层是一些非常重要的新价值的支持者，即使有时候是惹人气恼的半吊子支持者。[120]

看似矛盾的是，加入了无产阶级的中上阶层家庭不可能致力于这些关切，因为他们的解决办法——在经济问题上对国家赋权——与新阶层的关切和性情相悖。

但拉斯基有一个持久的影响力。左派对自由主义的批评深受拉斯基的一个学生 C. B. 麦克弗森（C. B. Macpherson）的影响。1962 年，麦克弗森采用他自己从拉斯基那里听来的一些观念，写了一本从社会主义视角重新解释古典自由主义的书，名叫《占有式个人主义的政治理论》（*The Political Theory of Possessive Individualism*，1962）。对于社会改良削弱了拉斯基的多元主义的问题，这本书认为自由主义"占有式个人主义"是问题，而不是解决办法。年轻一代中的激进分子会把目标对准拉斯基的另一位听众罗伯特·达尔（Robert Dahl）鼓吹的多元主义，认为那是"精英主义"的一个幌子，是对多数人及工人阶级利益的压制。以这种扭曲的形式，拉斯基的观念继续存活，将塑造 60 年代和

70 年代的反传统文化。

我们将在本书的分析部分回到拉斯基对 20 世纪进程的影响和作用这个问题。眼下，本书将回顾哈耶克所经历的 40 年代，以完成对这三个塑造了 40 年代并在接下来的几十年里发挥重大作用的人物的刻画。

哈耶克：离去与重生

1945 年春，战争正缓慢地落下帷幕。《通往奴役之路》让哈耶克成了知识分子当中令人讨厌的家伙。当工党正在为 1945 年的选举聚集力量的时候，几乎所有"有思考能力的人"都站在工党一边。这部作品的政治冲击力在英国和美国都相当可观。每月图书俱乐部在它的书单中加入了《通往奴役之路》；《读者文摘》出版了一个选编版，斯克里普斯-霍华德新闻社的报纸印行了一份摘要。全国制造商协会向成员推荐《通往奴役之路》，它在几个城市的市场上成了畅销书。在一份很有可能是以赛亚·伯林（Isaiah Berlin）起草的急件中，英国驻美大使在 1945 年 3 月称：

> 华尔街把哈耶克看作一座最丰富却有待发现的金矿，到处都在兜售他的观点……倘若有人邀请他去对非营利组织美国革命之女发表演说，给它的成员提供最新式的武器，对抗像凯恩斯勋爵和英国财政部这样凶险的煽动者，哈耶克教授应该不会感到吃惊。[121]

尽管哈耶克打算把古典自由主义者重新集结起来，但他还是大吃一惊：保守党在 1945 年接受了《通往奴役之路》的主旨。[122]他的论题，无论是作为对社会主义计划的攻击，还是作为对英国传统美德的赞美，都很有吸引力。保守党提出用它自己定额供应的纸张再版这本书。[123]正如我们已经看到的，丘吉尔在选战中使用了哈耶克的论点。[124]艾德礼——已经收到了一本——把丘吉尔那番盖世太保言论归结于哈耶克对丘吉尔的影响，认为哈耶克是给英国保守党提供观念的人。

哈耶克否认自己与保守党有任何关联。[125]然而，他给《星期日纪事》写了一篇文章，专门回应艾德礼的评论。他重复了自己和丘吉尔强调的主题：

> 生产资料的私人所有权，对千百万没有多少财产的人几乎就像对几千个拥有财产的人一样重要，因为分散的财产所有权是实现个人自由不可或缺的基本条件。深植于英国政治传统的古老真理千百次被最近的经历所证实。然而，与一切社会主义理论和实践针锋相对的，正是个人自由的这个基础。今天的社会主义因此成了个人自由的最大威胁。[126]

正如理查德·科克特所指出的，丘吉尔把哈耶克的论题作为选举辩论的核心，艾德礼有拉斯基的支持，对在哈耶克设定的竞技场与丘吉尔战斗十分满意。[127]

尽管《通往奴役之路》有辩论作用，但哈耶克在美国 1945 年的一期广播节目中告诉听众，它所攻击的并非政府本身，甚至也未必是社会主义，而是集中计划。哈耶克发表了一个有点不太真诚的评论：

> 这本书实际上并不是攻击社会主义者；它是一次试图说服社会主义者的努力，我把这本书题献给他们。我的主要论题是：为了得到他们想要的东西，他们在方法上错了。有两

种安排社会事务的方法——竞争和政府指导。我反对政府指导，但我想让竞争发挥作用……依靠竞争的方法，如果要使之有效，需要很多政府活动才能让竞争变得有效，并在不能使之有效的地方对竞争进行补充。[128]

在 1945 年的一期广播节目中，他没有否认丘吉尔那番盖世太保言论所采用的是他自己的论证思路。一个参与者直接问民主过程是不是有可能控制计划，他答复道：

> 如果你是在我使用它的那个意义上——政府指导生产——使用中央计划这个说法，我完全相信民主过程不可能有效地控制中央计划。这需要人民达成某种程度的一致同意，我们在一个自由社会里不可能指望实现这样的一致同意。需要利用人民达成一致同意的方法；否则的话，你绝不会实现民主。[129]

哈耶克越来越不相信政府有能力抵制诸如最低供应之类活动的扩张。[130]其论证的分析关键开启了对当代政府作为一个进步和道德改良工具的批评。哈耶克的辩论术使得他显著地与很多知识分子同僚区别开来；然而，这让他受到保守派的喜爱，尤其是在英国和美国。

1945 年春，哈耶克访问美国进行演讲。一些有权力关系的人理解鼓吹亲市场的必要性，他们让哈耶克访问美国成为一个对 20 世纪政治有着重要意义的事件。他在底特律经济俱乐部发表了一篇致辞，对他的个人处境和第二次世界大战之后的未来意识形态竞争路线有着重大影响。他警告商业领袖："我相信，我们正处在西方文明的十字路口，危险更大，因为我们可能选择错误的道路，不是通过商议和协同决策，而是因为我们似乎是误打误撞地走上了这条路。"[131]

在陈述了《通往奴役之路》的主旨之后，他接下来承认，他的目的是要把人民从"中间的中间——一种非常严重的弊病"中拯救出来，该弊病把他们对正在出现的危机的理解搞糊涂了。他在写《通往奴役之路》的时候并没有想到美国的情境。相反，他看到了欧洲在 30 年代发生的事情，他担心这会在英国重演。但现在，他发现，"有点让我吃惊，我得出的那些结论远比我所期望和预料的更直接适用于美国"。

哈耶克不断给他的主题升温，他特意与反对一切形式的政府活动的人保持距离，坚持认为他"真正的任务"是要构想出"一组原则，使得我们能够区分何种形式的政府活动是好的、必要的，政府对经济活动的干预在什么地方是一种危险"[132]。他预告了他接下来的重大计划，这个计划直至 15 年之后才为人所知，那就是《自由宪章》（*The Constitution of Liberty*）。

他在美国资本主义的心脏地带传递出来的信息收获了一个特别专注的倾听者。洛伦·米勒（Loren Miller）是底特律一个致力于资本主义路线公民教育的组织的负责人，他立即写信给哈耶克，建议哈耶克与一个名叫哈罗德·卢诺（Harold Luhnow）的基金会经理联系。[133]卢诺管理着堪萨斯一个销售巨头威廉·沃尔克（William Volker）建立的一家资本雄厚的基金会。他们见面了，卢诺建议哈耶克写一本在美国语境下支持自由企业的书。哈耶克以每年 25 000 美元、为期 3 年的提议做出回应。这项计划涉及完成这本渴望得到的书（哈耶克本人发挥顾问的作用），并为组建国际性的阿克顿-托克维尔协会筹集经费，为的是让德国知识分子参与战后对自由的未来的讨论。[134]

一组类似的评论在东海岸引发了类似的回应。就在同一天，哈耶克收到新泽西普林斯顿民意调查公司主管克劳德·罗宾逊（Claude Robinson）的电报。罗宾逊暗示，他能够获得必要的支持以让哈耶克在普林斯顿大学获得教员的任命，为期一年或更长。[135]哈耶克回应道，他的工作需要他留在英国。"决定性的观念之战将在欧洲打响，"考虑到他自己有义务帮助伦敦政治经济学院在伦敦实现重建，"我不可能放弃一个在接下来的 20 年里每个人都会看重的职位。"[136]罗宾逊理解哈耶克的犹豫，但把这份邀约给哈耶克保留了。[137]

在此期间，与沃尔克基金会的协议取得了进展。他开始接触一些人，试图为那本提议中的书找到一个合适的作者。哈耶克继续敦促创立阿克顿-托克维尔协会，但遭到卢诺的断然拒绝，卢诺写信说这样的团体一旦成立就很难控制。卢诺已经和芝加哥大学校长罗伯特·哈钦斯（Robert Hutchins）谈过那本书的计划，并敦促哈耶克与哈钦斯接触，商谈由基金会提供资金访问美国并在芝加哥大学举办一期研讨班的事。[138]卢诺具体说明，那本书涉及"一个切实可行的自由企业社会的完整计划"。卢诺送来了一本通俗地描述美国生活方式的书《我们如何活》（*How We Live*），作为那本书应该怎么写的一个范例。[139]

1945 年的选举在夏天进入了高潮。艾德礼在 7 月的胜利可被看作拒绝哈耶克所支持的一切。哈耶克如今被一个政体所包围，这个政体的方向与他坚定的确信背道而驰。

随着战争在欧洲结束，哈耶克去维也纳旅行，在战后四强占领的严酷环境下，他在那里与初恋情人海伦娜重聚。重聚的经历深深打动了他。[140]哈耶克与海伦娜决定各自离婚。她的丈夫瓦汉尼克同意了；然而，在离婚手续完成的两天前，他死于心脏病发作。[141]哈耶克明显在等待妻子的离婚请求。另有一些事情需要先解决。

哈耶克如今是肩负一项使命的人，或者更准确地说是两项使命。这两项使命的结合让他开始一段新的作为一个政治哲学家的职业生涯，以及一桩新的婚姻。被他抛在身后的，是作为一个研究资本和信贷的经济理论家的职业生涯，而摆在他面前的是一项政治任务：让"一个自由社会的缔造再次成为一场知识冒险，一个勇敢之举"[142]。为了完成这项任务，他深思熟虑地着手招兵买马，不仅招募学院派人士，而且广罗不同领域的商业巨头和专业人士，这些人能让他对自己乌托邦计划的热情蔓延开来。他的计划直接与拉斯基的社会化方案背道而驰，随着 1945 年的选举胜利，拉斯基的方案似乎终于走上了通往实现之路。有着丰富资源和自由离婚法的美国正在向他招手。

当 1946 年的新年破晓时，哈耶克在普林斯顿大学的通信者克劳德·罗宾逊回信告诉哈耶克，自己正在读赫尔曼·菲纳（Herman Finer）反驳他的书，标题是《通往反动之路》（*The Road to Reaction*）。罗宾逊把它比作《工人日报》的抄录本，并打听它的作者是不是"拉斯基的好兄弟"[143]。哈耶克把菲纳的作品贬低为个人怨恨的产物，帮拉斯基免除了任何应罚之罪。[144]

由沃尔克基金会提供经费，哈耶克去了美国，为写书计划寻找一个作者和一家主办机构。他访问了三所大学：普林斯顿、芝加哥和斯坦福。接触的人包括新近创立的经济教育基金会的伦纳德·里德（Leonard Read），哈耶克和米塞斯都加入了这个组织。[145]里德打败社会主义的策略是，超越单纯的谴责，要"熟练地、自豪地、动人地、雄辩地支持它的对立面"[146]。他积极寻求企业赞助。哈耶克很快就融入了这些计划。

在他们见面之后，卢诺写信建议，当《通往奴役之路》再版时，邀请洛伦·米勒或他的妻子重写某些章节，以"提高它的可读性和易懂性"[147]。米勒写信敦促哈耶克把新书聚焦于"自由经济与人的自由"之间的关联。他想让哈耶克强调"自由经济对人类价值"的积极影响，最好是抵消左派分子对这些价值的诉求。[148]哈耶克做出了回应，表示愿意接受这些建议，但没有做出听从建议的承诺。[149]

哈耶克建议把亚伦·戴雷科特（Aaron Director）从华盛顿请到芝加哥大学，在那里后者在进行研究和写书上会受益于两位同事亨利·西蒙斯（Henry Simons）和米尔顿·弗里德曼的帮助。由沃尔克基金会提供经费，这包括亚伦·戴雷科特在芝加哥大学法学院5年的薪酬，让此事成为可能。哈耶克起草了一份必要的备忘录，最终敲定了沃尔克基金会与芝加哥大学之间的协议。[150]经费在一封寄给法学院院长的信中按时转到了。[151]

哈耶克决心推进成立阿克顿-托克维尔协会的想法，并在1946年冬要求沃尔克基金会为一份名单上来自美国的参加者提供差旅费。卢诺对名单上的某些名字感到惊愕。卢诺建议成立一个宣称"我们不存在任何怀疑"的审查委员会，并由他们负责决定给谁提供差旅费。哈耶克然后可以邀请那些愿意自己掏差旅费的人。[152]接下来的通信内容是协商给谁提供差旅费、卢诺想在这份名单上添加谁的问题。[153]哈耶克认可了名单上的大部分人，但对名单包含杜邦公司的代表贾斯珀·克莱恩（Jasper Crane）提出异议，理由是他和他的同事希望只包含学者和作者，"以避免给人留下这次会议是任何商业利益集团鼓动的这样的印象"[154]。

1947 年春，会议在蒙特勒附近的一个村庄举行。会议决定将协会重新命名为朝圣山学社，一个"封闭式协会"，致力于研究在战后西方已经很明显的"对自由的威胁"。[155]该学社成员包括来自伦敦政治经济学院的几个志趣相投的同事，还有欧洲和美国知识分子当中的杰出人物。莱昂内尔·罗宾斯在起草该学社的目标声明上扮演了一个核心角色。[156]拉塞尔·柯克（Russell Kirk）是一个早期参与者，他把该学社反对中央集权制视作核心，无论是对于古典自由主义市场方法的信徒，还是对于像他自己这样的制度传统主义者，都如此。一个弱势国家对宗教机构和私人社团而言是一个不那么严重的威胁。[157]正如 20 世纪下半叶发生的事件所证明的，自由市场支持者与道德传统主义者之间的联盟并不容易实现。这场"联合"运动将是一些紧张形势的焦点，深刻影响英美政治中右派运动的演化。

哈耶克写信邀请卢诺加入朝圣山学社，并请求他为另一次访问美国提供帮助。[158]然而，哈耶克在美国建立融资渠道在另一条战线遇到了困难。亚伦·戴雷科特给伦纳德·里德写了一封措辞激烈的信，责备后者把自己的同事亨利·西蒙斯的作品描述为"鼓吹集体主义观念"。戴雷科特对这一指控"感到震惊"，并得出结论："如果自由企业意味着反对那些对建立自由企业必不可少的政府措施，那么，自由企业的事业就会消亡。"[159]哈耶克把这封信的抄件寄给了卢诺，敦促他读一读西蒙斯的作品，并认为它"在精神上"与戴雷科特从事研究的方式相符。[160]

1947 年夏，哈耶克与老朋友雅各布·维纳（Jacob Viner）通信，在与普林斯顿高等研究院洽谈一项学术任命上寻求后者的帮助。维纳答应关注此事，尽管他拒绝了加入朝圣山学社的邀请，不屑于出于"政治目的"而从事一项活动。[161]哈耶克到美国的前景因此一开始就由于工作和名声的政治转向而蒙上阴影。

他个人处境的压力与日俱增。他后来写道，海伦在1948年春同意离婚。他随后寻求一个职位，以便能够以一种得体的方式养活他的家人和他未来的新婚妻子。[162]他写信给普林斯顿的克劳德·罗宾逊说："我觉得在道德上有义务留在这里的那个时期如今似乎正要结束，我的个人处境如今让我有可能认真地考虑在某些国家寻求一个足够有吸引力的职位，比如你三年前敦促我考虑的那个国家。"[163]

卢诺，连同罗宾逊一起，在此期间一直致力于为哈耶克谋求一个大学教授的职位，由沃尔克基金会支付薪酬。最初普林斯顿高等研究院写给卢诺一封令人失望的信。该研究院院长罗伯特·奥本海默（Robert Oppenheimer）称，接受"像你的提议所暗示的那样由捐赠者具体分配的资金"有悖于研究院的惯例。[164]这个原则对学术自由是根本性的。大学的教授职位不应该受外部利益集团的控制，他们希望借助学术信誉来宣扬他们的立场。

哈耶克随后给卢诺寄去一封诉说痛苦的信，透露其个人困境的方方面面。他讲到了他长期以来对海伦娜的爱，以及战争给他们制造的危机。哈耶克希望能继续看望她，这让他有理由不愿意接受先前来自美国的教学工作邀约。他们如今希望在美国开始新的生活，但经济压力意味着必须在获得永久性职位的基础上每年有一笔15 000美元的薪酬。倘若这些个人问题由于获得来自沃尔克基金会的帮助彻底解决，他愿意提前向卢诺表示谅解。[165]他收到了一封友善客气、不偏不倚的回信。[166]

有了这一保证，他立即写信给维纳，宣称他希望在普林斯顿大学得到一个研究教授的职位，独立于普林斯顿高等研究院，并提到沃尔克基金会将支付薪酬。"如今我会毫不犹豫地接受一个学术机构的任命，由基金会提供资金。"[167]维纳回复说，尽管他们可能想让他来美国，但当局发现这样的安排是"不能接受的"。维纳暗示，"任何一个值得尊敬的机构"都会以同样的理由反对，而某种性质的由基金会支付薪酬的"客座教授"的独立身份可能不会引发太大争议。[168]

普林斯顿大学的拒绝让哈耶克"深感沮丧"。在他的清单上接下来是耶鲁大学和哥伦比亚大学，但都无果而终。据米尔顿·弗里德曼说，芝加哥大学经济学系被告知了沃尔克基金会为对哈耶克的任命提供资金的可能性，并依据原则拒绝了。[169]然而，从芝加哥传来的另一个消息传递出令人鼓舞的信号，立刻增加了他去美国的希望。洛伦·米勒找到亚伦·戴雷科特——他是弗里德曼的大舅哥——商谈一个由基金会提供资金的教授职位的可能性。戴雷科特建议哈耶克在约翰·U.内夫（John U. Nef）教授担任主席的社会思想委员会谋求一个教员职位可能会得到芝加哥大学富有活力的年轻校长哈钦斯的支持。[170]哈耶克回信说，他对这一前景感到很高兴。[171]事情有了进展。内夫写信说，对哈耶克的任命得到了批准。[172]

哈钦斯在内夫的催促下立即去堪萨斯，亲自与卢诺商谈相关协议。卢诺的条件是：要让哈耶克能够"把他的大部分时间"用在研究上。[173]在确保沃尔克基金会将支付哈耶克10年的薪酬之后，哈钦斯写信确认了这一安排。[174]在一家保守派基金会的帮助下，哈耶克的任命成为可能，哈钦斯忠于芝加哥大学的创立宗旨，即使并不接受一些大机构的习惯做法。芝加哥大学于 1892 年由洛克菲勒家族创立，它注定要在把社会科学和法律职业重新导向一个亲资本主义的参照框架方面发挥重要的作用。

哈耶克寻求从英国和与海伦的婚姻中解脱出来，如今眼看着就要成功。将前往一个新的学术家园并最终与自己的初恋结婚，这一可能性给哈耶克带来了新的希望。哈耶克将被授予一个永久性的教员职位，"教学量由自己酌情决定"[175]。他提议下一年的秋天去美国，并开始一项雄心勃勃的研究计划，研究的主题诸如"心智在自然界中的位置"，以及"'凯恩斯主义'的最新发展，并论述我想称之为选择的逻辑或经济计算的东西"。[176]卢诺对协议的达成感到高兴，但他希望哈耶克给予进展缓慢的写书计划以"首要的关注"。[177]

然而，哈耶克在英国的处境演变成了一场自然而然的危机。哈耶克声称，海伦听说他在芝加哥大学的任命之后便推翻了她早先的决定，拒绝离婚。她在 1948 年秋通知哈耶克，她接受了法律建议，坚决不离婚，并声言如果没有她的合作，他不可能获准离婚。[178]她拒绝此后进一步讨论这个问题。她威胁说她已处于崩溃的边缘，这迫使他不得不回归家庭，并声称如果他另娶他人的话，她将提起诉讼，宣告他新的婚姻无效。他把这一警告看作双方关系最后的破裂，可能使前往芝加哥大学对他来说变得不可能，因此对她和他来说，财务安全的前景也变得不可能。[179]

当 1948 年的圣诞节临近时，他给海伦写了一封长信，再次恳求她理解他想接受芝加哥大学职位的理由。接下来他建议，家人不跟他去，两人不离婚。孩子们不想搬家。此外，在 30 年后，没有海伦娜，他再也坚持不下去了。他决定脱离家庭，着手提起离婚诉讼。他恳求海伦合作，说自己正处在崩溃的边缘，并简略地说明了一场离婚大战的灾难性后果。他指出，她无论如何都打不了一场美国的离婚官司。让哈耶克心烦意乱的是，海伦写信给约翰·内夫，试图阻碍他在芝加哥大学的前景。就在他最终从伦敦政治经济学院辞职的前一天，他写信告诉了她，好让她不会从别的地方听到这个消息。他让她选择是否告诉孩子们，表示他会在必要的时候从学校写信给他们。[180]

海伦不愿意合作。哈耶克的希望破灭了。[181]面对自己计划的失败，他写信给内夫解释他的处境，并说眼下已经不可能接受任职邀约了。内夫颇为同情地回信说，哈耶克的信使得他称"不是稍缓而是更急于让你加入我们在这里的事业"。任职邀约一直保留到哈耶克的处境有所改善。[182]哈耶克随后在近乎绝望中写信给卢诺，谈到鉴于他的个人困难，有必要推迟到芝加哥大学任职。[183]他如今面对的是，要么在英国解决离婚纠纷，这需要两年以上的时间，要么更迅速地在美国达成某种安排。哈耶克如今致力于在未经海伦同意的情况下奋力向前。[184]

哈耶克继续努力改善他去芝加哥任职的条件，以便能够支付他预计离婚案将会产生的费用。有一个可能性是先在芝加哥大学获得一个学季的任命，这将服务于双重目的：倘若他能够接受这个职位就敲定永久性的安排，并让他能够去离婚更容易一些的美国。[185]

新年的第一天，芝加哥大学就发来了临时任职一个学季的邀约，聘他为社会和道德科学教授。1949 年圣诞节两天之后，他在汉普斯特德花园区与家人分别。[186]哈耶克私下里向内夫保证，一个学季的任命是长期参与的开端。[187]哈钦斯写信欢迎哈耶克，为他举办了一场只有男性参加的宴会，宾客名单上包含一些工业名流。[188]鉴于哈耶克微妙的个人处境，芝加哥大学没有对他的任命进行公开宣传。内夫与哈钦斯之间达成了一项理解，据此哈耶克到达之后芝加哥大学便可以把他添加到预算中。[189]

哈耶克到了芝加哥大学，并很快发现，海伦的来信谈到恢复家庭关系，这让他的前途变得更加复杂。同事莱昂内尔·罗宾斯已经知道了哈耶克"离开"伦敦政治经济学院的真实原因，以及他与海伦之间关系的危险状态。他写信说，离婚很可能是最好的解决办法，但他担心海伦和孩子们能否得到充足的供给。他在附言中说，海伦告诉孩子们，说他再也不会回来了。[190]就这样，哈耶克与他在伦敦政治经济学院从前的保护人之间开始了一次长时间的、措辞尖刻的、情绪化的通信。

决心继续向前，哈耶克为获得美国的移民签证做了一些安排。在律师的建议下，哈耶克找到了一个审判管辖区，在那里，他可以在没有海伦出席的情况下完成离婚诉讼。否决了内华达州里诺市及其他地方的可能性，他选定阿肯色州，因为阿肯色州的法律远比英国的法律要宽松。他向卢诺保证，他探访阿肯色州是临时性的，他会在秋天回到芝加哥大学。[191]

哈耶克找到阿肯色大学经济学和商业系的系主任，位于小石城的阿肯色大学为他安排了一个春季学期的任命。他1950年3月20日走马上任，为期一个学期，4个月后结束。在这个基础上，他将为了提起诉讼而证明自己在阿肯色州长期居住。[192]这些运作将使得他能够在海伦不同意的情况下完成离婚诉讼。[193]天遥地远使得健康状况糟糕的妻子亲自走上法庭主张自己的权利变得很困难，即便不是完全不可能。阿肯色州的法律允许另一方立即再婚。若一切办妥，他就可以在芝加哥大学开始他的新生活。[194]

随着这一计划安排到位，海伦便需要在供养得到任何具体担保之前面对一个既定事实。罗宾斯被激怒了。他责备哈耶克在困难的环境下丢下海伦不管，只要哈耶克一句话，她就不会最后陷入贫困的境地。[195]哈耶克如今有条件强迫妻子接受一个和解协议。他向罗宾斯保证，他打算供养海伦，并提出一些条件，抱着这样一种理解：如果她以某种方式阻碍他获得芝加哥大学的任命，那么这些条件必然不会如她所愿。[196]

罗宾斯称，海伦眼下已被说服让律师着手讨论此事。[197]在此基础上，哈耶克在阿肯色州提起了离婚诉讼。1950 年 7 月 13日，鉴于被告"对原告造成的人身侮辱"，法庭对离婚案做出了裁决。离婚协议规定哈耶克每年净支付 1 500 美元，加上每年付给两个孩子每人 280 美元的抚养费。房子和一些保险单签字移交给女方。判决没有提到书的版税。[198]

接下来，围绕供养家人的问题发生了一场激烈的争吵。哈耶克在伦敦政治经济学院的薪酬是每年 2 040 英镑（折合 43 452 当前美元外加一笔退休金）。[199]在芝加哥大学的薪酬是每年 15 000美元（折合 106 500 当前美元）。罗宾斯大吃一惊：哈耶克的薪酬这么可观，留给妻子和孩子们的一次性年收入却只有 750 英镑（折合 14 910 当前美元）。[200]哈耶克提出异议：离婚诉讼差不多花光了他第一年的年收入，而海伦在汉普斯特德花园区拥有他们的房子。[201]补充协议是不是由于这次通信的缘故而得以签订就不得而知了。

离婚案的后果留给了海伦和她的两个孩子来承受，其中克里斯汀刚满 21 岁，劳伦斯不到 16 岁。[202]离婚案让哈耶克在伦敦政治经济学院的前同事很生气，其中有些人，包括罗宾斯，是他在汉普斯特德花园区的邻居。罗宾斯拒绝进一步参加朝圣山学社的活动，写信给该学社的主管说，哈耶克对待海伦如此卑劣，以至他希望自己跟哈耶克再也没有任何关系。[203]他们的友谊十多年之后才恢复。海伦对离婚一事一直耿耿于怀，十年后死于一次心脏病发作，享年 58 岁。[204]

1950 年 8 月，哈耶克和海伦娜在奥地利结婚。海伦娜没有经济来源。从此之后，正如哈耶克对自己的私人秘书夏洛特·库比特（Charlotte Cubitt）所承认的那样，他被迫"为了钱什么都干"，尽管他声称他从未做过他在另外的情况下不会做的任何事情。[205]1950 年 10 月，哈耶克和海伦娜乘坐美国轮船"不列颠号"动身前往美国。他们乘坐头等舱暗示了至少不缺旅行费。[206]

作为政治上的背叛者和知识上的异议者，他如今是——至少在英国是——一个社会弃儿。[207]把离婚的痛苦丢在了身后，哈耶克转向了积累他在美国的人脉。沃尔克基金会承担了 5 笔奖学金，为哈耶克提供一个骨干团队，由他自己选择的学生组成。朝圣山学社先后在 1949 年和 1950 年举办第二次和第三次会议。接下来的计划是要澄清"经常发生的对自由经济对工人阶级地位的影响的歪曲和误解"[208]。

朝圣山学社的会议使得一本由沃尔克基金会提供资助的书——《资本主义与历史学家》（*Capitalism and the Historians*）——在 1954 年出版。[209]哈耶克在书中声称，"资本主义与无产阶级崛起之间关系的真实历史与剥夺大众理论所暗示的……几乎完全相反"。真相是，对于那些原本缺乏生活资料的人，资本主义使得提高生存概率成为可能。这是历史上第一次，一个阶级——尽管"肯定不是出于慈善的动机"——使用自己的财富让另一个阶级能够生存下来。[210]

哈耶克的另外一项由沃尔克基金会提供经费的计划是研究"知识新闻业的政治倾向"，由他的研究生雪莉·莱特温（Shirley Letwin）和她丈夫一起完成。他们准备了一份卡片索引，说明他们要分析的"材料的政治倾向"。[211]在麦卡锡主义横扫美国的大环境下，尤其是在大学里，这项计划的目的依然模棱两可。

他转向政治的代价是他作为一个经济学家的声望有所下降。哈耶克后来回想起他在凯恩斯去世时所做的评论："如今凯恩斯死了，我大概是依然在世的最知名的经济学家。但十天之后，这个说法大概不再是真的。那一刻，凯恩斯成了一个伟大人物，而我作为一个经济学家逐渐被人遗忘。"[212]许多年后回想起来，他评论道："20 世纪 40 年代中期——我想这听上去非常自夸——我认为我以两个相互竞争的经济学家之一而出名。现在，凯恩斯死了，成了一个圣人；我因为出版《通往奴役之路》而声誉扫地，这本书让情况完全改变了。"[213]

《通往奴役之路》的辩论术导致他的前同事断定：哈耶克已经投靠政治界。他离婚并再婚也断绝了他与同事的关系。然而，哈耶克作为一个政治理论家的更大名声就在前路等着他。

对哈耶克来说，40 年代是一个他的身份认同感发生实质性转变的时期。一个经济学家，如今要成为一个政治哲学家。一个总是赞颂传统美德的已婚男人，如今要在痛苦和矛盾中离婚并再婚。他在大学里是一个独立的学者，甚至是持不同政见者，如今受雇于一家致力于改变西方文明的意识形态的保守派基金会。

在他的职业、圈子和承诺的这些改变中有一个是唯一不变的：对工业民主国家所践行的管制日益加深的敌意。在引发战争的力量的背后，他看到了一种恶，而其他人看到的是左右两派各行其是的运动。在个人生活中，正是英国限制性的离婚法对个人选择的限制，导致他向往美国。他的前同事如今几乎全都转向了凯恩斯，经济学已经成为"建构主义"政府损害自发经济力量的一个工具。在即将到来的另一个十年，哈耶克将巩固他轮流作为个人选择自由鼓吹者和作为大众民主的深刻批评者的身份感。他将在这些基础上为市场的首要地位构建基本原理，这对那个时代的政治有着深远的意义。

凯恩斯和拉斯基都由于为努力推行其强烈信仰而耗尽心力，因而过早地走向了生命的终点。他们各自都提出了一项计划，各自都体验到了历史性的成功。对凯恩斯来说，这些胜利在一些经济协定、国际组织和大学课程中被制度化了，这些使得他的影响力延续到了未来。

对拉斯基来说，1945 年的胜利是一次个人失败的开端，他失去影响力导致了这次失败。他死后备享哀荣和敬爱，但已经失去了他对公众想象力的掌控。由于手伸得太远，他使得一些最雄心勃勃的社会主义目标遭到放弃。他一直努力在冷战开始之前抢先采取行动，但到他去世的时候，他意识到自己的努力已经失败。

现在，要做的事情就是审视 20 世纪下半叶开始时哈耶克职业生涯中引人注目的时来运转，以及凯恩斯和拉斯基离世后的持续影响力，从而完成对这三个人物的刻画。

第 8 章

20 世纪下半叶：从观念到意识形态

在 20 世纪下半叶，当资本主义与社会主义的对抗达到军事与经济竞争的狂热时，冷战逐渐拉开序幕。西方国家的基础性力量在于通过改良来缓和阶级斗争。在与社会主义的对抗中，西方所获得的广泛的民众支持助力了富有活力的经济。

然而，西方政治体制中的紧张将会产生对政府这个缓和工具的反抗。那些构成西方政治经济基础的妥协，将受到一个竞争性体制的检验：对市场的教条主义承诺，让资本获得不相称的回报。围绕制度问题重新阐述意识形态立场并远离明确的阶级斗争，为当代政治创造了语境。问题成了"市场是不是比政府更受青睐"，而不是"富人是不是由此受益"。

此时，凯恩斯和拉斯基都去世了，但他们极力推进的议程已经充分展开。从 50 年代直至 70 年代，凯恩斯主义是正在兴起的力量；社会主义者依然是竞争者，但很少是胜利者。当 20 世纪走向终点时，哈耶克作为英国和美国一场让全球泛起涟漪的政治革命的灵感来源，终于跻身于声望卓著之人的行列。

凯恩斯：中心的兴衰沉浮

在英国，凯恩斯主义成了工党内和保守党内温和派的专有财产。左派的激进工会主义和右派的个人主义企业家精神这些边缘势力正在凯恩斯的"中间道路"所定义的阵地上战斗。

当大英帝国分崩离析及其贸易地位变得越来越没有竞争力的时候，拉斯基和他的同事严重动摇了凯恩斯主义革命在政策制定和社会化福利国家方面的基础。1972 年，一场煤炭工人罢工促使保守党政府在工资上做出重大让步，失业人数达到了 100 万。保守党相较于工党并不能更好地管理工会。基础工业中由于罢工而损失的平均工作日数，较十年前提高了 5 倍。[1]出乎意料的是，凯恩斯主义政府管制经济的观念导致公众把经济中的任何错误都归咎于政府，不管麻烦是由于企业或工会领导人的决策，还是其他什么原因。拉斯基的国有化良方也遭遇了同样的结果。

到 1973 年，英国的贸易逆差超过 10 亿英镑。支持固定汇率制的布雷顿森林体系崩溃了，英镑向下浮动。在不到一年的时间里，英镑对德国马克损失了 30% 的价值。[2]英国陷入了触发 70 年代世界性衰退的石油危机。1974 年，工党重新掌权；然而，到 1976 年，工党首相在工党年会上宣称，再也不能把公共支出看作解决经济衰退的办法——有人把这一时刻视为凯恩斯主义的终结。[3]

说来也怪，忠诚的社会主义者托尼·本（Tony Benn）作为工党能源大臣坚持严格控制政府在国内石油工业所有权中的份额，这使得经济衰退来得不那么快，虽说意义不大。到 1977 年，石油使得国际收支出现顺差。但是，就连北海石油的喷涌也不可能逆转失业危机。持续超过 5％的失业率是 50 年代和 60 年代的两倍，让工人阶级的幻想破灭，失业救济金耗干了国库，即使在征税部门的手进一步伸向可支配收入的时候。[4]当激进性上升时，1977 年英国由于罢工而损失的工作日数是法国的 4 倍，是德国的 6 倍。工党被指责治国无能。到 1979 年，内阁文件被送到工会联盟总部批准，首相詹姆斯·卡拉汉私下里承认，政府已经成了工会的仆从。[5]安南勋爵的意见是：

> 为了追求它们的利益，工会在 70 年代让工党四分五裂。工会还在十年的时间内摧毁了社会民主制度和我们这一代的政治假设。[6]

凯恩斯从未致力于解决工会霸权的问题。考虑到 1926 年总罢工之后英国工会的弱势、大萧条和战争岁月里的工会休战，他也不可能预见到这个问题。他在职业生涯的大部分时间里都在致力于解决"黏性工资"问题。但那是另一回事，完全不同于处理这样一股势力，这股势力可以通过政府法令来提高工资，而不顾通胀和失业。

美国民众对由减税、补贴和为那些"不配受到关照的人"提供生活保障的政治过程所滋生的腐败越来越感到失望。这些政策以及大众民主中政治领导层的妥协性，导致人们产生了这样一种感觉：政府已经失去了它的道德合法性。对于心怀不满和愤愤不平的人，哈耶克为他们提供了对社会正义主张的批评和对普通法道德的辩护，这使得政府管制和福利供给不具备合法性，同时安慰了资本家的良心——或许他们还有良心。[7]正当英国走上一条位于冷战中两个意识形态巨人之间的道路时，社会主义希望的缓慢破灭给一场正在日益加剧的危机提供了背景。

拉斯基：阶级权力的遗产

拉斯基留下的遗产是政府权力近 50 年来扩大到工业关系、医疗保健的供给、确保福利的综合方案，以及重要经济部门的管制和国有化等领域的合法化。[8]其中大多数新举措就算没有拉斯基也很可能被采用。但他作为倡导者在塑造民意上是至关重要的，谁也不能有把握地说，就算没有拉斯基，福利国家也会在这样高的发展程度上实现。安奈林·贝文把 1945 年的胜利归功于拉斯基在政治教育上所做的工作。[9]

拉斯基给英国提供的，是一种特殊的身份，还带有一组致力于两次大战期间的主要生活关切的观念。正如他喜欢总结的那样，他的宗旨是："在人人都有面包之前任何人都不可能有蛋糕。"他反叛家庭传统，也是一个阶级反叛者，在对工会成员发表的演说中，他总是一开始就为自己生在富有之家而道歉。[10]他被证明是一个政治沟通天才，无论是在精英层面还是在大众层面。在他作为工人辩护者的知识分子形象中和在他的多元主义中，有这样一个确信：民主社会主义可以通过大众政治的工具来实现。

在拉斯基个人反叛的风格和腔调与英国工人阶级激进性有所克制的形式之间，有一种根本性的对称。拉斯基对出身的反叛是激烈的，同时又被他与家庭和政治文化之间的强大纽带所缓和。同样，当他们的欧洲同行加入共产主义革命者阵营的时期，英国工人阶级却追随一个不同的人。对该时期的英国政治来说，这种一致性既引人注目，又是决定性的。A. J. P. 泰勒（A. J. P. Taylor）承认拉斯基在"重塑英国的社会民主并赋予它当前形式"上所扮演的关键角色，并得出结论："在当今（1953 年），如果说英国依然没有发生任何规模的共产主义运动，如果说所有社会主义者依然在工党内如鱼得水，我们应当更多地将其归功于哈罗德·拉斯基，而不是其他任何人。"[11]

尽管今天很少有人会援引他的作品，但在战后的世界里，拉斯基是左派前景的一个预言家。拉斯基怀抱进步主义的同事和传记作者金斯利·马丁在他去世后不久写道：

> 尽管他欢迎并以自身才华捍卫艾德礼先生领导下的政府的成就，但他绝不可能说服自己相信它们是长久的，除非它们建立在一次真正的权力转移的基础之上。他被证明是对的；收入的再分配——工党政策的主要成果，以及依赖于这种再分配的福利国家很快就受到世界斗争、重整军备、原材料匮乏、世界性物价上涨及其引发的国际货币危机的威胁。[12]

左派可能把国际"选民同意的革命"的失败看作国内革命逆转的原因。这些力量花了很多年才发挥作用，而且如果不压制那些让平等变得有意义并在道德上可取的关键自由，对于一场国际社会主义运动是否能维持它对实现平等主义的推动力，绝不会形成任何共识。然而，社会正义的新观念已经牢牢扎根于大众选民的意识中。

拉斯基去世后，他在伦敦政治经济学院的教席被转给了一个保守派分子，或者正如迈克尔·奥克肖特（Michael Oakeshott）自我描述的那样，被转给了一个怀疑论者。在 1951 年的就职演说中，奥克肖特向拉斯基致敬，赞扬他的个人品质，但随后提出了一个截然不同的政治观。奥克肖特对人们对社会的不确定性感到困惑，他使用一个比喻来描述他的政治观：航行在一片"无边无际、深不可测的大海"上，应当以胆怯和犹豫的态度来接近政治。[13]小个子——像拉斯基一样，聪明过人——奥克肖特几乎完全相反地挑战了英国的政治思想。[14]致力于研究休谟和伯克，他被视为哈耶克的一个盟友。

也是在 1951 年，保守党勉强在英国夺回了权力。工党在民调中的得票率实际上高于保守党，但自由党的几近崩溃让保守党多出了 17 个席位。然而，曾经掷过的意识形态骰子被留在了赌桌上。丘吉尔那时 77 岁，嘟嘟囔囔地抱怨艾德礼做过的事，但他的内阁大臣继续遵循工党标出的路线。[15]一个关键的选举问题是，保守党承诺比工党建造更多的简易住宅，住房大臣哈罗德·麦克米伦（Harold Macmillan）兑现了这一承诺，到 1953 年，实现了 30 万套新建住房的目标。[16]对 1945 年的一次更严重的反驳，要等到 20 世纪最后 25 年一个名叫玛格丽特·撒切尔的政治家的崛起，她读过一个名叫哈耶克的理论家的书。

哈耶克：拯救资本主义

1950 年，哈耶克接受了由沃尔克基金会提供资助的职位，成为芝加哥大学一名社会与道德科学教授，一直到 1962 年。这让他得以密切接触米尔顿·弗里德曼，以及由一些自由市场经济学家组成的正在发展的"芝加哥学派"。虽说对弗里德曼式的对市场理性的夸大持批评态度，但他依然很契合同事们的亲资本主义倾向。[17]

就在哈耶克把英国丢下的同时，他离开英国三年之前的一场偶遇所播下的种子已经生根发芽，将会极大地提高他的工作的政治意义。1947 年，由《读者文摘》选编的《通往奴役之路》的一位热心读者安东尼·费舍尔（Antony Fisher）去了伦敦政治经济学院，在拉斯基办公室的对面找到他心目中的英雄——哈耶克。哈耶克鼓励这位年轻的战争退伍兵为他的信念而战斗，不仅是通过竞选公职，还通过创立一个学术组织，以费边社支持社会主义事业的那种方式促进自由理念。差不多十年后，费舍尔——此时是一个富有的养鸡场场主——实现了他的梦想，创立了经济事务研究所（IEA），专门与拉斯基及费边社的遗留思想对着干。[18]

经济事务研究所注定要在促进哈耶克的自由市场理念和鼓励一个世界性网络（由私人资助，由意识形态保守的智库组成）的发展上发挥重要作用。[19]1957 年任命的第一任所长是经济学家拉尔夫·哈里斯（Ralph Harris），他曾在剑桥大学师从朝圣山学社的一位成员。与另一位是工人阶级出身的保守主义者阿瑟·塞尔顿（Arthur Seldon）一起，哈里斯在超过 25 年的时间里创立了一个非正统的组织，探索传统政策之外的选项。[20]一代保守派政治家，其中包括玛格丽特·撒切尔，认识到了这些机构在塑造观点并让保守主义在政治上可接受方面所发挥的关键作用。[21]

从作为批评者的角色，走向提出自己的政治良方，哈耶克撰写了《自由宪章》，出版于 1960 年。他在书中详细说明了政府的职能，其中包含相当数量的自由主义政府——即便不是社会主义政府——所进行的改革：提供保障穷人的安全网和健康、意外及养老保险，连同灾害救助以及防止垄断、环境污染和资源消耗的政策。[22]他的理由是，政府应当做市场做不了的事，尽管这是他下面这个假设的次要前提：宪法的主要目的是要限制民主体制跨越必要的边界，让它只局限于维护市场。

累进税和纠正机会不平等超出了这个范围。哈耶克煞费苦心地说，他并不反对走向"社会平等"，在可以采取这类举措而不损害"平等法"的地方，它们可能是可取的。然而，"经济不平等并不是一种这样的恶：证明我们将歧视性强制或特权作为一种解决办法是合理的"[23]。实际上，经济不平等似乎是物质进步的一个条件。[24]一部"自由的宪法"旨在确保个人自由免遭社会正义主张的侵害，这正是他在战后建立福利国家之外的替代方案。

对追随者的吸引力在于他辩论性地把国家还原为强制权的代理人，以及他的这样一个类似主张：道德只关乎自由的个人选择，包括在资本的使用上，以及在其他领域。"当一个人的行动被迫服务于另一个人的意志时，强制便发生了，不是为了他自己的目的而是为了别人的目的……强制必定意味着施加伤害的威胁，也意味着借以引发某个行为的意图。"哈耶克说，强制"是糟糕的，因为它阻止一个人充分使用他自己的精神力量，因此阻止他对社会做出他原本有能力做出的最大贡献"[25]。

因此，自由之所以被颂扬，并不完全是由于自由本身的缘故，还因为它解放了知识，并促进了共同体的利益。在这个意义上，哈耶克不是个无政府主义者。在一个奇怪的方面，他是个社群主义者，相信个人自由会促使为了共同利益而自愿合作。[26]但他并没有提供证据来证明自己的核心主张：只要给予每个个体最大的选择范围，知识就会发挥最大的效用。对于论证的政治目的来说，指出相反论证的致命弱点就足够了——像经济这样复杂的东西，可以由那些拥有强制权的官员来集中计划。

尽管自由意志论者信奉哈耶克的观念，但他对"法治"的限制是深刻的和系统性的。[27]然而，他所说的法治，指的是那些保护财产和个人自由的基础性法律。他对"实证主义法律"有着特别的轻蔑，他视之为"一群围在晚年哈罗德·拉斯基身边的社会主义律师和政治学家领导的一场运动"。[28]实证主义者对法律公然偏向有财产的人并使用自由裁量权强化阶级特权有深刻的印象，他们期望以创新和进步的方式使用法律，以便消除特权并在一条更广泛的战线上主张平等。这意味着，法庭将不得不成为这种法律裁决的自愿参与者。

尽管在《自由宪章》中一直这么干，但哈耶克还是抓住机会再次抨击凯恩斯。哈耶克指出，凯恩斯在诊断 30 年代工资太高上是准确的，因此哈耶克猛烈抨击通过财政赤字政策来增加货币供给的方法。在那样的环境下，"在试图赶上货币价值的努力中，每个单独的工会绝不会停止坚持进一步提高货币工资，而工会的总努力因此会导致累进式的通胀"[29]。鉴于英国即将发生的事情，这似乎历史性地具有先见之明。

然而，这一分析有两个历史难题。首先，尽管在 30 年代中期工会强大到足以阻止工资大规模下降，但在凯恩斯的那个时期，它的力量肯定不足以寻求工资的实质性改善。假如工会真的做到了，凯恩斯很可能会采取不同的观点。对凯恩斯来说，财政赤字政策是实现目的的手段，并不是目的本身。其次，关于 1960 年的情境，通胀压力的另外一些来源——国防预算和企业垄断性的定价惯例，并没有被哈耶克纳入思考。哈耶克坚持认为，许多年来，世界性的通胀只不过是"凯恩斯勋爵导致的经济后果"，尽管到 1975 年他已经放弃在 30 年代建议的通缩政策。[30]

对《自由宪章》的评论明显是好坏参半。就连他的同事和朋友也持怀疑态度。莱昂内尔·罗宾斯读了这本书之后写信给哈耶克，并祝哈耶克一切顺利。罗宾斯在书中发现了很多有价值的东西，但反对哈耶克喜欢预言灾难的癖好："我忍不住相信，哈耶克教授有点过于倾向于夸大他对恶的担心，并断言背离他的准则将累积性地导致灾难。"特别是，罗宾斯认为，把之前 40 年的社会和经济进步在一定程度上归功于政府干预和哈耶克所谴责的改进了的社会服务是公正的。[31]

雅各布·维纳曾怂恿哈耶克努力在普林斯顿大学获得一个职位，他发现哈耶克有一个方法可以"得出本质上无条件的结论，并避开社会思想中通常不可避免且非常麻烦的应对价值之间主要冲突的必要性"[32]。这样的观察结论想必让哈耶克感到烦恼，因为他希望《自由宪章》这本书将会相当于 20 世纪亚当·斯密写的《国富论》。[33]

在这部著作背后付出的巨大努力，在很大程度上无疑是由于家庭环境的改变。哈耶克的第二次婚姻让他有了一个精神上的伙伴：一个对他的工作感兴趣的妻子。海伦娜有时会参加他的研讨班，为《自由宪章》的德译本做了很重要的工作。艾伦·埃本斯坦（Alan Ebenstein）注意到，"海伦娜是个漂亮女人，尽管有着很难对付的个性"[34]。对离婚的担忧从未得到充分解决，尽管新的婚姻给了他一定程度的安全感，足以支持他在作为学院知识分子和政治理论家的职业生涯中一个新的、十分成功的阶段。

《自由宪章》出版之后，紧接着哈耶克面临一个私人生活上的糟糕转折点。他在 1960—1961 年忍受了一个抑郁的冬天，他把这归因于一次医学误诊。也是在这一情况下，他的第一任妻子海伦去世了。听到这个消息，哈耶克的眼泪夺眶而出。一件令人高兴的事是他的儿子劳伦斯在 1961 年的婚事。婚礼成了他与老朋友罗宾斯重归于好的场合。[35]

到了 62 岁的年纪，一个烦恼苦闷的冬天结束后，哈耶克写信给他在沃尔克基金会的资助人，对他学术生涯剩余的时间提出了一些他视之为选择的请求。芝加哥大学规定的 65 岁的退休年龄正在逼近，只剩下 3 年，他担心养老金的发放。他发现这笔养老金他自己原本就完全不够用，假如他死了，也不足以养活他的妻子。[36]假如外部支持得以继续，到了退休年龄之后再留任几年是一个选项。另一个可能性是回欧洲去，那里提供一笔终身年金是可能的。[37]

得到可获得一笔终身年金的承诺之后，他决定在 1962 年离开芝加哥大学去弗赖堡大学，并一直待到了 1967 年。1969 年他接受萨尔茨堡大学的邀请搬到那里去了，不料由于缺少认真的博士生而深感失望。虽然越来越闷闷不乐，但他一直待到 1977 年，然后回到了弗赖堡大学，那里将成为他生命最后 15 年时光的居住地。

哈耶克离开了一些他曾参与并传播他的信念的美国组织：接纳大学生的校际个人主义者协会，以讲授中学和大学经济学课程为目标的经济教育基金会，美国企业研究所，加图基金会，以及传统基金会。[38]这些组织的成员，连同朝圣山学社的一些在国际上深受尊敬的同事，扩大了哈耶克对整个西方政治观念的影响。

除了知识分子之外，一些在 60 年代早期对约翰·肯尼迪和林登·约翰逊治下美国社会转向左派深感不满的平民大众也阅读哈耶克的作品。一个名叫巴里·戈德华特（Barry Goldwater）的商人在成为美国参议员之前就读过哈耶克的作品。[39]到 1964 年，戈德华特要求用自由意志主义保守方案替代共和党建制派政治导致他被提名与令人生畏的林登·约翰逊一较高下，竞选总统。戈德华特的惨败一度让这些观念信誉扫地；然而，一小撮活动家获得了经验和动力，这些观念在长达 16 年的努力让一位保守派总统当选的斗争中被证明是有持久生命力的。这次总统竞选为一个从演员摇身变为保守派演说家的名叫罗纳德·里根的人提供了一个起飞平台。他被要求发表一场党派性的演说，为戈德华特筹措资金。里根利用他在大学的主修课程经济学以及他在电影演员协会的经历，援引有关自由和自由市场的爱国主题。这场电视演说为戈德华特筹到了重要的资金，也提升了里根作为一个全国性候选人的前景。

在大西洋彼岸，由于英国从间接形式的凯恩斯主义需求管理转向一个更具指令性的立场——带有增长目标和协商工资协议——哈耶克似乎越来越被边缘化。对这些协议及其背后的共识方法的批评，为一颗冉冉升起的明星、资历较浅的内阁大臣玛格丽特·撒切尔提供了文本，那个时候她挺身而出，在 1968 年的保守党大会上要求扮演一个领导者的角色。[40]

在此期间，正当哈耶克似乎就要淡出政治舞台时，经济事务研究所捡起了哈耶克关于自由与市场的观念，突出哈耶克对弱化工会"垄断权力"的强调。这些观念与米尔顿·弗里德曼的货币主义信条构成了一个政治方案的核心。尽管哈耶克对弗里德曼的理性主义方法持保留意见，但他们都是市场的鼓吹者。在通过会议和研讨班促进这些主题的过程中，经济事务研究所让哈耶克再次受到广大听众的关注。[41]另一个机构，玛格丽特·撒切尔和基思·约瑟夫（Keith Joseph）1974 年创立的政策研究中心，把哈耶克的主旨发扬光大。[42]

哈耶克早年的经济学著作在 1974 年评诺贝尔经济学奖时得到了认可，该奖项是哈耶克与一个地位相当的左派人物纲纳·缪达尔（Gunnar Myrdal）分享的。两个人都因为"对经济、社会和制度现象互相依赖的透彻分析"而受到表彰。[43]尽管哈耶克珍视这一荣誉，但他对这样一个奖项的存在并不是很自信。他在向瑞典国王和王后敬酒时解释道，他不会建议创立一个经济学奖。联合获奖者缪达尔则威胁要让事情更进一步：在瑞典科学院提起一项动议，撤销这个奖项，因为"经济学是'软科学'，只是政治意见的一个分支"[44]。尽管有这些异议，诺贝尔奖还是极大地提高了哈耶克的地位，他再次被视为既是一个政治理论家，又是一个著名经济学家。

到 1975 年，撒切尔夫人成了哈耶克《自由宪章》的一个吹鼓手。她在与保守党政策研究中心的温和派正面相对时掏出一本《自由宪章》，宣称："这就是我们所相信的东西。"[45]她承认，当她阅读《通往奴役之路》时，她并没有"充分掌握哈耶克这一篇幅很小的杰作的含义"，在约瑟夫的指导下，她才"真正掌握他提出的那些观念"。她对哈耶克所构想的那种"法治"特别有共鸣。她不由得想起了她在英国伟大的法学家 A. V. 戴雪（A. V. Dicey）的作品中所受到的训练。[46]面对工人和激进分子的造反运动，她能够使用法律至上的语言，这让她对工会的强烈反对更容易被人接受。

在这些观念的基础上是撒切尔夫人作为一个直觉性政治家的天赋，她凭借这一天赋认识到怎么才能把哈耶克的妙策与富有企业捐助者的资助分离开来，并让广大的英国公众觉得合情合理。与本党"湿派"*的明显决裂和公立文法学校的提升——受过训练的指导老师熟悉新的信条——准备好了一出舞台剧，让她成为一个新奇角色并深受英国公众的欢迎。她在对哈耶克吸引力的犀利评价中找到了脚本：

> 或许是因为（哈耶克）并非来自英国保守党的背景，而且他事实上也根本不认为自己是个保守党人，哈耶克说话毫无禁忌，而正是这些禁忌让英国上层阶级在直言不讳地谈论此类事情的时候其社会良心饱受折磨。[47]

哈耶克的观点可能是承蒙受益最大者的好意而广为传播，但这些观点也带有一种朴素的平民主义，正是这种平民主义让一个新的行动主义者阶层参与到政治战斗中。

1975年，在伦敦诺斯勋爵街的经济事务研究所总部，新近被推选为反对派领袖的撒切尔夫人被介绍给哈耶克本人。他们之间存在一种温暖亲切的私人关系，尽管正如我们将会看到的那样，他们在政治创制上有一些分歧。撒切尔夫人对公共哲学最著名的评论是："根本不存在社会这么一回事。只有个体的男男女女，还有家庭。"前一句听上去仿佛直接来自哈耶克论述社会正义的论文。不管怎样，这出现在《妇女世界》杂志上，它更多地透露出了撒切尔夫人对民意的感觉。[48]安东尼·布莱尔（Antho-

---

* 当时的保守派有"湿派"和"干派"之分。——译者注

ny Blair）在 2001 年的选举中抽出时间否认前述观点，他的声明借用英国保守党"湿派"的传统，把对共同体的关切与爱国主义关联起来：

> 我们赞赏个人性，但我们并不是排他的个人主义者。毋庸置疑，我们相信存在社会这么一回事，有着与人的共同体相伴随的一切权利和责任。正是这些价值使得人们为自己是英国人而感到自豪。我相信，可以在这些价值的基础上建立一种向前看的爱国主义。[49]

然而，工党在 1975 年遭到围攻，因为它的领导层寻求一条出路，以摆脱拉低英国经济的通胀、萧条和不断增长的债务。1976 年，卡拉汉转向已经成为所谓"凯恩斯主义"的基本原则，赞成与过去的信条决裂。正如理查德·科克特所指出的，卡拉汉的评论是"对休伯特·亨德森（Hubert Henderson）备忘录的一个有点诡异的概述，这份备忘录批评凯恩斯 1930 年提交给经济顾问委员会的关于需求管理的最初建议"。凯恩斯创立的国际货币基金组织要求英国在货币扩张上表现出克制，如今反映了哈耶克的同事和朋友、在 1976 年获得诺贝尔经济学奖的米尔顿·弗里德曼的观念。[50]

哈耶克达到了一个世界级的政治和经济趋势解释者的高度。1977 年，他访问智利，拜访了皮诺切特（Pinochet）将军，并赞同智利已经着手进行的经济"改革"，而正是在这个时候，皮诺切特政权镇压了民主选举的社会主义政府，围捕和处决异议者，撤销萨尔瓦多·阿连德（Salvador Allende）的国有化和社会改革政策。媒体严厉批评哈耶克把自己的声望借给一个威权主义政权用，但他毫不后悔。[51]在 1978 年的一次演讲中，他明白无误地说明了他所认为的"不受限制的民主国家"的道德状况：

> 关于一切平等主义本质上的不道德性，我在这里只会指向这样一个事实：我们所有的道德都依赖我们根据人们为人处事的方式对他们做出的不同评价。尽管法律面前人人平等（政府依据同样的规则对待所有人）——在我看来是实现个人自由的一个基本条件，但为了把各不相同的人置于相同的物质境况所需的区别对待在我看来不仅与人身自由不相容，而且是非常不道德的。但是，不受限制的民主国家正走向这种不道德。[52]

到 70 年代末，哈耶克已经把"不受限制的民主国家"视为主要危险。"在全能和全权的单一民主议会中，有能力统治的多数派可以维护自身，只要它设法消除对任何多数派支持者的一切不满之源，借此控制生活的所有方面。"在工党执政期间，英国由于议会体制走上了下坡路。强大的工会掌控着工党的政策，这就是他主要的实例。[53]

这个论证把道德、经济地位和自由与三段论推理的精确性联系起来，并把这些价值转向对不受限制的民主国家的攻击。这个论证并没有致力于解决这样一个问题：是否可以证明在政治上处决民主践行者（像智利那样）是合理的。

1979 年 5 月 3 日，英国发生了一场政治革命。在竞选中，撒切尔夫人使用哈耶克的观点，在丘吉尔攻击英国建立福利国家倒下的地方重新站了起来。[54]撒切尔夫人的背景和气质都很契合一个"店主国家"的世界观。撒切尔夫人（娘家姓罗伯茨）的父亲是一个杂货商和扶轮社成员，当拉斯基在起诉一份报纸诽谤自己并输掉官司时，他曾给报纸编辑寄去一封祝贺信。[55]撒切尔夫人的丈夫也是一个由于家族生意而变得富有的男人。[56]

哈耶克用一封电报祝贺撒切尔夫人的胜利，说她的胜利是他80 岁生日时所收到的最好礼物。她在一封亲笔信中温暖地答复道，她"非常感动"，而且她表示"对最近几年来从你那里学到那么多东西深感自豪"。这位新首相称打算让"我的政府在接下来的几个月里把某些观念付诸实践。作为你最热心的支持者之一，我确定我们将获得成功"[57]。有撒切尔夫人在位当权，哈耶克的作品在政治上变得流行起来。人们都知道撒切尔夫人很看重《自由宪章》。[58]理查德·科克特称，《通往奴役之路》和波普尔的《开放社会及其敌人》被参与 80 年代撒切尔夫人革命的人列为两本最有影响力的书。[59]

哈耶克开始给撒切尔夫人写信，敦促她迅速采取行动，遏制货币增发，限制债务，并通过立法举行一次全民公投，就是否应该撤销工会在法律上享有的"特权"进行投票。[60]她耐心地回复道，他严厉的货币和财政计划"将在短期内导致社会和经济严重瓦解"。至于工会，她承诺通过立法限制工会的权力即将发生。[61]在另一封谈论工会的信之后，哈耶克收到即将给政府引入限制性劳工立法的就业大臣谭百德（Norman Tebbit）的回信说，"像你提议的那样激进的举措，我担心会引发很大的争议，以至在这个过于保守的国家会遭遇挫败"[62]。

保守党内部异议的声音由英国政府一位内阁大臣伊恩·吉尔摩（Ian Gilmour）领头发出。吉尔摩发起攻击的根据是："哈耶克教授的经济自由主义，由于它的严厉性，由于它没能创造一种共同体的感觉，因此不是对政治自由的捍卫，而是对政治自由的威胁。"[63]保守党"湿派"在长达十年的时间里与一位强势首相打了一场持久战，这是英国政治上的撒切尔夫人时代。

随着《法律、立法与自由》（*Law, Legislation, and Liberty*）第三卷在 1979 年出版，哈耶克的政治遗嘱已经得到充分阐述。他对现代民主统治的反感发展到了这样的程度，以至他宣称对货币供给的公共垄断必须被打破。他提出了一个激进的、很快就被摒弃的货币私有化建议。[64]他认为，"竞争性的货币"可提供政府不会提供、在民主压力下也不可能提供的货币纪律。消灭凯恩斯主义的途径最终成为废止管制经济活动的制度手段。

为防凯恩斯主义者忍不住有任何顽抗，哈耶克以一个新的想象破坏"经济是一个可以通过精心设计的政策来恢复均衡的体系"这个想象，这个新的想象是："为了解释庞大社会体系的经济方面，我们不得不解释一条小河的流动路线，它持续不断地作为一个整体调整自己，以适应环境的改变。对于这些环境，每个参与者只能知道一小部分，而不是解释被一组可查明的数据所决定的假定均衡状态。"[65]

从哈耶克的视角看，被消灭的，是凯恩斯作为行动理由而精心构建起来的盖然论的残余。至于资本主义与社会主义之间的"第三条道路"，这个概念毫无意义，因为它涉及两项"水火不容的原则"的折中："功能市场"和"中央指导"。[66]尽管逻辑把政府与市场分离开来，但在"感知秩序"中自发性起支配作用。

一个离过婚的男人和自发性的鼓吹者对教皇来说可能是一个古怪的顾问；但哈耶克至少有一个短暂的机会成为一个顾问，当时，他和另外几个诺贝尔奖获得者都在 1980 年圣诞节期间私下觐见了教皇。教皇要求哈耶克描述一下当代社会最紧迫的难题，哈耶克选择了科学主义和建构主义对道德的攻击。他提前写了一份说明供教皇考量：

> 要告诉我们的同行者，科学和技术不是全能的，我们已经实现的成就要归功于我们服从对我们的欲望的道德约束。这些约束绝不是作为一种满足我们自己享乐的手段而设计的，但它们使得一种人类行动秩序的形成成为可能，这一秩序比任何人类心智所能理解的都更加广泛。在我看来，最紧迫的道德责任如今被放在了民意给予他们以殊荣的科学家的肩上。[67]

很奇怪，哈耶克丝毫没有提及制度——比如政府或教会——在鼓励人们恪守道德行为上的作用，这想必让教皇感到吃惊。就离婚的情况而言，提出建议的哈耶克明显违反了对他的欲望的"道德约束"，这使得相应建议显得更加古怪。

回到制度力量更严酷的情形，哈耶克 1981 年去智利旅行。夏洛特·库比特称："他从官方职责中抽出时间，亲自去看看人民是不是快乐而满足。他看到很多强壮而健康的孩子，相信他们确实快乐而满足。"[68] 1982 年，在银行家 W. H. 萨洛蒙（W. H. Salomon）安排的一次小型聚会上，哈耶克与撒切尔夫人一起用餐，撒切尔夫人暗示当天的尊贵客人是他，而不是她，这让哈耶克很高兴。[69]他被打动了，给首相撒切尔夫人写了一封信，谈到在皮诺切特政权治下所取得的进步，却意外收到这位首相的亲笔指责：

> 从阿连德的社会主义走向 20 世纪 80 年代的自由企业资本主义经济，是经济改革的一个显著实例，我们可以从中学到很多教训。然而，我敢肯定你会同意，在英国，有我们的

民主制度和对高度同意的需要，智利采取的有些措施是完全
不可接受的。我们的改革必须符合我们的传统和我们的宪
法。有时候，这个过程看上去可能十分缓慢。但我敢肯定，
我们将以我们自己的方式、按照我们自己的时间实现我们的
改革。然后它们就会持久存在下去。[70]

这一指责似乎标志着他作为非官方顾问角色的终结。

在大西洋彼岸，里根信任哈耶克，提到哈耶克在自己战胜共
和党内和民主党内根深蒂固的自由主义上发挥的重要作用。[71]里
根读过米塞斯和哈耶克的书，他关系最密切的顾问认为他是直接
根据两者的洞见采取行动。[72]里根政府的任务团队雇用了 74 个
经济学家，其中包括 20 个朝圣山学社成员。[73]里根热心的预算
办公室主任戴维·斯托克曼（David Stockman）把哈耶克的著作
当作权威经典来接受，把学到的东西写进了一份重要议案，建议
大幅削减并巩固国内支出计划。[74]后来，当军费支出的迅速扩大
在他看来破坏了可以通过哈耶克理论的充分检验来证明的所有东
西时，斯托克曼彻底失望了。[75]

在英国，玛格丽特·撒切尔继续为了紧缩政策而牺牲就业，
并成功地把通胀率从 1980 年的 18％降低到了 1983 年的 4.5％；
在此期间，就业人数增长到了 330 万，尽管由于那年的选举这个
数字最终下降到了 300 万以下。经济增长率达到 4％，这一上升
趋势使得经济形势未来有望好转。马尔维纳斯群岛战争给她带来
了一场看得见的军事胜利，挽救了她正在下降的声望。这场胜利
被熟练地转变成了她在经济战线上的战斗的一个符号。[76]1983 年
一次令人瞩目的胜利确保这位"铁娘子"有力量统治保守党内争
论不休的小集团，以及一个似乎正在背弃 50 年社会主义观念试

验的国家。[77]

　　哈耶克如今要受到赞颂。1984 年，至少是部分弥补了早前对哈耶克的冷落，撒切尔夫人提议授予哈耶克荣誉勋位。他曾经希望是准男爵的爵位；然而，被授予更低荣誉的消息依然让他非常高兴，最让他高兴并留下深刻印象的是女王在授勋典礼上与他闲聊。[78]从前担任伦敦政治经济学院院长并撰写伦敦政治经济学院百年校史的拉尔夫·达伦多夫指出，授予荣誉勋位是向一个由于政治原因而不得不将其冷落在一旁的人物致敬的好办法。[79]

　　哈耶克没有放松他反对工会的战斗。1984 年，他写信给《泰晤士报》公开反对工会的工资惯例，并建议"深受工会垄断之害的人组建一个反劳工同盟"，勇敢面对工会主席和代表自由雇佣企业利益的工党政治家。[80]到 80 年代中期，首相撒切尔夫人与矿工工会正面交锋。在一场让人想起 1926 年的罢工中，矿工走上街头，不料遭到武力镇压。[81]凯恩斯和自由党人长期以来努力维护的阶级契约被打破了。工会控制英国政治的日子明显已经到了头。不断增长的失业使工会成员大幅减少，工党内阁大臣谭百德的立法则削弱了工会巨头对内部的掌控。[82]

　　在美国的类似情形是空管员罢工。空管员是联邦雇员，有一个组织良好的工会，因此这场罢工对新政府来说是一次高度引人注目的挑战。里根总统解决这一挑战的办法是简单地把他们全都解雇，从军队里调来替代人员，加快培训程序。因为这件事以及各种不同的原因，美国的工会成员数开始下滑，到 90 年代，工会的力量衰弱了一半。里根祝贺哈耶克的 87 岁生日，回忆起他对自由事业的贡献：

　　　　50 多年前，你曾提醒西方世界要警惕"通往奴役之路"。

我们大家都感激你的这个忠告，我想，有一点很清楚：你明
智的忠告被听取了。[83]

经济事务研究所的创立者安东尼·费舍尔正忙着通过他的阿
特拉斯基金会给许多国家不断涌现的类似团体提建议。涉及世界
各地超过 70 家机构，它们的直接资助对哈耶克观念的全球传播
做出了贡献，并吸引了一大批忠实的追随者，随时准备为愿意执
行自由市场妙策的政权提供人员。[84]在美国，理查德·尼克松总
统手下的财政部长威廉·西蒙（William Simon）提议对一些能够
在保守派基金会资助的著作中给出启示的"非平等主义学者和作
者"——包括哈耶克——发放大规模的补贴。[85]沃尔克基金会为
对抗左派而成功引入哈耶克，这个模板可以延伸到范围广泛的知
识活动和政治活动。

然而，在英国，撒切尔夫人的完全掌控尚未实现。一个有活
力的公民服务机构致力于为需要帮助的人提供社会救助，设法做
到在预算政治中保住一个强有力的位置。撒切尔夫人的内阁成员
有时候支持这些举措。在 1987 年下一届选举之前，撒切尔夫人
并没有全力解决社会服务问题。而到那个时候，她最初的措施越
来越不得人心，从而削弱了她的威望。到 1990 年，通胀率再次
超过 1979 年的水平，连同很危险的贸易赤字和 14％的利率。国
防成了这位首相的一个困扰，国防支出对基本的政府服务是毁灭
性的。一些街上无家可归的人，一场围绕欧洲共同体的争论，以
及一次劲头十足的试图征收人头税的努力——全都损耗了她的
权力。

尽管有老练的政治技巧，但毁掉她的首相任期的人头税问题
是纯哈耶克理论不尊重习俗和政治常识的一个实例。对所有公民

统一征收人头税，不管他们的收入如何，这符合哈耶克的税收公正标准，或者更准确地说，避免了他对符合某个社会正义观念的具有再分配性质的累进税的严厉批评。[86]在人头税争论所引发的政治风暴中，撒切尔夫人辞去了领袖职务，在第一轮争取保守党支持的竞争中就输掉了。[87]

撒切尔夫人选择的继任者约翰·梅杰（John Major）出身贫寒，不习惯沉迷于教条，几乎没做好准备，很快就被压倒了。工党终于开始接受新风向，它 1990 年的政纲拥抱了市场经济，丢弃了拉斯基的思想，为安东尼·布莱尔 7 年后的惊人胜利开辟了道路。

心怀重重疑虑，在秘书库比特和传记作者威廉·巴特利的帮助下，在与日益糟糕的健康状况做斗争的情况下，哈耶克出版了他最后一本书《致命的自负》（*The Fatal Conceit*）。[88]这是对他的政治观点的一次有趣的提炼，即使读者并不总是能够确定哪些话是哈耶克讲的。他对自己的基本立场给出了这样的说明：

> 我的论证的主要观点是，鼓吹通过竞争性市场创造自发拓展的人类秩序的人和要求通过基于集体控制可用资源的中央权威对人类互动做出有意安排的人之间的冲突，是由于后者犯下了一个事实性的错误，即后者认为自己知道关于这些资源的知识以及如何产生和利用这些知识。[89]

《通往奴役之路》那种滑坡式论证在《致命的自负》中通过对现实的二分得到了增强：一条路向上和向前，另一条路通向堕落和毁灭。市场本身可以赋权那些由于地位而非更多知识而成功的行动者，或者政府可以利用民主手段把未被纳入考量的个别知识集合起来。

1989 年，随着柏林墙的倒塌，哈耶克及其追随者看到了其对社会主义的批评得到了最终的证明。1991 年，乔治·布什总统授予哈耶克美国最高公民荣誉——总统自由勋章。授勋词如下："您的工作如此显著地对自由在中东欧的重生、对经济自由观念在世界各地的复活做出了贡献。"[90] 健康状况不允许他旅行，因此他的儿子劳伦斯代他接受了这一勋章。

高龄削弱了他的健康，几次昏厥预示着生命即将终结。他和妻子继续生活在一套公寓内，外部帮助很少，直至接近生命的尽头。1992 年 3 月 23 日，哈耶克在瑞士边境附近的弗赖堡去世。在这样一个国家和这样一座城市呼吸完自己的最后一口气，真是再合适不过了，这个国家刚刚重新统一，这座城市以自由命名。

哈耶克有理由相信，他关于集体主义的警告已经被听取。哈耶克的著作被东欧异议分子广泛阅读，他的观念在后苏联时代的政治中是一种强有力的存在。[91] 玛格丽特·撒切尔把她对哈耶克的观念表达了普通人的愿望这一看法投射到对抗苏联的霸权。她在自己的回忆录中记录了一次这样的经历：1993 年在华沙圣十字教堂，人们认为她的声音在波兰人民反对共产主义的斗争中给予了他们以希望。她回忆道："我在父亲膝下所吸收的或者通过夜读伯克和哈耶克的作品所获得的所有支持自由的一般性命题突然在这些礼拜者和他们的孩子身上具体化了，并被他们的微笑所照亮。"[92]

与此同时，撒切尔夫人和里根的继任者试图让传统主义者和自由市场自由意志主义者的联合主义同盟保持团结，但是，社会保守主义者与经济自由意志主义者之间的内部斗争削弱了他们的继任者，到 90 年代，这为中间反对派创造了一个机会。[93]

哈耶克的一些更温和的政治观点迷失在一些反社会主义的凯恩斯批评者的热情里，这些人既有获胜的传统保守派，又有心怀不满的、正被自由意志主义立场所吸引的左派。[94]对右派复兴的政治需要是，保守的传统主义者与鼓吹自由市场和个人自由的人组成一个同盟。对投身于"联合主义运动"的人来说，哈耶克既是自由市场的鼓吹者又是道德传统的捍卫者。哈耶克认为这两者是密不可分的：

> 要想理解我们的文明，你必须认识到，拓展的秩序并非源自人的设计或意图，而是自发产生的：它源自非有意地遵从某些传统的、在很大程度上也道德的惯例，其中很多惯例人们往往并不喜欢，他们通常不能理解它们的重要性，不能证明它们的有效性，但它们依然借助那些碰巧遵循它们的群体的自然选择——人口和财富的相对增长——相当迅速地传播开来。[95]

考虑到他离过婚，道德主义尤其让人感兴趣。这样一种道德，既没有从神学或伦理学中，又没有从任何对他人负责的观念中，被证明是合理的。相反，哈耶克的道德依赖于一个检验标准——"人口和财富的相对增长"，这似乎只不过是与某种世俗相对主义相结合的物质主义。[96]他从未勇敢地面对市场对一切传统包括道德的冲击。

在 20 世纪下半叶，右派知识分子、政治家和企业领导层参与的一场日益受到赞赏、资金更雄厚的运动，为把哈耶克的亲市场理论付诸行动提供了必要的资金。[97]他的主要支持者也有意为他的私人行为提供经费——这种行为的名义是要把西方文明从社会主义的危险中拯救出来。他从经济理论家向政治哲学家转型，在保守派当中吸引了一些资助者，使得他能够更引人注目地重新定位他的专业活动。

到 20 世纪末，凯恩斯、拉斯基和哈耶克这三个人的观点都在某个关键时期成为占支配地位的观点。他们的共同特征是：拥有巨大的勇气和洞见，这建立在强有力的、经受住了巨大挑战的身份的基础之上。是时候考虑身份的特定内容如何塑造了他们所提出的那些观点的起源，以及他们有资格作为权威的那些意识形态的起源了。

第9章

发展转折点与意识形态的形成

对这三个人生平的记叙为进一步的分析提供了丰富的材料。本书最后一部分的重点不在于叙述，而在于分析。目的是要解释和说明这三个人的人格成熟与他们的政治经济学思想的形成之间的关联。或许，我们可以借此获得一个研究视角来观察将会照亮当代政治方方面面的身份形成与意识形态之间的关联。

在探索身份的发展时，我们考量了身份形成和改变的三个关键标志：每个人所拥有的能力或技能，他们所属的共同体，定义他们私人生活的人际纽带和承诺。这三项内容的改变提供了可观察的发展转折点，经过这样的转折点，他们成为现在的样子。这些转折点也是观念去争议化并开始成为意识形态的地方。我把这个方法称为身份关系分析。我们现在来看看在以这种方式处理时这三个案例揭示了什么。

凯恩斯是从哪里开始相信理性的力量可以管控一个麻烦不断的世界的？是什么削弱了他对政府和市场在塑造政治经济上所扮演角色的传统观点的支持？是什么推动拉斯基反对本阶

级、反对治理和经济的主流观点？他如何实现了他与众不同的
激进主义与行动主义的结合？哈耶克为什么在当初渴望得到一
个政府部门职位时对政府感兴趣？是什么导致他成为资本家的
捍卫者？

在试图回答这些问题时，我们从发展的视角来审视每个人。
我们将看到每个人的身份如何在面对发展能力的挑战、对共同体
的参与和做出个人承诺中得以塑造。本章就是要把这些转折点与
塑造每个人的政治观的那些观念的出现匹配起来。在第 10 章，
我们将从这些模式的共同点中得出一些教训。本书最后的分析结
束于第 11 章，最终得出关于身份形成与意识形态之间关系的教
训，它们让我们能够更清楚地认识当代的政治形势。[1]

正如以赛亚·伯林所言，"人类最深刻的愿望之一，是想找
到一个单一的模式，在这个模式中，整个经验世界——过去的、
现在的和未来的，实际的、可能的和没有实现的——被系统地安
排得井然有序"[2]。正是这一愿望，促使观念转变为意识形态，
当一个人所属的共同体、能力和个人承诺的改变危及或挑战身份
的基本构成时，这个愿望是最强烈的。

埃里克·埃里克森使用类似方法的里程碑式研究是《青年路
德》（*Young Man Luther*，1958）。在这本书里，我们看到了，路
德从他对父亲承诺的职业规划戏剧性地转向作为一个修道士的新
生活，他对教皇和教会的背叛，以及新的承诺的形成，一项单一
的能力和一个抗议者的共同体。与埃里克森的方法截然不同，我
聚焦于范围更广泛的一系列影响身份的社会因素，较少依赖青年
时期之前不同发展阶段的精神病学解释。目的是要看看，如果不
超出关于行为的传记信息——相对于关于内心状态的精神病学证

据——能够达到什么样的解释水平。[3]身份关系分析是更具推测性的心理学方法和精神分析方法之外的一个选项。[4]重点在于个性和行为的客观方面。

与埃里克森的方法类似的是身份形成与文化和政治改变的关联。后来在反思他的心理史学时，埃里克森提出：

> 从必须协同研究的对象的角度来说，在每一个……历史时期，都有一些类型的个体，他们（被"恰当地"养育成人）可能把主流技术与他们的身份形成结合起来，并成为他们现在的样子……他们能够决定，那种确保他们获得共同证明和短暂拯救的文化统一在于一起做事情、做正确的事情——正确性被"自然"的慷慨回报所证明，回报的形式要么是捕获的猎物、收获的粮食、生产的物品、挣到的金钱，要么是技术难题得以解决。[5]

或者，你可能会补充一条，意识形态问题得以解决或被创造出来。[6]

这项研究的方法可能不只是让学者感兴趣，对于某些读者来说或许也很有趣，如果他们正在寻找一个视角来审视政治，审视政治家关于其信条真实性的主张，审视在改善人类境况时以何种方式能够最有效地利用个人能动性。

本章将会提出一些把身份发展与思想形成关联起来的模式。尽管在这三个人当中每个人的发展史都是独一无二的，但有一些发展模式能够揭示他们思想的起源。这些模式使得每个人都倾向于完善一个意识形态方法，去研究在关键历史时刻俘获大众情绪的当代事件。

凯恩斯：心态与情感

凯恩斯自己的人格特征表达了一种对处在危机中的文化的绝望。他生活在这样一个国家，在他引人入胜的一生中，经历了令人震惊的绝望和一次危险的重生。他和英国一样深切渴望一条更好、更确定的安全之路。他的使命是确保通过知识掌握经济力量确实是可能的。[7] 就像他的前半生那样，生活在传统社会规范之外和一个异议者构成的共同体之内，他时刻准备寻求一种更有前途的"一般性理论"，这种理论将拥抱一个更大的道德和实践世界，比"小小英国"所允许的要大。

安娜·卡拉贝利（Anna Carabelli）提出了这样一个观点：凯恩斯揭示了经济学学科，他认识到，不可能像模型设计那样，把经济与宇宙中那些不可捉摸和不确定的事物隔离开来。她指出，经济学属于一类有着特定属性的体系：

> 一个一般性理论适用于这类体系。这类体系是不可孤立的，是真正复杂的或开放的，在这样的体系中，因变量在一种有机的相互依赖中彼此关联。[8]

作为一个理论家和概率论方法的践行者，凯恩斯拥有的能力使他十分适合这项使命。在更大的社会意义上，一种在第一次世界大战之前一直处于帝国卓越和维多利亚时代确信的茧房里的文化，如今将被一场可怕的战争推入不确定性的狂乱中，它将彻底吞噬所有古老的真理。英国人的生活不再是"可孤立的"，他们成了一个这样的民族：迫切需要一个向导，引领他们走向一个因十分危险而不稳定的世界。他们的军事霸权被撼动了，他们的自信被削弱了，他们的经济情况变糟糕了。传统的统治阶级，英国文化的真实可靠，公平正直的楷模，以及金本位制，没有一样能够引领英国这艘船穿行于人类事务的危险激流。

在这样的不安下，凯恩斯作为独特的角色出现了。他天赋高于同时代人，浸淫于文化遗产，却由于所属的文化共同体与盛行的正统观念隔离开来。凯恩斯可以在社会边缘集结力量。罗伊·哈罗德的生动描述传递出了共同体与身份的这种相互作用：

> 凯恩斯的精神和虔诚都做出了贡献。他能够进入高层金融和政治的阴沉世界；他满载而归，脑子装满了人们的行为如何荒唐可笑的故事，常常滑稽地模仿他们，没羞没臊地夸大其词。而（布卢姆斯伯里小圈子的）其他人也在处理他们的日常事务，回到小圈子的时候脑子里装满了荒唐的趣闻轶事。[9]

在许多年里孤身一人，凯恩斯在这个维护其身份的共同体中找到了一个堡垒，他的自信心在堡垒中不断得到增强。

凯恩斯的身份是什么？罗伯特·斯基德尔斯基指出，凯恩斯的同事有这样一个认识：他"不是铁板一块"。斯基德尔斯基指出：

> 凯恩斯的"个性"是一组计谋，是一个控制和平衡问题，这让他毕生的工作得以展开。他的责任感最终获胜，因为世界需要从它自己的愚蠢中被拯救出来。[10]

本书倾向于认为，凯恩斯肖像中的诸多色彩和形状组成了一幅清晰的画，但大概不是以画家画肖像的那种方式。凯恩斯从未停歇。正如斯基德尔斯基在使用"计谋"这个词以及在显示凯恩斯对世界的需要的回应时所暗示的那样，凯恩斯全力参与了身份关系的动态。他的身份一致性在某个时刻可能并不明显，但是就整个时期而言，这种一致性就变得很清楚了。

私人生活中的凯恩斯是一个个人承诺与目标缠绕在一起的人，而且他的个人承诺被他那个时代的道德观念和习俗分为两部分。最早时，一方面是面对高强动力和强烈情感时的个人保护，另一方面是一个充满戏剧的公共世界，凯恩斯一直在这两者之间小心翼翼地前行，一直在用期望和挑战向人们发出召唤。在伊顿公学、剑桥使徒会和布卢姆斯伯里，先后被他吸引的几个共同体为他提供了保护，因此他可以动身出发，去迎接一个从未完全信赖他的才华的世界。

斯基德尔斯基再次感受到了这一关联："政府对经济的操纵只不过是凯恩斯长期以来为了保护自己的私人生活而践行的那种外部关系管理的拓展。他那敏捷的脑子想象出来的计划很适合一个已经不再牢固扎根于维多利亚时代确信的世界。"[11]个人偏好和历史趋势让他从文化遗产中解脱了出来，凯恩斯在观念的意义上走向了更广阔的世界，正如一个真正的英国人一样，驾驶他的船只穿行于半个世纪的危险航道。但这次航行与其说是一次防御行动，不如说是一次欣然接受和热烈追求的探险。他知道自己想要去哪里，那就是要把经济学用于生活的改善。凯恩斯主义经济学是大英帝国最后的一项伟大创举。像之前的维多利亚时代福音主义并类似于已经成为其竞争对手的民主社会主义，这场斗争需要一颗强壮的心脏和一个坚定的头脑。

正如斯基德尔斯基所暗示的，凯恩斯在地图上标出的，与其说是"第三条道路"，不如说是一条"新道路"。但一些根深蒂固的意识形态的力量已经掌握了它的原理，并将之"作为新的内容永久地纳入既定的思想习惯"[12]。哈耶克以他对"所有党派的社会主义者"的献词所开始的东西，已经由当代的意识形态学家完成，他们把凯恩斯与社会主义者混为一谈，因此他们的观点有失中肯性和制度精妙性。而当哈耶克被当作一切政府之敌时，同样的痛苦也落在了他的头上，他和他的传记作者艾伦·埃本斯坦极力反对这一指控。或许，幸运的是，统治与经济学的混合体系的实践很少趋向于任何一个极端。

有些人可能会认为凯恩斯与其说是一个斗士，不如说是一个很早就发现最好的防守是进攻的人。迈克尔·霍尔罗伊德从他的传记对象里顿·斯特拉奇的挖苦视角来看待凯恩斯：

> 他这辈子仿佛不得不填充体内的一个永恒真空，看上去几乎没法放松一下。尤其是，激发他的，与其说是他的情绪，不如说是那些直接作用于他的头脑的问题。尽管他有着巨大的魅力，但他对事物的看法依然是冷酷而机械的。[13]

但斯特拉奇发现凯恩斯是如此"古怪而意外地容易动感情"。[14]

我再次怀疑，对一致性的寻求是错误的。正是凯恩斯作为一个有很高辨识度的人的巨大力量，使他得以在航行时穿过风暴，而面对这样的风暴，几乎所有人都会葬身鱼腹。正是这样的勇气传递出了他是谁的信息，而不是他在任何给定时期的人格的综合体。你不能不得出结论，用斯基德尔斯基的话说，"贯穿他一生的主要裂缝恰好就在布卢姆斯伯里与白厅这两个世界之间"[15]。本书论题是前者使后者成为可能。

毕竟，凯恩斯生活在人类历史上最支离破碎的 50 年之一。第一次世界大战破坏了英国的文化，正如大萧条侵蚀了一个经济帝国的基础。在一场更大的灾难即第二次世界大战中，正是凯恩斯，可以被招来设法把这个世界重新整合起来。他独特的个人途径——没有内阁大臣的权威所带来的好处——是他的才华、也是他的身份构建的最终证明。

凯恩斯如此深刻地说明了身份的特殊构成与普遍构成之间的奇特关系。他的生平揭示了伊顿公学的具体世界与更一般意义上的英国社会之间、剑桥大学的具体世界与维多利亚时代的英国社会之间、使徒会的具体世界与传统社会关系之间以及布卢姆斯伯里的具体世界与财政部、欧洲及世界其余地区之间的相互作用。或许，出于说明的目的，其中一个事件似乎最有预示性：使徒会与新道德创立之间的关联。

在青年凯恩斯所处的文化环境中，基督教提供了占支配地位的普世性。对一个处于世纪之交的剑桥天才来说，必须找到另一种形式的普世性。[16]在使徒会的堡垒中，凯恩斯和他的朋友能够创造出他们的普世性：G. E. 摩尔的唯美主义，连同使它与现实关联的概率论方法。一个同样特殊的共同体让这种新的普世性一直保持运转，即布卢姆斯伯里小圈子。从这样一些堡垒出发，凯恩斯把这些"思想状态"扩大到组成一个更世俗、更具现世性的世界观。这个世界观的很多内容——与新兴的经济学学科联系在一起——将被这个世界本身所分享。

斯基德尔斯基援引了青年凯恩斯在把认识论与政治理论结合起来上所做工作的关键意义，在那个时期，凯恩斯的身份正处在形成阶段：

> 概率可能是"生活的向导"，但这个向导必须设法穿过不确定性的迷雾。凯恩斯决心把"应该"与"概率"关联起

来，这个决定是他知识形成中的一个决定性事件。他限制了他自己对传统和"经验法则"的尊重，同时让他免受革命社会主义的吸引。[17]

我们看到了在凯恩斯的生活中各种不同的共同体之间古怪却持久的关系。他的个人承诺有着不断改变却牢固的基础。凯恩斯不断拓宽的能力范围把他推到了他的文化关切和敏感性的边缘，但没有越界。在那里，他可以给出新的意义，阐明古老的奥秘，并在一个完全不确定的时代摆出一副自信的姿态。

从这一引人注目的生活中，你可以看到面对改变的力量和改变自己的力量来自何处。凯恩斯在晚年转向用一个更成熟的视角来看待知识和动力的千变万化，这是他设计战后政治经济框架的前提条件。在第一次世界大战中，他只能退出谈判代表团，对动力在和议过程中的作用表达愤慨。而在第二次世界大战结束之后，更明智的凯恩斯用手段使得强大的美国帮助英国在战后世界里至少维持一个最小的角色。他还为一些远比他的寿命更持久的制度整合了一个国际框架。

拉斯基：扩大的反叛

拉斯基常常是外部人的内部人，而不是相反。推动拉斯基的是他的个人反叛。历史上特定形式的边缘政策屡次三番导致拉斯基暗示革命暴力将是他所推荐的那种变革之外的选项，这种形式有着坚定的影响这个世界的决心。拉斯基的对抗途径让人想到他在他的婚姻和他的非正统政治观点问题上给父母和家人带来的强烈震动。朋友金斯利·马丁指出："从心理学上讲，他一直在和父亲战斗。"[18]

不难看出一个反叛次子的经典模式：他整个一生都有一种与原生家庭疏远的感觉。1928年，他写信给奥利弗·温德尔·霍姆斯说，探访曼彻斯特时，主要是讨论棉花的价格以及罗尔斯公司与戴姆勒公司的优劣。"我心里产生的主要感觉是那个穷亲戚应该蹲在角落里……我觉得很悲哀，心里计算着回来的时间。"[19]

拉斯基到死也没有回归原生家庭的信仰。尽管出于政治确信，他宣称自己是个犹太复国主义者，但他明确拒绝赞同犹太教的信仰。艾萨克·克拉姆尼克和巴里·希尔曼指出："事实上，拉斯基从未回到他在曼彻斯特的那个'家'。正如他的父母从未完全接受犹太复国主义一样，他也不可能接受他们所信奉的传统犹太教。"[20]

他的生活经历扩大了他赖以发起攻击的基础。有很多共同体影响他的身份，包括他出身于一个曼彻斯特家庭，在牛津大学接受过教育，赴美国和加拿大任教，他的犹太血统，以及他早年加入自由党、皈依工党和他毕生对精英顾问的亲近。正如伦敦政治经济学院的罗德尼·巴克尔后来所回忆的："人们总是习惯于说，他讲话带有曼彻斯特、牛津和新英格兰三种口音。"[21]五花八门的共同体与最初的多元主义政治学方法相一致。

然而，拉斯基的政治学始终是克制的，而且他对英国文化的基本价值是尊重的。反叛是为了实现一个更好的英国，而不是为了抵制他土生土长的社会。约翰·斯特拉奇（John Strachey）是拉斯基在30年代创办左派读书俱乐部时的一个密切合作者，前者写道：

他最深层的思想无疑主要基于 19 世纪曼彻斯特激进主义、唯理主义、边沁主义的传统，但他把这一传统进一步推向左派……直至该传统与马克思主义碰撞和结合。结果不可能是一致的。[22]

拉斯基在他自己的曼彻斯特共同体中遭遇了一种本土形式的激进主义，照亮了他争取正义的斗争。当他挣脱对家庭的承诺时，他所诉诸的正是这个共同体。为了寻求一种证明他的反叛有理的能力，他遇到了弗里达并认识了她致力于优生学和女性主义事业的抗议运动。他从科学转向了政治学。随后他走向反战和支持劳工，多元主义理论化，以及越来越多地表达在言辞和行为中的政治激进主义。

斯特拉奇指出，英国激进自由主义与马克思主义之间的那种紧张体现的是 30 年代的政治危机。拉斯基的私人斗争由他对家庭的反叛助燃，他捕捉到了一些人所感觉到的压力：对第一次世界大战感到绝望，对大萧条感到困惑，对 1939 年战火重燃感到惊恐。在政治上寻求对这些事件的解决是拉斯基生活的本质。斯特拉奇继续说："拉斯基为我们出了大力，他让这些矛盾被人们意识到并清晰地表达出来；他因此至少为我们解决这些问题提供了一个先决条件。"[23]

据伦敦政治经济学院的社会主义学者拉尔夫·米利班德（Ralph Miliband）说，拉斯基坚持的两个多元主义公理是：民众并没有对他们的国家形成绝对的忠诚，他们应当期望国家同意甚至鼓励他们在社会中的关系。[24]对拉尔夫来说，国家不过是实现个人解放这个目的的一个工具。在革命斗争的高潮和后革命时期的巩固中，大多数激进主义者都忽视了这个观点。

然而，迈克尔·纽曼指出了努力把多元主义与积极国家结合起来的持久意义。他后来回忆道：

> 有四个考量把他推向国家中心主义：第一，相信改变资本主义是一种道德义务，使自由对所有人都有意义；第二，要想实现社会经济变革，使用国家权力是必要的；第三，一个改革政党要想战胜特权阶级，就需要一个学说、一项计划和决心；第四，只有根本性的变革才能保护民主并防止暴力或独裁。[25]

纽曼认为这些考量依然是切题的。在一个以全球化企业的权力急剧增长为特征的时代，为了社会福祉而由国家负责管理供给使得纽曼的论证更有说服力。

拉斯基没办法把他在几条路线上的抗议力量集结起来。试图在行动中解决他在理论上并不能完全解决的东西，他大步伐转向实际政治，在第二次世界大战期间尝试推动"选民同意的革命"。或许，在他起诉一份报纸诽谤他的诉讼中，正是其写作的突出主题——"选民同意的革命"——与日益迫近的暴力这个次要主题之间的冲突，使得输掉官司对他如此具有毁灭性。[26]其中，拉斯基被迫面对公众的这样一个认识：他的观点是危险的，在动机上可能是恶意的，而且最糟糕的是，他的观点愚蠢的。他没法同意战后工党政策倡议中的稳健条款，以及他对工党领导层吹毛求疵，这些都强化了怀疑者的观点，并使他失去公众的认可。

哈耶克：对市场去争议化

在经济不确定性、消耗战后世界的意识形态斗争得到解决这样一个时期，哈耶克作为一个有影响力的知识分子得到了承认。出于很多理由，引起这个时代的不确定性的罪魁祸首被证明是政府。正如拉斯基对资本主义的剥削感到绝望，哈耶克对政府管制感到绝望，他在 20 世纪最后三分之一的时间里成了反国家主义的知识斗士。正如戴维·米勒（David Miller）所指出的："对 20 世纪 70 年代和 80 年代的撒切尔主义者和里根主义者来说，他就像马克思之于 19 世纪 80 年代和 90 年代的社会主义者。"[27]

哈耶克反对声称实现"社会正义"需要有一个福利国家的人。国家怎么能以平等的名义不同地对待个人呢？任何尝试再分配理论的努力肯定都会带来这样的结果。此外，如果道德是个人自愿行动的属性，而不是集体行动或强制行动的属性，那么政府的行动就是不道德的。[28]

他对政府的不信任，以及试图约束政府只履行基本的宪法职能的决心，必须放到以下背景来看：早年对奥地利帝国的绝望，对两次世界大战之间那一时期经济和政治崩溃的观察，在第二次世界大战中被排除在政府顾问之外，对社会主义政治的背弃，以及在离婚问题上与英国政策的个人斗争。哈耶克心里装着他自己的乌托邦世界，其中有原则的个人根据他们自己的知识采取行动，不受任何强迫和控制。鉴于他的个人处境，他把自己视为这样一个人或许有些古怪。

本书的论题是：身份发展与意识形态形成之间的关联可以在某些事件中找到，在这些事件中，身份的构成要素经历了挑战和改变，而且解决办法涉及对一些复杂概念去争议化，作为一种为自己也为他人澄清意义的方式。对哈耶克来说，关键的去争议化涉及自由的概念。正如迈克尔·弗里登所强调的，哈耶克选择自由的一个特殊意义在于它是这样一种状态："一个人不受任何其他人专横意志的强迫。"[29]哈耶克搁置了这个复杂概念的另外一些可能的意义，比如有一些真正重要的选项可供选择，或者推导出手段与目的之间关联的可能性。一场非理性的战争，一次根基不牢固的婚姻，以及对他那个时代占主导地位的社会主义学说的不满，这些生活经历想必不断强化这样一种感觉：他不得不受各种形式的强迫，这些强迫似乎是专横的，完全与哈耶克自己的知识视角和个人愿望不契合。

祖国奥地利的垮塌在哈耶克看来似乎是收留他的英国在战后"垮塌"的先兆。许多年后，对祖国的憎恶是他与第二任妻子之间关系紧张的一个来源，后者捍卫她的祖国，反对哈耶克持续不断地诋毁奥地利的政治和文化。成千上万的人在希特勒上台掌权中的串通合谋是这些争执的一个重要方面，但绝望始于哈耶克在第一次世界大战中的经历。[30]他担心，战前政府在奥地利的蠢行会不会在诸如拉斯基这样一些没能理解社会主义的局限性的知识分子的怂恿下重演。

他对现代民主国家的反叛是在哲学上拒绝理性主义的政治对等物。按他的想法，《通往奴役之路》是一部两卷本著作中有关实践的那一半，这部著作研究的是哲学理性主义对西方世界犯下的错。他从未完成另一半，尽管这个主题在他后来的一些著作中反复出现。[31]在他看来，理性似乎成了社会主义者和计划鼓吹者之友。诚然，理性在做出选择上对个人是有帮助的。然而，政府的官僚机构——不管它们的组织和决策标准多么合乎逻辑——取代了不同形式的自发互动，而在另外的情况下，这些互动由于对个体知识的利用会产生更优的结果。这个观点很少得到哪怕是一个例证的支持；相反，它源自一些关于个人选择和个人知识的不证自明之理。

他还看到了试图就道德进行立法这一努力背后的建构主义冲动。出于一些既与他的哲学立场又与他的个人处境相一致的目的，哈耶克需要在道德体系中为因时而变——为自发演化——留一个缺口。道德必须是一项正在进行中的工作。作为一个哲学问题，一个进化视角创造了选择和试验的语境，借此，道德被赋能，生存机会得以改善。

更具体地说，离婚事件大概为哈耶克提供了一个动机，使他在《自由宪章》中鼓吹丈夫与妻子之间"真正自愿的"关系，而不提及政府保护受害方的角色。他把这定义为从他在个人自由和政府强制问题上的一般立场演绎出来的一个推论。

> 在某种程度上，所有的亲密关系……都为强迫提供了机会……一个闷闷不乐的丈夫，一个唠唠叨叨的妻子，或者一个歇斯底里的母亲，让生活变得不堪忍受，除非他们的每一种心情都得到依从。但对此社会做不了多少事情来保护个人，只能让这种与他人的结合是真正自愿的。任何试图进一步管制这些亲密关系的努力都会明显涉及如此无远弗届的对选择和行为的约束，以至产生更大的强制：如果人们能自由选择建立他们的亲密关系，源于自愿结合的强制不可能是政府关心的事。[32]

这个论证是对《通往奴役之路》中那些"滑坡式"论题的一个释义。其中，哈耶克不认可传统婚姻中一个不工作的配偶或一个孩子在情感或经济上对供养者的依赖，也没有在任何地方提到国家在裁定解除自愿缔结的婚姻契约上所扮演的角色。[33]

他似乎从不直面婚姻承诺（它本身是一个由忠贞不渝的誓言所保证的选择的产物）与一个人在市场上所做选择之间的差别。就他的情况而言，前者使得养育孩子成为必要，并再次假定是一个选择问题。政府对婚姻的保护在某种意义上是强制性的，并非遵照某人生产活动的竞争性主张者的请求，而是为了防止那些得到不认真的婚姻承诺的人在这种承诺被背弃时受到伤害。在所有文明社会中都可以找到这样的保护，这一事实暗示，这样的保护在哈耶克列出的有益于物种生存的实践中占有一席之地。

哈耶克可能觉得，英国的离婚法约束性太强，因为它只允许以通奸或遭遗弃为由离婚，这使得如果没有对方的合作，任何一方要想离婚都极其困难。[34]哈耶克选择阿肯色州不仅是由于它的法律没那么具有约束性，还由于该州法律允许在对方未出庭的情况下离婚。根据阿肯色州的法律，他接下来就可以自由地立即再婚。正如他的朋友和邻居莱昂内尔·罗宾斯所指出的，他事实上是强制妻子海伦离婚，在离婚协议中规定了最低供养条款。哈耶克的理由是她拒绝尊重他的愿望；然而，她的拒绝是基于哈耶克在他们的婚姻中做出的承诺。遵守道德的重负似乎落在了他的肩上，任何根据自由意志主义原则为这种行为所做的辩护都掩盖了哈耶克对传统道德的敬畏。

实际上，哈耶克看到了基督教假设与经济学假设之间的对称性。在1945年的一篇演讲中，他提出："因此，真正的问题并不是人是不是或应不应该受自利动机的指引，而是我们能不能允许他在行动中受那些他能够知道并关心的直接结果的指引，应不应该让他做在其他某个人看来似乎恰当的事，而后者被假设为对这些行动对整个社会的意义有着更充分的理解。"[35]然而，这个观点与他赋予道德传统的价值是不一致的，正如他在赞同以下观点时那样："如果没有根深蒂固的道德信念，自由是不可能运转的，而且，只有在可以预期个人自愿遵守某些原则的地方，强制才能降低到最低限度。"[36] 谁知道得最清楚呢？是社会传统所表达的社会还是个人？[37]

事实上，哈耶克开始认识到，资本主义依赖建立在宗教基础上的道德传统。他在 20 世纪 80 年代中期告诉 W. W. 巴特利三世："资本主义假定，除了我们的理性洞见之外，我们还具有道德传统，它们通过进化来检验，而不是由我们的智力来设计……巧的是，这些传统本质上是一种宗教传统，我像米塞斯一样也是个不可知论者，但我必须承认，有两个决定性的传统使得我们能够构建一种拓宽我们视野的秩序，它们不可能是我们智力洞见的结果，而必定是一个道德传统的结果。"[38]

在他的个人生活中，社会最古老的道德准则之一——婚姻保护的约束构成了一个不堪忍受的重负。尽管有些人可能并不认为根据哈耶克的私人行为评价他的工作是贴切的，但本书认为，他在《自由宪章》中证明这样一条行动路线合理，以及他的论证为削弱社会对婚姻的保护提供理由，使得展开这场讨论的理由变得令人信服。哈耶克本人后来对他的私人秘书夏洛特·库比特承认："违背他们的意愿与伴侣分手是错误的，但他这样做了，所以他是错的。"[39] 在 1978 年的一次访谈中，加州大学洛杉矶分校的一位经济学家、正在从事一个口述史项目的艾智仁（Arman Alchian）向哈耶克问及他的这一决定的道德方面。这次对话如下：

问：我想问你一个不太礼貌的问题……我察觉到一种强

烈的对道德标准及其在社会中的重要性的尊重。我们所有人……在我们的一生中，当我们说"这儿有一个道德标准，我想打破它"时，就会面对一些难题……你想必也遇到过一些难题……你愿不愿意……指出其中一些难题是什么，你当时心里是怎么想的，你现在想对处于同一情境中的人说些什么。

哈耶克：只有一件事……我知道我在强迫海伦离婚上做错了。那是一个古怪的故事。当我爱的姑娘——一个表妹——嫁给别人的时候，我心灰意冷，就结婚了。她如今是我现在的妻子。但在 25 年的时间里，我和那个我由于心灰意冷而娶的姑娘一直是夫妻，对我来说她是个很好的妻子，但我在婚姻中并不幸福。她拒绝和我离婚，最终我强行离婚了。我肯定我的做法是错的，但我做了这件事。做这件事只是一种内心的需要。当被追问若时光倒流他会不会再这么做时，哈耶克答复道——尽管有些焦虑、不适、犹豫和顾虑："我多半会再这么做。"[40]

然而，他对自己的公共哲学和个人行为之间矛盾的反思不是问题。问题是哈耶克的离婚斗争是不是影响了他日益增长的反国家主义态度的发展，甚或使他的态度变得更强硬。这里提供一个证据，读者可以自行判断。

考虑到他对理性的怀疑，哈耶克剩余的理论是否可以被称为自由主义是一个严肃的问题。[41]理性是古典自由主义的王牌。约翰·洛克（John Locke）及其他人都拿它来对抗神权正统学说。哈耶克所做的是：用自发秩序假定的进化好处取代理性所谓的有益效应，作为一种方式来证明他那种特定性质的自由是合理的。

他的反理性主义和非道德主义是不是损害了文明的基础，包括财产关系赖以存在的法律框架，这些问题将继续引发热烈的争论。

从传记上看，《自由宪章》代表了对国家作为市场伙伴角色的一次冷静的重新考量。例如，他否认在税收与强制之间简单地画等号的做法，而他那些更具意识形态倾向的追随者则不厌其烦地反复这样做。税收与强制服役"至少是可预测的，其强制执行并不考虑个人在别的情况下会如何使用他的能量，这在很大程度上为它们消除了强制的邪恶特性"[42]。然而，他所构建的国家明确地受到现代标准的限制。

在倡导最小政府的过程中，哈耶克认为不得不在民众压力与立法权之间树起一道道屏障，使得国家的职能不会扩大。作为一个实例，他赞成建立一个古怪的立法机构选举体系，只有 45 岁以上的人才有资格参加竞选和投票，获胜者以终身任期当选。哈耶克将限制输入政治体系的范围和内容，作为一种控制其产出的方式。看似矛盾的是，考虑到他的认识论观点，诸如此类的屏障将会使得民主过程不如信息搜集和寻求妥协的过程那么有效率。

在后来那些年里，哈耶克似乎不再支持最低社会供给和社会保险的举措，这类支持曾经把他的《通往奴役之路》从反动主义中拯救了出来。在一次传记访谈中，他评论道：

> 当代很多社会主义政党都至少表面上放弃了（生产资料的社会化），转向并不直接适用的再分配/公平税收观念——福利。我不相信它改变了根本目标，因为我相信，对经济世界的这种间接控制最终会导致同样的结果，过程要慢很多。[43]

在他的思想中他越来越多地援引社会调整和适应的"自发"

过程的优越性。到最后，形成了一个近乎神话的信仰：自发性有它自己的智慧，它优于由理性提供的洞见。"跨期均衡"的概念是这一信仰的经济学版本，这个概念揭示了公众生产和消费愿望的某个真实状态。[44]

社会的道德演化是实现生存需要的长期适应性的对等物，这一观念是他的信仰的又一个例证。他能够想象一个不存在任何集体意图的世界，在这个世界里，个人选择会以某种方式导致最有生产力的结果，不管其背后的意图是什么，也不管这些选择的道德内容的判断依据是什么。然而，尤其是在他后来的作品中，他强调，在塑造使得市场社会成为可能的道德秩序上需要传统的约束。[45]

具有讽刺意味的是，哈耶克是个有着强烈理性、有目标的人，毕生致力于创造一场政治运动来支持他的理论。他的大部分作品可以解读为对一些基本公理和原理的推理。他的观点的正确性似乎从未面临任何不确定性，他接受来自四面八方的经济帮助，而他在学术界的同僚会发现这样的帮助是令人不快的。他的传记作者艾伦·埃本斯坦准确地把他描绘为"一个有坚定信仰的知识精英主义者"[46]。当凯恩斯的精英主义导致他肯定一种特定分析方法——即便不是一个思想者有产阶级——的价值时，哈耶克看似矛盾地成了每个人的判断的捍卫者。正是这一点被玛格丽特·撒切尔和罗纳德·里根在政治上非常有效地使用。

那么，在这个生平故事中有可能看到一幅这样的肖像：一个人被迫为自己的家庭反叛和职业反叛辩护。他所助力的可疑事业，以及他所培养的意识形态盟友，是对一项使命深切奉献的征兆，这项使命既是个人的，又是社会的：自由选择的正当性，尽管其后果一方面对他的家庭、另一方面对最弱势的社会成员都明显是负面的。与此同时，正如反叛者都会做的那样，他建立了一个得到强化的阵地来捍卫他的观点的正确性，嘲弄那些其判断与他不同的人。当他的个人斗争变得明显时，他的思想中那些看上去似乎是一些棘手的悖论和矛盾的东西，至少变得更可理解了。

　　正如彼得·克拉克所指出的，对于社会和心理目的来说，一组观念的适用性在分析上区别于它们的逻辑和理性基础。身份关系分析所做的，不是要演示这种适用性的技术细节，并因此凸显逻辑和理性在观念向意识形态的转变中如何被过滤掉。目的不是要质疑观念"有自己的力量、规则和一致性"这样一个观点[47]。相反，本书试图呈现复杂的政治观念如何——用弗里德曼的术语说——被去争议化，成为简化的意识形态。[48]分析表明，去争议化可以解释为身份形成转折点的必然结果。

　　对个案的解释就到此为止。是不是可以把这三个案例放到一起从中得出某种一般化结论呢？这样的一般化结论将会为更好地理解我们这个时代的政治指明道路。为此，我们必须转到下一章，其中不是审视每个理论家支持什么，而是审视他们反对什么。

第 10 章

意识形态的反对困境

如果说意识形态应当以一种允许我们控制其最糟效果的方式来理解，那么对发展转折点产生意识形态承诺的观察结论就尚未告诉我们需要知道的一切。为此，我们需要更广泛地审视意识形态的运转。

人们习惯把意识形态描述为对一些价值、制度和政策表示赞同的信念。尽管一切意识形态都包含社会批评，但对意识形态学者来说，分析的重点常常在于确定一些关于改善人类境况的建议的有效性。就本书的三个案例而言，他们工作的意识形态遗产，对拉斯基来说意味着颂扬民主社会主义政府，就哈耶克而言是颂扬市场，而对凯恩斯来说则是颂扬进步的知识主义。拉斯基和哈耶克的追随者事实上把制度意识形态化了，凯恩斯的计划是要确立一个分析公共政策问题的方法的可信度。在这项计划中，他设立了一个逆反应。践行这一分析方法的精英从左派看是中产阶级价值的代言人，从自由意志主义右派看是自私自利的党派分子。[1]

仔细考量每个理论家的观点能够减弱并改进这些刻板的成

见。然而，细微差别在政治战斗的激烈时刻被忽视了。只要听几分钟对"政府""市场""精英"的粗略描述——这些构成了大众媒体上的当代政治讨论，就能生动地说明这一点。

然而，令人吃惊的是，每个描述的影响都源自另一描述的假定缺陷。哈耶克的追随者假设政府的缺陷源自在信息使用方式上的基本失败；拉斯基的追随者毫不怀疑，根据盈利动机的性质，资本主义就是剥削性的；而对当代凯恩斯主义者来说，知识精英之外的选项都被视为由武断而迷信的大众来统治。由于这些原因，本书现在将处理这样一个问题：他们每个人所反对的究竟是什么。

我们正在寻找有关意识形态动态的线索。我们将在他们工作的反对方而不是赞同方中找到这些线索。在失去对批评的制度标靶和文化标靶的敏锐性这一情况下，我们有了所称的意识形态的反对困境。源于重大后果的发展危机，当发现这种强有力的反对构成了意识形态的缺点，我们用不着大惊小怪。这种反对由情绪而不是理智驱动，导致狭隘的判断。

詹姆斯·格拉斯（James Glass）在他那令人难忘的研究《不值得活的生命：希特勒德国的种族恐惧症和大规模屠杀》（*Life Unworthy of Life：Racial Phobia and Mass Murder in Hitler's Germany*）中审视了极端情况下的这一现象。在谈到"把不受欢迎的或遭人鄙视的自我目标当作垃圾倒给一个被赋予卑劣属性的他者"的做法之后，他接下来指出了危险：

> 当自恋的自我变得守势、害怕和焦虑，并投射出一种无法控制的破坏性冲动（以意识形态的形式）时，这种政治上的可怕发展就出现了……恐惧、仇恨和冲突不仅框构了个人的身份，而且框构了群体和民族的身份。[2]

以更温和的形式，相似的现象在这三个人的生平故事中起作用。

反对不管是像格拉斯所暗示的那样源自心理，还是像本书所假设的那样源自生活经历，结果在形式上均是一样的，即使在强度上并不相同。生活经历至少可以分析，正如我们所看到的，凯恩斯就是那样的，而且一个人的道路是可以改变的。内在的精神分析构建则难以处理和改变。由于这些原因，本章将避免更经典的精神分析方法的决定论倾向。但要点是，反对的背后似乎有一种内在驱动力，这对意识形态的发展十分重要。身份的一个或多个支柱的断裂可能是对这种反对的一个明显解释。

本章采用的方法还包含这样一个可能性：身份既可以基于肯定，又可以基于否定。并非只有"恐惧、仇恨和冲突"框构身份，还包括能力的实现、共同体的经历和个人承诺的目的性。这三个人都非常强大。很显然，不管他们是怎么做到的，他们每个人都装配了一张有三条腿的凳子，他们不仅可以坐在上面，还可以站在上面对世界讲话。然而，他们不得不说的话，似乎都是在反对的关键时刻写的手稿，所反对的是他们在周围发现的一些做法、人和状况。这是他们的追随者听得最清楚的声音。

本章将一反通常的时间顺序，先分析拉斯基，接着是哈耶克，最后是凯恩斯。前两个人以最简单的方式说明了反对困境。就凯恩斯而，这幅图景更加复杂，教训也更具有救赎意义。

拉斯基：曲解经济

在拉斯基对资本主义的反叛中，要寻找对一个经济体如何运转的任何特定理解都是白费力气。拉斯基实际上从未直面可用什么方法来战胜稀缺性并解决竞争性偏好这一问题。莱昂内尔·罗宾斯在成为拉斯基在伦敦政治经济学院的同事之前是拉斯基的学生，他记录了对老师的早期印象："今天跟拉斯基谈到社会主义。十分令人失望。我确信他对经济学所知甚少，甚或一无所知……他的措辞有一种古怪的令人不满之处——如此矫揉造作，如此夸夸其谈。这似乎显示，在他锐利得惊人的分析工具的背后，有一种几乎是孩子气的人格——缺乏稳定的情绪，这简直令人痛苦。"[3]

对于自己不理解的东西，他倾向于谴责。"在现代世界中，没有哪类人比普通的商人更完全地是没有哲学意义的习惯的奴隶。"他在 1930 年写道。[4]不是解释在经济中发挥作用的力量，相反，我们发现了一些刻板的成见，比如拉斯基差不多在生命终结时发表的两段话：

> 一方面，美国那么多商业领袖害怕一切新的思想，唯恐招致一次挑战，另一方面，他们又有一个除了极权主义之外很难找到别的词汇来表示的观点。我这样说的意思是，他们要么直接地、要么通过他们控制的代理人，试图不允许社会生活的任何重要方面超出他们的权力范围……

> 商人的哲学自然而然地出现在相应的历史背景中，就像奴隶主的哲学出现在古代世界，或者像封建领主的哲学出现在封建社会：后者几乎毫不怀疑地相信，只要他的福利得以维持甚或增加，佃户的福利也就得以维持甚或增加。[5]

尽管拉斯基毫不费力地拿出了一些例证来支持这些主张，但它们是在取悦资本主义的批评者，他在工作中没有做出任何真正的努力来试图提供利益满足竞争模型之外的方案，而只是通过磋商希望在一个合理的基础上解决竞争性的主张。拉斯基对通过协调生产以克服稀缺性——任何致力于供给和需求的具体现实的努力都缓解不了这样的稀缺性，有一种天真。[6]

假如拉斯基不是那么需要对他年轻时的反叛路线的正确性有一种自我确定，他可能会把自己的强大智力更审慎地转到产生不平等的经济体系的性质上。他不会沉迷于对资本主义的一般化，比如"它意味着一种无论如何都不遵照道德原则的财产分配。它意味着浪费、腐败和低效"[7]。

拉尔夫·达伦多夫断言："在某种意义上，拉斯基并不想了解任何经济学。经济学是多或少的科学，拉斯基感兴趣的是要么全有要么全无⋯⋯经济学选择从来都不是绝对的取舍。"用这些谨慎的措辞演不好反叛的大戏。达伦多夫推测，拉斯基"过于夸张的语言"越来越成为一种方式，以弥补他缺少贝弗里奇和凯恩斯可能指向的那种持久成就。[8]

拉斯基谴责资本主义的热情导致他寻找理由来忽略他的政治哲学明显的逻辑缺陷。早在 1924 年，威廉·Y. 埃利奥特（William Y. Elliott）就指出，拉斯基通过国家把主权的概念与法治分离开来，为的是按照诸如工会这样的团体所表达的社会意志来授予主权，这样的做法纯粹是回避。"以一个利益集团（工会）的名义来挑战它（主权），与拉斯基先生所谴责的另一个利益集团（'资本主义'）对主权的滥用是同样的错误。"[9]

更系统地说，正如迈克尔·纽曼所评论的，拉斯基有一个坏习惯：用道德论证代替经济论证。[10]美德产生于动机的领域，在这一领域，稀缺性不是问题。经济学属于努力和物质的领域，供给常常不足。即使在良好动机有充足余地的物质世界，也不敢保证它们会显露出来。亚当·斯密——他的基础作品实际上是《道德情操论》（*The Theory of Moral Sentiments*），而不是《国富论》——构建了一种不那么严格的道德；然而，斯密设计的制度让品德高尚者和品德恶劣者都能填饱肚子。

当他在寻求正面对抗资本主义中越来越紧密地拥抱国家时，拉斯基在观念上对自由理念的热情逐步减弱。到 1939 年，他准备承认，"只有在平等社会实现之后，多元主义的过程才会进入视野"。平等的实现需要工党对资本主义政府的接管。[11]乔治·奥威尔可能指责他拒绝坦承：随着国家权力的不断增长，自由的丧失是不可避免的，而且苏联的实例证明，胜利的革命并没有导致中央控制的放松。[12]

拉斯基的多元主义让位于国家权力，鉴于他在 1931 年的选举之后认识到资本家确实控制着国家。因此，必须接管国家而不是改变国家。[13]随着这一策略在 1945 年取得成功，英国开始了国有化试验。拉斯基对国家管理的国有化信念差不多一直持续到了最后。然而，在身后出版的《我们时代的难题》（*The Dilemma of Our Times*）中，他承认，所有权——不管是国家所有权还是企业所有权——可能导致在工人层面上丧失主动性和活力。他重提他早年的工业民主观念作为一种可能的解决办法。[14]到最后，拉斯基才回到工业社会存在的自由问题，而且到那时才建议重拾多元主义。你可以感觉到他的观点甚至他的身份认同感的初步成熟。但他从未直面稀缺性和生产力的主要问题。[15]

1945 年启动的试验随着强大工会的崛起以及 20 世纪 70 年代和 80 年代的经济灾难而以失败告终。最终的结果是左派和造反者当中的四分五裂，导致玛格丽特·撒切尔上台掌权。实际上，拉斯基就两个愿望而言如愿以偿了——工会的统治和强大的国家主权。结果却是相互矛盾的。诚然，撒切尔夫人大大削弱了工会的权力，提高了市场在经济事务中的主导地位。然而，她丝毫不怀疑国家在另外一些领域的最高主权，比如外交政策和国内统治。她利用国家权力在几乎所有战线打击社会主义革新。尽管她有效地削弱了国有化，但她并没有摧毁威廉·贝弗里奇设计的福利国家的基础结构或国家本身的首要地位。

拉斯基知识声望的近乎消失可归因于几个方面。就他作为平民斗士的角色而言，他的很多观念至少在受过教育的左派精英当中几乎成了约定俗成的观念。他的很多学生在世界各国成了学者、政治家和活动家。虽然他的言论越来越少被引用，但他对社会弱势群体的关怀一直留存在他的追随者的记忆里。知识时尚随着社会科学中行为主义的出现而改变，这使得他墨守成规的历史主义写作风格变得过时。在政治上，阶级斗争被不断上涨的中产阶级文化潮流所淹没。尤其是，他的作品中一些没有得到解决的矛盾给他的批评者提供了靶子，而他的个性就更不消说了。[16]

拉斯基极其忠诚于促使他离开曼彻斯特的冲动，亦即对保障工人阶级福祉的激情。拉斯基享受了他们的陪伴，至少不亚于拉斯基渴望得到其关注的有权有势者的陪伴。但他不可能超越权力重组问题，正是这个问题最早赋予他活力，当时是他强势的父亲激发了他满脑子的乌托邦想法。他没能触及如何诱发生产努力并使之有效率的操作问题。[17]尽管作为一个人和一个老师他有许多优点，但拉斯基没能致力于解决经济学的一些难题这一点是20世纪社会主义左派的通病。

社会主义者对严肃经济分析的厌恶给凯恩斯留出了空间，他激励工党内部的温和派背弃阶级分析和国有化。然而，大英帝国损失的积累效应，第二次世界大战和冷战的代价，大为扩张的公共服务支出，以及工会不断提高的激进性，共同促使沿着社会主义路线前进变得困难。在 20 世纪 70 年代工会促成的工资上涨和管制僵局中，温和派转向了哈耶克和右派经济学家。

假如拉斯基像他探索调和政府机构和工人阶级的政治抱负一样仔细地审视企业家能力和财富创造过程，他可能会对政治经济理论做出持久的贡献。但现在看来，他的知识遗产几乎彻底消失了。英国左派在处理经济动态上的失败，使得从 1979 年开始实行了 18 年的保守党统治，紧接着是工党执政。

哈耶克：减少统治

哈耶克晚年的工作揭示出一种纯粹敌视政策制定的理性尝试。自由意志主义知识分子当中的领袖人物和加图研究所所长爱德华·克雷恩（Edward Crane）得出结论：哈耶克在《致命的自负》中的最终观点是如此极端，以至"理性成了他的论题中最令人讨厌的东西，尽管他做出了一个临时性的否认声明"，而且"令人遗憾的是，哈耶克最后的作品中有一股反动的潜流"。[18] 哈耶克给智利皮诺切特政府提供咨询，甚至不顾玛格丽特·撒切尔的反对，这说明他对现代民主统治的否定到了何等程度。他告诉一位采访者，不要把威权主义与极权主义混为一谈，智利的经济恢复无异于奇迹。[19] 他在 1963 年和 1978 年对南非的访问，以及他对外部试图对种族隔离制度施加压力的批评，提供了进一步的说明。尽管他告诉一位南非记者，政府在执法方面强制实施的歧视是不合理的，但他也认为私人间的种族歧视情有可原。[20]

哈耶克有很好的理由在 20 世纪 70 年代晚期把英国视为强大工会的受害者，但他思想中的决定论特性表明，他把一个过渡阶段与一个必然趋势混为一谈。事实是，财政补贴有出现也有消失，社会支出水平有升也有降，强势团体有输也有赢。他的决定论思想干扰了他作为一个经济学家的判断。他在 20 世纪 40 年代与凯恩斯争论说，除非汇率与强行稳定物价水平的一篮子商品挂钩，否则结果将是价格的剧烈波动，这会损害世界贸易。凯恩斯以布雷顿森林体系的建立赢得了这场争论，贸易繁荣，同时价格在很大程度上是稳定的。他在战后经常预言政府的通胀政策将引发另一场大萧条，这一预言完全是错的。[21]

哈耶克关于政治与政府运转的观点的蒙昧性与拉斯基对经济的无知是类似的。他的著名断言——计划会给信息搜集工作带来巨大压力——使得他能够摒除而不是分析政府事实上在做什么的问题。经济事务研究所的创始人拉尔夫·哈里斯记得哈耶克的建议——国民医疗服务体系应当被废除，对此，撒切尔夫人的答复是那会让她丢掉首相的职位。[22]伦敦政治经济学院前院长和百年校史的撰写者拉尔夫·达伦多夫回忆起一个偶然事件：哈耶克指责撒切尔夫人在乐于限制政府行动主义的某些方面上表现出来的社会主义趋势。达伦多夫指出，保守派政府给予哈耶克很高的荣誉并把他放到一边不予考虑。[23]他的论题中持续不断的夸张话语说明了他性格中的驱策力。不妨看看哈耶克关于政府这个主题的最后陈述：

> 一个人对经济史懂得越多，高度组织化国家的实现构成

了文明早期发展的顶峰这个信念看上去就越具误导性。政府经常妨碍而不是启动远途贸易的发展……看来，一而再再而三地，强势政府似乎如此严重地损害自发的改进，以至文化演化的过程被引向过早消亡。[24]

其中很少解释一些有着高度发达的政治体系的社会为什么会产生一些极其复杂、涉及范围巨大的文化和经济企业，而那些缺少发达政府的社会却依然停留在维持生计的水平。正如约翰·肯尼斯·加尔布雷思所指出的，哈耶克观点的最佳反例是奥地利，该国如今是世界上最富裕的国家之一。正是凯恩斯所提出的技术手段使得令人羡慕的战后经济恢复成真。

哈耶克对政府计划的强烈责难似乎导致对市场的夸张的相反论断：

> 市场是提供信息的唯一已知的方法，使得个人能够判断他们熟悉的那些资源的不同用途的比较优势，并通过使用这些资源——不管他们是不是打算这样做——服务于那些他们并不熟悉的个人的需要。这种分散的知识本质上是分散的，不可能一起产生并传达给一个负责创造秩序这项任务的权力部门。[25]

这个观点认为对计划的一切运用均是危险的，不管是由政府还是由企业运用。哈耶克的观点省略了对专家分析和共享信息在预估参数、评价经验和预测未来发展中的作用的任何考量。这些形式的活动既是企业计划的本职工作，也是政府管制的应有之义。[26]

哈耶克把政府活动与私人企业区分开了，因为政府有权采用强制手段，而且它的权力无所不在，但这一区分会让那些被企业解雇却得不到任何赔偿的人感到困惑，也让那些熟悉政治或司法手段以回应不得人心的或违宪的政府权力行使行为的人感到困惑。[27]民主国家赖以集合并表达人民愿望和抱负的程序在没有被摒弃的时候遭到嘲弄。公权力通过宪法和选举而负有责任，而私权力作为一种强制受到的约束要少得多，这一事实被淡化或被无视。[28]

正如迈克尔·奥克肖特——哈耶克把他视为自己的盟友——在写到哈耶克的政治学方法时所说的："哈耶克的《通往奴役之路》的主要意义不是他的学说的切中肯綮，而是它是一个学说这样一个事实。一项抵制一切计划的计划可能比它的对立面要好，但它属于同一种政治学风格。"[29]哈耶克对国家的理解不可磨灭地被一连串绝望经历所塑造，在这样的经历中，政府似乎是罪魁祸首。

哈耶克的法律知识把他导向了德国的国家概念，而几乎没有让他熟悉现代大众民主的现实。哈耶克是康德传统的继承人，在这一传统中，国家的角色很清楚：它应该是一个法治国家。他有一个著名的主张：

> 自由主义因此和要求法治——在这个词的古典意义上——是一回事，根据这一要求，政府的强制功能被严格局限于统一法律规则的实施，这意味着公正对待同伴的统一行为规则。[30]

正如安德鲁·甘布尔所指出的，哈耶克年轻时就学到了国家应该是"一个有普遍法律的政府，这些法律为政府干预社会规定了严格的限制"[31]。他把自己那个时代的政府——不管是法西斯主义政府还是现代民主政府——看作其真正意图的亵渎者，也是经济体系的破坏者。在哈耶克的作品中背叛性十足。

哈耶克在 1944 年之后转向政治哲学的讽刺性在于，他开始相信法律是一个现象，以某种方式与政治所依赖的谈判和妥协的世界分离开来。诚然，哈耶克所青睐的那种法律在起源上并非自发的；相反，它带有一些理想的性质，比如正义和免于强迫的自由。理查德·贝拉米（Richard Bellamy）指出，不同种类的自由（比如交往和隐私）之间的冲突不是讨论的内容：

> 如果不存在非规范性的客观的自由，那么，声称在法治框架内支持最大可能的自由要么依赖于某个实质性的对基本人类利益的解释，这是对自由的实证主义解释和大多数建构主义理论的标志性特征，要么依赖于不同的对各种自由的相对重要性的主观理解，而这些自由本身可能相互冲突。[32]

对哈耶克的事业来说，至关重要的是存在某个中立的客观法律领域，其中政府与市场边界是不可更改的。既然如此，艾伦·埃本斯坦对哈耶克的立场的总结是准确的："自由就是最高法律。"[33]这个解释漏掉的是介于自发与超然之间的生活活动。法律有另外一些不同于哈耶克所认可的用途：法律解决价值观之间的冲突，处理行为对其他人包括受供养人所产生的后果，在相互冲突的公共资源优先使用权之间做出选择，使道德理解成为法规，表达数不清的关于在文明社会共同生活的任务的判断。有些法律涉及数量庞大的强制命令，但在一个民主国家，始终有诉诸法庭和政治过程的手段。

他反对国家的论证，他关于分散知识及其在市场中的利用的著名洞见，都取决于对"知识"这个术语的可疑使用。由于没能把知识、意见、感觉、直觉、偏见及其他很多层面和种类的精神活动区分开来，哈耶克用一句赋予个体精神活动以特权的颂词让一切人类思考变得崇高。[34]他回避直面自我提升、本能、意志和恶意对知识的腐蚀性影响。

"知识"这个术语指的是某种不同于其他种类思考的东西。至少，知识经过了证实，具有正统性。证据、逻辑或某种权威的认可是区分知识与胡思乱想的关键要素。知识因此有一个社会维度。逻辑体系、证据标准和权威实践全都是社会的人为产物。它们的存在恰好把纯属自利幻想的精神构建与在某个更大意义上具有效力的精神构建分离开来。个人凭经验而不是正式的教学做出这种分离。社会通过试验、论战和审议了解这种分离。市场和民主国家都把这个过程制度化了。民主国家做市场不做的事情，也就是在权利的语境中提高参与机会平等的可能性。民主国家提供了集体审议的不同形式，其中结果得以审查，教训得以汲取，共同的行动路线得以决定。

正如笔者在别的地方所论证的：

> 民主的目的是动员知识，同时限制自利效应。在恰当的审议式民主中，一个论证要经过双重检验：它是不是讲得通，它是不是对社会有用抑或纯粹是自利的。因为民主很可能只不过是集合多数人偏好的决定，而以牺牲少数人的利益为代价，我们有旨在给这样的偏好设定边界的宪法，甚至同时确立一些把对知识的开放追求和自由表达包含在内的过程。然而，说知识是分散的和排他的并不意味着它不能被社会交流、分享和验证。正是在社会层面上对知识的控制包含了暴政的种子，而不是在一个民主社会里培养和集合共享的经验。[35]

确立个体知识作为认识论的"黄金标准"——正如哈耶克所

做的那样，并在市场中使这一标准制度化，有利于常常源于自利冲动的精神活动。这也会把解决争议性问题的决定权赋予掌握最多资源的人，同时免去他们行动的道德责任。哈耶克补充道，集体结果是"非有意的"，从而消除了通过共同审议来汲取教训的可能性和手段。[36]"知识"因此被简化为权力——钱包的力量。

用自由的语言包装这一手法的讽刺之处在于：哈耶克的体系只不过使得弱势群体被他们的经济主人所收买具有合法性。市场包含很少的保护措施（即便有的话）来防止知识被自利所腐化，但宪政民主国家给这样的自利提供了正当程序和基本权利。正是在这个方面，哈耶克背离了他的导师之一亚当·斯密。在斯密看来，市场斗争并不是自私自利的精明评估者之间的竞争，而是争夺赞佩和尊敬的竞争者之间的竞争。[37]在这场竞争中，能发现的美德甚少。斯密说，实际上，大多数人通过物质手段寻求获得尊敬，并落入贪婪的陷阱。

在市场竞争中，你别指望有任何种类的认识论上的纯洁性。事实上，斯密认为，国家的作用之一就是要让人们戒除在这个精神贫困的商业世界吞噬他们的那些"迷信"和"狂热"。由于这个原因，公众对艺术和科学的促进是值得称赞的。

哈耶克关于通过拥有"局部知识"的个人参与决策过程来动员知识的论证，其剩余价值几乎没有争议。1921 年，拉斯基指出了相同的问题：

> 有人认为，自由源自存在公众进行创造性活动的途径。很明显，除了对一小群人之外，我们当前秩序的等级结构并没有提供这样的机会。结果，我们失去了一个巨大的经验熔炉，同时我们怯于动员很多这样的人：他们的能力有着更大

的用途，远远超出他们通常致力从事的工作。[38]

对拉斯基来说，那一小群做决策的人是资本家的仆从；对哈耶克来说，他们是社会主义的规划者。然而，拉斯基继续提出了一个哈耶克所回避的关联："简言之，自由与当前的财产制度水火不容；其结果是权力的集中，这使得普通公民的政治人格对任何严肃的目的都无效。"[39]市场没有解决让普通民众的知识参与进来的问题，只是把决定权拱手交给一群自私自利的企业主。民主至少保留了基于平等投票权的参与原则。在这样做的过程中，民主有望对抗经济权力的滥用。

哈耶克无视在一个民主社会中控制政府权力的"正当程序"。他所认可的，是建立在个人对财富和财产显著不平等的控制权基础之上的权力的任意性。当后者开始主导前者时，正如拉斯基正确指出的那样，结果便是压制真正的自由和创造力。拉斯基没能致力于这个等式的经济维度，哈耶克则没能厘清它的政治维度。

跟哈耶克比起来，凯恩斯的认识论立场更具有现实主义倾向。在凯恩斯论述概率的著作中，他认识到，根本问题是行动基础的可靠性。凯恩斯说，这不是知识究竟是分散还是集合的问题，而是分析是否合理的问题。他论述概率的作品明确说明了合理分析的逻辑。哈耶克有一个观点可能是对的：我们的知识是一个未完成的洞见的集合，这些洞见源自各种不同的能力，而且凯恩斯（尤其是在1939年之后）对此大概不会有异议。[40]然而，要点是根据这些洞见进行的是何种分析。没有理由相信个人分析者必定比专家做得更好。有强大的理由让任何分析服从一个共同审议和辩论的过程。

哈耶克对知识和行动的能力有一种古怪的悲观，表达在了

《自由宪章》里："人的理性既不能预测又不能精心塑造它自己的未来。它的进步在于找出它究竟错在何处。"[41]说这样的话，就是免除所有从不平等中受益的人的责任重负。与这个观点争辩，正如凯恩斯和拉斯基所做的那样，至少是与不确定性斗争。要为在这些环境下行动发展出一个稳健的逻辑，正如凯恩斯所做的那样，就是增强民主。1923 年，他在谈到金本位时说：

> 我们必须把自己从一种深度的不信任中解放出来，这种不信任使得对价值标准的管制不可能成为审慎决策的主题。我们再也承受不起把对价值标准的管制作为这样一个类别，这个类别的区别性特征在不同程度上由气候、出生率和宪法所拥有——这些问题要么由自然原因所决定，要么是很多独立行为个体分开行动的合力结果，要么需要一场革命来改变。[42]

哈耶克对政治进行了一次乌托邦设计，源自他对市场的想象，以及为市场提供支撑所需的东西。[43]他的乌托邦观点无视西方市场经济确立的实际历史。约翰·格雷（John Gray）提出了一个很能说明问题的要点——理由很充分。他回忆道，"自由市场"本身是国家的一个创造物，是 19 世纪英国的一个临时插曲。

> 到第一次世界大战的时候，自由市场被重新管制了。有很多不协调的立法干涉，它们不是作为任何宏大设计的组成部分，而是为了回应诸如工厂安全之类的特定问题才产生的，使得市场的运转对社会目的不那么有害。由审慎的治国能力建立起来的自由市场自发地凋零了。[44]

随着当代右派的崛起，对政治制度的抹黑和对市场的全面支持，忽略了国家和市场之间的相互依赖。[45]它的意识形态化如今表现为没有能力以任何有意的方式解决一些重大难题，如不平等、毒品、家暴、环境以及对青少年和边缘群体的关注。乔治·奥威尔或许提供了一个更平衡的观点。在对《通往奴役之路》的评论中，奥威尔对哈耶克的洞见表示尊重，同时准确指出了哈耶克在政治上的不敏感：

> 在哈耶克教授论题的消极部分，潜藏着很多的真理。不能说在绝大多数情况下……集体主义本身就是不民主的……哈耶克教授说：在英国，知识分子比普通民众更具极权主义思想。但他并没有看到或者不愿意承认，回归"自由"竞争对于民众来说意味着一种可能更糟的暴政，因为它比国家的暴政更不负责任。竞争的麻烦在于，有人赢有人输。[46]

实际上，哈耶克对国家计划的憎恶早于他在 1937 年关于经济知识的认识论论证的阐述。在他 1931 年伦敦政治经济学院的就职演说中，他极力谴责集中计划的愚蠢。事实上，政治过程也会产生信息——通过选举、听证、利益集团代表、调查、对诸多阵线的研究和经验的积累。不存在否认这种信息搜集能力的明显证据。哈耶克对凯恩斯观点的反对很可能导致他没能看出凯恩斯主义与社会主义之间的区别。哈耶克没能看出政府管控与政府中央计划之间的区别，因为他不愿意考量现代大众民主国家统治的不同层次和细微差别。

正如他看不出政治领域的关键区别，他的道德理论也是从设计出发的论证。在 1945 年的一篇文章中，哈耶克赞同英国的个人主义，而反对作为民族主义变种的笛卡儿个人主义。他声称："反民族主义的方法，不是把人视为一种高度理性和智慧的存在，而是视为一种非常不理性的和容易犯错的存在，他们的个人错误只有在社会进步的过程中才会得到改正，其目标是要充分利用不完美的材料，这大概是英国自由主义最典型的特征。"[47]在这个得到认可的观点中，哈耶克承认人类的不完美。然而，当我们把它与他的道德论证并列时，结果就有些古怪了。尽管宣称选择自由具有美德，但他同时承认，选择将由一些"不理性的和容易犯错的"人做出。可取之处是，正确的社会过程将提供纠正糟糕选择的手段，从而使得人类行为不那么容易出错，也可能更加理性。

但哈耶克没能看出不断学习的民主政治经验也有这样的纠错效应。他推定，只有具有选择空间以防止一些不可能提前知道的后果的市场，才能提供这样的可能性。然而，根据这一逻辑，与国家相比，市场给非理性和有缺陷的判断提供了最大的灵活性。这让我们看到了人们想要什么。哈耶克认为，我们不可能知道人们需要什么或应该得到什么。然而，民主参与的过程，以及对权力进行限制和追责的手段，需要个人之间的商议和判断，使得对需要甚至应得的考量对个人和社会有可能变得清晰起来——这些条件在纯市场中并不适用。

实际上，哈耶克希望把国家的行动局限于容易犯错的和非理性的人能够理解的事情，从而限制国家。"本质要点不是在政府行动的背后应该有某种指导原则，而是政府应该局限于让个人遵守他们知道的并且能够在其决策中纳入考量的原则。"[48]但对于政府在建立市场经济上所扮演的角色，哈耶克的方案依赖于一组理性表达的区分，涉及政府可以做什么，不可以做什么。当他认为这些区分被逾越了，他就会赞同使用强制手段来纠正。他在这些问题上的把握是如此之大，以至他愿意把自己的信誉借给智利的皮诺切特政权、曼德拉释放之前的南非政府用。哈耶克在捍卫自发制度上所使用的经过精心调整的论证，质量远远高于他对自己那个时代的政治和政权的分析。

凯恩斯：理性与政策制定

凯恩斯所面临的反对困境源自对他的理性概念之外的知识形式的摒弃。愚蠢是他的标靶。愚蠢被定义为包含一切不符合凯恩斯盖然论理性主义的言论。关于这一点，例证丰富而有趣，他在职业生涯晚期的视角改变也是如此。

对不那么开明的人的刻板描述大量存在于他的著作中。正如他的文集的主要编辑和《梅纳德·凯恩斯：一个经济学家的传记》（*Maynard Keynes：An Economist's Biography*）的作者唐纳德·莫格里奇所指出的，凯恩斯明确地把自己的经济学概念看作"明智的"。[49]他把其他经济学观点贬低为某种形式的无知，他称之为"自利"。他实际上反对的是原始的物质主义、贪婪、高利贷，以及对诸如身份这样一些地位商品"贪得无厌的"需求。[50]

凯恩斯是糟糕政策的高明谴责者。当保守派拒绝为了抵抗萧条而增加支出时，凯恩斯抨击道：

> 在这个有着高度愚蠢倾向的国家，每个仇恨社会进步、热爱通货紧缩的人，都觉得自己的时机到了，并得意扬扬地宣布，通过抑制各种形式的经济活动，我们的社会就能再次繁荣起来。[51]

当转到评价专业同行的工作时，一个很能说明问题的例证是他对哈耶克的著作《价格与生产》的评论：

在我看来，这本书是我读过的最吓人的充斥着胡言乱语的作品之一，里面几乎没有一个扎实的命题……它是一个不同寻常的例证，说明了从一个错误开始，一个死不悔改的逻辑学家如何最终把自己变成了一个疯子。[52]

就连这样的话也只是比原话稍稍温和了一些，凯恩斯的原话是在哈耶克的书中"（第一讲之后）几乎没有一个命题不为假"[53]。

至于意识形态和意识形态的拥护者，凯恩斯对右派和左派的公开谴责可以说是一视同仁。

在凯恩斯看来，一些无知的表现包括民族主义和阶级斗争。有一些形式的"愚蠢"既困扰领导人，又困扰大众。[54]这些力量的影响必须通过理性精英的干涉来加以对抗。

凯恩斯说，自由放任主义和自由竞争都是"假设"，与这个世界的运转方式越来越不契合，因此明显不是政策制定的合理模型。只有管理恰当的资本主义，才有可能满足基本需要。一旦实现，广大公众就会从持续不断的生存压力中解放出来，足以回归"心智健全的智慧"。[55]

检验领导人和平民大众的是专业性。20 世纪 30 年代初的金本位危机和赔款问题一样是以抵抗的形式展开的。在写给朋友的一封信中，他抱怨："我们为什么总是要经历这些拖拖拉拉的灾难性阶段，然后才能面对任何事情？"[56]在公开场合，他对"那种真正让我们分裂的、很难充分表达的深刻理性"感到困惑。[57]

在社会政策领域（在他的著作中索性被贴上"性和毒品"的标签），他认为，流行的公共观点都是"中世纪的"。新的政策应当基于"受过教育的和未受过教育的"人从他们的私人生活中透露出来的"文明的"意见和实践。对伯克那个意义上的先例或传统，肯定不存在任何特殊的尊重。

然而，凯恩斯并没有对不同民族进行恐怖描述。在凡尔赛，他自由地指责协约国和德国的提议。[58]他的身份并不依赖于种族，尽管他内心认为在英国可以找到比其他地方更通情达理的人。阶层或许是另外一回事。正如斯基德尔斯基所评论的："贵族始终是荒唐的；平民始终是'愚蠢的'。生活中的好东西始终出自中产阶级。"[59]

总的来说，他认为人类普遍是愚蠢的。他在与人面对面交流时可能像在文字中一样尖刻。在凡尔赛，作为财政部的一位年轻官员，他彬彬有礼地告诉劳合·乔治，首相关于法国问题的专题演讲是"胡说八道"。[60]尽管他在被批评时脾气暴躁，但他也接受批评。人们经常看到凯恩斯承认某个观点，并据此改变策略——这个特性哈耶克并不具备，而且这导致哈耶克在需要瞄准目标时手忙脚乱。

话虽如此，但就凯恩斯而言，还是有所进步，他能够更成熟地看待他早年对理性动机的热情。凯恩斯所显露的智慧体现在一篇令人吃惊的回忆录中，那是他在 1938 年对布卢姆斯伯里的同僚们发表的一次非正式演说，后来作为《我的早期信仰》(*My Early Beliefs*) 出版。这本引人注目的小册子包含了他对剑桥圈子的观点的思考：

> 这一伪理性的人性观导致了一种浅薄，一种肤浅，不仅仅是判断上的，还是情感上的……把理性归因于人性而不是丰富人性，如今在我看来就是使之枯竭。它无视了某些强有力和有价值的情感之源。人性的某些自发的非理性爆发可能

有一种价值，因此我们的系统性方案与之隔绝。除了这些源于自发的、爆发性的甚至是邪恶的冲动的价值之外，还有很多有价值的思考和交流的对象，超出我们所知道的那些——与共同体当中的秩序和生活模式以及它们能够激发的情感有关。[61]

彼得·克拉克警告我们不要过度解读这种否定。在凯恩斯的早期作品中确实可以找到方法论与道德之间的关联，而且在 1938 年有一些个人原因和历史原因使得心脏病发作的凯恩斯对人类状况有所怀疑。[62]

凯恩斯依然是一个理性主义者。然而，他作为一个进步知识分子的成熟在于他认识到，个人理性与社会利益之间并不存在必然的联系。[63]正如他在支持新政的公共支出时所论证的那样："一条可能让单个个体变得穷困的行动路线可能让一个国家变得富裕。"[64]作为一个哲学家，他得出这样的结论：需要范围更广的证据来支撑他的概率分析，而不只是统计学家的数据和逻辑学家的前提。

凯恩斯认识到，只有把逻辑应用于"共同体当中的秩序和生活模式"，才能实现有益的社会行动。这为机构干涉个人行为提供了基础，这些机构代表共同体的利益做出有意而审慎的判断。凯恩斯的《我的早期信仰》所代表的，不是对概率论行为功利主义的拒绝，而是其前提的一次成熟。凯恩斯极力把范围更广的证据纳入计算，亦即"预期""心理力量"甚或用凯恩斯更著名的短语来说的"动物精神"。[65]这些动机所彰显的模式正是能够进行智慧评估的内容。对进步主义者来说，把这些模式与公共政策关联起来构成了行动的基础。

凯恩斯的进步主义方法论在《就业、利息和货币通论》中得到了生动的说明，他这样总结自己对资本边际效率的讨论：

> 我们不应该由此得出一切都依赖于非理性心理的波动这样的结论。相反，长期预期的状态常常是稳定的，而且当它不稳定的时候，另外一些因素也会发挥补偿效应。我们只是在提醒自己：人类决策影响未来，不管是个人的、政治的还是经济方面的决策，都不可能依赖于严格的数学期望，因为做出这种计算的基础并不存在；正是我们与生俱来的行为冲动，让轮子转动起来，我们的理性自我在不同选项之间做出选择，尽我们所能在我们能够计算的地方进行计算，但常常需要兴致、情感或机遇为我们提供动机。[66]

斯基德尔斯基认为："经济学过去是、在很大程度上依然是从稀缺性条件下的选择逻辑中构建起来的。凯恩斯的经济学可以追溯到他的年轻时期，与选择逻辑有关，但不是在稀缺性的条件下，而是在不确定性的条件下。"[67]凯恩斯并没有太多发自内心的稀缺性体验，但是，一个在知识和情感的温室中长大的人，总是对周围的环境投出警惕的目光。事实上，这一环境中的人有着各种不同的冲动和高深莫测的动机。

尽管稀缺性无处不在，但不确定性却是两次世界大战之间及其之后的大问题。对于那些有意志、智慧和自信为了共同利益而采取行动的人来说，不确定性依然是个大问题。凯恩斯认识到："文明是薄弱易碎的外壳，由少数人凭借品格和意志建立起来，只有通过规则和惯例才得以维持。"凯恩斯比他那个时代的任何人都拥有更多的技巧。凯恩斯是一个细致入微的观察者，他却把自己隐藏起来。[68]在面对不确定性时，由于长期实践，他比其他大多数人都更加确定。

　　阅读他的任何作品或者细读描述其个性的任何回忆录都能很容易看出凯恩斯是一个才华横溢的大师。他的自负常常被挫伤。然而，斯基德尔斯基提供了一个更中肯的评价，指出："他能够推翻任何论证，包括一些好的论证，并使人们不得不接受他的坏论证。但他有一种自我纠正的品质。很多人注意到了他有以同样的信心阐述相反观点这样一种习惯。"[69]哈耶克及其他人都发现这个习惯令人困惑。但有一点很清楚：他到最后总是尊重好的论证，并清楚地知道自我最终必须服从证据。

　　基于工会难以处理工资下降的问题，哈耶克把凯恩斯的《就业、利息和货币通论》贬斥为一份政治观点摘要，但这不过是五十步笑百步。哈耶克只是决心要为他对当代政府之恶和市场之善发自内心的确信找到一个根据。哈耶克与凯恩斯的差别在于：他的政治确信与他的理论关切仿佛在打网球，而且他的打法在稳步改进。克拉克指出，在 1929—1930 年，凯恩斯极力寻找办法来证明对经济暴跌及时做出激进的回应是有道理的，以便在选举中帮助劳合·乔治和自由党。他提出了著名的"乘数"理论，当时还很粗糙，但选举结束后他对自己的理论进行了一次重估。克拉克评论道：

　　　　到了这个时候他才在自己过去的著作中看到了一个逻辑一致的根据，而当时他很少瞥上一眼。对于他通过将政治偏见和纯粹直觉结合起来所支持的政策动议，他认识到了一个合乎逻辑的经济理由。[70]

　　凯恩斯直面他的政策观点对其理论的意义，早在 1932 年就构想出了一些基本概念，因而他的观点能够在《就业、利息和货币通论》中得到系统性的阐述。[71]事实上，被哈耶克指责为无原则地改变立场的，是一个学习和发现的过程。相比之下，哈耶克似乎根本没有学到多少东西。

一个像凯恩斯这样复杂的人物，当然会吸引一些有着各种不同视角的分析者。一些用更倾向于精神分析的方法来分析凯恩斯的人，比如查尔斯·赫申（Charles Hession）和皮耶罗·米尼（Piero Mini），把凯恩斯引人注目的人格的影响力归因于他异于常人的双性性格（见赫申的分析），归因于他易变的"神经系统"（见米尼的分析）。[72]米尼提供了一幅令人信服的图景：

> 某个现实完全由身体行动和身体反应的核心部分构成，而我们通过狭隘的理性、逻辑和数学关系来解释……另一个现实是社会世界，其中"力量"不是原子和分子，而是贪婪、欲望、愤怒、报复、自制、鲜血、文化、习俗、爱、野心、勇气……以及这些不可估量的因素之间令人惊讶的相互作用。我们的文化倾向和哲学倾向要么无视它们，要么用物理的方法来处理它们。例如，古典经济学用欧几里得的方法来处理"贪婪"，并创造一个美丽但是幻想的世界——一般均衡模型，但气度大的人会设法超越纯粹的数学，他的洞见会与"物质主义"思想者的观点发生冲突。[73]

米尼认为，内疚——不亚于其他任何东西——是产生这么多神经能量背后的驱动力。[74]

本书的方法并未达到这些解释层面，重点是把可观察的行为作为精神的一个线索，而不是对精神的直接分析。对于本书的目的，赫申和米尼对凯恩斯广泛的个人本领的描述充实了这样一个论题：这是一个真正的身份"实现"的实例。至于这一实现是不是由内在的精神状态（或神经）提供动力，答案必定是推测性的。在笔者看来，证据导致这样一个结论：凯恩斯的身份形成涉及行为、精神和社会的特殊综合，而不是其中任何一种力量发挥决定性作用。如果真的是这样，我们当中不是那么非同寻常的人所能学到的东西是，我们的命运至少有一部分是可认知和重塑的。重塑的那一部分涉及与我们周围的人的共同行动。

诚然，保罗·斯威齐（Paul Sweezy）对凯恩斯公然批评马克思主义的描述有一定程度的真实性。他强调："凯恩斯有一个习惯：把国家作为天降救星来对待，每当人类行动者依据资本主义游戏规则而行动却陷入一个明显无法逃离的困境时，他就会求助于这个救星。很自然地，这个威严的干预主义者致力于解决一切事情，其方式让作者大概也让读者感到满意。"[75] 然而，凯恩斯对需要正确的性情和明智的判断并不抱任何幻想。他愿意面对这一需要，而不是让阶级斗争和"历史力量"或"自由"市场来决定。他信任以民主方式负责任的决策者，甚于信任政治家或银行家。

没有什么是凯恩斯未觉察到的。尤其是，他是一个研究人的作用的理论家。他也是一个民主主义者，尽管不是一个民粹主义者，因此，他觉得，应当根据民众能够看到的结果来评判领导能力。人们只尊重理性并根据合理的价值观采取行动。作为干预主义者的典型特征的智慧对所有愿意研究形势的人都是可用的，衡量经济表现的基准比方说失业率也是如此。

凯恩斯主义经济学启发了一代有政策头脑的分析家，他们的影响遍及当代社会的每个角落。他还为评估政策和领导人的效率创造了一种通用语言——面对时代真实病理的经济"健康"语言。[76]西摩·哈里斯（Seymour Harris）把他1947年有影响力的文集《新经济学》（*The New Economics*）题献给"那些追随凯恩斯勋爵的领导者、致力于把经济学打造成一个诊断和治疗经济疾病的有用工具的经济学家"。[77]

不像拉斯基或哈耶克，凯恩斯有直接的市场经验和政府经验，前者是通过投机和商业运作获得，后者是通过在印度事务部短暂却十分有益的任期，以及后来在财政部、在停战谈判中以及在制定经济政策方面给政府提供服务获得。[78]他在这两个领域都看到了大量的蠢行，但他也看到了补救的可能性。

不像哈耶克，凯恩斯能够看出公共与私人之间的区分越来越成为一个巧妙的手段，既掩盖了又揭示了塑造重大经济投资、货币政策和财政决定的压力和责任。他在20世纪20年代做出的"公共投资"与"政府支出"之间的区分，在21世纪之初重新获得关注，以恢复民主统治在塑造西方经济和社会命运上所发挥的作用。克林顿总统和首相安东尼·布莱尔都在清楚表述"第三条道路"的意义时推进了这个用法。

当然，凯恩斯相信统治与商业的联合有一个著名的基础，即他的这样一个评论："在一个思考和感觉正确的社会里，可以安全地做出一些危险的行为。"同一个社会通过数不清的习俗、制度和价值观，既影响公共活动，又影响私人活动。斯基德尔斯基回应道："凡是（在英国）经历过20世纪70年代的人，都能从凯恩斯对哈耶克的警告做出的英国式回应中看出一种巨大的哀伤。"[79]任何一个体验过官僚主义过度行为或资本家无情剥削行为的人都可能加入怀疑主义阵营。但哈耶克的解决办法在很大程度上是要让政府变得无能，连同它的集体决策过程，以支持"自发的"个人决策——正如拉斯基要消除个人剥削别人的可能性。到最后，哈耶克开始承认，一个价值共同体，哪怕是宗教价值共同体，对从"自发"行为中产生好的结果是必要的。在凯恩斯看来，解决办法不过是通过想象和分析来判断审慎。随着时间的推移，70 年代的过度行为和更过分的剥削形式在民主国家得到了解决。只有当政治组织不能应对大的社会危机时，政府才会在大众的支持下滑向暴政。

对凯恩斯来说，制度不是问题，做出决策的诊断者的分析失败才是问题。他实际上从不质疑制度本身的合法性。为了理解约翰·斯图亚特·穆勒那句著名的俏皮话，他试图对市场和政府里的那些蠢猪扮演苏格拉底。他相信政策制定者能够应用他的分析改善生活，这一信念依然未变。

《通往奴役之路》出版后，凯恩斯对哈耶克的著名反驳是：如果是由头脑清晰的人掌控政策制定权，就未必会有一条通往奴役的下滑路。市场鼓吹者常常带着温和的嘲讽回应这个说法，他们提出了一些实例，但在这些实例中，头脑清晰的人明显掌控不了政策制定权。然而，其中的关键要点要进一步说明。凯恩斯做出了哈耶克及其追随者根本感觉不到的政治判断。他预言，不加掩饰的自由放任主义将会导致明显的不公平和周期性出现的萧条。这些结果招致了民主选民如此大的对抗，以至他们会转向威权主义政权，而这样的政权将会侵蚀民主和自由市场的基础。[80]具有讽刺意味的是，哈耶克将比凯恩斯更快地使人们通向奴役之路。导致这种下滑的，是民主统治原本可以避免的失败，而不是强制权力不可避免的增长。凯恩斯无疑把这一预言建立在他在 30 年代目睹的民主崩溃的基础之上。用凯恩斯的话说，有一些起平衡作用的政治和经济力量以及人类行动的关键作用，在调和它们之间的紧张。

在哈耶克的世界里缺少市场与政府之间任何这样的"均衡"。他对能够缓和通胀及其他对这一关系的滥用的政治进程或政治领导层都表示不信任。奇怪的是，拉斯基的宇宙论同样与政治无关。他并不完全相信他所倡导的东西：民主化的政体能够控制资本主义的过度行为，而用不着没收财产。这导致他对社会主义的过度行为采取权宜之计，而这在苏联经验及其在整个东欧的扩张中显而易见。

意识形态的反对困境出现在所有这三个案例中。只有凯恩斯似乎克服了他早期偏见的一些最伤人的方面，这些偏见针对的是被他如此随意地贴上愚蠢标签的事物。凯恩斯对秩序和生活模式的有效证据的理解渐趋温和。然而，对哈耶克和拉斯基来说，只有一条道路会导致越来越强烈的反感，并对他们的意识形态核心制度提出越来越多的要求。[81] 或许，凯恩斯复杂人格的成熟解释了这样的结果，而对拉斯基和哈耶克来说，事件——既有公共事件又有私人事件——都继续强化了形成其身份的最初推动力。

第11章

意识形态、身份与当代政治

当开始这项研究时，本书注意到了 20 世纪的意识形态转变：从政府的党派偏见转向政府与市场之间受到管控的关系，最终转向市场作为社会问题的解决办法。这在 21 世纪给我们留下的遗产是：社会的核心制度——政府和经济——在当代政治中成了意识形态的客体。这些制度的意识形态化，把一些统一的、可预测的品质归因于一些事实上很复杂的、互相缠结的实体。现实的政府与经济就其活动的范围和道德内容而言千差万别。政府可以把人们引向战争，也可以把人们从战争中解救出来，可以帮助穷人或不应当受到帮助的人，可以拯救或破坏环境。同样，市场也可以把人们引向浪费和挥霍，引向生产力，引向繁荣与萧条的循环。

然而，这些制度的意识形态化赋予政府和市场统一的、可预测的品质——这些品质创造了一些引发公众支持和反对的安慰和威胁。不是把这些制度理解为包含多种复杂性质的过程和实践的实体，而是把它们看作基于动力、内在本质以及个体福利设计的行动者。这些政治化的回应削弱了民众理解这些制度如何运转、在制度之内可以找到什么新的可能性的能力。

美国政治中意识形态僵局的一面体现在"市场是理性的、政府是愚蠢的"这个论断中。美国众议院多数党前领袖、众议员和哈耶克的追随者迪克·阿米（Dick Armey）用此来总结保守派的信条。这让人想起了相反的一些论题，比如资本主义是浪费的和非理性的，只有好政府才能把人们从它的劫掠中拯救出来。当21世纪开始时，这些相反的立场构成了西方民主国家媒体讨论、政治运动和社论撰写的基础。

该如何看待西方政治的这一转变呢？如今，西方处在新的千年，理解20世纪把西方引向了哪里或许是有价值的。需要找出一些线索来把这个故事串起来，使得人们能够从中得出它对当代政治经济的意义。或许，如果能够清晰地理解这个故事，就能找到一条路，在一个新时代的黎明通向更好的政治。

拉斯基：阶级意识的兴衰

在拉斯基去世时，牛津大学历史学家、曾把20世纪20—40年代称为"拉斯基时代"的马克斯·贝洛夫写道：这样一个时代如今结束了。拉斯基与其所处时代的协同作用在1945年的选举中达到顶点。社会主义——更多的是知识分子的学说，而不是工人的学说——与选举政治相结合，产生了一个切实的结果。这次胜利"恰好代表了拉斯基长期以来于其中作为主要知识分子倡导者的社会和意识形态的混合"[1]。拉斯基小心游走于理论家的马克思列宁主义与工会政治家的务实思维之间，把一组可接受的观念引入了政治行动。他对工人阶级的浓厚情感，对英国自由主义价值的根深蒂固的承诺，以及对英国制度及其领导者的亲和力，使得这样的航行成为可能。

看似荒谬的是，尽管拉斯基自己的声望可能下降了，但他费了很大力气提出的那项计划的一个温和版本在 50 年的时间里成了英国政治的标准。保守党人很快从他们 1945 年令人震惊的失败中学到了教训，在 R. A. 巴特勒（R. A. Butler）、哈罗德·麦克米兰（Harold Macmillan）及其他领导人的巧妙指导下，重塑了他们的意识形态，至少是着手解决了"两个英国"的问题。巴特勒认识到，除非保守党人能在经济和社会不平等问题上赢得一点信誉，否则，英国选民绝不会允许他们组建政府。[2]

撒切尔夫人对垄断工会主义和赤字开支的反抗带来了巨大的政策改变，但英国选民的基本政策观改变不大。正如艾弗·克鲁（Ivor Crewe）和唐纳德·西林（Donald Searing）所指出的，玛格丽特·撒切尔上台掌权的原因并不是她的意识形态多么有吸引力。在 1975 年她因为反希斯态度而赢得党内领导权。1979 年，撒切尔夫人赢得大选是因为"她在那个'不满的冬天'受益于工党的崩溃；在 1983 年和 1987 年，她再次当选是因为反保守党的选票被两个反对党所瓜分（两个政党本身也存在内部分歧）"。[3]根据对经济权力和政治权力的一些关键问题所做出的民意调查，撒切尔夫人在当政的那些年并没有改变基础性的民意结构。在某种程度上，她"推崇哈耶克的思想"，祈求选民支持的祷告并没有实现。

在左派，连续几任工党领导人对社会主义学说的坚定拒绝，在安东尼·布莱尔把工党朝西方政治光谱中间重新定位时达到高潮。工党在 1997 年重新掌权，但不是由于重新得到多数选民的支持，而是由于扭转了保守党的有利形势。工党盗用自由党的政纲甚至还有保守党议程的一些内容，使得工党能够得到所需的45％的选票。类似的得票率曾经在三方竞争中把撒切尔夫人推上了台。社会主义者、自由民主主义者和温和派投票支持布莱尔。保守党、自由党和一些民族主义政党瓜分了其余的选票。

当当代政治领导人极力定义"第三条道路"时，财富和收入的悬殊越来越突出。在第三条道路政治实施十年之后，发达国家似乎更加不符合拉斯基的标准："在人人都有面包之前任何人都不可能有蛋糕。"第三条道路为处于底层的人创造了更多的机会，尽管作为交换的是对安全网供应的削弱。然而，第三条道路远没有遏制富人吃蛋糕的倾向，反而明确地鼓励他们，正如不断加剧的收入和财富不平等所表明的那样。[4]在这方面，第三条道路接受了哈耶克关于资本主义积累和私人投资合法性的观点，同时保留了福利国家的某些残余。

如果拉斯基今天出生在同样舒适的环境中，出于个人原因，他很可能会走上同一条反叛和背弃本阶级的道路。如果没有来自第一次世界大战和大萧条的关于阶级之恶的证据，不可能有那么多人追随他。赋予广泛的反叛以正当性的，并非不平等的存在，而是富人在处理事务包括国外事务和国内事务上的不让步和自私自利。然而，制度权力变动的最终结果是政府信誉扫地，市场获得了合法地位。

另外一些议题——女性主义、种族平等、环境保护、恐怖主义——明显取代了民主社会主义的旧政治。尽管这些运动是可理解的和必不可少的，但不再合适的是一项大规模的战略，把在社会中被剥夺的、处于弱势的、被边缘化的群体联合起来。事实依然是，政府是唯一有能力对抗企业主导地位的工具，也是和平推进民主和社会平等的手段。但问题依然是政府怎么才能最有效地行动。关于这个问题的教训，我们最后一次求助于凯恩斯。

凯恩斯：概率与进步

在 20 年代和 30 年代的刺耳噪声中，凯恩斯只是几个争夺公众注意力的有力声音之一。他的影响力起初源于他对第一次世界大战对欧洲和西方影响的预言，以及对大萧条应对措施的争论。他的力量随着第二次世界大战后他成为新的制度和政策指南的立法者才得以充分展现。正如彼得·克拉克所指出的，凯恩斯的制度良方与第二次世界大战后英国的历史形势之间存在一致性。在《凯恩斯主义的必胜时期》一文中，克拉克提出：

> 政府承诺维持稳定的高就业水平；向工人阶级倾斜的收入再分配得到了经济理论和社会正义的认可；增强了的工会地位正在朝相同的方向发挥作用。这是一个社会民主主义构想，可以说凯恩斯是它的权威。[5]

因此，凯恩斯属于世界。他的思想由于不同的原因在不同的国家被接受。[6]然而，战后时期所有西方政府都需要免受繁荣和萧条的冲击，需要一个理由来满足对住房、交通、教育、卫生及其他服务的爆炸性需求。在可供选择的观点中，凯恩斯主义对建制派没有威胁性，不煽动革命，不会给政府带来产生不可挽回后果的风险。[7]由于他的温和，他成了进步主义最大的希望，成了停滞或造反的替代方案。

在国际上，凯恩斯主义成了一种经济发展的基本原理，集中于政府的经济导向，延伸到了世界各地，技术专家自认为手持繁荣秘方，不太考虑当地情况。[8]这些技术专家在他们对科学凯恩斯主义的热情中把现有的制度和做事方式搁置一旁。他们预示了20世纪末公文包里装着哈耶克作品的自由市场鼓吹者在前铁幕国家所扮演的稳定破坏者的角色——尽管有着更具建设性的结果。

凯恩斯主义被重新改造成了一个"体系"，那些分析过像保罗·萨缪尔森这样一些教科书作者的影响力的人详细记录了这一改造。正如恩格斯将马克思主义重新塑造成一门听起来精确的历史科学一样，马克思主义与凯恩斯主义的创造性核心也常常被人们所忽视。[9]凯恩斯对评估经济量化参数的偏爱给人以一个体系的印象，他提出比如"凯恩斯乘数"之类工具的天赋也是如此。但是，用斯基德尔斯基令人难忘的话说就是，凯恩斯"不是第一个现代统计学家，而是最后一个数字魔法师"。[10]数字暗示了科学，但分析和解释的艺术和技能才是凯恩斯最好作品的典型特征。

要让人们接受凯恩斯对政治经济学的调控方法，需要公众抱着足够的希望认为对幸运的调和是可能的，对不幸的调和多有效则抱一定程度的怀疑。30年代及战争时期的绝望，以及战后冲突和重建的大戏，侵蚀了这些假设的基础。相比之下，社会主义提供了一个更有力的途径：从根本上重构塑造社会和个人命运的力量和制度。正如我们已经看到的，英国在40年代达成了凯恩斯主义国内政策，不是通过拥护而是通过避免进一步走向社会主义革命。在50年代直至70年代，当公众希望明智而温和的干预形式可以改善他们的生活时，凯恩斯的方法很能反映公众的心境。

尽管有原创性，但凯恩斯到最后一直尊重古典的经济学方法，以及更一般意义上的文化。戴维·菲利克斯援引凯恩斯对自己作为一个经济学家的思想遗产的最后评论，来证明凯恩斯重视亚当·斯密对市场互动甚至还有对推动经济走向最优均衡的压力的感觉。[11]凯恩斯明显并不把自己的工作视为取代古典分析，而是视为在边缘添加一组关于干预何时、为何及如何能够为那些力量增添实力的洞见。

凯恩斯特定形式的普遍主义存在的问题在于，它并非基于对普通人如何勉强维持生计的实际理解。与生活现实的日常斗争很难带来幸福的心态。正如伊丽莎白和哈里·约翰逊（Harry Johnson）所证实的，凯恩斯"对于工人阶级的生活究竟是什么样子毫无想象力，尽管他非常关注让工人阶级的生活变得更富裕、更有保障，并把他那种人所享受到的闲暇和文化快乐扩大到工人阶级"[12]。至于共同感受，昆汀·贝尔回忆起 1938 年"一场款待雇工的盛大聚会"。在那个篝火之夜，客人们受到的款待是主人发表的一篇"无疑充满智慧的演说"，但不能引起他们的兴趣，他们倒不是不喜欢这篇演说，而是不赞同把钱浪费在这样的庆祝活动上。[13]平民大众觉得自己在上等人的世界里算不上完整的公民，因而他们成为反精英主义者情有可原。

而且，尽管凯恩斯常常被指控支持精英主义，但他并不认为智力是建制派的专利。他把愚蠢视为一种恶，像原罪一样人人有份。他还认识到——用一位印度崇拜者阿南德·钱达瓦卡（Anand Chandavarkar）的话说——"发展的关键在于创造一个建立在民众能力而非精英主义基础之上的社会"[14]。他相信，他看待经济学、价值观、美学和生活本身的视角对所有深思熟虑地考量这个世界的人都是可用的。尽管凯恩斯依然对"或多或少目不识丁的选民大众"抱怀疑态度，但这并非因为他们天生就劣于比他们更强的人，而是因为他们要么不需要、要么没有能力获得分析经济的技术。[15]因此，尽管大众民主可能值得怀疑，但凯恩斯的精英主义——正如他所看到的——是一个实践性的问题，而不是基于阶级的信仰问题。最终目标是所有社会部门的广泛改进，而不是增加贵族或资本家的特权。

凯恩斯对当代政治的重要意义在于，尽管他的观点可能已经成熟，但精英对世俗理性主义的亲近与社会宗教和道德习俗之间仍存在分离。凯恩斯的进步主义继承者没能有效地致力于解决对道德和发展的关切，这使他们没有能力回应无处不在的媒体文化所提出的挑战，而正是这一文化侵蚀了信仰并削弱了人类发展关键进程的基础。公众对制度和决策者的绝望与不断下降的民众政治参与率是一致的，与最不满者当中道德主义运动的动员也是一致的。

哈耶克：退出与重生

具有讽刺意味的是，资本主义元老哈耶克却让平民大众觉得自己不是外人。一个名叫玛格丽特·撒切尔的女士说："我的'布卢姆斯伯里'是格兰瑟姆——在那样的环境中，卫理公会教义，杂货商的店铺，扶轮社，以及所有严肃而冷静的美德，都得到了培养并受人尊重。"她的话让这一点变得耳熟能详。[16]在大西洋彼岸，一个扮演凡夫俗子、并不总是能赢得姑娘芳心的演员，让哈耶克的话语变得通俗易懂、深受欢迎。

到 20 世纪 80 年代，公众有理由担心，作为解决经济和社会问题的途径，管控和节制是远远不够的。人们认识到，公共支出——国内支出和军事支出——已经失控，经济福祉受到通胀、犯罪增加和社会腐败的联合威胁，这一认识导致人们转向平民主义。正是亲市场意识形态的兜售者对平民主义的应用，让平民主义者的怒火改变方向，不再对准资本家的腐败和贪婪，而是转向怀有恶意的政府和知识分子的精英主义。

在还是个年轻人时，哈耶克就曾目睹奥地利君主政体的土崩瓦解，他学会了憎恶政府。他似乎没有想到，那个不民主的、腐化堕落的、被打败的政权与 20 世纪晚期的大众民主政体之间相似之处甚少。他的思想的轮廓——即便不是它的起源——如今很符合公众的心态。他谴责政府干预的坚定口吻与民意一致。

哈耶克看似矛盾的观点俘获了公众的想象：矛盾的是，一方面，他对现有政府实践提出了强有力的批评；另一方面，他又对自发力量的恢复力抱有乌托邦信念，这些信念在"自由宪章"中开始发挥作用。为 90 年代的经济繁荣提供动力的，既有计算机技术和互联网的出现所带来的生产力提高，又有税收、政策制定过程或社会供给的任何变革。然而，公众的心态从反对精英及其操纵的政府转向了一种很符合哈耶克观点的文化平民主义。如今，市场的自发力量在世界股市引发了又一轮的泡沫破裂，公众的情绪可能会再次转向。

另外，哈耶克的方法的缺点在于把可能性投射为必然性。不管哈耶克怎么否认自己是个决定论者，正是决定论的风格赋予他的论证以意识形态推力。哈耶克让广泛的民意对市场的知识动员功能变得敏感，从而实现了某种深刻的东西。然而，市场意识形态的拥护者可能会毁掉这一理解有望带来的好处，他们承诺减少政府服务之后会带来更大的社会利益。

仅仅根据市场优于政府（反之亦然）这个假设而对错综复杂的权力安排做出改变，很可能恰好让船在原地转圈，因为推动这些改变的动力是欲望，而不是实际的航海术。是时候打住了，不再审视这三个案例，而是看看对于一种改进了的政治经济学，究竟有哪些更广泛的教训可以汲取。

身份、政府与市场

我们在一种有点古怪的情况下来到 21 世纪。意识形态之争已经从左右两个极端转到了中间地带，很少有党派信徒对此感到满意，一般民众也感到厌烦或绝望。在西方民主国家，选民的参与率持续下降。与此同时，反对全球化影响的恐怖主义的爆发动摇了体制的基础。

具有讽刺意味的是，那些带来几十年和平与不断增长的繁荣的制度——政府和市场——眼看着就要信誉扫地。政府想要"你的钱"，所以它可以强迫你去做你在其他情况下不会去做的事——而且是以一种消费的方式。市场引发了增长和投机的浪潮，同时吞噬了人们的安全感，威胁着他们生存的环境，并导致了财富集中。对权力精英操控全球化的想象刺激了激进的回应。

然而，只要稍加思考，大多数人就会同意：政府有能力做好事，而且无论如何这对保持文明生活绝对必不可少。同样，压制自由企业并摧毁市场的命令经济或腐败的政治经济是自由的敌人。既然证据就摆在那，所有人都可以看到政府和市场都有可能是好的或坏的，而且政治道德并不是制度所固有的，它产生于公民、生产者和消费者的行动，那么为什么还会有人认为政府是坏的（或好的）、市场是好的（或坏的）？

轮番瞄准市场中的资本家、政府中的政治家和所有领域的精英，认为他们是密谋危害公共福祉的罪魁祸首，这大概是不可避免的。我们已经看到，哈耶克、凯恩斯和拉斯基都成为这些斗争中的偶像。这三个人全都启迪了人们对复杂社会的理解，即使他们引发了一些反应，让处理政治学和经济学现实的任务变得更加复杂。认为哈耶克、凯恩斯和拉斯基对他们的观点被人曲解负有责任是不公平的。[17]然而，正如已经证明的那样，这样的曲解是建立在夸大从他们的作品中所发现的趋势的基础之上。去争议化的结果并非全是不好的，当然也不是完全可以避免的。意识形态照亮新的可能性并激发大众参与。正如迈克尔·弗里登在他有着巨大影响的研究意识形态和政治理论的著作中所得出的结论："意识形态可能是操控人类行动的权力结构，但也是观念体系，使得我们能够选择成为我们想要成为的人。"[18]这里讲述的故事的要点是鼓励对身份和意识形态做出更深思熟虑、更慎重的选择。

尽管反对困境可能并不是意识形态行为的普遍特征，但肯定是我们希望找到的主要关联类型之一。想要直面一个人自己的或社会的改善条件所遇到的某个假想障碍，这一由身份驱动的欲望有危险的一面。这种危险恰恰存在于描述这三个案例典型特征的分析失败之中。

阿尔伯特·赫希曼（Albert Hirschman）在论述不妥协修辞

（rhetorics of intransigence）的时候注意到了另一个在认识论上很危险的关联模式——反动分子和进步主义者正是借助这种不妥协修辞，把他们的肯定案例与必然性的论证捆绑在一起。[19]这种论证在政治上很方便的一个特征是，如果缺少对未来的认识，你不可能证明它们。我们关于身份与意识形态之间关联的讨论暗示了这种诉诸不可避免之事的办法，是某些人所借助的手段，他们需要的支持超出了可以用来支撑其理由的验证手段。拉斯基关于暴力是社会主义之外一个不可避免的选项的预言很贴切，哈耶克对通往奴役之路的想象也是如此。

对于反对的需要或诉诸不可避免之事的手段所推动的论证，当它们聚焦于复杂的制度和政府及市场的多用途性时，其危险就更大了。[20]制度并不以哈耶克和拉斯基倾向于认为的方式发挥作用，精英也并不像凯恩斯的批评者所假设的那样完全可以预测，制度和精英本身都有学习行为的能力。正如美国社会学家约翰·坎贝尔（John Campbell）所证明的，制度通过一个解释、互动和"拼装"的过程不断进步，或者通过对之前的制度形式进行审慎的判断和组合来解决新的问题。[21]

市场在文化语境和政治语境中的演化是一个主要的例证。货币主义经济学越来越被看作一个局部的和党派性的方法，至少需要由对财政和预算策略的关注补充，为的是维持经济均衡并致力于经济的分配方面。[22]凯恩斯成熟的进步主义给选民及领导人提供了应对这一动态的一条路径。[23]当意识形态——不管是左派、右派还是中间派——忽视这些适应模式时，就有了解决过度行为的方法，这些过度行为在20世纪的政治和经济历史中是如此明显。[24]

意识形态是 20 世纪的大杀手，在现代民主制下转变为更温和的信条，使得其不那么危险。左派并不比右派更危险。如果说让民主成为可能的那种心理需要一定程度的明智判断，那么对反精英主义者来说，动员平民主义的怨恨就会很容易，这样的品质与阶级而不是与大众有关联。但是，一个怀疑论者只需指出理性判断并不是一个阶级的私有财产——实际上，关于这一点，凯恩斯有大量实例。把智力贬斥为一种削弱阶级统治的方式，大约就像把它贬斥为已经坏掉的推翻资本主义的机器一样合情合理。对于良善社会来说，智力和机器都是必不可少的。

当政治领导人把信条简化为口号时，将不断改变的承诺、共同体和能力所带来的发展挑战转变成意识形态立场最具威胁性。美国国会议员迪克·阿米的陈词滥调"市场是理性的，政府是愚蠢的！"是一个恰当的例子。这样一种哈耶克主义的对制度的意识形态化能让政治家把注意力从有利于富人而以牺牲边缘人的利益为代价的政策实质转移开来，但会给民主讨论的意义带来更严重的损失。

如果当代社会致力于解决最重要的政策难题，审议共同体的决策就不能是随意的。要想有效率地做成这件事，需要发挥社会知识的充分潜力。民主制度使得那种削弱意识形态路径、调和不同竞争身份的概念塑造和提炼成为可能。凯恩斯拥有的智力对完成这项任务是必不可少的，至少，在他忠诚的传记作者罗伊·哈罗德看来是这样：

> 同时理解迥然不同的理论和事实的能力、对相关性的准确判断、强烈的现实主义是他最大的品质。除此之外，我们还必须加上他的如下能力：只要他确信自己已经得出了相关

的前提，而不仅仅是在空谈精密的理论，他就能发展出一连串严格的逻辑推理。[25]

尽管任何政体都不可能依靠官员来做决定，但最好的政治过程可以让这种判断浮出水面，以便选民及其代表能够在明智的选项之间做出选择。

政治与发展自由

在 21 世纪之初困扰西方的政治不适是一些基于意识形态的论证的特定构建的产物。建立在利益集团政治多元主义基础上的民主分析——这在一定程度上可归功于早期的拉斯基——直接导致哈耶克等人的保守主义批评（这一批评仅仅指向利益集团及其代理人的自利趋势）。如果民主是多元主义的，那么它就是由"特殊利益集团"统治的。

凯恩斯主义者之前宣称他们是为了公共利益而支持管制，如今这个声明淹没在呼吁把"我的钱"用完而不是为了公共利益而拿它去交税这种旧时现象。通过把个人的自利诉求与精英的组织化利益对立起来，保守派能够重新成为受压迫者之友。透过哈耶克提供的视角，政府被视为另一个特殊利益集团。里根、撒切尔夫人及其继任者都是直接的政治受益者。由此免于政府管制的资本家是前所未有的金融赢家，因为收入分配政策有利于他们。

如果想要逃出这个意识形态囚笼，就需要回到一个更温和的、历史根基更牢固的民主概念。[26]事实是，如果没有政府提供的法律和调和框架，市场就不可能存在。政府的存在就是为了调和利益集团并使它们妥协，尤其是那些在市场活动过程中出现的利益集团。一个不受管制的市场，除了碎片化的、不确定的定价机制，提供不了任何别的手段来抵抗最卑劣的人类动机。在这样的市场中，生命会被买卖。

民主政府完全不同于"利益集团"，这恰恰是因为它有建立在平等权利、公共主权、言论自由和有限权力这些概念基础上的宪法，并且有数量足够的信仰者的支持从而使这种体系得以运转。只有这样构建起来的制度才能在制定公共政策时做出明智的判断，并且它们受到防止滥用权力的措施的保护。人们可以通过选举对抗糟糕的判断或腐败，通过法院主张权利，通过公民自由来保护各种形式的抵抗。市场并不具备制定建设性公共政策可用的潜力，也不包含内在的限制来约束那些在政策制定过程中发挥作用的动机。政府和市场互相需要，前者为了调解和指导，后者为了促进生产力和效率。

民主社会的重大使命是提供满足对身份的共同需要的制度、实践和发展选择。对才能的激励、维持承诺和激发社会力量的最好方式可以很好地促进身份的形成。然而，如果没有措施来避免不诚实的能力主张、对承诺的卑劣利用和歧视性的社会行为，这些目的就不可能实现。[27]无论是市场、政府还是精英，都不可能独自完成这些复杂的任务。

维护一个自由民主的社会需要公民理解制度、程序和宪法保护错综复杂的相互作用，来使得任何一个制度的过度行为都会受到限制，同时该制度的优点被拿来服务于社会。公民是文明的根基，在人类发展的斗争中，政治经济制度是手段而非目的。

注　释

序

[1] 关于这项计划的初步研究，参见 Kenneth Hoover, "Ideologizing Institutions: Hayek, Keynes, Laski and the Creation of 20th C. Politics," *The Journal of Political Ideologies* 4, no. 1 (February 1999): 87–116。

第 1 章

[1] Erik Erikson, *Young Man Luther: A Study in Psychoanalysis and History* (New York: Norton, 1958).

[2] John Maynard Keynes, *The Collected Writings of John Maynard Keynes*, vol. 7 of *The General Theory of Employment, Interest and Money* (London: Macmillan/Cambridge University Press for the Royal Economic Society, 1936), 383.

[3] Cf. Friedrich A. Hayek, "The Trend of Economic Thinking," *Economica* 13, no. 2 (1933): 129–131. John Patrick Diggins, *The Rise and Fall of the American Left* (New York: Norton, 1992), 30.

[4] 考虑到他的政治观点，这一点也不奇怪，弗里德曼没有提到拉斯基，而是把凯恩斯之前的那一时期称作"亚当·斯密时代"。

[5] Kenneth Minogue, "The Escape from Serfdom," *The London Review of Books*,

January 14，2000，11.

［6］Michael Freeden，*Ideologies and Political Theory*（Oxford：Oxford University Press，1996），76. Cf. William Brice Gallie，"Essentially Contested Concepts，" *Proceedings of the Aristotelian Society* 56（1955－1956）：167－198；William Connolly，*The Terms of Political Discourse*（Lexington，Mass.：Concord Press，1974）.

［7］Freeden，*Ideologies*，76－77.

［8］笔者在自己的其他书中阐述了身份关系分析这一方法，参见 Kenneth Hoover，with James Marcia and Kristen Parris，*The Power of Identity：Politics in a New Key*（Chatham，N. J.：Chatham House Publishing，1997），并且在那本书中应用了这一方法。在那本书中，笔者使用"整体性"（integrity）这个术语来表示共同体（community），作为一种方式把埃里克森的专用术语纳入分析。然而，埃里克森要表达的是那种让人们发展成为一个政体或者成为社会必不可少的组成部分的东西。在平常的说法中，共同体表达的意思更清楚。类似地，笔者使用的"相互性"（mutuality）这个术语指的是承诺（commitment）。后一个术语表达了一种更强的关联感，这是身份形成的基础。笔者要感谢唐纳德·艾默森（Donald Emmerson）建议使用这些术语。对身份关系分析的介绍，还可参见"What Should Democracies Do about Identity?" in *The Future of Identity：Centennial Reflections on the Legacy of Erik Erikson*（forthcoming）。

［9］有一份支持这一发现的研究摘要，参见 James Marcia，"Ego Identity：Research Review," from James Marcia，"The Status of the Statuses：Research Review," in *Ego Identity：A Handbook for Research*，ed. J. E. Marcia et al.（New York：Springer Verlag，1993），chap. 2。重印于 Hoover et al.，*Power of Identity*，85－109。

［10］Cf. Hoover et al.，*Power of Identity*；Michael Freeden，*Ideologies and Political Theory*（Oxford：Oxford University Press，1996），76.

［11］Erik H. Erikson，*Identity：Youth and Crisis*（New York，Norton，1968），189.

第 2 章

［1］John Raybould，comp.，*Hayek：A Commemorative Album*（London：Adam Smith

Institute, 1998), 3 - 5.

[2] Michael Holroyd, Lytton Strachey: *A Biography* (London: Penguin, 1971), 241.

[3] Robert J. Skidelsky, *John Maynard Keynes: A Biography*, vol. 1, Hopes Betrayed 1883 - 1920 (New York: Viking Penguin, 1983), 22 - 24.

[4] Donald E. Moggridge, *Maynard Keynes: An Economist's Biography* (London: Routledge, 1992), 16.

[5] Moggridge, *An Economist's Biography*, 18 - 19.

[6] Elizabeth S. Johnson and Harry G. Johnson, *The Shadow of Keynes: Understanding Keynes, Cambridge, and Keynesian Economics* (Chicago: University of Chicago Press, 1978), 4 - 5.

[7] Florence Keynes, *Gathering Up the Threads: A Study in Family Biography* (Cambridge: Heffer and Sons, 1950), 82, 89.

[8] David Felix, *Biography of an Idea: John Maynard Keynes and the General Theory* (New Brunswick, NJ.: Transaction, 1995), 5 - 6.

[9] Roy Forbes Harrod, Sir, *The Life of John Maynard Keynes* (New York: Harcourt Brace, 1951), 192.

[10] Moggridge, *Economist's Biography*, 21 - 23.

[11] Felix, *Biography of an Idea*, 6; Skidelsky, *Keynes*, vol. 1, 22 - 24.

[12] Johnson and Johnson, *The Shadow*, 15; Robert J. Skidelsky, *John Maynard Keynes: A Biography*, vol. 2, *The Economist as Saviour 1920 - 1937* (London: Allen Lane/Penguin, 1992), xvi.

[13] Skidelsky, *Keynes*, vol. 1, 75.

[14] Skidelsky, *Keynes*, vol. 1, 67.

[15] Keynes, *Gathering Up the Threads*, 64.

[16] Skidelsky, *Keynes*, vol. 1, 1 - 2.

[17] 关于英国的理想主义，参见 Melvin Richter, *The Politics of Conscience: T. H. Green and His Age* (Cambridge, Mass.: Harvard University Press, 1964)。参见

Skidelsky，*Keynes*，vol. 1，28 - 31，其中论述了剑桥的两个后神学传统功利主义和直觉主义，这是凯恩斯的实践视角和道德视角的两个支柱。

[18] John Maynard Keynes，*Essays in Biography*，*New Edition with Three Additional Essays by Geoffrey Keynes*（New York：Horizon Books，1951），326. Cf. Richter，*Conscience*，39.

[19] Skidelsky，*Keynes*，vol. 1，30.

[20] Keynes，*Gathering Up the Threads*，73 - 74.

[21] Skidelsky，*Keynes*，vol. 1，82.

[22] Holroyd，*Strachey*，241.

[23] Moggridge，*An Economist's Biography*，53，66.

[24] Noel Annan，*Our Age*：*The Generation That Made Post-War Britain*（London：Fontana，1990），73.

[25] Felix，*Biography of an Idea*，8 - 9；Michael Holroyd，*Lytton Strachey*：*The New Biography*（New York：Noonday，1994），91.

[26] John Maynard Keynes，"My Early Beliefs，" in *Two Memoirs*（1938；reprint，New York：Augustus M. Kelly，1949），81.

[27] Holroyd，*Strachey*，208 - 210.

[28] Keynes，"Beliefs，" 83.

[29] Keynes，"Beliefs，" 92.

[30] Keynes，"Beliefs，" 82.

[31] Felix，*Biography of an Idea*，26.

[32] Skidelsky，*Keynes*，vol. 1，241，431；Skidelsky，*Keynes*，vol. 2，222 - 224.

[33] Massie，*Dreadnought*，649.

[34] Keynes，"My Early Beliefs，" 88. Cf. Skidelsky，*Keynes*，vol. 1，137，on the practice of this style by G. E. Moore.

[35] Keynes，"Beliefs，" 84.

[36] Keynes，"Beliefs，" 97 - 98.

[37] Rod O'Donnell，"Keynes on Aesthetics，" in *New Perspectives on Keynes*，

ed. Allin F. Cottrell and Michael S. Lawlor（Durham，N. C.：Duke University Press，1995），93 - 121.

［38］Skidelsky，*Keynes*，vol. 1，142 - 143.

［39］Skidelsky，*Keynes*，vol. 1，140 - 141.

［40］他可能在很大程度上把这归功于保守派传统主义者埃德蒙·伯克，他论述政治学的唯一作品——一篇论述伯克的本科学位论文，将近 100 页。参见 Skidelsky，*Keynes*，vol. 1，154。

［41］Skidelsky，*Keynes*，vol. 1，49 - 50；Moggridge，*An Economist's Biography*，94.

［42］Skidelsky，*Keynes*，vol. 1，166.

［43］Holroyd，*Strachey*，242.

［44］Anand Chandavarkar，*Keynes and India：A Study in Economics and Biography*（Basingstoke，U. K.：Macmillan，1989），3 - 4.

［45］Skidelsky，*Keynes*，vol. 1，206 - 207.

［46］见凯恩斯给里顿·斯特拉奇写的信，参见 *Keynes and India*，19。

［47］见凯恩斯给朋友伯纳德·斯威因班克（Bernard Swithinbank）写的信，参见 *An Economist's Biography*，179 - 180。

［48］John Maynard Keynes，EJ，6，2，File：I，Galleys of Economic Journal Review of Ludwig von Mises，Theorie Des Geldes und der Umlaufsmittel（Munich：Duncker and Humblot，1912）and Friedrich Bendixen，Geld und Kapital（Leipzig：Duncker and Humblot，1912），and Keynes Collection，Modern Archive Centre at King's College，Cambridge.

［49］Felix，*Biography of an Idea*，14 - 15.

［50］Moggridge，*An Economist's Biography*，245 - 246.

［51］Allan Janik and Stephen Toulmin，*Wittgenstein's Vienna*（New York：Simon & Schuster，1973），209 - 210；Skidelsky，Keynes，vol. 1，250.

［52］Richard Shone，with essays by James Beechey and Richard Morphet，*The Art of Bloomsbury：Roger Fry，Vanessa Bell and Duncan Grant*（Princeton，N. J.：

Princeton University Press, 1999), 14.

〔53〕Skidelsky, *Keynes*, vol. 1, 247.

〔54〕Shone, *Art of Bloomsbury*, 19.

〔55〕Skidelsky, *Keynes*, vol. 2, 294.

〔56〕George Feaver, "More Guru Than Sage: Review of Harold Laski: A Political Biography," *Times Literary Supplement 1996*, no. 4708 (June 25, 1993): 28.

〔57〕Massie, *Dreadnought*, 19.

〔58〕Quentin Bell, "Recollections and Reflections on Maynard Keynes," in *Keynes and the Bloomsbury Group/The Fourth Keynes Seminar Held at the University of Kent at Canterbury*, 1978, ed. Derek Crabtree and A. P. Thirlwall (London: Macmillan, 1980), 71.

〔59〕Kingsley Martin, Harold Laski: *A Biographical Memoir* (London: Victor Gollancz, 1953), 49.

〔60〕Clarke, *Hope and Glory*, 324.

〔61〕Michael Newman, *Harold Laski: A Political Biography* (Basingstoke, U. K. : Macmillan, 1993), 6.

〔62〕Newman, *Laski*, 5.

〔63〕Isaac Kramnick and Barry Sheerman, *Harold Laski: A Life on the Left* (London: The Penguin Group, 1993), 19.

〔64〕Newman, *Laski*, 6 - 24.

〔65〕Kramnick and Sheerman, *Laski*, 23 - 25.

〔66〕Newman, *Laski*, 15.

〔67〕Kramnick and Sheerman, *Laski*, 54 - 58.

〔68〕Kramnick and Sheerman, *Laski*, 19 - 20.

〔69〕Frida Laski, University of Hull Library, October 1956, File: A/T 51, interview with Frida Laski by John Saville, Kingston-upon-Hull.

〔70〕Kramnick and Sheerman, *Laski*, 32 - 33.

〔71〕Harold Laski, University of Hull, DLA, 36, Laski: Frida Laski 01/

09/10，Kingston-upon-Hull.

［72］Newman，*Laski*，7 - 9，13.

［73］Laski，interview with Frida Laski.

［74］Martin，*Harold Laski*，17.

［75］Frida Laski，interview by Seville.

［76］Newman，*Laski*，16 - 17.

［77］Kramnick and Sheerman，*Laski*，50 - 51，58 - 60.

［78］Frida Laski，interview by Seville.

［79］Newman，*Laski*，16.

［80］H. W. Nevinson cited in Martin，*Harold Laski*，20.

［81］Kramnick and Sheerman，*Laski*，74 - 75.

［82］Harold Laski，DLA，File：36，Letter to Professor Murray 17/07117，University of Hull Library，Hull.

［83］Newman，*Laski*，29 - 30.

［84］Kramnick and Sheerman，*Laski*，79.

［85］Martin，*Harold Laski*，27.

［86］Kramnick and Sheerman，*Laski*，85 - 88.

［87］Martin，*Harold Laski*，21.

［88］Friedrich Hayek，"Hayek on Hayek，" in *The Collected Works of F. A. Hayek*，ed. Stephen Kresge and Leif Wenar，vol. supplement，*Hayek on Hayek：An Autobiographical Dialogue* （London：Routledge，1994），39 - 40.

［89］Gitta Sereny，"Sage of the Free-Thinking World，The Times Profile：Friedrich August von Hayek，" *Times* （London），May 9，1985. Quoted in Raybould，*Hayek*，5.

［90］Richard Cockett，*Thinking the Unthinkable*，rev. ed. （London：Fontana，1995），24 - 25.

［91］Hayek，"Hayek on Hayek，" 41.

［92］Alan Ebenstein，*Friedrich Hayek：A Biography* （London：Palgrave，

2001），13.

[93] Hayek，"Hayek on Hayek," from an interview in the Oral History Program，Robert Chitester，President，Public Broadcasting of Northern Pennsylvania（London：Routledge，1994），43.

[94] Hayek，"Hayek on Hayek," 47.

[95] 见 1956 年哈耶克对米塞斯的颂词，参见 Raybould，*Hayek*，1。

第 3 章

[1] Donald E. Moggridge，*Maynard Keynes：An Economist's Biography*（London：Routledge，1992），254 – 258.

[2] Robert J. Skidelsky，*John Maynard Keynes：A Biography*，vol. 1，Hopes Betrayed 1883 – 1920（New York：Viking Penguin，1983），253，295 – 319；Moggridge，*An Economist's Biography*，254 –258.

[3] Quentin Bell，"Recollections and Reflections on Maynard Keynes," in *Keynes and the Bloomsbury Group/the Fourth Keynes Seminar Held at the University of Kent at Canterbury*，1978，ed. Derek Crabtree and A. P. Thirlwall（London：Macmillan，1980），71.

[4] Skidelsky，*Keynes*，vol. 1，302 – 327.

[5] David Felix，*Biography of an Idea：John Maynard Keynes and the General Theory*（New Brunswick，NJ. ：Transaction，1995），16 – 17.

[6] Moggridge，*An Economist's Biography*，269.

[7] Skidelsky，*Keynes*，vol. 1，335 – 336.

[8] Felix，*Biography of an Idea*，16 – 17.

[9] John Maynard Keynes，*The Economic Consequences of the Peace*，ed. Donald Moggridge（London：Macmillan/Cambridge University Press for the Royal Economic Society），vol. 2（London：Macmillan/Cambridge University Press，1919），xx.

[10] Skidelsky，*Keynes*，vol. 1，353.

［11］Skidelsky, *Keynes*, vol. 1, 399.

［12］Keynes, *Economic Consequences of Peace*, 170.

［13］Felix, *Biography of an Idea*, 41.

［14］Keynes, *Economic Consequences of Peace*, 2.

［15］Keynes, *Economic Consequences of Peace*, 6.

［16］Keynes, *Economic Consequences of Peace*, 13.

［17］Keynes, *Economic Consequences of Peace*, 148 – 149.

［18］Keynes, *Economic Consequences of Peace*, 160.

［19］Kingsley Martin, *Harold Laski: A Biographical Memoir* (London: Victor Gollancz, 1953), 223 – 225; Isaac Kramnick and Barry Sheerman, *Harold Laski: A Life on the Left* (London: The Penguin Group, 1993), 114.

［20］Kramnick and Sheerman, *Laski*, 89.

［21］Alan Ryan, *John Dewey and the High Tide of American Liberalism* (New York: Norton, 1995), 190.

［22］Harold Laski, *Studies in the Problem of Sovereignty* (London: Oxford University Press, 1917), 25.

［23］Laski, *Sovereignty*, 25.

［24］William Y. Elliott, "The Pragmatic Politics of Mr. Laski," *The American Political Science Review* 18, no. 2 (May 1924): 251 – 275.

［25］Michael Newman, *Harold Laski: A Political Biography* (Basingstoke, U. K: Macmillan, 1993), 44.

［26］Elliott, "The Pragmatic Politics of Mr. Laski," 258.

［27］Harold Laski, *Lecture: Introduction to Contemporary Politics*, ed. Francis G. Wilson (Seattle: University of Washington Bookstore, 1939), 68.

［28］Kramnick and Sheerman, *Laski*, 197.

［29］Ayn Rand, *The Fountainhead* (New York: Penguin, 1943), 231.

［30］Rand, *The Fountainhead*, 269, 365 – 366.

［31］Rand, *The Fountainhead*, 376.

[32] Kramnick and Sheerman, *Laski*, 128 - 129, 138 - 139. Cf. Jose Harris, *William Beveridge: A Biography*, rev. ed. (Oxford: Oxford University Press, 1997), 284 - 288.

[33] Kramnick and Sheerman, *Laski*, 128 - 129; Newman, *Laski*, 44.

[34] Felix Frankfurter, DGA, December 10, 1918, File: 21, Telegram from Department of Labor, University of Hull, Hull, U. K.

[35] Laski, *Contemporary Politics*, 68.

[36] Hannah Pitkin, *Fortune Is a Woman, with a New Afterword* (Chicago: University of Chicago Press, 1999), 290.

[37] Harold Laski, "The Problem of Administrative Areas: An Essay in Reconstruction," *Smith College Studies in History* 4, no. 1 (October 1918): 5.

[38] Newman, *Laski*, 224.

[39] Laski, "Adminstrative Areas," 43 - 44.

[40] Cf. Rainer Eisfeld, "The Emergence and Meaning of Socialist Pluralism," *International Political Science Review* 17, no. 3 (1996): 267 - 279; Martin, *A Biographical Memoir*, 71 - 72.

[41] Cecile Laborde, "Pluralism, Syndicalism and Corporatism: Leon Duguit and the Crisis of the State (1900 - 1925)," *History of European Ideas* 22, no. 3 (1996): 241.

[42] Harold Laski, *Authority in the Modern State* (New Haven, Conn. : Yale University Press, 1919).

[43] Kramnick and Sheerman, *Laski*, 126 - 127.《现代国家的权力》这本书被题献给霍姆斯，这位深受尊敬的法学家在准备对艾布拉姆斯煽动叛乱案的异议意见书时读了这本书，这份意见书后来成了拉斯基捍卫良心自由的最著名的篇章。

[44] Mark DeWolfe Howe, ed. , *Holmes-Laski Letters: The Correspondence of Mr. Justice Holmes and Harold J. Laski*, vol. 1, *1916 - 1925* and vol. 2, *1926 - 1935* (Cambridge, Mass. : Harvard University Press, 1953).

[45] Kramnick and Sheerman, *Laski*, 195 - 198.

[46] Friedrich Hayek, "Hayek on Hayek," in *The Collected Works of F. A.*

Hayek, ed. Stephen Kresge and Leif Wenar, vol. supplement，*Hayek on Hayek：An Autobiographical Dialogue*，from an interview in the Oral History Program，Jack High，Department of Economics，UCLA (London：Routledge，1994)，48.

［47］Charlotte Cubitt，*Hayek：An Affectionate Memoir*，Unpublished MSS of Draft of Memoir (Colchester，England，1999)，42.

［48］Hayek，"Hayek on Hayek,"48.

［49］Friedrich Hayek，"The Economics of the 1920's as Seen from Vienna,"in *The Collected Works of F.A. Hayek*，ed. Peter Klein，vol. 4，The Fortunes of Liberalism (Chicago：University of Chicago Press，1963)，20.

［50］Stephen Kresge，introduction to *Hayek on Hayek*，by Friedrich Hayek，ed. Stephen Kresge and Leif Wenar (Chicago：University of Chicago Press，1994)，2.

［51］Hayek，"Hayek on Hayek,"53.

［52］Hayek，"Hayek on Hayek,"153－154.

［53］Bertell Oilman，*Allenation：Marx's Conception of Man in Capitalist Society*，2nd ed. (New York：Cambridge University Press，1976).

［54］Kenneth R. Hoover，*Ideology and Political Life*，3rd ed. (Houston：Thompson/Wadsworth，2001)，85－110.

［55］Philip Rieff，*Freud：The Mind of the Moralist*，rev. ed. (New York：Harper and Row，1961).

第 4 章

［1］Ralf Dahrendorf，*LSE：A History of the London School of Economics and Political Science 1895－1995* (Oxford：Oxford University Press，1995)，138.

［2］Donald E. Moggridge，*Maynard Keynes：An Economist's Biography* (London：Routledge，1992)，58－59.

［3］Robert J. Skidelsky，*John Maynard Keynes：A Biography*，vol. 2，*The Economist as Saviour 1920－1937* (London：Allen Lane/Penguin，1992)，58；Mark Blaug，"Recent Biographies of Keynes,"*Journal of Economic Literature* 32， no. 3 （September 1994）: 1，204.

［4］ Robert J. Skidelsky, *John Maynard Keynes*: *A Biography*, vol. 1, *Hopes Betrayed 1883 - 1920* （New York: Viking Penguin, 1983），15l.

［5］ Skidelsky，*Keynes*，vol. 1，153.

［6］ John Maynard Keynes, *The Collected Writings of John Maynard Keynes*, ed. R. B. Braithwaite, vol. 8, A Treatise on Probability （London: Macmillan/Cambridge University Press for the Royal Economic Society，1921），342.

［7］ Keynes，*Probability*，356.

［8］ David Felix, *Biography of an Idea*: *John Maynard Keynes and the General Theory* （New Brunswick，N. J. : Transaction，1995），33 - 34.

［9］ Skidelsky，*Keynes*，vol. 2，60.

［10］ Skidelsky, *Keynes*, vol. 1, 241; Peter Clarke, *The Keynesian Revolution in the Making*, *1924 - 1936* （New York: Oxford University Press，1988）; Skidelsky，*Keynes*，vol. 2，222 - 223.

［11］ Skidelsky，*Keynes*，vol. 2，xxii-xxiii，170.

［12］ Moggridge，*Economist's Biography*，553 - 554.

［13］ Skidelsky，*Keynes*，vol. 2，118.

［14］ Skidelsky，*Keynes*，vol. 2，102 - 106.

［15］ Kingsley Martin, *Harold Laski*: *A Biographical Memoir* （London: Victor Gollancz，1953），56 - 57.

［16］ John Maynard Keynes, *The End of Laissez-Faire* （London: Leonard and Virginia Woolf, Hogarth Press, 1927 ［1926］），39 - 40.

［17］ Keynes，*End of Laissez-Faire*，47 - 48.

［18］ Cf. Skidelsky，*Keynes*，vol. 2，225 - 229.

［19］ Skidelsky，*Keynes*，vol. 2，594 - 595.

［20］ 源自 1927 年在自由党夏令营上的一项争论，参见 Skidelsky，*Keynes*，vol. 2，233。

［21］ Felix，*Biography of an Idea*，53.

［22］John Maynard Keynes, "Am I a Liberal?" in *Essays in Persuasion*, ed. John Maynard Keynes (New York: Norton, 1925), 223 - 324.

［23］Keynes, "Am I a Liberal?" 327.

［24］John Maynard Keynes, "Liberalism and Labour," in *Essays in Persuasion*, ed. John Maynard Keynes (New York: Norton, 1926), 343.

［25］Moggridge, *Economist's Biography*, 452 - 454.

［26］关于安东尼·布莱尔在他的第一个任期使用这一区分的记录有一篇当代分析，参见 Raymond Plant, "Blair and Ideology," in *The Blair Effect*, ed. Anthony Seldon (London: Little, Brown, 2001), 555 - 570。

［27］Skidelsky, *Keynes*, vol. 2, 202.

［28］见拉斯基对争论的总结，参见 Skidelsky, *Keynes*, vol. 2, 223 - 228. Cf. Moggridge, *Economist's Biography*, 454。

［29］Skidelsky, *Keynes*, vol. 2, 192.

［30］Clarke, *Keynesian Revolution*, 31 - 39; Skidelsky, *Keynes*, vol. 2, 19.

［31］John Maynard Keynes, *The Collected Writings of John Maynard Keynes*, ed. Donald Moggridge, vol. 19, *Population, Protection, and Unemployment* (London: Macmillan/Cambridge University Press for the Royal Economic Society, 1981), 160.

［32］John Maynard Keynes, "Persuasion," in *The Collected Writings of John Maynard Keynes*, ed. Elizabeth Johnson and Donald Moggridge, vol. 9, *Essays in Persuaion* (London: Macmillan/Cambridge University Press for the Royal Economic Society, 1972), 164 - 174.

［33］Cf. Anand Chandavarkar, *Keynes and India: A Study in Economics and Biography* (Basingstoke, U. K.: Macmillan, 1989), 8 - 9, 189; Felix, *Biography of an Idea*, 61 - 65; Moggridge, *Economist's Biography*, 429; Skidelsky, *Keynes*, vol. 2, 200; Mary Furner and Barry Supple, "Ideas, Institutions, and the State in the U. S. and Britain: An Introduction," in *The State and Economic Knowledge*, ed. Mary Furner and Barry Supple (Cambridge: Wilson Center and Cambridge University

Press，1996），22.

　　［34］Robert Skidelsky，"The Labour Party and Keynes," in *Interests and Obsessions*，ed. Robert Skidelsky（London：Macmillan，1993），113.

　　［35］事实上，凯恩斯参与了对金本位的讨论，甚至是一项计划的投资者。参见 Moggridge，*Economist's Biography*，492。关于凯恩斯的无礼，进一步的迹象是他对弗洛伊德关于金钱和依恋黄金的心理学病理的理论的兴趣。Skidelsky，*Keynes*，vol. 2，334。

　　［36］Cf. Peter Clarke，*Hope and Glory：Britain 1900 - 1990*（London：Allen Lane/Penguin，1996），130 - 133；Susan Wolcott，"Keynes v. Churchill：Revaluation and British Unemployment in the 1920s," *Journal of Economic History* 53，no. 3（1993）：601 - 629.

　　［37］除了尼梅尔，还有理查德·霍普金斯（Richard Hopkins）爵士、F. W. 李滋·罗斯（F. W. Leith-Ross）和 P. J. 格里格（P. J. Grigg）。参见 Peter Clarke，"The Treasury's Analytical Model of the British Economy Between the Wars," in *The State and Economic Knowledge*，ed. Mary Fumer and Barry Supple（Cambridge：Wilson Center and Cambridge University Press，1996），173 - 176. Cf. P. J. Grigg，*Prejudice and Judgment*（London：Jonathan Cape，1948），182 - 183.

　　［38］Robert J. Skidelsky，*John Maynard Keynes：A Biography*，vol. 3，*Fighting for Britain 1937 - 1946*（London：Macmillan，2000），138.

　　［39］1925 年，尼梅尔按他的那个版本走得更远，他陈述了对削减支出和税收减免的默认假设。参见 Clarke，*Keynesian Revolution*，31。

　　［40］Peter Clarke，*A Question of Leadership：Gladstone to Thatcher*（London：Hamish Hamilton，1991），156 - 157.

　　［41］John Maynard Keynes，"The Economic Consequences of Mr. Churchill," in *Essays in Persuasion*，ed. John Maynard Keynes（New York：Norton，1925），270.

　　［42］Clarke，"Analytical Model," 177.

　　［43］Felix，*Biography of an Idea*，62 - 63；Clarke，*Keynesian Revolution*，166 - 167.

［44］ Skidelsky, *Keynes*, vol. 1, 284. See Peter Clarke, *Liberals and Social Democrats* (New York: Cambridge University Press, 1978), 3.

［45］ Skidelsky, *Keynes*, vol. 1, 251, 284.

［46］ Skidelsky, *Keynes*, vol. 2, 94, 98, 101, 210-211.

［47］ Quentin Bell, *Bloomsbury Recalled* (New York: Columbia University, 1995), 79.

［48］ Skidelsky, *Keynes*, vol. 2, 101.

［49］ Skidelsky, *Keynes*, vol. 2, 144.

［50］ Skidelsky, *Keynes*, vol. 2, 173.

［51］ Noel Annan, *Our Age: The Generation That Made Post-War Britain* (London: Fontana, 1990), 237; Skidelsky, *Keynes*, vol. 2, xvii.

［52］ Clarke, *Keynesian Revolution*, 67.

［53］ John Maynard Keynes, *Keynes*, L, 24, 8 June, 1929, File: 46, Prolegomena to a New Socialism, Modern Archives, King's College, Cambridge University.

［54］ Jose Harris, *William Beveridge: A Biography*, rev. ed. (Oxford: Oxford University Press, 1997), 341.

［55］ Clarke, *Keynesian Revolution*, 80.

［56］ Skidelsky, Keynes, vol. 2, 292-293.

［57］ Michael Newman, *Harold Laski: A Political Biography* (Basingstoke, U. K.: Macmillan, 1993), 65-66.

［58］ 有人推测，拉斯基对权威和国家的软化态度意味着他通过与父亲和解而使恋母情结得以解开。参见 Isaac Kramnick and Barry Sheerman, *Harold Laski: A Life on the Left* (London: The Penguin Group, 1993), 107。

［59］ Robert Massie, *Dreadnought: Britain, Germany, and the Coming of the Great War* (New York: Random House, 1991), 898.

［60］ Massie, *Dreadnought*, 889-899.

［61］ Annan, *Our Age*, 90-93.

［62］ Harold Laski, *The Foundations of Sovereignty and Other Essays* (New

Haven，Conn.：Yale University Press，1921），vi.

［63］Kramnick and Sheerman，*Laski*，175；Lionel（Lord）Robbins，*Autobiography of an Economist*（London：Macmillan，1971），80.

［64］Laski，Foundations，vii.

［65］Laski，*Foundations*，ix。这是拉斯基的一个学生、多伦多大学的 C. B. 麦克弗森（C. B. Macpherson）教授的论证，将成为一次攻击自由主义民主的基础，参见 C. B. Macpherson，*The Real World of Democracy*（Oxford：Oxford University Press，1965）。麦克弗森的著作将启发 60 年代之后一代的学者、活动家，试图复活左派的妙策。

［66］Newman，*Laski*，101－103.

［67］Beatrice Webb，*The Diary of Beatrice Webb：The Power to Alter Things*，*1905－1924*，ed. Norman and Jeanne MacKenzie，vol. 3（Cambridge，Mass.：Harvard University Press，1984），399.

［68］Webb，*The Diary of Beatrice Webb*，vol. 3，392.

［69］Kramnick and Sheerman，*Laski*，170－171；Martin，*Harold Laski*，56－57.

［70］Martin，*Harold Laski*，75.

［71］Kramnick and Sheerman，*Laski*，243.

［72］见拉斯基写给费利克斯·弗兰克福特的一封信，转引自 Martin，*Harold Laski*，67。

［73］Peter Lamb，"Laski's Ideological Metamorphosis，"*Journal of Political Ideologies* 4，no. 2（June 1999）：245.

［74］Clarke，*Hope and Glory*，141.

［75］Robbins，*Autobiography*，82.

［76］罗伯特·布莱克（Robert Blake）在《标准晚报》上的一篇有关霍姆斯与拉斯基之间通信的评论见 Kramnick and Sheerman，*Laski*，203。拉斯基传记作者之间存在分歧，其中 Kramnick 和 Sheerman 完全相信他天生爱撒小谎，Newman 则倾向于记录他的诚实。

［77］Kramnick and Sheerman，*Laski*，206.

［78］Newman, *Laski*, 168－169.

［79］Laski, *Foundations*, Ⅶ－Ⅷ.

［80］Michael Newman, "Harold Laski Today," *Political Quarterly* 67, no. 3 (July-September 1996): 229－238. Cecile Laborde, "Pluralism, Syndicalism and Corporatism: Leon Duguit and the Crisis of the State (*1900－1925*)," *History of European Ideas* 22, no. 3 (1996): 227－244, 论述了拉斯基对莱昂·狄骥遗产的民主化, 这一遗产是他的多元主义概念化的一个主要来源; Rainer Eisfeld, "The Emergence and Meaning of Socialist Pluralism," *International Political Science Review* 17, no. 3 (1996): 267－279, 论述了拉斯基的多元主义的另外一些来源, 并论述了拉斯基在其他多元主义理论家当中的地位; Alan Ryan, *John Dewey and the High Tide of American Liberalism* (New York: Norton, 1995), 190, 论述了拉斯基对约翰·杜威的影响。

［81］Harold Laski, *A Grammar of Politics* (London: Allen and Unwin, 1925), 432.

［82］Lamb, "Laski's Ideological Metamorphosis," 244.

［83］Newman, *Laski*, 83.

［84］Michael Freeden, *Ideologies and Political Theory* (Oxford: Oxford University Press, 1996), 306－307.

［85］Newman, *Laski*, 81.

［86］Newman, *Laski*, 134.

［87］Kramnick and Sheerman, *Laski*, 267, 269.

［88］Friedrich Hayek, "Hayek on Hayek," in *The Collected Works of F. A. Hayek*, ed. Stephen Kresge and Leif Wenar, vol. supplement, *Hayek on Hayek: An Autobiographical Dialogue*, Oral History Program, James Buchanan, Center for the Study of Public Choice, Virginia Polytechnic University (London: Routledge, 1994), 57.

［89］Friedrich A. Hayek, "The Trend of Economic Thinking," *Economica* 13, no. 2 (1933): 123.

［90］Kari Polanyi-Levitt and Marguerite Mendel, "The Orgins of Market Fetishism（a Critique of Friedrich Hayek's Economic Theory），" *Monthly Review* 41，no. 2（June 1989）：11‑33.

［91］Alan Ebenstein，*Friedrich Hayek：A Biography*（London：Palgrave，2001），37.

［92］Stephen Kresge，introduction to *Hayek on Hayek：An Autobiographical Dialogue*，ed. Stephen Kresge and Leif Wenar（Chicago：University of Chicago Press，1994），4‑5。沃尔特·布洛克（Walter Block）的文章提到"五十多年前，已故的路德维希·冯·米塞斯就用休克疗法让我转向了始终如一的自由市场立场"，参见 Walter Block，WBlock@ MAIL. UCA. EDU，"Minogue in the TLS，" in *Hayek List Serv*，1/23/00（January 22，2000）；格雷格·兰塞姆（Greg Ransom）还谈到一些关于米塞斯与哈耶克之间关系的传说，参见"The Significance of Myth and Misunderstanding in Social Science Narrative：Opening Access to Hayek's Copernican Revolution in Economics"（paper presented at the History of Economics Society and Southern Economics Association，June 28‑July 2，1996；November 23‑25，1996 University of British Columbia；Washington，D. C.，1996），www. hayekcenter. org/ friedrichhayek/hayekmyth. htm ［accessed March 6，2003］。

［93］Friedrich Hayek，"Hayek on Hayek，" in *The Collected Works of F. A. Hayek*，ed. Stephen Kresge and Leif Wenar，vol. supplement，*Hayek on Hayek：An Autobiographical Dialogue*（London：Routledge，1994），70.

［94］Bruce Caldwell，introduction to *The Collected Works of F. A. Hayek*，ed. Bruce Caldwell，vol. 10，*Socialism and War：Essays，Documents，Reviews*（Chicago：University of Chicago Press，1997），7‑9.

［95］Friedrich Hayek，"The Economics of the 1920's as Seen from Vienna，" in *The Collected Works of F. A. Hayek*，ed. Peter Klein，vol. 4，*The Fortunes of Liberalism*（Chicago：University of Chicago Press，1963），35.

［96］Hayek，"Hayek on Hayek，" 154.

［97］Hayek，"Hayek on Hayek，" 7.

［98］Massie，*Dreadnought*，872‑882.

[99] Massie, *Dreadnought*, 883.

[100] Kresge, introduction, 7.

[101] Erik Erikson, *Life History and the Historical Moment* (New York: Norton, 1975), 114.

[102] Bruce Caldwell, introduction to *The Collected Works of F. A. Hayek*, ed. Bruce Caldwell, vol. 9, *Contra Keynes and Cambridge* (Chicago: University of Chicago Press, 1995), 12.

[103] Hayek, "The Economics of the 1920's," 36.

[104] Hayek, http://www.mises.org/misesbib/m78bnint.asp.

[105] Hayek, "The Economics of the 1920's," 26.

[106] Thomas Babbington Macaulay, "Southey's Colloquies on Society," in *Critical and Historical Essays* (London: Longman, Brown, Green, and Longmans, 1843), 217-269. Cf. Hayek, "The Economics of the 1920's," 28, n. 34.

[107] Hayek, "The Economics of the 1920's," 29.

[108] 本书作者1997年8月8日对夏洛特·库比特的采访，参见 Ebenstein, *Hayek*, 94。

[109] Hayek, "Hayek on Hayek," 6.

[110] Evan Bukey, *Hitler's Austria: Popular Sentiment in the Nazi Era, 1938-1945* (Chapel Hill: University of North Carolina Press, 2000), 16.

[111] Friedrich Hayek, "The Economics of the 1930's as Seen from London," in *The Collected Works of F. A. Hayek*, ed. Bruce Caldwell, vol. 9, *Contra Keynes and Cambridge* (Chicago: University of Chicago Press, 1963), 59.

[112] Hayek, "The Economics of the 1930's," 58-59; Hayek, "Hayek on Hayek," 88-89. 哈耶克继续评论道："这句话听上去更像是拉斯基，而不是凯恩斯。"

[113] Caldwell, *Contra*, 16.

[114] 哈耶克指出，达尔文对自然选择作为一个进化过程的想象来自同时代的"社会进化"观点，而不是相反。文化遗产而非基因传递成了后者的工具。

Friedrich Hayek，*The Constitution of Liberty*（Chicago：University of Chicago Press，1960），59。

［115］Hayek，"The Economics of the 1920's，" 27.

［116］Hayek，"Hayek on Hayek，" 98.

第 5 章

［1］John Maynard Keynes，"My Early Beliefs，" in *Two Memoirs*（1938；reprint，New York：Augustus M. Kelly，1949），38－39；Robert J. Skidelsky，*John Maynard Keynes：A Biography*，vol. 2，*The Economist as Saviour 1920－1937*（London：Allen Lane/Penguin，1992），130.

［2］Robert J. Skidelsky，*John Maynard Keynes：A Biography*，vol. 1，*Hopes Betrayed 1883－1920*（New York：Viking Penguin，1983），386；Skidelsky，*Keynes*，vol. 2，91；Donald E. Moggridge，*Maynard Keynes：An Economist's Biography*（London：Routledge，1992），325.

［3］Harold Laski，*Studies in Law and Politics*（New Haven，Conn. ：Yale University Press，1932），188－191.

［4］Robert Skidelsky，"The Labour Party and Keynes，" in *Interests and Obsessions*，ed. Robert Skidelsky（London：Macmillan，1993），107.

［5］Skidelsky，*Keynes*，vol. 2，378－379.

［6］Skidelsky，*Keynes*，vol. 2，281－282.

［7］Friedrich Hayek，"Reflections on the Pure Theory of Money of Mr. J. M. Keynes，" in *The Collected Works of F. A. Hayek*，ed. Bruce Caldwell，vol. 9，*Contra Keynes and Cambridge*（Chicago：University of Chicago Press，1995）。最初的版本是 F. A. Hayek，"Reflections on the Pure Theory of Money，" *Economica* 11，no. 33（August 1931）270－295（Chicago：University of Chicago Press，1931），145。

［8］John Maynard Keynes，"The Pure Theory of Money：A Reply to Dr. Hayek，" in *The Collected Works of F. A. Hayek*，vol. 9。最初的版本是 J. M. Keynes，"The Pure Theory of Money. A Reply to Dr. Hayek，" *Economica* 11，no. 34

(November 1931), 387 – 397 (Chicago: University of Chicago Press, 1931), 153。

［9］ Skidelsky, *Keynes*, vol. 2, 331 – 332.

［10］ John Maynard Keynes, *A Treatise on Money*, ed. Donald Moggridge, *The Collected Writings of John Maynard Keynes*, vol. 6 (1930; reprint, Macmillan/ Cambridge University Press for the Royal Economic Society © 1989, 1971), 132.

［11］ Skidelsky, *Keynes*, vol. 2, 236.

［12］ Adam Smith, *The Theory of Moral Sentiments*, in *The Glasgow Edition of the Works and Correspondence of Adam Smith*, ed. R. L. Meek, D. D. Raphael, and P. G. Stein (Indianapolis, Ind. : Liberty Fund, 1984), 86.

［13］ Smith, *Moral Sentiments*, 86.

［14］ Maynard Keynes, "Economic Possibilities for Our Grandchildren," in *Essays in Persuasion*, *The Collected Writings of John Maynard Keynes*, vol. 9, ed. Elizabeth Johnson and Donald Moggridge (Cambridge: Cambridge University Press, 1930), 329.

［15］ Peter Clarke, *The Keynesian Revolution in the Making*, *1924 – 1936* (New York: Oxford University Press, 1988), 74.

［16］ John Maynard Keynes, Author, *The Collected Writings of John Maynard Keynes*, ed. Donald Moggridge, vol. 20, *Activities 1929 – 1931: Rethinking Employment and Unemployment Policies* (London: Macmillan/Cambridge University Press for the Royal Economic Society, 1981), 597.

［17］ Moggridge, *Economist's Biography*, 506 – 507, 526.

［18］ Clarke, *Keynesian Revolution*, 86 – 87.

［19］ Moggridge, *Economist's Biography*, 492; Skidelsky, *Keynes*, vol. 2, 368 – 377.

［20］ Clarke, *Keynesian Revolution*, 137, 156, 161, 176; Lionel (Lord) Robbins, *Autobiography of an Economist* (London: Macmillan, 1971), 151.

［21］ Clarke, *Keynesian Revolution*, 184, 197; David Felix, *Biography of an Idea: John Maynard Keynes and the General Theory* (New Brunswick, N. J. :

Transaction，1995），108 - 109.

［22］Clarke, *Keynesian Revolution*，205 - 206；Felix, *Biography of an Idea*，95.

［23］Clarke, *Keynesian Revolution*，295；Felix, *Biography of an Idea*，100.

［24］Robbins, *Autobiography*，153 - 154.

［25］关于凯恩斯的方法做得多好的争论是史诗级的，在以下文献中可以找到一份基于当时数据的评估：W. R. Garside and T. J. Hatton，"Keynesian Policy and British Unemployment in the 1930s," *Economic History Review* 38，no. 1（1985）：83 - 88，其中摘要收录于 *John Maynard Keynes（1883 - 1946）*，ed. Mark Blaug（Cambridge，U. K.：Elgar，1991），400 - 405。参见 Peter Clarke, *Hope and Glory：Britain 1900 - 1990*（London：Allen Lane/Penguin，1996），147 - 150。

［26］Skidelsky, *Keynes*，vol. 2，437.

［27］Skidelsky, *Keynes*，vol. 2，470.

［28］John Maynard Keynes，"Mr. Roosevelt's Experiments," *Times*（London），January 2，1934，11.

［29］Jose Harris, *William Beveridge：A Biography*，rev. ed.（Oxford：Oxford University Press，1997），316 - 317.

［30］Robert J. Skidelsky, *John Maynard Keynes：A Biography*，vol. 3，*Fighting for Britain 1937 - 1946*（London：Macmillan，2000），92.

［31］Alec Cairncross，"Keynes the Man," *The Economist* 339，no. 7，962（1996）：75 - 77.

［32］Skidelsky, *Keynes*，vol. 2，504 - 505.

［33］Felix, *Biography of an Idea*，227 - 229.

［34］见凯恩斯在 1934 年 5 月 30 日写给费利克斯·弗兰克福特的信，参见 Skidelsky, *Keynes*，vol. 2，506。

［35］Don Patinkin，"On the Chronology of the General Theory," *The Economic Journal* 103（May 1993）：647 - 661.

［36］Clarke, *Keynesian Revolution*，19.

[37] John Maynard Keynes, *The Collected Writings of John Maynard Keynes*, vol. 7, *The General Theory of Employment, Interest and Money* (London: Macmillan/Cambridge University Press for the Royal Economic Society, 1936), 33.

[38] Keynes, *The General Theory*, 254, 372 - 373.

[39] Moggridge, *Economist's Biography*, 558.

[40] Keynes, *The General Theory*, 145.

[41] Felix, *Biography of an Idea*, 110.

[42] Mark Blaug, *John Maynard Keynes: Life, Ideas, Legacy* (London: Macmillan, 1990), 22 - 23, 26 - 27.

[43] Keynes, *The General Theory*, 269.

[44] Clarke, *Hope and Glory*, 179.

[45] Isaac Kramnick and Barry Sheerman, *Harold Laski: A Life on the Left* (London: The Penguin Group, 1993), 350.

[46] Paul Addison, *The Road to 1945*, rev. ed. (London: Pimlico, 1994), 26.

[47] Felix, *Biography of an Idea*, 210 - 211.

[48] Richard Cockett, *Thinking the Unthinkable*, rev. ed. (London: Fontana, 1995), 54 - 55.

[49] Kramnick and Sheerman, *Laski*, 107; Michael Newman, *Harold Laski: A Political Biography* (Basingstoke, U. K.: Macmillan, 1993), 54 - 55.

[50] Kramnick and Sheerman, *Laski*, 291.

[51] 伦敦政治经济学院经济学家约翰·希克斯（John Hicks）认为，20 世纪的第二个 25 年属于阿道夫·希特勒，而第三个 25 年应该归于凯恩斯。据说，哈耶克评论道："我并不觉得凯恩斯造成的损害真的大到了证明这个描述有道理的程度。"Andrew Gamble, *Hayek: The Iron Cage of Liberty* (Boulder, Colo.: Westview Press, 1996), 156。

[52] Norman Bimbaum, "The Elusive Synthesis: Review of Harold Laski: A Life on the Left, by Isaac Kramnick and Barry Sheerman," *Nation*, June 13, 1995, 835.

[53] Harold Laski, "Can Business Be Civilized," in *The Dangers of Obedience and Other Essays* (New York: Harper and Brothers, 1930), 217.

[54] Laski, "Can Business Be Civilized," 237.

[55] Laski, "Can Business Be Civilized," 271.

[56] Jean-Jacques Rousseau, "Du Contrat Social," trans. Gerard Hopkins, in *Social Contract*, ed. Ernest Barker (1762; reprint, Oxford: Oxford University Press, 1960), 291.

[57] Laski, "Can Business Be Civilized," 291.

[58] Harold Laski, *Authority in the Modern State* (New Haven, Conn. : Yale University Press, 1919), 78.

[59] Kramnick and Sheerman, *Laski*, 184.

[60] Laski, "Can Business Be Civilized," 286.

[61] Kingsley Martin, *Harold Laski: A Biographical Memoir* (London: Victor Gollancz, 1953), 80-83.

[62] Clarke, *Hope and Glory*, 159.

[63] Martin, *Harold Laski*, 70.

[64] Skidelsky, *Keynes*, vol. 2, 400-401.

[65] Peter Lamb, "Laski's Ideological Metamorphosis," *Journal of Political Ideologies* 4, no. 2 (June 1999): 248.

[66] Martin, *Harold Laski*, 88.

[67] David Cannadine, *Aspects of Aristocracy: Grandeur and Decline in Modern Britain* (London: Penguin, 1994), 159.

[68] Kramnick and Sheerman, *Laski*, 245.

[69] Cannadine, *Aristocracy*, 158-159.

[70] Harold Laski, *Lecture: Introduction to Contemporary Politics*, ed. Francis G. Wilson (Seattle: University of Washington Bookstore, 1939), 69.

[71] Laski, *Contemporary Politics*, 70.

[72] Laski, *Studies in Law and Politics*, 68.

［73］ Rodney Barker, "Socialism," in *The Blackwell Encyclopaedia of Political Thought*, ed. David Miller (London: Blackwell 1987), 485 – 489.

［74］ Laski, "Can Business Be Civilized," 236 – 337.

［75］ Harold Laski, *The Limitations of the Expert*, Fabian Tract No. 235 (London: The Fabian Society, 1931).

［76］ Martin, *Harold Laski*, 85; Newman, *Laski*, 147 – 162.

［77］ Addison, Road, 140.

［78］ Kramnick and Sheerman, *Laski*, 311 – 312, 344 – 345. Cf. Noel Annan, *Our Age: The Generation That Made Post-War Britain* (London: Fontana, 1990), 238 – 239.

［79］ Martin, *Harold Laski*, 98 – 99; Elizabeth Durbin, *New Jerusalems: The Labour Party and the Economics of Democratic Socialism* (London: Routledge and Kegan Paul, 1985), 120.

［80］ Cited in Kramnick and Sheerman, *Laski*, 312.

［81］ Kramnick and Sheerman, *Laski*, 310 – 311.

［82］ Maynard Keynes, April 20, 1932, File: 13, Keynes-Laski. Unpublished writings of J. M. Keynes copyright © 2003 by the Provost and Scholars of King's College, Cambridge.

［83］ Newman, *Laski*, 162 – 164.

［84］ Martin, *Harold Laski*, 93 – 94.

［85］ Kramnick and Sheerman, *Laski*, 328 – 331; cf. Ralf Dahrendorf, *LSE: A History of the London School of Economics and Political Science 1895 – 1995* (Oxford: Oxford University Press, 1995), 279 – 283; E. Graham-Little, "Prof. Laski's Lecture," *Daily Telegraph*, July 14, 1936.

［86］ Harold Laski, Keynes, A, 34, File: 133, Laski: Keynes 22/7/36, Modern Archive, King's College, Cambridge University.

［87］ Laski, "No" from Maynard Keynes and Harold Laski, "Can America Spend Its Way to Recovery?" *Redbook*, December 1934, 76.

［88］Newman，*Laski*，150 - 151.

［89］Harold Laski，*The Danger of Being a Gentleman*，*and Other Essays* (New York：Viking Press，1940)，17，20.

［90］Laski，*The Danger of Being a Gentleman*，29 - 31.

［91］Harold Laski，*The State in Theory and Practice* (New York：Viking Press，1935)，165.

［92］参见 *Essays in Persuasion*，314 - 315，Norton Publishers，New York，1963。

［93］Laski，*The State*，164 - 165；Kramnick and Sheerman，*Laski*，360 - 361.

［94］参见 Kramnick and Sheerman，*Laski*，322 - 323。

［95］Dahrendorf，*LSE*，197；cf. Harris，*William Beveridge*，321.

［96］Robbins，*Autobiography*，141.

［97］这个故事是诺尔曼·比恩鲍姆（Norman Birnbaum）向本书作者讲述的，他 1957 年出席了卡尔-桑德斯的退休晚宴。

［98］Harold Laski，*The American Presidency*，*an Interpretation* (New York：Harper and Brothers，1940)；Newman，*Laski*，176，181 - 182.

［99］Kramnick and Sheerman，*Laski*，195，397.

［100］Clarke，*Hope and Glory*，198；Newman，*Laski*，206.

［101］Newman，*Laski*，199，284 - 287.

［102］可参见一些学者抹黑共产主义的相关著作，如 Stephane Courtois 等。

［103］Addison，*Road*，51.

［104］Kramnick and Sheerman，*Laski*，361；Harold Laski，"Why I Am a Marxist，" *Nation*，Jan. 14，1939.

［105］Alan Ebenstein，*Friedrich Hayek：A Biography* (London：Palgrave，2001)，56.

［106］参议员 W. R. 奥恩多夫（W. R. Orndorff）写信给州长，称他对关于拉斯基演说的报道反应强烈，并建议采用最近在贝灵厄姆师范学院着手进行的审查，那里的校长因为支持左派而遭到解雇。这所学校是本书作者当前所在机构西华盛顿大学的前身。W. R. Orndorff and M. G. Lowman，46，Laski，April 17，

1939，Orndorff：Martin，Palo Alto，Calif. ，Hoover Institution Archives.

[107] Kramnick and Sheerman，*Laski*，406.

[108] Bruce Caldwell，introduction to *The Collected Works of F. A. Hayek*，ed. Bruce Caldwell，vol. 9，*Contra Keynes and Cambridge* （Chicago：University of Chicago Press，1995），16.

[109] Friedrich Hayek，"Hayek on Hayek，" in *The Collected Works of F. A. Hayek*，ed. Stephen Kresge and Leif Wenar，vol. supplement，*Hayek on Hayek：An Autobiographical Dialogue*，W. W. Bartley III Audiotape Archive，1984 – 1988 （London：Routledge，1994），76 – 77.

[110] Friedrich Hayek，"Hayek on Hayek，" in *The Collected Works of F. A. Hayek*，ed. Stephen Kresge and Leif Wenar，vol. supplement，*Hayek on Hayek：An Autobiographical Dialogue* （London：Routledge，1994），77.

[111] Ebenstein，*Hayek*，53.

[112] Robbins，*Autobiography*，127 - 128.

[113] Ebenstein，*Hayek*，60.

[114] Hayek，"Hayek on Hayek，" 78.

[115] Harris，*William Beveridge*，80.

[116] Dahrendorf，*LSE*，188；Cockett，*Thinking*，29 - 31.

[117] Dahrendorf，*LSE*，223 - 224.

[118] Quoted in Harris，*William Beveridge*，289.

[119] Harold Laski，*On the Study of Politics：An Inaugural Lecture*，delivered on October 22，1926 （London：Humphrey Milford/Oxford University Press，1926），16.

[120] Cockett，*Thinking*，29.

[121] Cockett，*Thinking*，31.

[122] John Kenneth Galbraith，*A Life in Our Times：Memoirs* （New York：Ballantine Books，1981），78.

[123] Harris，*William Beveridge*，281.

［124］Dahrendorf，*LSE*，223－224.

［125］Hayek，"Bartley Audiotape Archive，" 82.

［126］Cockett，*Thinking*，24－25.

［127］Hayek，"Reflections，" 121.

［128］Caldwell，*Contra*，28－31.

［129］Caldwell，*Contra*，27.

［130］一些评论的介绍和摘录可见 Caldwell，*Contra*，25－31。参见 Dahrendorf，*LSE*，217。

［131］Hayek，"Reflections，" 122.

［132］Keynes，"Reply to Dr. Hayek，" 149.

［133］Dahrendorf，*LSE*，220.

［134］Friedrich Hayek，"The Economics of the 1920's as Seen from Vienna，" in *The Collected Works of F. A. Hayek*，ed. Peter Klein，vol. 4，The Fortunes of Liberalism (Chicago：University of Chicago Press，1963)，37.

［135］Keynes，"Reply to Dr. Hayek，" 154.

［136］Skidelsky，*Keynes*，vol. 2，458－459.

［137］Hayek，"Hayek on Hayek，" 88.

［138］Cockett，*Thinking*，41；Moggridge，*Economist's Biography*，544－545.

［139］Dahrendorf，*LSE*，211；Clarke，*Keynesian Revolution*，284－285.

［140］Cockett，*Thinking*，34.

［141］Friedrich A. Hayek，"The Trend of Economic Thinking，" *Economica* 13，no. 2 (1933)：133.

［142］Dahrendorf，*LSE*，215－216.

［143］Cockett，*Thinking*，54－55.

［144］Dahrendorf，*LSE*，291.

［145］Friedrich Hayek，"The Economics of the 1930's as Seen from London，" in *The Collected Works of F. A. Hayek*，ed. Bruce Caldwell，vol. 9，*Contra Keynes and Cambridge* (Chicago：University of Chicago Press，1963)，60.

［146］Dahrendorf, *LSE*, 219 - 220.

［147］Hayek, "The Economics of the 1930's," 60.

［148］Clarke, *Keynesian Revolution*, 238.

［149］Clarke, *Keynesian Revolution*, 282, 310.

［150］John B. Davis, "Keynes's Critiques of Moore: Philosophical Foundations of Keynes's Economics," *Cambridge Journal of Economics* 15 (1991): 61 - 77; Gladys Foster, "The Compatibility of Keynes's Ideas with Institutionalist Philosophy," *Journal of Economic Issues* 25, no. 2 (1991): 561 - 569.

［151］Hayek, "The Trend," 129.

［152］Friedrich Hayek, "Economics and Knowledge," *Economica* 4 (February 1937): 33 - 54.

［153］Hayek, "Hayek on Hayek," 79 - 80; Hayek, "The Economics of the 1930's," 62 - 63.

［154］Caldwell, *Contra*, 36.

［155］Charlotte Cubitt, *Hayek: An Affectionate Memoir*. Unpublished MSS of Draft of Memoir (Colchester, England, 1999), 10.

［156］Evan Bukey, *Hitler's Austria: Popular Sentiment in the Nazi Era, 1938 - 1945* (Chapel Hill: University of North Carolina Press, 2000), 1 - 39; Kenneth Hoover et al., *Ideology and Political Life*, 3rd ed. (New York: Harcourt, 2001), 135 - 146.

［157］Cockett, *Thinking*, 9 - 10.

［158］Cockett, *Thinking*, 54 - 55.

［159］Dahrendorf, *LSE*, 220.

［160］Caldwell, *Contra*, 36.

［161］Hayek, "The Economics of the 1930's," 62 - 63。这是一个哈耶克从米塞斯那里改编过来的主题，后者在 1922 年对社会主义进行攻击，并作为法西斯主义的反对者渡过了难关——这一立场促使米塞斯 1934 年离开奥地利前往瑞士。后来，在 20 世纪 40 年代，米塞斯到达美国，在古典自由主义在美国经济学家

和知识分子当中的复活上扮演了一个重要的角色。Cockett，*Thinking*，23 - 24.

[162] Hayek，"Hayek on Hayek，"102.

[163] Caldwell，*Contra*，42 - 43。参见 Hayek，"Hayek on Hayek，"11 - 12。

[164] Friedrich Hayek，*The Pure Theory of Capital*（London：Routledge and Kegan Paul，1941），374.

[165] Gamble，Hayek，22 - 23.

[166] Hayek，*The Pure Theory of Capital*，294 - 322.

[167] Bruce Caldwell，introduction to *The Collected Works of F. A. Hayek*，ed. Bruce Caldwell，vol. 10，*Socialism and War：Essays，Documents，Reviews*（Chicago：University of Chicago Press，1997），29 - 30.

第 6 章

[1] Peter Clarke，*The Keynesian Revolution in the Making*，*1924 - 1936*（New York：Oxford University Press，1988），321 - 322；Peter Clarke，*A Question of Leadership：Gladstone to Thatcher*（London：Hamish Hamilton，1991），168.

[2] Donald E. Moggridge，*Maynard Keynes：An Economist's Biography*（London：Routledge，1992），631 - 632.

[3] Michael Newman，*Harold Laski：A Political Biography*（Basingstoke，U. K.：Macmillan，1993），253.

[4] Moggridge，*Economist's Biography*，632 - 633.

[5] Friedrich Hayek，"Hayek on Hayek，"in *The Collected Works of F. A. Hayek*，ed. Stephen Kresge and Leif Wenar，vol. supplement，*Hayek on Hayek：An Autobiographical Dialogue*（London：Routledge，1994），91.

[6] Maynard Keynes，Keynes：Hayek 6/3/40，Palo Alto，Calif.，Hoover Institution Archives. Unpublished writings of J. M. Keynes copyright © 2003 by the Provost and Scholars of King's College，Cambridge.

[7] Stephen Kresge，introduction to *Hayek on Hayek：An Autobiographical Dialogue*，ed. Stephen Kresge and Leif Wenar（Chicago：University of Chicago Press，

1994)，12－13.

[8] Peter Clarke, *Hope and Glory*: *Britain 1900－1990* (London: Allen Lane/Penguin, 1996), 210.

[9] Moggridge, *Economist's Biography*, 647.

[10] Robert J. Skidelsky, *John Maynard Keynes*: *A Biography*, vol. 3, *Fighting for Britain 1937－1946* (London: Macmillan, 2000), 141.

[11] Moggridge, *Economist's Biography*, 638－639.

[12] Harris, *William Beveridge*, 40.

[13] Paul Addison, *The Road to 1945*, rev. ed. (London: Pimlico, 1994), 217.

[14] Moggridge, *Economist's Biography*, 708－709; Jose Harris, *William Beveridge*: *A Biography*, rev. ed. (Oxford: Oxford University Press, 1997), 399.

[15] Harris, *William Beveridge*, 399, 314, 414.

[16] Skidelsky, *Keynes*, vol. 3, 264.

[17] Moggridge, *Economist's Biography*, 308－309; John Maynard Keynes, "Draft for the House of Lords on 24 February 1943," in *The Collected Writings of John Maynard Keynes*, ed. Donald Moggridge, vol. 27, *Activities 1940－1946*. *Shaping the Post-War World*: *Employment and Commodities* (Cambridge: Macmillan/ Cambridge University Press for the Royal Economic Society © 1980, 1943), 259.

[18] Keynes, "Draft for the House of Lords on 24 February 1943," 261.

[19] Moggridge, *Economist's Biography*, 643, 662－663.

[20] Addison, *Road*, 227.

[21] Richard Cockett, *Thinking the Unthinkable*, rev. ed. (London: Fontana, 1995), 65.

[22] Harris, *William Beveridge*, 441－443.

[23] Harris, *William Beveridge*, 444.

[24] Skidelsky, *Keynes*, vol. 3, 274.

[25] Moggridge, *Economist's Biography*, 746.

[26] Moggridge, *Economist's Biography*, 740.

［27］ Skidelsky，*Keynes*，vol. 3，386－392.

［28］ Skidelsky，*Keynes*，vol. 3，310.

［29］ Lionel（Lord）Robbins，*Autobiography of an Economist*（London：Macmillan，1971），199－200.

［30］ Jacqueline Best，"Hollowing Out Keynesian Norms：How the Search for a Technical Fix Undermined the Bretton Woods Regime"（paper presented at the American Political Science Association，Boston，August 30，2002）.

［31］ 可见罗伯特·斯基德尔斯基和米尔顿·弗里德曼的评论，参见 Mark Blaug，*John Maynard Keynes：Life，Ideas，Legacy*（London：Macmillan，1990），53－54，85；还可见彼得·克拉克的评论，参见 Clarke，*Keynesian Revolution*，229。

［32］ John Cassidy，"The New World Disorder，" *New Yorker*，October 26 and November 2 1998，197－207；Joseph Stiglitz，*Globalization and Its Discontents*（New York：Norton，2002）.

［33］ Alfred Bomeman，"Fifty Years of Ideology：A Selective Survey of Academic Economics in the U. S. 1930 to 1980，" *Journal of Economic Studies* 8，no. 1（1981）：23.

［34］ Moggridge，*Economist's Biography*，824.

［35］ Addison，*Road*，17.

［36］ Cockett，*Thinking*，50.

［37］ Isaac Kramnick and Barry Sheerman，*Harold Laski：A Life on the Left*（London：The Penguin Group，1993），434.

［38］ Kramnick and Sheerman，*Laski*，423.

［39］ Kramnick and Sheerman，*Laski*，424.

［40］ Harold Laski，*Is This an Imperialist War?* Pamphlet（London：Labour Party，1940），13.

［41］ Kingsley Martin，*Harold Laski：A Biographical Memoir*（London：Victor Gollancz，1953），193.

［42］ Laski，*Is This an Imperialist War?*

［43］Newman，*Laski*，206，212.

［44］Addison，*Road*，168.

［45］Kramnick and Sheerman，*Laski*，421-422.

［46］Newman，*Laski*，208.

［47］Martin，*Harold Laski*，127.

［48］Newman，*Laski*，210-211.

［49］Martin，*Harold Laski*，140-141.

［50］Addison，*Road*，113.

［51］Martin，*Harold Laski*，142.

［52］Martin，*Harold Laski*，151-152.

［53］Stephen Brooke，*Labour's War：The Labour Party during the Second World War*（Oxford：Clarendon Press，1992），92-93.

［54］Addison，*Road*，182.

［55］Martin，*Harold Laski*，162-163.

［56］源自阿莫斯·平肖（Amos Pinchot）写的文章。参见 Martin，*Harold Laski*，196。

［57］Kramnick and Sheerman，*Laski*，453.

［58］Newman，*Laski*，292-293；Harold Laski，"Our Liberties a Fortress，" *The Listener*，June 19，1941.

［59］Harold Laski，Modern Politics Collection，Dep. 4，165-166，December 19，1941，File：Ms. Attlee，Draft of Great Britain，Russia，and the Labour Party Circulated to N. E. C. Press，Publicity，and Campaign Sub-Committee，Bodleian Library，Oxford University.

［60］Clement Attlee，Modern Politics Collection，Dep. 4，165-166，File：Ms. Attlee，Attlee：Chamberlain 27112/41，Bodleian Library，Oxford University.

［61］Clarke，*Hope and Glory*，207-208.

［62］Winston Churchill，University of Hull，DLA，18，Churchill：Laski 2/3/42，Kingston-upon-Hull.

[63] Newman, *Laski*, 215 - 216.

[64] Newman, *Laski*, 231 - 232.

[65] Kramnick and Sheerman, *Laski*, 436 - 437.

[66] Harold Laski, "The Problem of Mr. Churchill," *New Statesman and Nation*, May 2, 1942.

[67] Newman, *Laski*, 242. Cf. August 13, 1942. PREM 4 26/3, PRO.

[68] Brooke, *Labour's War*, 96 - 97.

[69] Newman, *Laski*, 239 - 240.

[70] Harold Laski, British Library of Economic and Political Sciences, vol. 5, 223, Laski: Webb 7/7/42, London School of Economics.

[71] Harold Laski, "U. S. S. R. is Twenty-five Tomorrow," *Daily Herald*, November 6, 1942.

[72] Newman, *Laski*, 256 - 257.

[73] Harold Laski et al. , "After the Armistice," *The Listener*, August 13, 1942.

[74] George Bernard Shaw, British Library of Economic and Political Sciences, Passfield, II 4 m, File: 12v, Shaw: Webb 17/2/41, London.

[75] Newman, *Laski*, 215 - 216, 233 - 235.

[76] Harris, *William Beveridge*, 421.

[77] Harold Laski, *Reflections on the Revolution of Our Time* (New York: Viking Press, 1943), VII.

[78] Cockett, *Thinking*, 61 - 62.

[79] Kramnick and Sheerman, *Laski*, 446.

[80] Kramnick and Sheerman, *Laski*, 423 - 425.

[81] Laski, Manchester Public Library, Laski, SC, April 10, 1943, File: 920, Laski: Roosevelt, Manchester, England.

[82] Kramnick and Sheerman, *Laski*, 451 - 452.

[83] Kramnick and Sheerman, *Laski*, 465, 459 - 560.

［84］Newman，*Laski*，246 - 247.

［85］Laski，"Coalitions and the Constitution," *New Statesman and Nation*，October 23，1943.

［86］Polanyi，"Mr. Laski's Thesis," *Manchester Guardian*，October 8，1943.

［87］Laski，"Revolt in the Urban Desert," *The Observer*，October 10，1943.

［88］Newman，*Laski*，250 - 251.

［89］Attlee，University of Hull Library，Laski，13，File：DLA，Attlee：Laski 1/5/44，Kingston-upon- Hull.

［90］Laski，"A Friendship That Can Change the World," *Reynolds News*，February 27，1944.

［91］Kramnick and Sheerman，*Laski*，511.

［92］Martin，*Harold Laski*，166 - 167.

［93］Hayek，"Hayek on Hayek," 85.

［94］Hayek，"The Economics of the 1920's as Seen from Vienna," in *The Collected Works of F. A. Hayek*，ed. Peter Klein，vol. 4，*The Fortunes of Liberalism* (Chicago：University of Chicago Press，1963)，33 - 34.

［95］Hayek，"Hayek on Hayek," 91.

［96］Robbins，*Autobiography*，188.

［97］Hayek，"Hayek on Hayek," in *The Collected Works of F. A. Hayek*，ed. Stephen Kresge and Leif Wenar，vol. supplement，*Hayek on Hayek：An Autobiographical Dialogue*，Oral History Program，Axel Leijonhufvud，Department of Economics，UCLA (London：Routledge，1994)，86.

［98］Hayek，"Review of Sir William Beveridge's *Full Employment in a Free Society：A Report*," *Fortune* (Chicago)(1945)：234，*The Collected Works of F. A. Hayek*，ed. Bruce Caldwell (Chicago：University of Chicago Press).

［99］"富足经济学"这个短语流行了起来。拉斯基宣称，战争的目的是实现四大自由，而后者反过来需要战后世界"成为一个这样的世界：在这个世界里，富足原则将取代稀缺性原则作为经济生活的基础"。Harold Laski，"Great Britain，

Russia and the Labour Party," in *Modern Politics Collection*，Dep. 4，165 – 166。

［100］Felix，*Biography of an Idea：John Maynard Keynes and the General Theory*（New Brunswick，N. J.：Transaction，1995），230.

［101］Friedrich Hayek，*The Constitution of Liberty*（Chicago：University of Chicago Press，1960），280.

［102］Laski，"Great Britain，Russia and the Labour Party."Draft of pamphlet.

［103］Hayek，"Hayek on Hayek,"16.

［104］Hayek，"Hayek on Hayek,"106 – 107.

［105］参见哈耶克的一部由米尔顿·弗里德曼作序的作品，Hayek，*The Road to Serfdom*，Fiftieth Anniversary Edition（Chicago：University of Chicago Press，1944），11 - 12.

［106］Hayek，*Serfdom*，163.

［107］哈耶克起初打算把苏联和德国作为滑向极权主义的平行案例来讨论，但在德国入侵使得共产主义政权成为西方的一个盟友之后，他删除了提到苏联的大部分内容。参见 Ebenstein，*Friedrich Hayek：A Biography*（London：Palgrave，2001），141。

［108］Hayek，*Serfdom*，15.

［109］Hayek，*Serfdom*，162.

［110］Hayek，*Serfdom*，132 – 133.

［111］Hayek，*Serfdom*，134.

［112］Hayek，*Serfdom*，231.

［113］Hayek，*Serfdom*，235.

［114］Hayek，*Seifdom*，92 – 93.

［115］Gregory Christainsen，"What Keynes Really Said to Hayek about Planning," *Challenge* 36，no. 4（1993）：51.

［116］In Harris，*William Beveridge*，442.

［117］In *Serfdom*，70 - 71，146，219 – 220：cf. xxiv.

［118］Hayek，*Serfdom*，146.

[119] Hayek, "Hayek on Hayek," in *The Collected Works of F. A. Hayek*, ed. Stephen Kresge and Leif Wenar, vol. supplement, *Hayek on Hayek: An Autobiographical Dialogue*, W. W. Bartley Ⅲ Audiotape Archive, 1984 – 1988 (London: Routledge, 1994), 85.

[120] Maynard Keynes, *J. M. Keynes: F. Hayek* 28/6/44, *The Collected Writings of John Maynard Keynes*, ed. Donald Moggridge, vol. 27, *Activities 1940 – 1946, Shaping the Post-War World: Employment and Commodities* (Cambridge: Macmillan/Cambridge University Press for the Royal Economic Society, 1944), 385 – 388; Friedrich Hayek, "The Keynes Centenary: The Austrian Critique," in *The Essence of Hayek*, ed. Chiaki Nishiyama and Kurt Leube (Stanford, Calif. : The Hoover Institution Press, 1983), 50; Bruce Caldwell, introduction to *The Collected Works of F. A. Hayek*, ed. Bruce Caldwell, vol. 9, *Contra Keynes and Cambridge* (Chicago: University of Chicago Press, 1995), 45 – 46.

[121] Keynes, 1944. *J. M. Keynes: F. Hayek* 28/6/44.

[122] Keynes, 1944. *J. M. Keynes: F. Hayek* 28/6/44.

[123] Schumpeter, "Hayek on Liberty," in *Friedrich A. Hayek: Critical Perspectives* (1991), ed. John C. Wood and Ronald N. Wood, vol. 2 (London: Routledge, 1946), 67.

[124] Ebenstein, *Hayek*, 353.

第 7 章

[1] Donald E. Moggridge, *Maynard Keynes: An Economist's Biography* (London: Routledge, 1992), 465.

[2] Jose Harris, *William Beveridge: A Biography*, rev. ed. (Oxford: Oxford University Press, 1997), 449.

[3] George Kennan, *Memoirs 1925 – 1950* (Boston: Little, Brown, 1967), 266 – 270.

[4] David McCullough, *Truman* (New York: Simon &· Schuster, 1992), 382.

［5］ Lord Halifax, "8 September," in *Washington Despatches 1941 - 1945*: *Weekly Political Reports from the British Embassy*, ed. Harold Nicholas（London: Weidenfeld and Nicolson, 1945）, 616 - 617.

［6］ Lionel（Lord）Robbins, *Autobiography of an Economist*（London: Macmillan, 1971）, 206 - 207.

［7］ Kennan, *Memoirs 1925 - 1950*, 266 - 270.

［8］ Moggridge, *Economist's Biography*, 816.

［9］ Roy Forbes Harrod, Sir, *The Life of John Maynard Keynes*（New York: Harcourt Brace, 1951）, 618.

［10］ Lord Halifax, "9 June," in *Washington Despatches 1941 - 1945*: *Weekly Political Reports from the British Embassy*, ed. Harold Nicholas（London: Weidenfeld and Nicolson, 1945）, 576.

［11］ Halifax, "9 June," 557, 559.

［12］ Isaac Kramnick and Barry Sheerman, *Harold Laski*: *A Life on the Left*（London: The Penguin Group, 1993）, 497.

［13］ Robert J. Skidelsky, *John Maynard Keynes*: *A Biography*, vol. 3, *Fighting for Britain 1937 - 1946*（London: Macmillan, 2000）, 418.

［14］ Skidelsky, *Keynes*, vol. 3, xv, 8.

［15］ Robbins, *Autobiography*, 208 - 209.

［16］ Skidelsky, *Keynes*, vol. 3, 448, 451.

［17］ Skidelsky, *Keynes*, vol. 3, 453, 480, 492.

［18］ Moggridge, *Economist's Biography*, 835 - 836.

［19］ Skidelsky, *Keynes*, vol. 3, 471.

［20］ In Skidelsky, *Keynes*, vol. 3, 472.

［21］ In Skidelsky, *Keynes*, vol. 3, 471.

［22］ Harrod, *Keynes*, 644.

［23］ Mark Blaug, *John Maynard Keynes*: *Life, Ideas, Legacy*（London: Macmillan, 1990）, 26 - 27.

[24] Seymour Harris, "Acknowledgements," in *The New Economics：Keynes' Influence on Theory and Public Policy*, ed. Seymour Harris（London：Dobson, 1947），1.

[25] Robert Clyde, "The Bland Bombshell：No One Ever Calls Him Harold," *Daily Mail*, June 21, 1945.

[26] In Ralf Dahrendorf, *LSE：A History of the London School of Economics and Political Science 1895 –1995*（Oxford：Oxford University Press，1995），365.

[27] Peter Clarke, "Keynes in History," *History of Political Economy* 26, no.（1994）：118.

[28] Peter Clarke, *Hope and Glory：Britain 1900 – 1990*（London：Allen Lane/Penguin, 1996），214 – 215.

[29] Kramnick and Sheerman, *Laski*, 481.

[30] Michael Newman, *Harold Laski：A Political Biography*（Basingstoke, U. K.：Macmillan, 1993），258 – 259.

[31] Clarke, *Hope and Glory*, 197.

[32] David Cannadine, *Aspects of Aristocracy：Grandeur and Decline in Modern Britain*（London：Penguin, 1994），161 – 162.

[33] Kramnick and Sheerman, *Laski*, 481.

[34] Richard Cockett, *Thinking the Unthinkable*, rev. ed.（London：Fontana, 1995），92 – 93.

[35] Kramnick and Sheerman, *Laski*, 482.

[36] Tom Driberg, *Beaverbrook：A Study in Power and Frustration*（London：Weidenfeld and Nicolson, 1956），302 – 303。在选举惨败之后的保守党大会上，一些失望的保守党人着手行动，因为比弗布鲁克在这次失败中所扮演的角色而打算把他踢出本党。比弗布鲁克否认自己与那场演说有任何关系，并将其归咎于拉尔夫·阿什顿，指责后者与另一位本党官员批准了这次演说。

[37] Newman, *Laski*, 263 – 264.

[38] Stephen Brooke, *Labour's War：The Labour Party during the Second*

World War (Oxford: Clarendon Press, 1992), 92 – 97.

［39］Kramnick and Sheerman, *Laski*, 483 – 484.

［40］Guy Eden, "Churchill Forces Laski Show-Down," *Daily Express*, July 3, 1945, 1; Winston Churchill, "Churchill: Attlee 3/7/45," *Daily Express*, July 3, 1945, 1.

［41］Kingsley Martin, *Harold Laski: A Biographical Memoir* (London: Victor Gollancz, 1953), 173.

［42］Paul Addison, *The Road to 1945*, rev. ed. (London: Pimlico, 1994), 266.

［43］"Socialist Chance is Remote," *Daily Express*, July 5, 1945, 1.

［44］参见 Catherine Kord, "Review of Harold Laski: A Life on the Left," *The Antioch Review* (Summer 1994): 531 – 532。事实上，在伦敦政治经济学院教员俱乐部举行了一次内阁主要负责人会议。前教员包括首相、财政大臣、印度事务大臣和国务大臣。

［45］Harold Laski, "Why I Didn't Make a Good Red Herring," *Picture Post*, August 11, 1945.

［46］"Morrison Did a Cowardly Thing," *Daily Express*, July 5, 1945, 1.

［47］Kramnick and Sheerman, *Laski*, 489.

［48］Laski, "Why I Didn't Make a Good Red Herring."

［49］Laski, "Why I Didn't Make a Good Red Herring."

［50］Noel Annan, *Our Age: The Generation That Made Post-War Britain* (London: Fontana, 1990), 294 – 295.

［51］Addison, *Road*, 264.

［52］Annan, *Our Age*, 282 – 283.

［53］Clarke, *Hope and Glory*, 214 – 215.

［54］Clarke, *Hope and Glory*, 225 – 226.

［55］Addison, *Road*, 274, 283.

［56］Dahrendorf, *LSE*, 365.

[57] Newman, *Laski*, 307.

[58] Newman, *Laski*, 269 – 270.

[59] Kramnick and Sheerman, *Laski*, 515.

[60] Clement Attlee, University of Hull, DLA, 13, Attlee: Laski 20/08/45, Kingston-upon-Hull.

[61] Kramnick and Sheerman, *Laski*, 574 – 575.

[62] Newman, *Laski*, 346.

[63] Kramnick and Sheerman, *Laski*, 501.

[64] Kramnick and Sheerman, *Laski*, 566.

[65] Newman, *Laski*, 292.

[66] Friedrich Hayek, "The Mirage of Social Justice," in *Law, Legislation and Liberty: A New Statement of the Liberal Principles of Justice and Political Economy*, vol. 1, with rev. preface (1976; reprint, London: Routledge, 1982), 113n.

[67] Michael Shelden, *Orwell: The Authorized Biography* (London: Minerva, 1991), 436 – 437.

[68] Ben Pimlott, *The Queen: A Biography of Elizabeth II* (New York: John Wiley, 1996), 84.

[69] Martin, *Harold Laski*, 180 – 181.

[70] Harold Laski, "What is Democracy?" *Manchester Guardian*, April 24, 1946.

[71] Harold Laski, *The Secret Battalion: An Examination of the Communist Attitude to the British Labour Party*, Pamphlet (London: British Labour Party, 1946).

[72] Harold Laski, "'Try Friendship,' Says Laski to Soviet," *Manchester Evening News*, June 10, 1946.

[73] "Bevin's Big Hand," *News Review*, June 20, 1946.

[74] Newman, *Laski*, 299.

[75] Martin, *Harold Laski*, 195.

[76] Kramnick and Sheerman, *Laski*, 124.

[77] 源自《纽瓦克广告报》和《每日快报》。参见 Kramnick and Sheerman，*Laski*，486－487。

[78] Newman，*Laski*，273－274.

[79] "Laski Libel Ruling，No Imputation of Treason：No Evidence of Malice，" *Manchester Guardian*，November 30，1946.

[80] Newman，*Laski*，115.

[81] Kramnick and Sheerman，*Laski*，517.

[82] Royal Courts of Justice，*Laski v. Newark Advertiser and Parlby*（London：1947），72－73.

[83] Harold Laski，*The State in Theory and Practice*（New York：Viking Press，1935），164－165.

[84] Annan，*Our Age*，246.

[85] Dahrendorf，*LSE*，367.

[86] 作为一项引用，参见 Addison，*Road*，232。

[87] Newman，*Laski*，278.

[88] Dahrendorf，*LSE*，367.

[89] Newman，*Laski*，280.

[90] Dahrendorf，*LSE*，367.

[91] Harold Laski，University of Hull Library，Laski，DLA，File：34/38，Laski：Frida Laski 27/11/45，Kingston-upon-Hull.

[92] C. Northcote Parkinson，*Left Luggage：A Caustic History of British Socialism from Marx to Wilson*（Boston：Houghton Mifflin，1967），128.

[93] Kramnick and Sheerman，*Laski*，546.

[94] Kramnick and Sheerman，*Laski*，509.

[95] Martin，*Harold Laski*，202－203.

[96] Newman，*Laski*，302.

[97] Martin，*Harold Laski*，201.

[98] Martin，*Harold Laski*，226.

[99] Kramnick and Sheerman, *Laski*, 570 – 571.

[100] Harold Laski, *The American Democracy: A Commentary and an Interpretation* (New York: Viking Press, 1948), 754.

[101] Laski, *The American Democracy*, 735.

[102] Laski, *The American Democracy*, 737.

[103] Laski, *The American Democracy*, 738.

[104] Laski, *The American Democracy*, 761.

[105] Laski, *The American Democracy*, 69.

[106] Newman, *Laski*, 347.

[107] Kramnick and Sheerman, *Laski*, 562 – 564.

[108] Harold Laski, "Fabian Socialism," *The Listener*, February 19, 1948.

[109] Orwell: Rees 17/5/49. In *The Complete Works of George Orwell*, vol. 20, *Our Job Is to Make Life Worth Living, 1949 – 1950*, ed. Peter Davison with Ian Angus and Sheila Davison (London: Seeker and Warburg, 1998).

[110] 该声明由自由保卫委员会（Freedom Defence Committee）做出，并于 1948 年 8 月 21 日出现在《社会主义领袖》上。参见克里斯托弗·希钦斯（Christopher Hitchens）写给《伦敦书评》的信，January 6, 2000, 4 – 5。

[111] Martin, *Harold Laski*, 247 – 252.

[112] Harold Laski, *Trade Unions in a New Society* (New York: Viking, 1949), 161, 178.

[113] Kramnick and Sheerman, *Laski*, 577.

[114] Isaac Kramnick, "Our Harold," *The New Republic*, December 6, 1993.

[115] Martin, *Harold Laski*, 255.

[116] Newman, *Laski*, 353.

[117] Kramnick and Sheerman, *Laski*, 577 – 578.

[118] Peter Clarke, "Their Brilliant Careers, Review of the Progressive Dilemma by David Marquand," *New Statesman and Society* 3, no. 136 (February 1, 1991): 37.

［119］Newman，*Laski*，357.

［120］Michael Harrington，*The Long-Distance Runner*：*An Autobiography* (New York：Holt，1988)，190－191.

［121］Lord Halifax，"31 March,"in *Washington Despatches* 1941-1945：*Weekly Political Reports from the British Embassy*，ed. Harold Nicholas (London：Weidenfeld and Nicolson，1981)，531－535. On Berlin's role，see xiii，xv.

［122］可见哈耶克在1944年写给卡尔·波普尔的信，参见 Cockett，*Thinking*，96。

［123］Cockett，*Thinking*，94－95.

［124］哈耶克在生命就要走向终点的时候告诉斯蒂芬·克雷斯吉，自己只遇到过丘吉尔一次，那是在伦敦政治经济学院的一次宴会上，在那个场合，丘吉尔竟然认出了自己是《通往奴役之路》的作者。哈耶克回忆道："他只说了一句话：'你完全正确，但它绝不会发生在英国。'半小时后，他发表了我所听过的最有才华的演说之一。"Hayek，"Hayek on Hayek,"Oral History Program，Axel Leijonhufvud，Department of Economics，UCLA (London：Routledge，1994)，106。

［125］Claude Robinson，F. Hayek，46，28，Robinson：Hayek 6/6/45，Palo Alto，Calif.，Hoover Institution Archives.

［126］Friedrich Hayek，"State Boss Makes State Slayes,"*The Sunday Chronicle*，June 17，1945.

［127］Cockett，*Thinking*，94－95.

［128］Friedrich Hayek，"Hayek on Hayek,"University of Chicago Radio Roundtable on NBC (London：Routledge，April 1945［broadcast］，1994［publication］)，110－111

［129］Hayek，"Hayek on Hayek,"121.

［130］Albert Hirschman，*The Rhetoric of Reaction*：*Perversity*，*Futility*，*Jeopardy* (Cambridge，Mass.：Harvard University Press，1991)，111－112.

［131］Friedrich Hayek，F. Hayek，106，8，April 23，1945 "The Road to Serfdom"(address to the Economic Club of Detroit on April 23，1945)，Palo Alto，

Calif. , Hoover Institution Archives.

［132］Hayek, "The Road to Serfdom."

［133］Loren Miller, F. Hayek, 58, 16, Miller：Hayek 25/4/45，Palo Alto，Calif. , Hoover Institution Archives.

［134］Friedrich Hayek, F. Hayek, 58, 16, Hayek：Luhnow 3/5/45，Palo Alto，Calif. , Hoover Institution Archives.

［135］Claude Robinson, F. Hayek, 46, 28, Robinson：Hayek 3/5/45，Palo Alto，Calif. , Hoover Institution Archives.

［136］Friedrich Hayek, F. Hayek, 46, 28, Hayek：Robinson 19/5/45，Palo Alto，Calif. , Hoover Institution Archives.

［137］Claude Robinson, F. Hayek, 46, 28, Robinson：Hayek 5/6/45，Palo Alto，Calif. , Hoover Institution Archives.

［138］Harold Luhnow, F. Hayek, 58, 16, 7 September 1945，Luhnow：Hayek 7/9/45，Palo Alto，Calif. , Hoover Institution Archives.

［139］Luhnow, Luhnow：Hayek 7/9/45.

［140］Friedrich Hayek, F. Hayek, 58, 16, Hayek：Luhnow 9/5/48，Palo Alto，Calif. , Hoover Institution Archives.

［141］Charlotte Cubitt, *Hayek：An Affectionate Memoir*. Unpublished MSS of Draft of Memoir（Colchester, England, 1999），84.

［142］Lord Harris, "The Plan to End Planning," *National Review*，June 16，1997，23 - 24.

［143］Claude Robinson, F. Hayek, 46, 28, Robinson：Hayek 9/1/46，Palo Alto，Calif. , Hoover Institution Archives.

［144］Friedrich Hayek, F. Hayek, 46, 28, Hayek：Robinson 18/1146，Palo Alto，Calif. , Hoover Institution Archives。这时菲纳已经离开伦敦政治经济学院加入芝加哥大学，哈耶克在下一个十年与他再度相遇。

［145］Aaron Director, F. Hayek, 58, 16, Director：Crane 3/5/46，Palo Alto，Calif. , Hoover Institution Archives；Friedrich Hayek, F. Hayek, 58, 16，

Hayek: Luhnow 23/5/46, Palo Alto, Calif. , Hoover Institution Archives.

[146] In Sara Diamond, *Roads to Dominion: Right Wing Movements and Political Power in the United States* (New York: Guilford Press, 1995), 27 – 28.

[147] Harold Luhnow, F. Hayek, 58, 16, Luhnow: Hayek 6/5/46, Palo Alto, Calif. , Hoover Institution Archives.

[148] Loren Miller, F. Hayek, 58, 16, 7 May 1946, Miller: Hayek 7/5/46, Palo Alto, Calif. , Hoover Institution Archives.

[149] Friedrich Hayek, F. Hayek, 58, 16, Hayek: Luhnow 8/5/46, Palo Alto, Calif. , Hoover Institution Archives.

[150] Hayek, Hayek: Luhnow 23/5/46.

[151] Harold Luhnow, F. Hayek, 58, 16, Luhnow: Katz 2917146, Palo Alto, Calif. , Hoover Institution Archives.

[152] Harold Luhnow, F. Hayek, 58, 16, Luhnow: Hayek 6/1147, Palo Alto, Calif. , Hoover Institution Archives.

[153] Harold Luhnow, F. Hayek, 58, 16, Luhnow: Hayek 27/1/47, Palo Alto, Calif. , Hoover Institution Archives.

[154] Friedrich Hayek, F. Hayek, 58, 16, Hayek: Luhnow 5/2/47, Palo Alto, Calif. , Hoover Institution Archives.

[155] Friedrich Hayek, F. Hayek, 55, 1, Hayek: Nef 22/5/51, Palo Alto, Calif. , Hoover Institution Archives.

[156] Cockett, *Thinking*, 116 – 117.

[157] Diamond, *Roads to Dominion*, 27 – 31.

[158] Friedrich Hayek, F. Hayek, 58, 16, Hayek: Luhnow 14110/47, Palo Alto, Calif. , Hoover Institution Archives.

[159] Aaron Director, F. Hayek, 58, 16, Director: Read 24/11147, Palo Alto, Calif. , Hoover Institution Archives.

[160] Friedrich Hayek, F. Hayek, 58, 16, Hayek: Luhnow 8/12/47, Palo Alto, Calif. , Hoover Institution Archives.

[161] Jacob Viner，F. Hayek，56，21，Viner：Hayek 9/6/47，Palo Alto，Calif. ，Hoover Institution Archives.

[162] Friedrich Hayek，Cubitt Archive，Hayek：Robbins 7/3/50，Colchester，England.

[163] Friedrich Hayek，F. Hayek，46，28，Hayek：Robinson 7/2/48，Palo Alto，Calif. ，Hoover Institution Archives.

[164] 参见 Robert Oppenheimer，F. Hayek，58，17，Oppenheimer：Luhnow 25/5/48，Palo Alto，Calif. ，Hoover Institution Archives。奥本海默由于有人声称他给苏联当间谍而麻烦不断。然而，尽管有清楚的证据表明苏联很有兴趣招募他，但没有证据表明苏联成功地让他给自己当了间谍。Joseph Persico，"The Kremlin Connection：Review of *The Haunted Wood* by Allen Weinstein and Alexander Vassiliev，" *New York Times Book Review*，January 3，1990，6.

[165] Hayek，"Hayek：Luhnow 9/5/48. "

[166] Harold Luhnow，F. Hayek，58，16，Luhnow：Hayek 10/6/48，Palo Alto，Calif. ，Hoover Institution Archives.

[167] Friedrich Hayek，F. Hayek，56，Viner，Hayek：Viner 11/6/48，Palo Alto，Calif. ，Hoover Institution Archives.

[168] Jacob Viner，F. Hayek，56，Viner，Viner：Hayek 3017148，Palo Alto，Calif. ，Hoover Institution Archives.

[169] Alan Ebenstein，*Friedrich Hayek：A Biography* （London：Palgrave，2001），174-175.

[170] Aaron Director，F. Hayek，58，16，Director：Hayek 14/7/48，Palo Alto，Calif. ，Hoover Institution Archives.

[171] Friedrich Hayek，F. Hayek，58，16，Hayek：Robbins 26/9/48，Palo Alto，Calif. ，Hoover Institution Archives.

[172] John U. Nef，58，16，Nef：Hayek 24/9/48，Palo Alto，Calif. ，Hoover Institution Archives.

[173] Harold Luhnow，F. Hayek，58，16，Luhnow：Hayek 29/9/48，Palo

Alto, Calif. , Hoover Institution Archives.

[174] Robert Hutchins, F. Hayek, 58, 16, Hutchins: Luhnow 19/10/48, Palo Alto, Calif. , Hoover Institution Archives; Harold Luhnow, F. Hayek, 58, 16, Luhnow: Hutchins 20/10/48a, Palo Alto, Calif. , Hoover Institution Archives; Harold Luhnow, F. Hayek, 58, 16, Luhnow: Hayek 20/10/48b, Palo Alto, Calif. , Hoover Institution Archives.

[175] John U. Nef, F. Hayek, 58, 16, Nef: Hayek 26/10/48, Palo Alto, Calif. , Hoover Institution Archives; Robert Hutchins, F. Hayek, 55, 1, Hutchins: Hayek 24/12/48, Palo Alto, Calif. , Hoover Institution Archives.

[176] Friedrich Hayek, F. Hayek, 55, 1, Hayek: Nef 6/11/48, Palo Alto, Calif. , Hoover Institution Archives.

[177] Harold Luhnow, F. Hayek, 58, 16, Luhnow: Hayek 14/12/48, Palo Alto, Calif. , Hoover Institution Archives.

[178] Hayek, Hayek: Robbins 7/3/50.

[179] Friedrich Hayek, Cubitt Archive, Hayek: Hella 21/12/48, Colchester, England; Hayek, Hayek: Robbins 7/3/50.

[180] Hayek, Hayek: Hella 21112/48.

[181] Hella Hayek, Cubitt Archive, Hella: Hayek 11/3/49, Colchester, England.

[182] John Nef, F. Hayek, 39, 39, 18 February, 1949, Nef: Hayek, Palo Alto, Calif. , Hoover Institution Archives; John Nef, F. Hayek, 39, 39, Nef: Hayek 7/3/49, Palo Alto, Calif. , Hoover Institution Archives.

[183] Friedrich Hayek, F. Hayek, 58, 17, Hayek: Luhnow 7/5/49, Palo Alto, Calif. , Hoover Institution Archives.

[184] Hayek, Hayek: Robbins 7/3/50.

[185] Friedrich Hayek, F. Hayek, 39, 39, Hayek: Nef 4/6/49, Palo Alto, Calif. , Hoover Institution Archives; John Nef, F. Hayek, 39, 39, Nef: Hayek 26/8/49, Palo Alto, Calif. , Hoover Institution Archives.

［186］Ebenstein，Hayek，169.

［187］Friedrich Hayek，F. Hayek，39，39，Hayek：Nef 4/5/50，Palo Alto，Calif. ，Hoover Institution Archives.

［188］Robert Hutchins，F. Hayek，55，Hutchins：Hayek 12/1/50，Palo Alto，Calif. ，Hoover Institution Archives.

［189］John Nef，F. Hayek，39，39，Nef：Hayek 18/1/50，Palo Alto，Calif. ，Hoover Institution Archives.

［190］Lionel Robbins，Cubitt Archive，Robbins：Hayek 28/2/50，Colchester，England.

［191］Friedrich Hayek，F. Hayek，58，17，Hayek：Luhnow 11/3/50，Palo Alto，Calif. ，Hoover Institution Archives.

［192］Hayek，Hayek：Luhnow 11/3/50，Hayek，"Hayek：Nef 4/5/50."

［193］Friedrich Hayek，"Hayek：Luhnow," F. Hayek（Palo Alto，Calif. ：Hoover Institution Archives，March 11，1950），58.

［194］Hayek，Hayek：Luhnow 11/3/50.

［195］Lionel Robbins，CubittArchive，Robbins：Hayek 14/3/50，Colchester，England.

［196］Friedrich Hayek，Cubitt Archive，Hayek：Robbins 17/3/50，Colchester，England.

［197］Lionel Robbins，Cubitt Archive，Robbins：Hayek 21/3/50，Colchester，England.

［198］参见 Friedrich August von Hayek versus Helen Berta Maria von Fritsch von Hayek，No. 12166 *Divorce Decree*（July 13，1950），Chancery Court of Washington County，Arkansas：193 - 196，book 42。艾伦·埃本斯坦说，哈耶克的版税收入在他获得诺贝尔奖之前的任何一年从未超过 5 000 英镑（折合他离婚时的美元为 35 000 美元）。参见 Ebenstein，*Hayek*，209。

［199］LSE Assistant Secretary and Accountant，The Hoover Institution，Hayek，December 5，1949，Record of Salary，Stanford University.

［200］Lionel Robbins，Cubitt Archive，Robbins：Hayek 30/10/50，Colchester，England.

［201］Lionel Robbins，Cubitt Archive，Robbins：Hayek 23/11/50，Colchester，England；Friedrich Hayek，Cubitt Archive，Hayek：Robbins 8/12/50，Colchester，England.

［202］Friedrich Hayek，Cubitt Archive，Hayek：Hella 13/7/50，Colchester，England.

［203］Cockett，*Thinking*，120-121.

［204］关于海伦的死亡原因，包括冠状动脉血栓、高血压、动脉硬化。参见 Death Certificate，Sub-district of Hendon，County of Middlesex，General Register Office，DXZ 577576，no. 131。

［205］Cubitt，*Hayek*，6.

［206］John Nef，F. Hayek，39，39，Nef：Hayek 12110/50，Palo Alto，Calif. ，Hoover Institution Archives.

［207］Stephen Kresge，introduction to *Hayek on Hayek：An Autobiographical Dialogue*，ed. Stephen Kresge and Leif Wenar（Chicago：University of Chicago Press，1994），22-23；Bruce Caldwell，introduction to *The Collected Works of F. A. Hayek*，ed. Bruce Caldwell，vol. 9，*Contra Keynes and Cambridge*（Chicago：University of Chicago Press，1995），46.

［208］Hayek，Hayek：Nef 22/5/51.

［209］Friedrich Hayek，F. Hayek，58，18，Hayek：Cornuelle 21/5/53，Palo Alto，Calif. ，Hoover Institution Archives.

［210］Friedrich Hayek，*Capitalism and the Historians*（Chicago：University of Chicago Press，1954），15-17.

［211］H. C. Cornuelle，F. Hayek，58，17，Cornuelle：Letwin 20/6/52，Pal0 Alto，Calif. ，Hoover Institution Archives.

［212］Friedrich Hayek，"Hayek on Hayek，" from an interview in the Oral History Program，Jack High，Department of Economics，UCLA（London：Routledge，

1994），143.

［213］Hayek，"Hayek on Hayek，" Oral History Program，James Buchanan，Center for the Study of Public Choice，Virginia Polytechnic University （London：Routledge，1994），103.

第 8 章

［1］数据源自 Caves and Krause，*Britain's Economic Performance*，参见 Andrew Gamble，*Hayek：The Iron Cage of Liberty*（Boulder，Colo.：Westview Press，1996），242。

［2］Peter Clarke，*Hope and Glory：Britain 1900 – 1990*（London：Allen Lane/Penguin，1996），333 – 334.

［3］Clarke，*Hope and Glory*，351；Robert J. Skidelsky，*John Maynard Keynes：A Biography*，vol. 3，*Fighting for Britain 1937 – 1946*（London：Macmillan，2000），508.

［4］Clarke，*Hope and Glory*，352 – 353.

［5］Noel Annan，*Our Age：The Generation That Made Post-War Britain*（London：Fontana，1990），453，472 – 473.

［6］Annan，*Our Age*，477.

［7］见本书作者在 1997 年 8 月 8 日对夏洛特·库比特的采访。

［8］Catherine Kord，review of Kramnick and Sheerman，*Laski*，in *The Antioch Review*（Summer 1994）：531 – 532.

［9］Isaac Kramnick and Barry Sheerman，*Harold Laski：A Life on the Left*（London：The Penguin Group，1993），587.

［10］Kramnick and Sheerman，*Laski*，211，350.

［11］*New Statesman*，January 17，1953。参见 Kramnick and Sheerman，*Laski*，589。

［12］Kingsley Martin，*Harold Laski：A Biographical Memoir*（London：Victor Gollancz，1953），180 – 181.

〔13〕Ralf Dahrendorf，*LSE：A History of the London School of Economics and Political Science 1895 - 1995*（Oxford：Oxford University Press，1995），368 - 369.

〔14〕笔者很荣幸于 1960 - 1961 年在伦敦政治经济学院听过奥克肖特教授的讲座。

〔15〕彼得·克拉克指出，1951 年之后货币操纵成了刺激经济的主要手段——这一策略让人想起"财政部观点"，而且这依然被人贴上了"凯恩斯主义"的标签。Clarke，*Hope and Glory*，244 - 245。

〔16〕Clarke，*Hope and Glory*，241 - 244.

〔17〕哈耶克后来评论道，米尔顿·弗里德曼的《实证经济学论文集》（*Essays in Positive Economics*）完全是一本像凯恩斯的《就业、利息和货币通论》"一样危险的书"。参见 Friedrich Hayek，"Hayek on Hayek，" in *The Collected Works of F. A. Hayek*，ed. Stephen Kresge and Leif Wenar，vol. supplement，*Hayek on Hayek：An Autobiographical Dialogue*（London：Routledge，1994），144 - 145。

〔18〕Richard Cockett，*Thinking the Unthinkable*，rev. ed.（London：Fontana，1995），122 - 124，130 - 131.

〔19〕Cockett，*Thinking*；Sidney Blumenthal，*The Rise of the Counter-Establishment*（New York：Harper，1988）.

〔20〕见本书作者在 1997 年 5 月 28 日对拉尔夫·哈里斯的采访。

〔21〕Margaret Thatcher，*The Path to Power*（New York：HarperCollins，1995），254.

〔22〕Greg Ransom，"The Significance of Myth and Misunderstanding in Social Science Narrative：Opening Access to Hayek's Copernican Revolution in Economics"（the 1996 annual meetings of the History of Economics Society and the Southern Economics Association），www. kli. ac. at/theorylab/AuthPage/R/RansomG. html，2003〔accessed March 10，2003〕.

〔23〕Friedrich Hayek，*The Constitution of Liberty*（Chicago：University of Chicago Press，1960），87 - 88.

〔24〕Hayek，*The Constitution of Liberty*，46 - 49.

[25] Hayek, *The Constitution of Liberty*, 133 – 134.

[26] Alan Ebenstein, *Friedrich Hayek: A Biography* (London: Palgrave, 2001), 308.

[27] 哈耶克并不十分清楚这个时代称自己为什么。"自由主义者"在美国获得了一些不可接受的含义。"保守主义者"预示着特权和等级制。他发现"自由意志主义者""非常没有吸引力"。"就我而言，它作为人造术语和替代品的色彩太明显。我想要的是一个描述生命派对的词汇，这场派对偏爱自由生长和自发演化。我绞尽脑汁，但并没有找到一个让人喜爱的描述性词语。"参见 Hayek, *The Constitution of Liberty*, 408。

[28] Hayek, *The Constitution of Liberty*, 241.

[29] Hayek, *The Constitution of Liberty*, 280.

[30] David Felix, *Biography of an Idea: John Maynard Keynes and the General Theory* (New Brunswick, N. J.: Transaction, 1995), 248.

[31] Lionel Robbins, "Hayek on Liberty," in *Friedrich A. Hayek: Critical Perspectives*, vol. 2, ed. John C. Wood and Ronald N. Wood (1961; reprint, London: Routedge, 1991), 131.

[32] Jacob Viner, "Hayek on Freedom and Coercion," in *Friedrich A. Hayek: Critical Perspectives*, vol. 2, ed. John C. Wood and Ronald N. Wood (1961; reprint, London: Routledge, 1991), 109.

[33] Ebenstein, *Hayek*, 196.

[34] 参见 Ebenstein, *Hayek*, 192。这一印象得到了他的私人秘书夏洛特·库比特的回忆录的支持，库比特记录了两个人在后来那些年里一起工作时的一系列争论和分歧。参见 Charlotte Cubitt, *Hayek: An Affectionate Memoir*, Revised Edition. Unpublished MSS of Draft of Memoir, rev. ed. (Colchester, England, 2000)。

[35] Ebenstein, *Hayek*, 154, 371.

[36] 他估计自己的退休金为每月 177 美元（1962 年的 177 美元相当于当前的 1 000 美元）。参见 Friedrich Hayek, J. Nef, 39, 39, Hayek: Nef 14/1/62,

Palo Alto, Calif. , Hoover Institution Archives。

〔37〕Friedrich Hayek, F. Hayek, 58, 18, Hayek: Volker Foundation 22/7/ 61, Palo Alto, Calif. , Hoover Institution Archives.

〔38〕Ebenstein, *Friedrich Hayek*, 211.

〔39〕Ebenstein, *Friedrich Hayek*, 207.

〔40〕Cockett, *Thinking*, 160, 171 - 172.

〔41〕Cockett, *Thinking*, 149.

〔42〕Gamble, *Hayek*, 166 - 167.

〔43〕Royal Academy of Sciences, "The Nobel Memorial Prize in 1974," *Swedish Journal of Economics* 76 (1974): 469 - 471.

〔44〕以释义的形式出现在 Sylvia Nasar, "Dept. of Winning: Why Does the Nobel Prize in Economics Get No Respect?" *The New Yorker*, December 20, 1999, 35 - 36 中。

〔45〕参见 Cockett, *Thinking*, 173 - 174。

〔46〕Thatcher, *The Path to Power*, 50 - 51, 84 - 85.

〔47〕Thatcher, *The Path to Power*, 51.

〔48〕Annan, *Our Age*, 591.

〔49〕参见 Anne Perkins, "Blair Sets Out Vision for 'New Patriotism,'" *The Manchester Guardian*, May 26, 2001, 5。

〔50〕Cockett, *Thinking*, 187, 198 - 199.

〔51〕Charlotte Cubitt, *Hayek: An Affectionate Memoir*. Unpublished MSS of Draft of Memoir (Colchester, England, 1999), 11.

〔52〕Friedrich Hayek, "Whither Democracy?" in *The Essence of Hayek*, ed. Chiaki Nishiyama and Kurt Leube (Palo Alto, Calif. : Hoover Institution, 1978), 358.

〔53〕Friedrich Hayek, "The Political Order of a Free People," in *Law, Legislation and Liberty: A New Statement of the Liberal Principles of Justice and Political Economy*, vol. 3, with rev. preface (1979; reprint, London: Routledge, 1982), 137 - 138, 143 - 144.

[54] Thatcher, *The Path to Power*, 50 - 51.

[55] Kramnick and Sheerman, *Laski*, 539.

[56] Clarke, *Hope and Glory*, 354.

[57] Margaret Thatcher, F. Hayek, 102, Thatcher: Hayek 18/5179, Palo Alto, Calif. , Hoover Institution Archives.

[58] Cubitt, *Hayek: An Affectionate Memoir*, rev. ed. (2000), 24 - 25.

[59] Cockett, *Thinking*, 99.

[60] Friedrich Hayek, F. Hayek, 102, Hayek: Thatcher 28/8179, Palo Alto, Calif. , Hoover Institution Archives; Friedrich Hayek, F. Hayek, 102, Hayek: Thatcher 24/4/80, Palo Alto, Calif. , Hoover Institution Archives.

[61] Margaret Thatcher, F. Hayek, 102, Thatcher: Hayek 13/5/80, Palo Alto, Calif. , Hoover Institution Archives.

[62] Norman Tebbit, F. Hayek, 102, Tebbit: Hayek 29/9/81, Palo Alto, Calif. , Hoover Institution Archives.

[63] Cited in Cockett, *Thinking*, 254. Cf. Kenneth Hoover, "The Rise of Conservative Capitalism: Ideological Tensions within the Reagan and Thatcher Governments," *Comparative Studies in Society and History* 29, no. 2 (April 1987): 245 - 268; Desmond King and Kenneth Hoover, "New Right Ideology: A Debate," *Comparative Studies in Society and History* 30, no. 4 (October 1988): 792 - 803.

[64] Hayek, "The Political Order of a Free People," 148.

[65] Hayek, "The Political Order of a Free People," 158 - 159.

[66] Hayek, "The Political Order of a Free People," 150 - 151.

[67] Friedrich Hayek, Hayek, 44, Palo Alto, Calif. , Hoover Institution Archives, December 9, 1980, Letter and Statement Responding to Pope's Invitation, Stanford University.

[68] Cubitt, *Hayek: An Affectionate Memoir*, rev. ed. (2000), 11.

[69] Cubitt, *Hayek: An Affectionate Memoir*, rev. ed. (2000), 25.

[70] Margaret Thatcher, F. Hayek, 102, Thatcher: Hayek 17/2/82, Palo

Alto，Calif.，Hoover Institution Archives.

［71］Sara Diamond，*Roads to Dominion：Right Wing Movements and Political Power in the United States*（New York：Guilford Press，1995），210.

［72］Cf. Rowland Evans and Robert Novak，*The Reagan Revolution*（New York：Dutton，1981），229，and Martin Anderson，*Revolution*（New York：Harcourt Brace Jovanovich，1988），164. Quotes available on www. hayekcenter. org/ friedrichhayek/hayekquote. htm. April 8，2001［accessed March 23，2003］.

［73］Ebenstein，*Hayek*，208.

［74］Blumenthal，*Counter-Establishment*，229.

［75］哈耶克并不相信这样一个可疑的"供给侧"命题：更低的税收由于经济活动的加速而产生更高的财政收入。参见 Ebenstein，*Hayek*，300。

［76］Clarke，*Hope and Glory*，371－376.

［77］Cockett，*Thinking*，288.

［78］参见 Cubitt，*An Affectionate Memoir*，rev. ed.（2000），79；Margaret Thatcher，F. Hayek，102，Thatcher：Hayek 22/5/84，Palo Alto，Calif.，Hoover Institution Archives。据夏洛特·库比特说，哈耶克被拒绝授予准男爵爵位，因为女王对他离过婚感到不安。可参见本书作者在 1997 年 5 月 5 日对安妮·伯姆（Anne Bohm）的采访。又可参见 K. Leube，"Friedrich August von Hayek：A Biographical Introduction，"in Nishiyama and Leube，eds.，*Essence of Hayek*，xxiv；Cockett，*Thinking*，120。即使在战后时期，离过婚的人也不会被邀请出席有王室成员在场的集会。参见 Ben Pimlott，*The Queen：A Biography of Elizabeth Ⅱ*（New York：John Wiley，1996），201。

［79］Lord Dahrendorf，interview by author，Oxford，U. K.，March 24，1997.

［80］Friedrich Hayek，"Jobs：The Basic Truths We Have Cast Aside，"*Times*，August 7，1984，8－10.

［81］Robert J. Skidelsky，*John Maynard Keynes：A Biography*，vol. 2，*The Economist as Saviour 1920－1937*（London：Allen Lane/Penguin，1992），251.

［82］Clarke，*Hope and Glory*，369.

［83］President Ronald Reagan，F. Hayek，58，16，Reagan：Hayek Reagan 15/5/86，Palo Alto，Calif. ，Hoover Institution Archives.

［84］Cockett，*Thinking*，307.

［85］Diamond，*Roads to Dominion*，198 - 199.

［86］Hayek，"Whither Democracy?" 379；Hayek，*The Constitution of Liberty*，chap. 20.

［87］Annan，*Our Age*，601 - 603.

［88］在《致命的自负》的序言中，哈耶克声称："然而，我想对夏洛特·库比特深表感谢，她在准备这部作品的那段时间一直担任我的助手。若没有她的全力帮助，这本书绝对不可能完成。"库比特称，她受雇于哈耶克 15 年。她的报酬包括一些小额津贴和其他来源，并不正规，哈耶克去世之前没有从他的遗产中划出给库比特的养老金。哈耶克的家人后来在她的政府养老金基础上补充了一笔养老金。

［89］Friedrich Hayek，"The Fatal Conceit：The Errors of Socialism," in *The Collected Works of F. A. Hayek*，vol. 1，ed. W. W. Bartley Ⅲ （Palo Alto，Calif. ：Hoover Institution，1988），7.

［90］Phillip Brady，F. Hayek，102，Brady：Hayek 12/11/91，Palo Alto，Calif. ，Hoover Institution Archives.

［91］Thatcher，*The Path to Power*，603 - 604；"Hayek's Victory," *Wall Street Journal*，March 25 1992，editorial，A12.

［92］具有讽刺意味的是，拉斯基和凯恩斯都可以主张自己对伯克的观点做出了贡献：拉斯基是因为早年提出的制度多元性概念，凯恩斯则是因为他在必然是统治的一个组成部分的"感情和偏见"的社会风气中的说服感。Donald E. Moggridge，*Maynard Keynes：An Economist's Biography* （London：Routledge，1992），164。

［93］Hoover，"Rise of Conservative Capitalism," 245 - 268；King and Hoover，"New Right Ideology"；Kenneth Hoover and Raymond Plant，*Conservative Capitalism in Britain and the United States：A Critical Appraisal* （London：Routledge，

1989），93－154.

［94］George Nash，*The Conservative Intellectual Movement in America Since 1945* （New York：Basic Books，1979）.

［95］Hayek，"The Fatal Conceit，" 6.

［96］Edward H. Crane，"The Fatal Conceit：The Errors of Socialism，" *Wall Street Journal*，April 20，1989，A12.

［97］Diamond，*Roads to Dominion*，29－31，198－199.

第 9 章

［1］本书的研究方法就是要建立逻辑一致性。一致指的是发展转折点与意识形态形成之间的关联。逻辑在于一致的模式和一致并不与有意义的证据相抵触这个事实。模式与一致性都接受证据的检验，以便使论题可证伪。客观事实本身不是因果解释，而是一种推理性关联的实质形式，正是这种关联在评论意识形态形成并理解其"社会购买"（social purchase）时给予我们理由和方向。这个短语源自彼得·克拉克，参见 Peter Clarke，*Liberals and Social Democrats* （New York：Cambridge University Press，1978），3。

［2］Isaiah Berlin，"Historical Inevitability，" in *The Proper Study of Mankind：An Anthology of Essays*，ed. Henry Hardy and Roger Hausheer （1953；reprint，New York：Farrar，Straus，and Giroux，1997），180.

［3］Kenneth Hoover，with James Marcia，and Kristen Parris，*The Power of Identity：Politics in a New Key* （Chatham，NJ.：Chatham House Publishing，1997），1，330.

［4］Cf. Piero Mini，*John Maynard Keynes：A Study in the Psychology of Original Work* （New York：St. Martin's Press，1994）.

［5］Erik H. Erikson，*Identity：Youth and Crisis* （New York：Norton，1968），32.

［6］身份关系分析的目标是要避免罗伯特·斯基德尔斯基在讨论心理史学时所指出的陷阱。斯基德尔斯基同时利用了埃里克森原创性分析的经验延伸和确

证，参见 Robert Skidelsky，"Psychohistory：A Speech to the South Place Ethical So-ciety，February 12，1977，" in *Interests and Obsessions*，ed. Robert Skidelsky（Lon-don：Macmillan，1993），410 - 420。斯基德尔斯基反对心理史学的理由有三个：可证伪性，心理分析范畴的文化可传递性，用种类范畴来解释伟大人物例外论的困难性。第一个问题通过归于行为的可观察方面来处理。第二个算不上一个问题，因为所有这三个人物大体上都契合埃里克森的文化体验，特别是契合弗洛伊德的文化体验（奥地利的、英国的和犹太教的影响）。第三个批评瞄准了一种不同性质的研究——这里的目标不完全是要解释伟大本身，而是要解释意识形态行为的系谱，以及这样的行为与政治发展一致的方式。

[7] Peter Hall，"Keynes in Political Science，" *History of Political Economy* 26，no. 1（1994）：143.

[8] Anna Carabelli，"The Methodology of the Critique of Classical Theory：Keynes on Organic Interdependence，" in *John Maynard Keynes：Language and Meth-od*，ed. Alesandra Margola and Francesco Silva（Brookfield，Vt.：Edward Elgar Pub-lishing，1994），142.

[9] Roy Forbes Harrod，Sir，*The Life of John Maynard Keynes*（New York：Harcourt Brace，1951），184.

[10] Robert J. Skidelsky，*John Maynard Keynes：A Biography*，vol. 2，*The Economist as Saviour 1920 - 1937*（London：Allen Lane/Penguin，1992），xx - xxi.

[11] Skidelsky，*Keynes*，vol. 2，xxiii.

[12] Robert J. Skidelsky，*John Maynard Keynes：A Biography*，vol. 3，*Fighting for Britain 1937—1946*（London：Macmillan，2000），xvii.

[13] Michael Holroyd，*Lytton Strachey：A Biography*（London：Penguin，1971），243.

[14] *Strachey*，243.

[15] Skidelsky，*Keynes*，vol. 2，xviii.

[16] Skidelsky，*Keynes*，vol. 2，517.

[17] Skidelsky，*Keynes*，vol. 2，409.

［18］Isaac Kramnick and Barry Sheerman, *Harold Laski: A Life on the Left* (London: The Penguin Group, 1993), 107.

［19］Mark DeWolfe Howe, ed. , *Holmes-Laski Letters: The Correspondence of Mr. Justice Holmes and Harold J. Laski*, vol. 2, *Holmes-Laski Letters: 1916 – 1935*, by Oliver Wendell Holmes and Harold Laski (Cambridge, Mass. : Harvard University Press, 1953), 1094.

［20］Kramnick and Sheerman, *Laski*, 477.

［21］见罗德尼·巴克尔在 2001 年 9 月 21 日与本书作者的私下交流。

［22］John Strachey, "Laski's Struggle for Certainty," in *The Strangled Cry and Other Unparliamentary Papers*, ed. John Strachey (London: Bodley Head, 1962), 196.

［23］Strachey, "Laski's Struggle for Certainty," 196.

［24］Peter Lamb, "Laski's Ideological Metamorphosis," *Journal of Political Ideologies* 4, no. 2 (June 1999): 250 – 251.

［25］Michael Newman, "Harold Laski Today," *Political Quarterly* 67, no. 3 (July-September 1996): 236.

［26］Royal Courts of Justice, *Laski v. Newark Advertiser and Parlby* (London: 1947).

［27］David Miller, "F. A. Hayek: Dogmatic Skeptic," *Dissent* 41 (Summer 1994): 346. Cf. Margaret Thatcher, *The Path to Power* (New York: HarperCollins, 1995), 84 – 85.

［28］参见 Friedrich A. Hayek, "'Social' or Distributive Justice," in *The Essence of Hayek*, ed. Chiaki Nishiyama and Kurt Leube (1976; reprint, Palo Alto, Calif. : Hoover Institution, 1984), 62 – 63。雷蒙德·普兰特 (Raymond Plant) 强调，在做出个人选择上的矛盾是道德的支柱，然后又否认国家在使得个人拥有有意义的选择上发挥任何作用，参见 Raymond Plant, "Hirsch, Hayek and Habermas: Dilemmas of Distribution," in *Dilemmas of Liberal Democracies: Studies in Fred Hirsch's Social Limits to Growth*, ed. Adrian Ellis and Krishnan Kumar (London: Tavistock Publications, 1983), 53 – 63。

〔29〕Michael Freeden, *Ideologies and Political Theory* (Oxford: Oxford University Press, 1996), 303.

〔30〕Charlotte Cubitt, *Hayek: An Affectionate Memoir*. Unpublished MSS of Draft of Memoir (Colchester, England, 1999), 9 - 11.

〔31〕Alan Ebenstein, *Friedrich Hayek: A Biography* (London: Palgrave, 2001), 107.

〔32〕Friedrich Hayek, *The Constitution of Liberty* (Chicago: University of Chicago Press, 1960), 138.

〔33〕1969 年，哈耶克的追随者、加利福尼亚州州长罗纳德·里根签署了美国的第一部"无过错"离婚法。在英国，1937 年的离婚法在私通之外增加了遭遗弃作为离婚的理由，这部法律直到 1969 年才做出重大修改，当时，"违反婚姻誓言"的概念被婚姻破裂的观念所取代。参见 Peter Clarke, *Hope and Glory: Britain 1900 - 1990* (London: Allen Lane/Penguin, 1996), 366。然而，离婚时依然需要明确说明理由。直到 1996 年，保守党政府才在英国采用无过错方案，随后工党政府拒绝执行这一方案。参见 Clare Dyer, "Government Drops Plan for No-Fault Divorce," *Manchester Guardian*, September 2, 2000, 3。

〔34〕当然，这桩婚姻是在奥地利缔结的；然而，奥地利是一个天主教国家，对离婚抱持显著保守的观点。

〔35〕Friedrich A. Hayek, "Individualism: True and False," in *The Essence of Hayek*, ed. Chiaki Nishiyama and Kurt Leube (1945; reprint Palo Alto, Calif.: Hoover Institution, 1984), 131 - 159.

〔36〕Hayek, *The Constitution of Liberty*, 62.

〔37〕哈耶克对这个问题的论述见 Friedrich Hayek, "The Political Order of a Free People," in *Law, Legislation and Liberty: A New Statement of the Liberal Principles of Justice and Political Economy*, vol. 3, with rev. preface (1979; reprint, London: Routledge, 1982), 170 - 171, 而且没有得出很清晰的解决办法。尽管允许"诚实而勇敢的"异议者对社会的道德规范持不同意见，但他还宣称，"对于没有人们可理解的正当理由而系统地无视普遍接受的道德规范，不可

宽恕或原谅"。参见 Rodney Barker，*Political Ideas in Modern Britain in and After the 20th Century*，2nd ed.（London：Routledge，1997），241 - 247。

［38］Friedrich Hayek，"Hayek on Hayek," in *The Collected Works of F. A. Hayek*，ed. Stephen Kresge and Leif Wenar，vol. supplement，*Hayek on Hayek：An Autobiographical Dialogue*，W. W. Bartley Ⅲ Audiotape Archive，1984 - 1988（London：Routledge，1994），72。

［39］Cubitt，Hayek：*An Affectionate Memoir*，43。

［40］Oral History Program，University of California at Los Angeles，*Nobel Prize-Winning Economist Friedrich A. von Hayek*，ed. Arman Alchian。采访发生于 1978 年，但直到 1983 年才可查阅。参见 Ebenstein，*Hayek*，169。

［41］Freeden，*Ideologies and Political Theory*，300 - 311。

［42］Hayek，*The Constitution of Liberty*，143。

［43］Hayek，"Hayek on Hayek," Oral History Program，Axel Leijonhufvud，Department of Economics，UCLA（London：Routledge，1994），108。

［44］Ebenstein，*Hayek*，75。

［45］罗德尼·巴克尔在他自己对哈耶克的批评中注意到了这种模棱两可。参见 Rodney Barker，*Political Ideas in Modern Britain*，241 - 247。

［46］Ebenstein，*Hayek*，88。

［47］Ebenstein，*Hayek*，88。

［48］Freeden，*Ideologies and Political Theory*，76。

第 10 章

［1］John Patrick Diggins，*The Rise and Fall of the American Left*（New York：Norton，1992）。

［2］James M. Glass，*Life Unworthy of Life：Racial Phobia and Mass Murder in Hitler's Germany*（New York：Basic Books，1997），125。

［3］Lionel（Lord）Robbins，*Autobiography of an Economist*（London：Macmillan，1971），81。罗宾斯说他在自己的笔记中写下这段描述差不多 50 年之后

发现，"几乎没有多少东西要改变"。"因为显著性提升了，而纯粹的知识兴趣同样减少了。"

［4］Harold Laski, *The Dangers of Obedience and Other Essays* (New York: Harper and Brothers, 1930), 279.

［5］Harold Laski, *The American Democracy: A Commentary and an Interpretation* (New York: Viking Press, 1948), 186, 191.

［6］Harold Laski, "The Problem of Administrative Areas: An Essay in Reconstruction," *Smith College Studies in History* 4, no. 1 (October 1918): 42 - 45; Harold Laski, "Can Business Be Civilized," in *The Dangers of Obedience and Other Essays*, 286 - 287。参见 Michael Newman, *Harold Laski: A Political Biography* (Basingstoke, U. K.: Macmillan, 1993), 86；又见本书作者在 1997 年 5 月 22 日对罗伊·哈特斯利（Roy Hattersley）勋爵的采访。

［7］Harold Laski, *A Grammar of Politics* (London: Allen and Unwin, 1925), 507.

［8］Ralf Dahrendorf, LSE: *A History of the London School of Economics and Political Science 1895 -1995* (Oxford: Oxford University Press, 1995), 230.

［9］William Y. Elliott, "The Pragmatic Politics of Mr. Laski," *The American Political Science Review* 18, no. 2 (May 1924): 271。碰巧，埃利奥特起草了一份计划，打算把美国分解为几个共和国，它们将维护农业社会——多元主义，但主权是分散的。参见 Isaac Kramnick and Barry Sheerman, *Harold Laski: A Life on the Left* (London: The Penguin Group, 1993)。234。1934 年，当拉斯基朝着相反的方向转向马克思主义时，埃利奥特是他在《理论和实践中的国家》（1935）中争论的一个靶子。参见 Kramnick and Sheerrnan, *Laski*, 359。埃利奥特对拉斯基发起了更大规模的攻击，相关文章收录于《政治中的实用主义反抗》（*The Pragmatic Revolt in Politics*）(New York: Macmillan, 1928)。埃利奥特 1939 年成了拉斯基的女儿在拉德克利夫学院的老师。那一年，拉斯基的女儿违抗父母的意愿，与她在大学里的情人结了婚，父母认为男方年龄太小，而拉斯基老两口当时正在旅行——违抗的行为在女儿看来似乎是父母当年的写照。参见 Kramnick and Sheerman, *Laski*, 404。

　[10] Newman, *Laski*, 86.

　[11] Cf. Harold Laski, *Lecture: Introduction to Contemporary Politics*, ed. Francis G. Wilson (Seattle: University of Washington Bookstore, 1939), 3 - 12; Michael Freeden, *Liberalism Divided* (Oxford: Oxford University Press, 1986)。然而，拉斯基从未放弃民主社会主义而转向马克思主义。

　[12] Kramnick and Sheerman, *Laski*, 470.

　[13] 迈克尔·纽曼颇有说服力地证明，在1917年波士顿警察罢工及其对他在哈佛的角色产生影响之后，拉斯基开始转变他早年的多元主义立场。他一度成为一个费边社会主义者，而不是马克思主义者，更多的是反美，而不是反资本主义。Newman, *Laski*, 56 - 64。

　[14] Newman, *Laski*, 232.

　[15] Newman, *Laski*, 372 - 373.

　[16] Bemard Crick, "Two Laskis," Book review, *The Political Quarterly* (1993): 466 - 474; Norman Birnbaum, "The Elusive Synthesis: Review of Harold Laski: A Life on the Left, by Isaac Kramnick and Barry Sheerman," *The Nation*, June 13, 1995, 838 - 888.

　[17] Kramnick and Sheerman, *Laski*, 102 - 103.

　[18] Edward H. Crane, "The Fatal Conceit," *Wall Street Journal*, April 20, 1989, A12.

　[19] Alan Ebenstein, *Friedrich Hayek: A Biography* (London: Palgrave, 2001), 300.

　[20] Ebenstein, *Hayek*, 294 - 295.

　[21] Ebenstein, *Hayek*, 257, 280.

　[22] Ralph (Lord) Harris, interview by author, Institute of Economic Affairs, London, U. K. , May 28, 1997.

　[23] Lord Dahrendorf, interview by author, Oxford, U. K. , March 25, 1997.

　[24] Friedrich Hayek, "The Fatal Conceit," in *The Collected Works of F. A.*

Hayek, vol. 1, ed. W. W. Bartley Ⅲ （Palo Alto, Calif.： Hoover Institution, 1988）, 44.

［25］Hayek，"The Fatal Conceit," 66.

［26］这些问题在哈耶克与凯恩斯的通信中有过讨论。参见 Gregory Christain-sen，"What Keynes Really Said to Hayek about Planning," *Challenge* 36, no. 4 （1993）：50－54。

［27］Hayek，"The Fatal Conceit," 63－67.

［28］Friedrich Hayek, *The Constitution of Liberty* （Chicago：University of Chicago Press, 1960）, 138－139.

［29］Michael Oakeshott, *Rationalism in Politics and Other Essays* （London：Methuen, 1962）, 26. Cf. Friedrich Hayek, "The Principles of a Liberal Social Order," in *The Essence of Hayek*, ed. Chiaki Nishiyama and Kurt Leube （Palo Alto, Calif.：Hoover Institution, 1967）, 363－381.

［30］Friedrich Hayek, "The Principles of a Liberal Social Order," in *The Essence of Hayek*, ed. Chiaki Nishiyama and Kurt Leube （Palo Alto, Calif.：Hoover Institution, 1967）, 368－369.

［31］Andrew Gamble, *Hayek：The Iron Cage of Liberty* （Boulder, Colo.：Westview Press, 1996）, 15, 75. Cf. John Gray, *Hayek on Liberty*, 3rd ed. （London：Routledge, 1998）, 5.

［32］Richard Bellamy, "Dethroning Politics：Liberalism, Constitutionalism, and Democracy in the Thought of F. A. Hayek," *British Journal of Political Science* 24 （1994）：429.

［33］Ebenstein, *Hayek*, 224.

［34］Hayek, "The Principles of a Liberal Social Order," in *The Essence of Hayek* （1967） 367－368；Friedrich Hayek, "The Origins and Effects of Our Morals：A Problem for Science," in Nishiyama and Leube, 318－330.

［35］Kenneth R. Hoover, with James Marcia and Kristen Parris, *The Power of Identity：Politics in a New Key* （Chatham, NJ.：Chatham House Publishing,

1997），73.

[36] 参见 Hayek，*The Constitution of Liberty*，106 - 114。哈耶克承认民主国家的观念在传播，但并没有把商议和妥协的过程作为一种把个人观点整合为一项深思熟虑的社会政策的方式来处理。

[37] 笔者要感谢马克·布劳格（Mark Blaug）在 2000 年 2 月奥地利格拉茨举行的欧洲经济思想史学会年会上发表的开幕评论中提出了这一点。对斯密使用这些术语所做的非常富有洞见的分析参见 Roger Backhouse，"Competition，" in John Creedy，ed. ，*Foundations of Economic Thought*（London：Basil Blackwell，1990），58 - 86。

[38] Harold Laski，*The Foundations of Sovereignty and Other Essays*（New Haven，Conn. ：Yale University Press，1921），ix.

[39] Laski，*Foundations*，ix.

[40] Friedrich Hayek，"The Political Order of a Free People，" in *Law，Legislation and Liberty：A New Statement of the Liberal Principles of Justice and Political Economy*，vol. 3，with rev. preface（1979；reprint，London：Routledge，1982），40 - 50.

[41] Hayek，*The Constitution of Liberty*，41.

[42] John Maynard Keynes，"A Tract on Monetary Reform，" in *The Collected Writings of John Maynard Keynes*，ed. Elizabeth Johnson and Donald Moggridge，vol. 4，*A Tract on Monetary Reform*（London：Macmillan/Cambridge University Press for the Royal Economic Society，1971），36.

[43] Ebenstein，*Hayek*，234.

[44] Gray，*Hayek on Liberty*，151.

[45] David Miller，*Principles of Social Justice*（Cambridge，Mass. ：Harvard University Press，1999）.

[46] George Orwell，"Review of *The Road to Seifdom* by F. A. Hayek，" in *The Complete Works of George Orwell*，vol. 16，*I Have Tried to Tell the Truth*，ed. Peter Davison with Ian Angus and Sheila Davison（London：Secker and Warburg，

1944), 149.

[47] Friedrich A. Hayek, "Individualism: True and False," in *The Essence of Hayek*, ed. Chiaki Nishiyama and Kurt Leube (1945, 1967; reprint, Palo Alto, Calif. : Hoover Institution, 1984), 136.

[48] Hayek, "Individualism," 143.

[49] Donald E. Moggridge, *Maynard Keynes: An Economist's Biography* (London: Routledge, 1992), 377 - 378, 417, 449.

[50] Moggridge, *Economist's Biography*, 455; Elizabeth S. Johnson and Harry G. Johnson, *The Shadow of Keynes: Understanding Keynes, Cambridge, and Keynesian Economics* (Chicago: University of Chicago Press, 1978), 137 - 138.

[51] John Maynard Keynes, *Rethinking Employment and Unemployment Policy*, vol. 20 of *The Collected Writings of John Maynard Keynes*, ed. Donald Moggridge (Cambridge: Macmillan/Cambridge University Press for the Royal Economic Society © 1980, 1979), 603 - 604.

[52] John Maynard Keynes, *Economic Articles and Correspondence: Investment and Editorial*, vol. 12 of *The Collected Writings of John Maynard Keynes*, ed. Donald Moggridge (Cambridge: Macmillan/Cambridge University Press for the Royal Economic Society © 1980, 1976), 252.

[53] Maynard Keynes, Modern Archives, A, 31, 1931, File: 174 - 192, Draft of "The Pure Theory of Money. A Reply to Dr. Hayek," King's College, Cambridge University.

[54] Moggridge, *The Shadow of Keynes*, 374, 379, 453 - 455.

[55] Moggridge, *The Shadow of Keynes*, 433, 455.

[56] Keynes, *Activities 1929 - 1931*, vol. 20 of *The Collected Writings* (1981), 595.

[57] Keynes, *Activities 1929 - 1931*, vol. 20 of *The Collected Writings* (1981), 598.

[58] Moggridge, *The Shadow of Keynes*, 370 - 371.

［59］ Robert J. Skidelsky, *John Maynard Keynes*: *A Biography*, vol. 1, *Hopes Betrayed 1883 – 1920* (New York: Viking Penguin, 1983), 84 – 85, 178.

［60］ Michael Stewart, *Keynes and After* (London: Penguin, 1967), 16.

［61］ Keynes, "My Early Beliefs," 101.

［62］ Peter Clarke, "John Maynard Keynes: The Best of Both Worlds," in *After the Victorians*: *Private Conscience and Public Duty*, ed. Susan Pedersen and Peter Mandler (London: Routledge, 1994), 171 – 188; interview by author, Cambridge, U. K. , April 18, 1997.

［63］ Clarke, "The Best," 181.

［64］ Kramnick and Sheerman, *Laski*, 392.

［65］ 迈克尔·奥克肖特乐于接受凯恩斯对非理性者的欣赏，但很担心凯恩斯的解释让所有非理性的人看上去很粗俗，即使它们具有潜在的价值。Oakeshott, *Rationalism*, 114 – 115。

［66］ Keynes, *The General Theory of Employment*, *Interest and Money*, vol. 7 of *The Collected Writings* (1936), 162 – 163.

［67］ Robert J. Skidelsky, *John Maynard Keynes*: *A Biography*, vol. 2, *The Economist as Saviour 1920 – 1937* (London: Allen Lane/Penguin, 1992), 539.

［68］ Roy Forbes Harrod, Sir, *The Life of John Maynard Keynes* (New York: Harcourt Brace, 1951), 36.

［69］ Robert J. Skidelsky, *John Maynard Keynes*: *A Biography*, vol. 3, *Fighting for Britain 1937 – 1946* (London: Macmillan, 2000), 156.

［70］ Peter Clarke, *The Keynesian Revolution in the Making*, *1924 – 1936* (New York: Oxford University Press, 1988), 101 – 102.

［71］ Peter Clarke, "Keynes in History," *History of Political Economy* 26, no. 1 (1994): 130 – 131; Bradley Bateman, "In the Realm of Concept and Circumstance," *History of Political Economy* 26, no. 1 (1994): 99 – 116.

［72］ Charles H. Hession, *John Maynard Keynes*: *A Personal Biography of the Man Who Revolutionized Capitalism and the Way We Live* (New York: Macmillan,

1984）；Piero Mini, *John Maynard Keynes: A Study in the Psychology of Original Work* (New York: St. Martin's Press, 1994). C. H. Hession, "John Maynard Keynes: A Study of the Psychology of Original Work-Review of Book by Piero V. Mini," *Review of Social Economy* 54, no. 1 (Spring 1996): 109-114.

[73] Mini, *Psychology of Original Work*, 9-10.

[74] 查尔斯·赫申对此的反应参见 Hession, "Study of the Psychology-Review," 112。

[75] 斯威齐继续说："唯一的麻烦在于国家不是一个神，而是有角色要扮演的演员之一，就像其他演员一样。" 参见 Paul Sweezy, "John Maynard Keynes," in *The New Economics: Keynes's Influence on Theory and Public Policy*, ed. Seymour Harris (London: Dennis Dobson, 1947), 108。

[76] Piero Mini, *Keynes, Bloomsbury, and the General Theory* (London: Macmillan, 1991), 197.

[77] Harris, "Acknowledgements," in *The New Economics*, 1.

[78] 哈耶克暗示，他之所以没有在政府中担任公职，仅仅是因为"每一个国家，一旦开始让我为政府效力，我就马上离开"。他在奥地利曾短时间效力于一个政府委员会；然而，在第二次世界大战期间的英国，他并没有受到招募——他把这样一种情况归咎于他的"前外侨"身份。*Hayek on Hayek*, 94-95。

[79] Skidelsky, *Keynes*, vol. 3, 286.

[80] John Maynard Keynes, *J. M. Keynes: F. Hayek* 28/6/44, *The Collected Writings of John Maynard Keynes*, vol. 27, *Activities 1940-1946*, *Shaping the Post-War World: Employment and Commodities*, ed. Donald Moggridge (London: Macmillan, 1980), 385-388.

[81] Cf. Gray, *Hayek on Liberty*, 4.

第 11 章

[1] Max Beloff, "The Age of Laski," *The Fortnightly* 167 (June 1950): 380.

[2] Ivor Crewe and Donald Searing, "Ideological Change in the British Conserva-

tive Party," *American Political Science Review* 82，no. 2 （June 1988）：378.

［3］Crewe and Searing，"Ideological Change，" 379.

［4］关于工党的论调从平等主义向最低供给转变，参见 Crewe and Searing，"Ideological Change，" 379。

［5］参见 Peter Clarke，"Keynes in History，" *History of Political Economy* 26，no. 1 （1994）：118。关于凯恩斯作为一个政治经济学家和政策塑造者的重要性，一个最有说服力的解释参见 Peter Clarke，*The Keynesian Revolution in the Making，1924 - 1936* （New York：Oxford University Press，1988），313 - 330。

［6］其中一项研究参见 Peter Hall，"Keynes in Political Science，" *History of Political Economy* 26，no. 1 （1994）：142 - 143。关于他的思想遗产有一个更复杂的论述，参见 Paul Diesing，*How Does Social Science Work?* （Pittsburgh，Pa. ：University of Pittsburgh Press，1991），112 - 115。

［7］John Diggins，*The Rise and Fall of the American Left* （New York：Norton，1992），138.

［8］Alfred Bomeman，"Fifty Years of Ideology：A Selective Survey of Academic Economics in the U. S. 1930 to 1980，" *Journal of Economic Studies* 8，no. 1 （1981）：28 - 29.

［9］关于马克思，参见 Terence Ball，"Marxist Science and Positivist Politics，" in *After Marx*，ed. Terence Ball and James Farr （Cambridge：Cambridge University Press，1984），235 - 260。

［10］斯基德尔斯基走得更远："至少是出于某些目的，凯恩斯认为，魔法、科学与艺术之间的区别不如相似性那么有趣。" Robert J. Skidelsky，*John Maynard Keynes：A Biography*，vol. 2，*The Economist as Saviour 1920 - 1937* （London：AlIen Lane/Penguin，1992），414.

［11］David Felix，*Biography of an Idea：John Maynard Keynes and the General Theory* （New Brunswick，N. J. ：Transaction，1995），242 - 243.

［12］Elizabeth S. Johnson and Harry G. Johnson，*The Shadow of Keynes：Understanding Keynes，Cambridge，and Keynesian Economics* （Chicago：University of

Chicago Press, 1978), 14 - 15; Donald E. Moggridge, *Maynard Keynes: An Economist's Biography* (London: Routledge, 1992), 374.

［13］Quentin Bell, "Recollections and Reflections on Maynard Keynes," in *Keynes and the Bloomsbury Group/The Fourth Keynes Seminar Held at the University of Kent at Canterbury*, 1978, ed. Derek Crabtree and A. P. Thirlwall (London: Macmillan, 1980), 83 - 85.

［14］Anand Chandavarkar, *Keynes and India: A Study in Economics and Biography* (Basingstoke, U. K. : Macmillan, 1989), 142.

［15］Cf. Andrew Gamble, *Hayek: The Iron Cage of Liberty* (Boulder, Colo. : Westview Press, 1996), 157.

［16］Margaret Thatcher, *The Path to Power* (New York: HarperCollins, 1995), 565.

［17］例如，拉斯基更反对资本主义，而非市场本身。见本书作者在 1997 年 4 月 16 日对迈克尔·纽曼的采访。

［18］Michael Freeden, *Ideologies and Political Theory: A Conceptual Approach* (Oxford: Oxford University Press, 1996), 553.

［19］Albert Hirschman, *The Rhetoric of Reaction: Perversity, Futility, Jeopardy* (Cambridge, Mass. : Harvard University Press, 1991), chap. 7.

［20］或者，你可以补充一句：在大学这样的机构度过一生之后。存在一些恰当的例证，参见 Frances MacDonald Cornford, *Cosmographica Academica*, 2nd ed. (Cambridge, U. K. : Bowes and Bowes, 1922)。

［21］John L. Campbell, "Mechanisms of Evolutionary Change in Economic Governance: Interaction, Interpretation, and Bricolage," in *Evolutionary Economics and Path Dependence*, ed. Lars Magnusson and Jan Ottosson (Cheltenham, U. K. : Edward Elgar, 1997), 10 - 31.

［22］Paul Krugman, *Peddling Prosperity* (New York: Norton, 1994), 197 -198.

［23］R. E. Lucas, "John Maynard Keynes, vols. 1 and 2, by R. Skidelsky," *Journal of Modern History* 67/4 (December 1995), 914 - 917.

[24] Simon Tormey, "The Vicissitudes of 'Radical Centrism': The Case of Agnes Heller, Radical Centrist avant la Lettre," *Journal of Political Ideologies* 3, no. 2 (1998): 147–167.

[25] Sir Roy Forbes Harrod, *The Life of John Maynard Keynes* (New York: Harcourt Brace, 1951), 136.

[26] Cf. Trudi Miller, "The Operation of Democratic Institutions," *Public Administration Review*, November/December 1989: 519.

[27] 对这些问题的进一步思考，参见 Hoover, "What Should Democracies Do About Identity" (paper presented to the Nuffield Political Theory Workshop, Oxford University, April, 2000), www. wwu. edu/~khoover/democracy. pdf, 2001 [accessed March 13, 2003]。

致 谢

最近7年来，更宽泛地说是最近40年来——从我到伦敦大学学院和伦敦政治经济学院求学直到本书写作——寻求理解当代政治经济学的起源，一直占据我的大部分精力。阐释在政治活动中以及在与学生和同事进行的关于身份形成与意识形态的无数讨论中所目睹的政治意识观念是本书的主要魅力。

要感谢所有使得这段知识旅程成为可能的人，这份名单想必有点长，而且很不充分。本书撰写于1996—1997年在华盛顿大学的一个假期，还有在伦敦政治经济学院和牛津大学圣凯瑟琳学院的春季学期。圣凯瑟琳学院的院长普兰特勋爵在为这项研究安排几次关键的采访上起了重要作用。为撰写本书而采访过的人包括：下议院议员托尼·本，伦敦政治经济学院的安妮·伯姆，圣约翰学院的彼得·克拉克，英国工党前副领袖哈特斯利勋爵，牛津大学欧洲政治学、经济学和社会学中心的教授和负责人杰克·海沃德（Jack Hayward），经济事务研究所的哈里斯勋爵，伦敦政治经济学院的乔治·琼斯（George Jones）和肯·米诺格（Ken Minogue），北伦敦大学的迈克尔·纽曼，匹兹堡大学的马克·珀尔曼（Mark Perlman），以及沃里克大学和社会市场基金会的斯基德尔斯基勋爵。查阅的档案包括英国政治经济科学图书馆、国王学院图书馆现代档案馆、牛津大学图书馆现代政治学收藏部、大英图书馆和斯坦福大学胡佛研究所等机构的收藏。

专业同行多到不可能一一提及，他们对笔者在美国政治学会、英国哥伦比亚政治学会、欧洲经济思想史学会、国际政治心理学研究协会和太平洋西北政治学会的会议上提交的论文贡献了一些重要评论。

2000年在牛津大学纳菲尔德学院的春季学期为结束这项研究提供了近乎完美的环境，笔者深深感谢纳菲尔德学院的政治学小组，特别是政治理论与比较政治学行政团队的戴维·米勒和亚历克·斯通·斯威特（Alec Stone Sweet），他们使这项研究得以顺利完成。在牛津大学纳菲尔德学院政治理论研讨会、贝利奥尔学院施达德协会和伦敦城市大学经济学跨学科研讨班得到的评论助力了最终手稿的成形。衷心感谢国王学院图书馆现代档案馆的杰奎琳·科克斯（Jacqueline Cox）和斯坦福大学胡佛研究所的卡罗尔·莱德纳姆（Carol Leadenham）提供的专业帮助，还有笔者在西华盛顿大学的研究助手所付出的劳动，他们是比尔·比伯克（Bill Biebuyck）、玛丽·哈维（Mary Harvey）、约翰尼·皮尔（Johnny Peel）和安·维特-汉森（Ann Vetter-Hansen）。自始至终，这项工作都得到了西华盛顿大学的休假计划和格里·沃尔克（Geri Walker）领导的教员研究处及莫哈布·加利（Mohab Ghali）院长的支持。非常感谢埃利希（Elich）院长和克莱因克内希特（Kleinknecht）院长，以及笔者在政治学系的同事。感谢伦敦政治经济学院的罗德尼·巴克尔和牛津大学纳菲尔德学院的戴维·米勒，布林莫尔学院的桑福德·施拉姆（Sanford Schram），西华盛顿大学的卡尔·辛普森（Carl Simpson），耶鲁大学的詹姆斯·斯科特（James Scott），西雅图大学的埃里克·奥尔森（Erik Olsen），国王学院的雷蒙德·普兰特，以及戴维·麦基弗（David McIvor），他们的仔细阅读对论证的清晰性做出了相当大的贡献。哈耶克生命中最后 15 年的秘书兼翻译夏洛特·库比特允许笔者查阅她的通信档案（现存于斯坦福大学胡佛研究所），并阅读她那本不同寻常的回忆录，该回忆录记述了他们的工作和友谊。

本书基于一大批非凡的传记、分析和批评文献，笔者将相关引用尽可能详尽无遗地标注了出来。本书所有资料来源的数据库涵盖图书、文章、书信、手稿、采访和评论共 800 件。读者如果想要看看这份完整清单或者提供评论，可以通过电子邮件 Ken. Hoover@ wwu. edu 联系。笔者要感谢布鲁斯·考德威尔、吉恩·科尼埃尔（Jean Cornuelle）、玛丽·克兰斯顿（Mary Cranston）、夏洛特·库比特、米尔顿·弗里德曼、迈克尔·纽曼、罗伯特·斯基德尔斯基和拉斯基的孙子安德鲁（Andrew）、约翰（John）和帕特·马修森（Pat Mathewson），还有作家协会、剑桥大学国王学院的院长和学者，以及代理丘吉尔遗产的柯蒂斯·布朗公司，这些人和机构允许笔者引用相关通信及其他资料。

笔者受到的主要帮助来自杰出的英国公民、学者、贵族和公共知识分子雷蒙德·普兰特勋爵，承蒙他的鼓励和帮助，本书才得以面世，因此，笔者要对他表达最热烈的感激。

本书写作的每一步均离不开朱迪·胡佛（Judy Hoover）的分享和帮助，这使我们认识到，爱和工作有时候可以相互成就。

图书在版编目（CIP）数据

凯恩斯、拉斯基、哈耶克：经济思想如何影响世界 /
（美）肯尼斯·R. 胡佛著；秦传安译 . --北京：中国人
民大学出版社，2024.6
书名原文：Economics as Ideology：Keynes，Laski，
Hayek，and the Creation of Contemporary Politics
ISBN 978-7-300-32173-8

Ⅰ.①凯⋯ Ⅱ.①肯⋯ ②秦⋯ Ⅲ.①资本主义政治
经济学-研究 Ⅳ.①F091.3

中国国家版本馆 CIP 数据核字（2024）第 052677 号

凯恩斯、拉斯基、哈耶克：经济思想如何影响世界
[美] 肯尼斯·R. 胡佛/著
秦传安/译
Kaiensi、Lasiji、Hayeke：Jingji Sixiang Ruhe Yingxiang Shijie

出版发行	中国人民大学出版社	
社　　址	北京中关村大街 31 号	**邮政编码**　100080
电　　话	010 - 62511242（总编室）	010 - 62511770（质管部）
	010 - 82501766（邮购部）	010 - 62514148（门市部）
	010 - 62515195（发行公司）	010 - 62515275（盗版举报）
网　　址	http://www.crup.com.cn	
经　　销	新华书店	
印　　刷	涿州市星河印刷有限公司	
开　　本	890 mm×1240 mm　1/32	**版　　次**　2024 年 6 月第 1 版
印　　张	13.375 插页 2	**印　　次**　2024 年 7 月第 2 次印刷
字　　数	296 000	**定　　价**　99.00 元